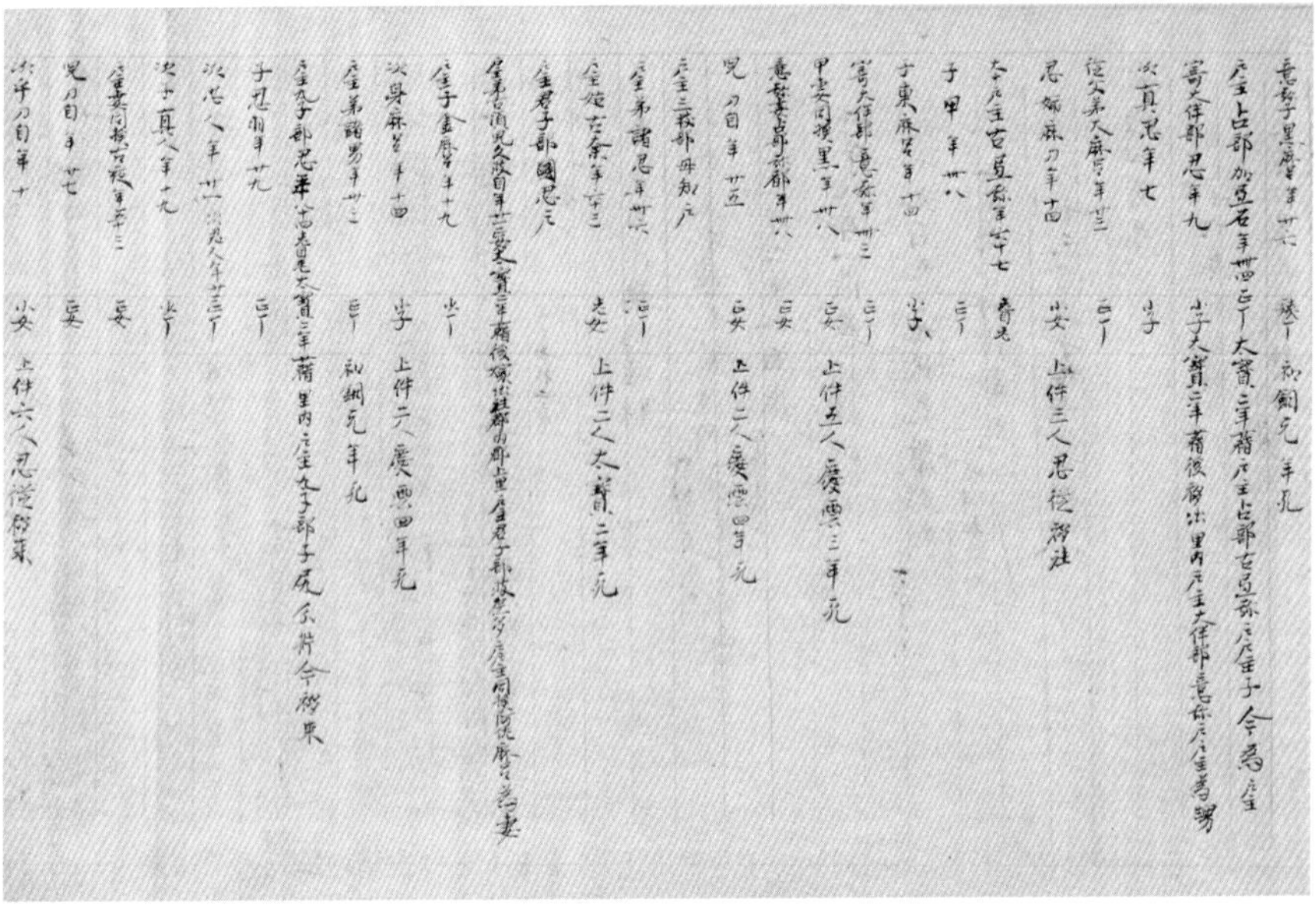

▲陸奥《むつ》国戸口損益帳《ここうそんえきちょう》(正倉院宝物)　陸奥国某郡某里の大宝2(702)年から和銅元(708)年までの人口の移動を記した帳簿。紙面に「陸奥国印」が捺されており，下段には移住や死亡など移動の内容が記されている。

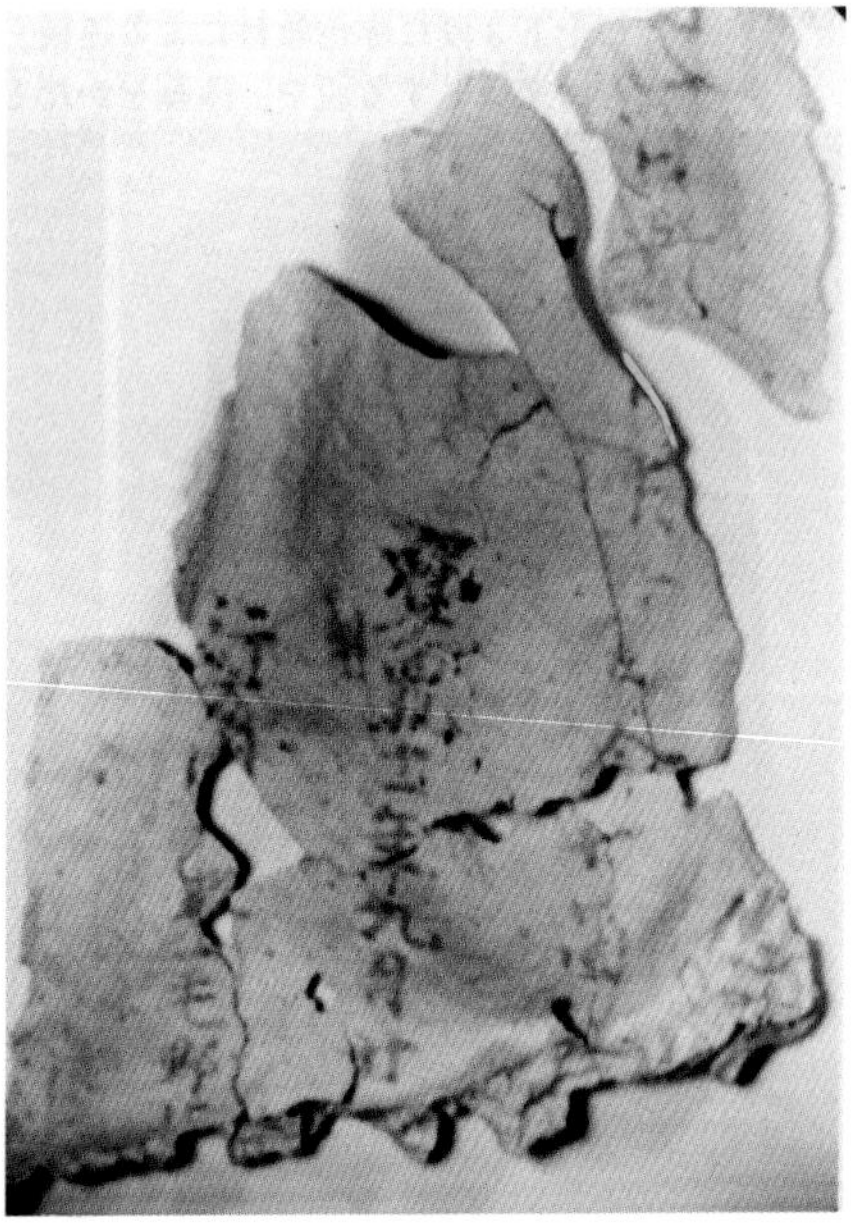

►漆紙《うるしがみ》文書(多賀城跡出土)　漆紙文書は廃棄された公文書が漆液の蓋紙《ふたがみ》に用いられ，不要になった蓋紙に漆が付着したまま投棄されたもの。宝亀11(780)年の年紀と「行方團《なめかただん》□毅上《かみ》毛野《つけのの》朝《あ》臣《そん》某」の名前がみえる。

▲木造薬師如来《やくしにょらい》坐像(河沼郡湯川村勝常寺《しょうじょうじ》，平安時代前期，像高 140.8 ㎝)頭部から脚部までを欅《けやき》の一材で彫り出し，両耳の後から体側を通る線で前後に割って像の内部を刳《く》り，再び矧《は》ぎ合わせ，像表面は漆を塗りその上に金箔を押している。国宝。

▼願成寺《がんじょうじ》(白水《しらみず》)阿弥陀《あみだ》堂内部(いわき市，平安末期)　阿弥陀堂は一間四面堂で，平泉中尊寺の金色堂と同じ構造ながら規模は金色堂よりも大きい。仏壇上の阿弥陀如来像，両脇侍《わきじ》と二天の像も金色堂の諸像と類似する。国重文。

▲白河《しらかわ》の関と関の明神(『一遍上人絵伝』) 弘安3(1280)年，一遍は信濃の善光寺から奥州に旅して，江刺《えさし》郡の祖父河野通信の墓を訪れた。一遍が下野から陸奥国にはいったところにある白河の関である。関守が鋭い目で行く人を監視している。深山がせまり，紅葉が赤く染まり，すっかり秋の景色に包まれており，峠の上には祠がみえる。国宝。

▼相馬《そうま》野馬追額 野馬追は，相馬氏の祖，平良文《よしぶみ》・将門《まさかど》が毎年5月申《さる》の日にはじめたと伝えられる。鎌倉期に相馬氏が奥州に移ると，この祭りもここに移された。また相馬氏は貞享2(1685)年に，野馬追の作法を制定したという。維新後一時中断したが，復活して，現在にいたっている。県重文。

▲災上する結城《ゆうき》の城(『結城合戦絵詞』)　永享《えいきょう》の乱で討たれた足利持氏《もちうじ》の子春王・安王は下野《しもつけ》に逃れて，結城氏朝《うじとも》を頼った。だが氏朝も幕府軍に攻められて戦死した。戦いに負けたと知った結城軍は，城に火を放った。高楼はみるみるうちに炎に包まれていく。にげ遅れた女房が悲鳴をあげる。国重文。

▼桑折《こおり》西山城絵図　江戸時代の延宝年間(1673～81)に仙台藩の調査によって作成されたものである。仙台に移された輪王寺・東昌寺などの跡が明示されており，また大館・中館・御隠居館など，戦国期の西山城の城郭のようすをよく伝えている。

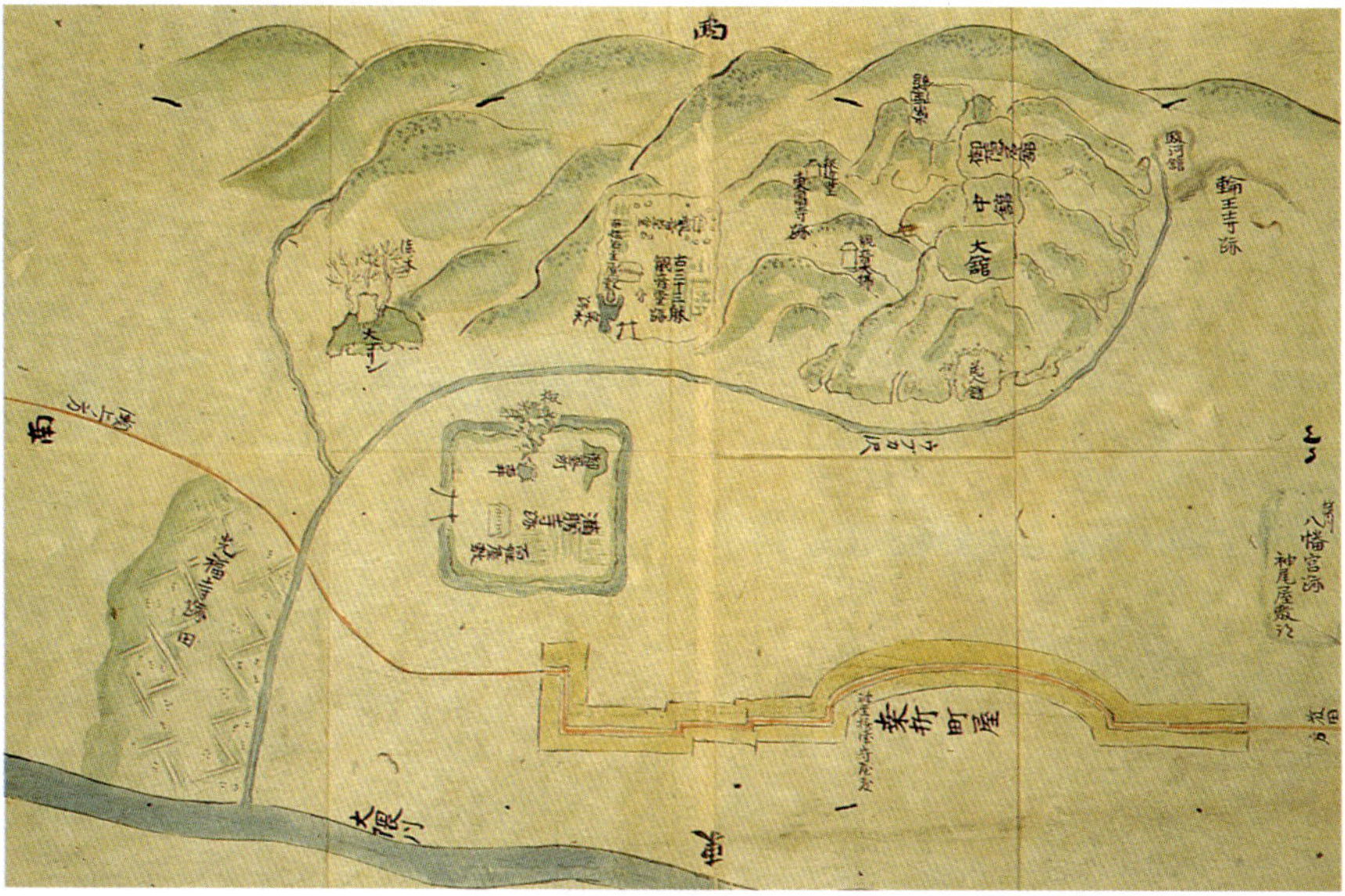

►絹本著色受苦図《けんぽんちゃくしょくじゅくず》(縦144.7cm・横70cm)
江戸時代，生活の苦しさから行われた間引《まび》き(子返し)をやめさせるため，白河藩主松平定信《さだのぶ》が使った仏教説話絵図。県重要有形民俗文化財。

▼大内宿《おおうちじゅく》(南会津郡下郷町)　下野街道の宿駅。街道の整備された近世初期，近在の数カ村を集めて形成されたと伝えられる。住民の協力を得ながら，古い屋並みが保存されている。重要伝統的建造物群保存地区。

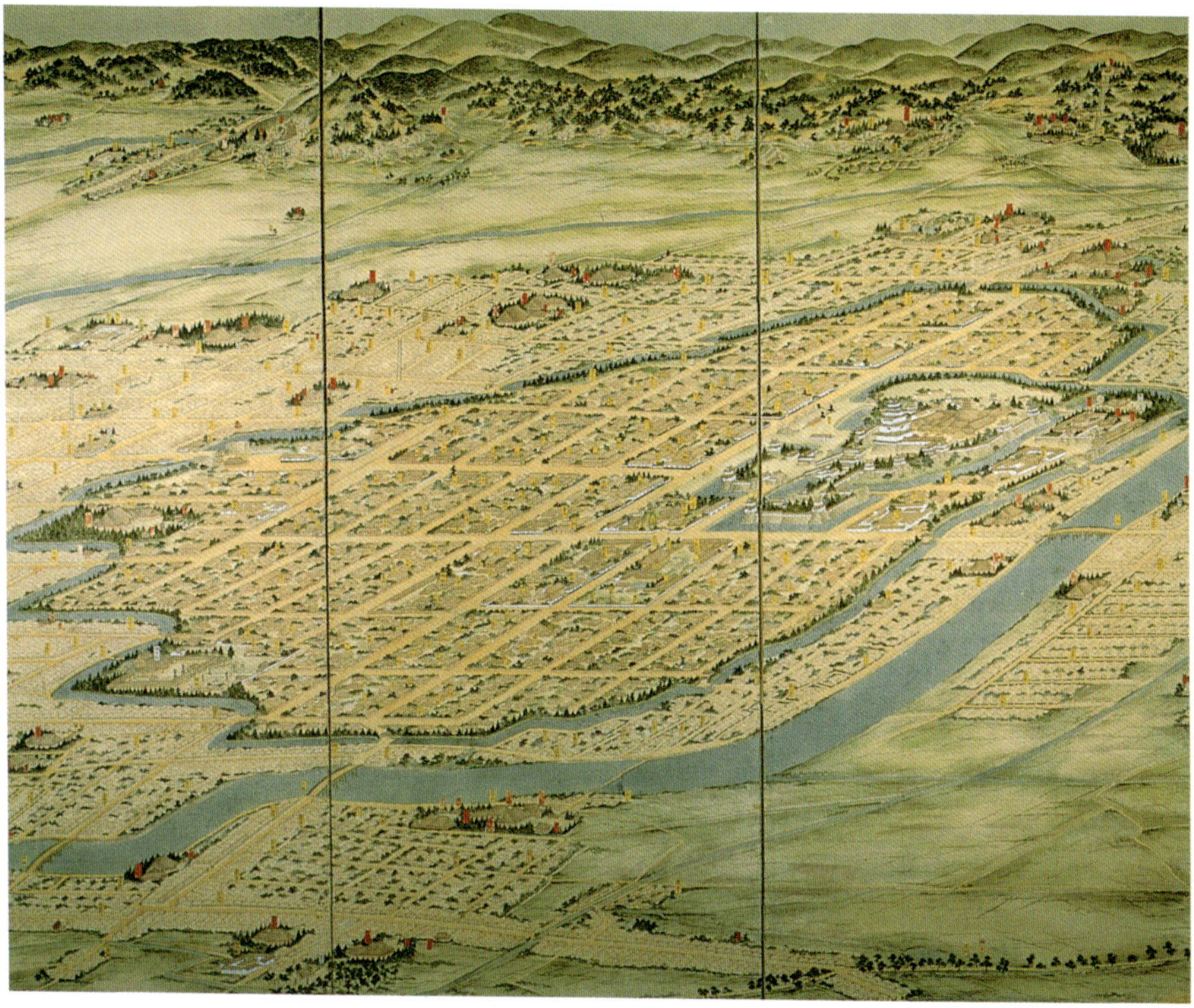

▲若松城下図屛風(部分)　描いたのは会津の画家大須賀清光といわれる。文禄年間(1592～96)蒲生氏《うじ》郷《さと》によって本格的に整備され，その後町外れの家並みが増していった江戸時代後期の城下町若松の姿をみることができる。上が東。

◄須賀川《すかがわ》一里塚（須賀川市一里坦・高久田境）奥州街道沿い，江戸方面から須賀川宿へはいる手前，道の両側に直径約 12mの塚が 2 基残っている。江戸から 59 番目の一里塚。現在は須賀川市により管理・整備されている。国史跡。

▲万世《ばんせい》新道(高橋由一画『三島県令道路改修記念画帖』) 明治10(1877)年から4年間かけて開削された福島・米沢間の新道で，現在の国道13号線の元になっている。栗子隧道《くりこずいどう》工事はとくに難所で，死者もだした。

▼福島空港(須賀川市・石川郡玉川村) 昭和63(1988)年9月起工，平成5(1993)年3月に開港された福島県にとって初めての空港で，福島の新しい玄関口としてだけでなく，高速交通体系の核として地域発展に寄与されることが期待されている。

福島県の歴史 目次

丸井佳寿子—工藤雅樹—伊藤喜良—吉村仁作

地方史研究協議会名誉会長
学習院大学名誉教授
児玉幸多 監修

企画委員　熱田公／川添昭二／西垣晴次／渡辺信夫

福島県の歴史

風土と人間――みちのくの関門

浜通り・中通り・会津●

福島県は東北地方の最南端にある。総面積は一万三七八一・六二平方キロ、東西約一六六キロ、南北約一三三キロ、北海道・岩手県についで全国第三位の広さをもつ。吾妻山《あづまやま》・安達太良《あだたら》山・旭岳《あさひだけ》など那須《なす》火山帯に属する火山が噴出物を重ね、二〇〇〇メートル前後の山々が連なる奥羽《おうう》山脈が県域の中央を南北に走り、その東側の地域を低い阿武隈《あぶくま》山地がさらに二分している。福島県の七割は山地である。この二つの山地によって、福島県は、東から浜通《はまどお》り（浜海道《はまかいどう》とも。双葉《ふたば》郡・相馬《そうま》郡・南相馬市・相馬市・いわき市）、中《なか》通り（仙道とも。伊達《だて》郡・安達《あだち》郡・岩瀬郡・西白河《にししらかわ》郡・東白川郡・石川郡・田村郡・福島市・伊達市・二本松《にほんまつ》市・本宮市・郡山《こおりやま》市・田村市・須賀川《すかがわ》市・白河市）、会津《あいづ》（耶麻《やま》郡・河沼《かわぬま》郡・大沼郡・南会津郡・会津若松市・喜多《きた》方《かた》市）の三つの地域に区分されている。

浜通りは、阿武隈山地と海岸とのあいだの狭長な低地帯である。東流する諸川の河口では土砂が堆積《たいせき》し昔の内湾をうずめたので、北上《きたかみ》山地の東海岸のリアス式海岸とは異なり、出入りのきわめて少ない海岸線となっている。福島県は、東北地方のなかでは比較的気候にめぐまれているといわれるが、大部分が山地であるから、高緯度のところはかなり低温となり、きびしい気候となる。しかし、浜通り地方は降雪も少なく、雪が降っても早くとけてしまう。夏の気温もあまり高くならない。

阿武隈山地と奥羽山脈にはさまれた中通りには、全長一九六キロ、流入する認定本支流の総延長一二七二キロに及ぶ大河阿武隈川が南から北に流れ、この阿武隈川に沿った地域の南から、白河・須賀川・郡山・本宮《もとみや》・福島の各盆地がならんでいる。中通り低地の夏は相当きびしい。標高の低い福島盆地の高温は全国的にも有名である。南へいくほど標高が高くなるので気温は低くなり、桜前線も中通りでは北から南へ進む。奥羽山脈をさかいにした東側は、冬は乾燥し、雪は少ない。吾妻《あづま》おろし・那須《なす》おろしなど西からの強い風が湿度をはなはだしく低くしている。

奥羽山脈の西側には、四辺を山々に囲まれた会津盆地・猪苗代《いなわしろ》盆地・田島盆地が点在する会津地方が広がる。民謡にうたわれて有名な磐梯山《ばんだいさん》、わが国第四位の面積をもつ猪苗代湖をかかえ風光明媚《めいび》なところである。西の越後《えちご》(新潟県)国境には越後山脈、その南に三国《みくに》山脈、帝釈《たいしゃく》山脈の山々が峰を連ね、まさに大部分が山地の地域である。冬、雪の多い日本海側気候型で、会

春の安達太良山

津南西部では最深積雪が三〜四メートルに達するところもある。

●歴史的画期の大舞台に登場する福島県●

大和朝廷《やまとちょうてい》は、大毘古命《おおひこのみこと》を高志道《こしのみち》（北陸道）へ、建沼河別《たけぬかわわけの》命を東方十二道へつかわして、まつろわぬ人びとを「令和平《ことむけやはさしめ》」とした。この両命が辺境経営にあたりながら両道を進み、最後に出逢ったのが「相津」であったので、この土地は会津と称されることになったというのが、『古事記《こじき》』に記された地名伝説である。この伝説に象徴されるように、福島県域は、いつの時代にも、東北のなかではもっとも早く中央の政治的・文化的影響をうけ、歴史的画期の大舞台に登場してくる地域であった。

奈良時代から平安初期にかけて、中央政府と蝦夷との対立が激しくなったとき、中央政府は「夷をもって夷を制する」政策をとったため、東北南部の人びとは、政府軍の一員として動員された。他方最澄《さいちょう》ときびしい論争をしたことで有名な徳一《とくいつ》と結びつけて語り伝えられるすぐれた仏教文化がこの地に花開いている。古代末期、源頼朝《みなもとのよりとも》の奥州攻めのおりには、中通り北部、伊達郡阿津賀志山《あつかしやま》が、頼朝軍と平泉《ひらいずみ》藤原軍との決戦場となり、この戦いに大敗したことにより、平泉藤原氏の滅亡は決定的となったのであった。頼朝軍は怒涛《どとう》のごとく山道・海道を北上していった。平泉政権傘下《さんか》の福島の豪族佐藤氏は、このとき平泉方の最前線をまもって玉砕した。

天正十八（一五九〇）年小田原《おだわら》を攻略した豊臣秀吉《とよとみひでよし》は、会津までの道路普請《ふしん》を命じたうえで、会津黒川（のちの若松）へのりこみ、この地より奥羽両国の仕置を発した。東北における近世の幕は、本県域であけられたのであった。徳川幕藩体制が崩壊《ほうかい》し、日本に近代社会が誕生するとき、激しい戦いの場となったのも本県域であった。慶応四（一八六八）年鳥羽《とば》・伏見《ふしみ》の戦いにはじまる戊辰《ぼしん》戦争では、越後口・南山《みなみやま》田島方面・白河口から攻め入り、さらに常州（茨城県）平潟《ひらかた》へ上陸北上、浜通りへはいった西軍を相手に、福島県各地は悲惨な戦場となった。九月二十二日、最後まで抵抗した会津藩が若松城を開城、西軍に降伏したとき、東北戊辰戦争は終わりを告げた。

歴史の転換期、つねに福島県域は「辺境みちのく」の入り口にあって、中央勢力と在地勢力のぶつかり合う場となった。ある力は中央と結び、ある力は中央に抵抗した。そして、いずれにしてもそこに住む多くの人びとの生活は間違いなく戦いによって激しく傷つけられたのであった。

県民性●

三つの地域に分けられた自然的条件、そして江戸時代、会津をのぞき浜通り・中通り地方は、政治的配慮から支配が細分化され、幾多の変遷をみたということなどに起因して、福島県では、まとまった県人気質《かたぎ》、県民性というイメージを語りにくいが、しいていうならば、明治以降の福島県民は、中央の政治的・経済的・文化的動向に敏感な反応性をもっていたということがいえるのではないであろうか。この性質は、よくあらわれれば時代の動向に敏感であり、進取の気性として具体化される。中央を意識し、反骨精神をもち、不屈の思いで偉業をなしとげた人物をうみだしもした。しかし他面、その敏感さは、独自の道を選ばず、無難に大勢に流される、もしくはむしろ体制維持の先頭を走りかねない保守性となってあらわれる場合もある。これは、ひとえに前述のようなきびしい地理（域）的・歴史的条件のもとで形成されてきた傾向ではないかと思われる。

福島県民としては、今後時流に対する敏感さを保ちつつも、地域の特性を大切にし、地域の相対的独自性を主張していくことが一つの大きな課題となるのではなかろうか。

県名の由来●

戊辰戦争時、本県域には、一一の本藩、一四藩の飛領、そして幕領があった。その後いちはやく政府軍に帰順した守山《もりやま》・三春《みはる》・相馬《そうま》中村の三藩をのぞいた地域は、すべて政府軍側の諸藩預けとなり、さらに政府直轄《ちょっかつ》となった旧幕領とともに、これらの地には民政取締所(のち民政局)がおかれた。そして民政局が廃止された明治二(一八六九)年、本県域には、若松・白河・福島の三県が成立、明治四年の廃藩置県により、藩がすべて県と改められることになると、本県域には、三春・棚倉《たなぐら》・泉・中村・湯長谷《ゆながや》・磐城平《いわきたいら》・二本松県が成立した。その後県の統廃合が急速におしすすめられ、最終的には、明治九年八月、福島・若松・磐前《いわさき》三県を合併する形で、ほぼ今日のような「福島県」が成立した。

だが、この県名となった「福島」という地名の由来は明らかではない。県庁のおかれた「福島」には、その昔大仏《だいぶつ》城、杉妻《すぎのめ》(目)城とよばれた城があったが、

若松城(史跡),別名鶴ヶ城

文禄年間（一五九二〜九六）大森城から移り住んだ木村吉清《よしきよ》がその名を改め、この城を「福島城」と名づけたと伝えられる。その経緯は明らかでないが、天文七（一五三八）年の「段銭帳」（『福島市史』6）にみえる「すきの目（杉目）」が、文禄三（一五九四）年の「蒲生《がもう》高目録」（内閣文庫蔵）にはあらわれず、「段銭帳」になかった「福島村」が「高目録」に登場してくるので、この間に「杉目」が「福島」と改称されたことはほぼ確かなところである。しかしこの「福島」という地名が、どのようないわれをもつものかは不明である。

移りかわる人びとの生活●

かつては、米の生産を主として、県北の養蚕・製糸・絹織物、会津の漆器《しっき》・酒造・林産物、県南のこんにゃく、浜通りの水産物などが人びとの生活をささえてきたが、近年東北新幹線・東北縦貫自動車道・常《じょう》磐《ばん》自動車道・磐越《ばんえつ》自動車道そして福島空港の開港など、高速交通体系の整備の進展や、首都圏に近接する地理的な優位性をいかして、福島県民の生活はより豊かで多様な方向に発展しつつある。標高二〇〇〇メートル級の山々、猪苗代湖・檜原《ひばら》湖・五色沼《ごしきぬま》などの変化に富んだ湖沼群、太平洋の海原と一五〇キロ余の海岸線などの豊かな自然と美しい景観をいかした観光リゾート地域が形成されつつある。また暖地型作物の北限、寒冷地型作物の南限という位置をいかし、米はもとよりのこと桃・リンゴ・梨などの果物《くだもの》、野菜・畜産物など種々の作物が生産され、それらは高速交通網を利用して全国各地へ供給されている。

平成四（一九九二）年福島県が策定した「ふくしま新世紀プラン」（福島県の長期総合計画）によれば、従来の浜通り・中通り・会津という縦軸に加えて、北部軸（南東北中枢広域都市圏構想などにより本県北部の連携をはかるとともに、南東北との交流をになう軸）・横断道軸（県内各地域の横の連携をはかるとともに、太平洋と日本海を結ぶ多様な交流をになう軸）・南部軸（二一世紀ＦＩＴ構想などにより本県南部の連携をはかるとともに、北関東との交流をになう軸）の横軸を設定して本県域をとらえ、その結節点に七つの生活圏を設定している。県北・県中・県南・会津・南会津・相双・いわきの七地域である。そしてこの七地域において、人びとがゆとりと潤いのある生活を実現するためには、いかなる努力をしていかなければならないかが探られている。そこには、「地域の特性をいかした生活圏の整備充実」という視点がある。

きたるべき新しい世紀にむけて、福島県に生活する人びとは、たんなる中央化、「後進地」のいわゆる「先進地」化ではなく、国内外の潮流の変化に的確に対応しつつも、それぞれの地域がもつ個性をいかした生活の充実へむけて着実な歩みを進めていくことになるであろう。

1章

福島のあけぼの

男子胡坐像(いわき市神谷作101号墳出土)

1　石器時代の福島

福島が亜寒帯だったころ●

現在の福島県の気候は温帯性気候であり、会津や中通りの冬は雪も少なくないが、夏は相当に暑い。しかし過去にさかのぼれば地球上の気温は一定ではなく、きわめて低温な時期（氷河期《ひょうがき》）と温暖な時期が交互に出現している。過去一〇〇万年間に氷河期は少なくとも五度あり、氷河期と氷河期のあいだには温暖な間氷期《かんぴょうき》といわれる時期があった。現在は最後の氷河期がおわったあとの温暖な時期にあたっている。

人類は誕生以来、猿人《えんじん》→原人《げんじん》→旧人《きゅうじん》→新人《しんじん》という進化の道をたどった。人類誕生の地はアフリカと考えられているが、原人以降の人類は各地に拡散した。原人はほぼ五〇万年前、旧人は一五万年前、新人は三万年前に出現し、人類学的には現代人も新人の仲間である。世界の考古学では猿人、原人の時代を前期旧石器時代、旧人の時代を中期旧石器時代、新人の旧石器時代を後期旧石器時代とよぶ。しかし日本では便宜的に前期旧石器時代と中期旧石器時代をあわせて前期旧石器時代とよぶこともある。

なお宮城県栗原市築館《つきだて》町の高森《たかもり》遺跡、北高森遺跡、福島県安達《あだち》町一斗内松葉山《いっとうちまつばやま》遺跡などから、ほぼこの時期の石器が発掘されたとされたこともあったが、それらはいわゆる「旧石器発掘捏造《ねつぞう》事件」の所産であるらしく、一斗内松葉山遺跡のほか福島市佐原《さはら》の竹ノ森《たけのもり》遺跡、白河市（旧東《ひがし》村）上野出島《かみのでじま》遺跡、西郷《にしごう》村大平《おおひら》遺跡、二本松市原《はら》セ笠張《かさはり》遺跡、二本松市箕輪宮坂《みのわみやさか》遺跡などから発掘され三万年以前の石器とされたものについても、検証の結果、前期・中期旧石器時代のものとするには不自然なものが存在すると報告されており、これらの資料によって福島県内に前期・中期旧石器時代の遺跡が存在したと断定することはできないことになった。

後期旧石器時代は約三万年前にはじまり、およそ二万年間続いた。これは最終の氷河期のなかでももっとも寒い時代とほぼ一致する。氷河期の状況は富沢《とみざわ》遺跡（宮城県仙台市）で発掘されたいまから約二万年前の森の姿から知ることができる。当時の仙台平野はグイマツなどの針葉樹《しんようじゅ》の森がひろがり、森のあいだにはいまの尾瀬沼《おぜぬま》周辺のように小さな沼が点在する湿地があり、沼のまわりにはカヤツリグサのような草や灌木《かんぼく》がまばらに生えていた。冬は長かったが湿度は低く、現在のように積もるほどの雪が降ることはなかった。夏は短く冷涼であった。平均気温にして現在より数度は低かったという。このころは樺太《からふと》から九州までが一つづきの陸地であり、その陸地は北では沿海州方面と南では朝鮮半島方面とつながっており、日

笹山原 No.8 遺跡出土の石器(会津若松市)

本海は冷たく大きな湖であった。列島が大陸とつながっていたのは、大規模な氷河が陸地をおおっており、海水面が現在にくらべて最大では一〇〇メートル以上低かったからである。当時の富沢には移動生活をおくる巨大な鹿が定期的にあらわれたらしく、それらを追って移動する生活を繰りひろげていた当時の人びとも、定期的にやってきてしばらくのあいだこの地で過ごし、また動物のあとを追って別の場所に移動していった。

当時の福島県の状況も富沢遺跡で知られた状況とほぼ同じと考えてよい。福島県内の後期旧石器時代の遺跡の代表は笹山原《ささやまはら》遺跡群（会津若松市湊）であろう。この遺跡からはナイフ形石器・彫刻刀形《ちょうこくとうがた》石器・スクレイパー・敲石《たたきいし》のほか、多量の剥片《はくへん》・石核《せっかく》・砕片《さいへん》が発見され、旧石器時代人がこの地で石器を製作していたことが推定される。石器が発見された地層は約二万二〇〇〇年前に鹿児島県の姶良《あいら》丹沢《たんざわ》火山が爆発したときに飛んできた火山灰よりも下にあり、後期旧石器時代前半期に属するものである。早く昭和二十二（一九四七）年に首藤保之助《しゅとうやすのすけ》氏によって岩瀬郡鏡石《かがみいし》町成田から採集されたナイフ形石器もほぼこの時期のものであり、東北縦貫自動車道路建設に先立って調査された平林《ひらばやし》遺跡（伊達《だて》郡桑折《こおり》町）の石器は、これよりもやや古い時期のものと思われる。

塩坪《しおつぼ》遺跡（喜多方市〈旧高郷《たかさと》村〉）からは約一万五〇〇〇年前の石器とともに、発掘調査の際にこぶし大の石一三九個が一カ所からまとまって発見された。石は熱をうけており、石の周囲からは石が熱をうけたときにはじけ飛んだ小さな礫《れき》もみつかった。これは旧石器時代人が食物を調理するときに焼石のなかに肉などの食料を入れて蒸し焼きにするなどの調理法が行われていたことを示すものであろう。旧石器時代には現在の鍋や釜に相当する土器がなく、食品を加熱するには直火で焼くか、さもなければ焼石を用いるほかはなかったのである。

なお旧石器時代の人骨の発見例は日本では沖縄県の港川《みなとがわ》や栃木県の葛生《くずう》などごくわずかな例が知られているだけで、福島県からはいまのところ発見されていない。

落葉広葉樹の森の四季

最後の氷河期はおよそ一万五〇〇〇年前に寒さのピークに達し、その後は徐々に温暖な方向にむかったが、一万年前に急激な低温化がおこり、ほぼ一万五〇〇〇年前と同じ程度になり、その後は温暖化してゆき、約六〇〇〇年前には現在よりも若干高温な状況に達した。その後はわずかな変動はあったものの大きな変化がないまま現在に至った。

気候の温暖化により陸上の氷河はとけて海に流れこみ、大陸の裾《すそ》の部分を海面下に沈めた。そのため日本は大陸から切り離され、多くの入江や湾からなる複雑な海岸線をもつ北海道、本州、四国、九州とその周辺の大小の島々がうまれた。また朝鮮半島と九州のあいだに海峡ができたために黒潮《くろしお》（暖流）からわかれた対馬《つしま》暖流が日本海に流れ込むようになり、日本海は冷たい湖から暖かい海にうまれかわった。暖かい海から立ちのぼる水蒸気は西風にのって日本列島に運ばれるようになり、多湿でとくに日本海斜面で冬に雪の多い気候が成立した。

針葉樹の森は北にしりぞき、東日本・北日本には落葉広葉樹《らくようこうようじゅ》の森とシカ・イノシシ・ウサギなどの中型・小型の敏捷《びんしょう》な動物たちがやってきた。また西日本は常緑広葉樹の森の広がる世界にかわった。北に後退する針葉樹の森や動物たちとともに北に後退していった人びともあったであろうが、多くの人びとは新しい生活環境に適する新しい生活技術を切り開いてゆく途《みち》をえらんだ。これらの人びとが開発した新しい生活のスタイルが縄《じょうもん》文文化なのである。

縄文文化には後期旧石器時代にはなかったり、あまり発達していなかった道具が多くある。その代表が土器と弓矢である。土器は食物を煮沸《しゃふつ》するための道具として、弓矢は敏捷な動物を仕留めるために工夫された。広葉樹の森、とくに落葉広葉樹の森には食べられる植物資源が豊富に存在した。その筆頭はクリ・クルミ・トチ・ドングリなどの堅果《けんか》類である。これらの木の実の堅い殻《から》の内側には豊富な澱粉《でんぷん》がある。ほかにも木の芽・山菜・キノコなど、たくさんの植物質の食料資源がある。縄文人の主食は堅果類などの植物質食料であったが、それらはほとんどが生のままでは食べにくく、煮沸する必要がある。トチや多くの

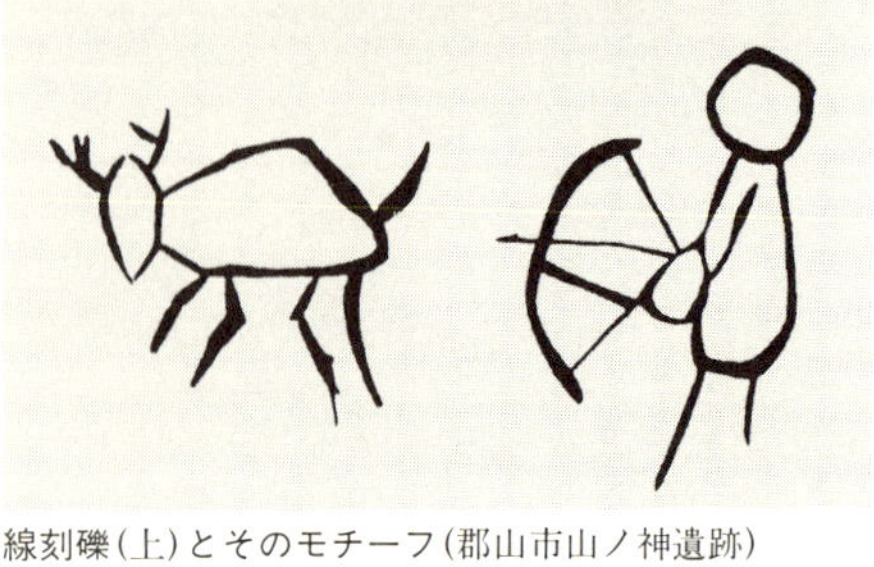

線刻礫(上)とそのモチーフ(郡山市山ノ神遺跡)

縄文土器の話

❖コラム

縄文土器や弥生土器などは、同じ年代の土器であれば、広い範囲にわたって、土器の形や模様が同じである。たとえば福島県の土器はおおむね宮城県や山形県の土器と同じである。土器の形や模様は決して個人の自由にまかされていたのでなく、きびしい約束ごとがあったとみられるのである。古代人の土器づくりはもっぱら女性の役目だったという。そうであれば、母親は娘に親と同じ形、同じ模様の土器をつくるように教えたにちがいないが、娘は無意識のうちに、たとえば丸や三角などの模様の大きさを心もち強調したり、土器の形により丸みをもたせたりし、数世代をへたのちには土器の形や模様はまったくかわったものになってしまい、土器の形や模様はつぎからつぎへと変化していったのである。こうして縄文時代の初めから終わりまでのあいだにおよそ数十段階ほどの変遷をとげていたことが明らかになってきている。

同じ形、同じ模様の土器が発掘される範囲では、同じような石器が分布していたり、家の構造や村の形態が同じだったり、墓の形式が同じだったりする。同じ形、同じ模様の土器がつくられた範囲のなかでは、人びとの生活形態や価値基準は同じだったのであろう。

考古学者は地域ごとに土器の形や模様の変化を調べ、これを年代を知るための物差しの目盛りの役目をはたさせたり、同じ生活形態や価値基準をもつ人びとがどの程度の範囲に広がっていたかを知る手がかりにしたりしているのである。

ドングリはくだいて水につけるなどの方法でシブ抜きをする必要があった。土器は煮沸具として発明され、シブ抜きにも用いられた。また落葉広葉樹の森の中型・小型の動物たちは敏捷なので、機械仕掛けで遠方に飛ばす槍、すなわち弓矢が考案された。

縄文時代は約一万年間続いたが、考古学者はこれを草創期《そうそう》（一万二〇〇〇年前から）、早期《そう》（一万年前から）、前期（六〇〇〇年前から）、中期（五〇〇〇年前から）、後期（四〇〇〇年前から）、晩期《ばん》（三〇〇〇年前から）の六時期に大別している。ただし草創期はまだ旧石器時代的な様相が強いことから、縄文時代に含めない考えもある。

土器はやがて多種多様の用途に用いられるようになり、後期になると煮沸用の土器のほか、精製された甕《かめ》・鉢《はち》・皿《さら》、おそらくは酒をそそぐためのそそぎ口のあるものなどが出揃う。石器では家や丸木舟から多くの日常の用具にいたるまでの材料となる木を伐採するための斧《おの》が発達した。漁《りょう》は丸木舟で海にのりだし釣針《つりばり》や、銛《もり》を駆使《くし》し、また網を用いた漁も行われ、川では簗漁《やなりょう》も行われた。狩猟には弓矢のほかに落とし穴猟もあった。木の実・山菜・キノコなどの採集には蔓《つる》や竹などを材料とする籠《かご》が使われた。前期にすでに漆《うるし》の利用がみられ、土器や籠、装身具にも漆が用いられた。会津の荒屋敷《あらやしき》遺跡（大沼郡三島《みしま》町）は晩期の遺跡であるが、クリ・クルミ・トチ・ドングリなどの堅果類、木製の鉢・皿、コップ状のもの、弓、斧の柄、籠、漆塗り櫛《くし》、縄、紐《ひも》、編物など多様な植物性遺物が出土しており、縄文人は木器加工技術、繊維利用技術にすぐれていたことが知られる。

縄文時代には海水から塩をとって食料保存のために用いる技術も開発された。衣服の材料には植物繊維を編んだ編布《あみぎぬ》が用いられることもあった。木材を組み合わせて安定した家をつくる技術もあった。家は炉《ろ》を中心とする構造で、土間には編んだ敷物が敷かれることもあった。彼らはこれらの生活に必要な技術を駆使し、村落に定住する生活を営んだ。村には広場があり、集団墓地もあった。

ただし草創期・早期の段階ではまだ諸技術のなかには確立していないものも多い。縄文人が暖かい生活環境に適応する生活のスタイルをほぼ完成させたのは長い試行錯誤《しこうさくご》を経たあとの早期末から前期初頭のことであったらしく、この時期以後は完全な定住生活がみられるようになる。それまでには縄文時代全体のほぼ半分の時間が必要だったのである。それだけにこれ以後の縄文人の生活のスタイルは、暖かい自然環境のもとでのほぼ完成された生活のスタイルともいえるものであった。このような縄文人の生活の姿は東北の農村や山村の生活の原形といえるであろう。

貝塚と敷石住居●

縄文人はまれに洞窟《どうくつ》を住居とすることもあったが、多くは地面を一メートル内外掘りさげて床面とした竪《たて》穴《あな》住居に住んでいた。しかし仙台内前《せんだいうちまえ》遺跡（福島市松川町）では爪形文《つめがたもん》土器といわれる草創期の土器とともに多くの石器や石器を製作する過程でできる石の剥片《はくへん》や細片が三〇〇〇点以上発見され、ここで石器の製作が行われたことが知られたが、竪穴住居の痕跡《こんせき》は発見されなかった。ただし仙台内前遺跡の別の地点や真野《まの》ダム（相馬郡飯舘《いいだて》村）をつくるときに調査された岩下向《いわしたむかい》A遺跡・竹之内《たけのうち》遺跡（いわき市）などでは縄文時代早期の段階の竪穴住居が発見されている。やがて縄文人は定住するようになり村落社会が形成される。一つの村落には平均すれば一〇軒前後の家があり、数十人の人びとが暮らしていた。村落は代々うけつがれ、長期にわたるものでは一〇〇〇年以上も住み続けられた例さえも珍しくはない。炉は早期にはまだ屋外にあるが、定住化が進むと住居のなかに炉が設けられるようになる。

中期後半にはとくに安達太良山麓部《あだたらさんろく》を中心に複式炉といって石を組みそのなかに二つ以上の燃焼部をもつ大型の炉がみられるようになり、これが各地に広がる。また中期末には西方前《にしかたまえ》遺跡や柴原A遺跡（ともに田村《たむら》郡三春《みはる》町）のように住居の床面に石を敷いた敷石住居がみられる。

縄文時代の遺跡でもっとも知られているのは貝塚であろう。福島県では貝塚はいわき地区、双葉《ふたば》郡北部から南相馬市南部、それに相馬市から新地町《しんちまち》にかけての地域に集中している。貝塚は村落の住民が食べ残した貝殻、獣《じゅう》骨《こつ》や堅果類の殻、それにこわれた土器や骨角器《こっかくき》など生活に不要になった品物を廃棄したものが土とともに堆積《たいせき》したものであり、考古学者にとっては当時の生活情報で満たされた宝庫である。また貝塚を広く調査すると墓地が発見され、人骨が残っていることも多く、この面からも注目されてきた。

三貫地《さんがんじ》貝塚（新地町駒《こま》ケ嶺《みね》）はすでに明治時代から知られていた有名な貝塚で、これまでに一〇〇体以上の埋

22号人骨の出土状況(三貫地貝塚)

葬人骨が発見されている。とりわけ多くの人骨が発見されたのは、昭和二十七（一九五二）年の日本考古学協会が実施した発掘調査と昭和二十九年に東京大学理学部人類学教室が実施した発掘調査で、人骨はおよそ縄文後期から晩期にかけてのものであった。

縄文時代の埋葬は屈葬《くっそう》といって、手足を折り曲げた姿勢で葬られることが多いといわれている。三貫地貝塚でも過半数が屈葬で、手足をのばした姿勢の埋葬（伸展葬《しんてんそう》）は屈葬の約三分の一程度である。三貫地貝塚では複数の人骨が合葬《がっそう》された例や多くの個体がおそらくは一つの墓穴に集積《しゅうせき》埋葬された例が知られている。合葬では三号人骨と六号人骨の例があり、六号人骨（女性・壮年）は屈葬され、三号人骨（男性・若年）は六号人骨に半分かぶさるように埋葬されていた。三号人骨は上半身の骨の上に下半身の骨がおかれているような状況であり、三号は死後一旦埋葬されたが、その直後に六号が死亡したため、六号の墓に三号を再埋葬したものと考えられ、両人は母子である可能性が指摘されている。

集積埋葬では、一〇体の頭骨を八〇センチに一一〇センチほどの楕円形になるように環状に配し、この輪の内側に頭骨以外の各部位の骨を集積して埋葬した例がある。各部位の骨が完全に切り離された段階で埋葬し直したのでは不可能な骨の並び方がみられ、いくつかの個体の一部は腱《けん》または筋肉でつながった状態の時点で二次埋葬されたらしい。頭骨は七体（男五・女二）、右大腿骨《だいたいこつ》では一一体が数えられる（男五・女五・子ども一）。子どもの骨は頭骨、右大腿骨以外の部位の骨で三体が確認され、この人骨群は男五・女五・子ども三の合計一三体以上の個体によって構成されていると考えられる。

家犬が埋葬された例が三体あるが、いずれも人骨の頭部に近い位置にあり、犬が副葬されたものと思われる。なお人骨の頭の方向は多数が北北西で、これと九〇度方向を転じたもの、一八〇度反対方向のものもある。主たる方向の延長線には鹿狼山頂《がろう》が位置するので、鹿狼山の方向が意識されていたことは疑いがない。鹿狼山は祖霊の住む山とされていたとする推測も可能かもしれない（『三貫地貝塚』福島県立博物館調査報告17）。

新地《しんち》貝塚（相馬郡新地町小川）には手長明神《てながみょうじん》神社にまつわる話がある。江戸時代の末につくられた『奥《おう》羽観蹟聞老誌《うかんせきもんろうし》』という地誌のなかにつぎのようなことがのべられている。「昔神がいた。ふだんは伊具《いぐ》郡の鹿狼山におり、好んで貝を食べた。その神の手は大変に長く、手を伸ばして海から貝を取り、貝殻をこの地に捨て、それが積もって丘のようになった。地元の人びとは、この神を手長明神といっており、この地を貝塚といっている」と。昔の人びとには海岸から遠く離れたところに多量の貝殻があるのが不思議だったのであろう。

稲作のはじまり●

稲の原産地は中国の長江《ちょうこう》（揚子江《ようすこう》）下流地域を含む中国南部とする説が有力で、浙江省《せっこうしょう》紹興市《しょうこう》郊外の河《か》姆渡《ぼと》遺跡は紀元前五〇〇〇年にさかのぼる世界最古の稲作遺跡の一つである。稲にはジャポニカとインディカという種類があり、ジャポニカには温帯ジャポニカと熱帯ジャポニカの区別がある。温帯ジャポニカは水田性の稲、熱帯ジャポニカは陸稲《りくとう》が基本である。中国や朝鮮半島、日本の稲は温帯ジャポニカに属する。日本での稲作のはじまりは縄文晩期（紀元前一〇〇〇年以後）のころで朝鮮半島南部からの移住者が温帯ジャポニカを北九州に伝えたものとされている。ただし熱帯ジャポニカが温帯ジャポニカに先立って南方から西日本にはいっていた可能性もあるという。

朝鮮半島から伝えられた稲作技術は、水田造成、農具の製作、使用法から豊作を祈る儀礼にまでおよぶ総合的なものであった。ただしそのような稲作技術が緯度の高い東北地方にまで行われるためには、寒い冬がくる前に成熟する早生《わせ》種がつくりだされる必要があった。農学者の研究によれば、熱帯ジャポニカと温帯ジャポニカが交配すれば、孫の世代には早生種ができるとのことで、弥生時代の初めのうちに津軽《つがる》平野にまで稲作がおよび得た秘密はこのあたりにあるらしい（佐藤洋一郎「稲のきた道」『しにか』四巻八号）。

　東北地方に稲作が伝わった時期については、かつては奈良時代以後だといわれていた。また、東北にも弥生文化がおよんでいたことが明らかとなった戦後もしばらくの間は、弥生時代を前期・中期・後期の三段階にわけた場合、東北地方には前期弥生文化はないといわれてきた。しかし墓料《ぼりょう》遺跡（会津若松市）・根古屋《ねごや》遺跡（伊達市〈旧霊山《りょうぜん》町〉）・荒屋敷《あらやしき》遺跡（大沼郡三島町）・鳥内《とりうち》遺跡（石川郡石川町）・戸田《とだ》条里遺跡（いわき市）などからは遠賀《おんが》川式土器といわれる西日本の前期弥生土器が、地元の古段階の弥生土器にまじって発掘されている。これら遠賀川式土器の存在によって、福島県でも西日本で前期の弥生土器が用いられる時期には、すでに弥生土器の段階にはいっていたことが証明される。東北地方に稲作が伝わったのも弥生時代の前期（紀元前三〜二世紀またはそれ以前）のうちと考えなければならない。そして福島県を含む東北南部では稲作はそのまま普及定着した。しかし東北北部では一旦は行われるようになった稲作も、おそらくは西暦四〜五世紀までには中断したらしい。このころに気候の冷涼化があったためと思われる。

　弥生時代の水田が発掘された例は東北地方では青森県南津軽郡田舎館《いなかだて》村の垂柳《たれやなぎ》遺跡、仙台市の富沢遺跡など最近例を増しつつあり、福島県でも番匠地《ばんしょうち》遺跡・戸田条里遺跡（ともにいわき市）での発見が報ぜられている。弥生時代の水田はおおむね小規模で、栽培された稲は実りの時期や粒の大小なども不揃いであったという。道具は鋤《すき》・鍬《くわ》から臼《うす》・杵《きね》など多くは木製であるが、収穫具は石庖丁《いしぼうちょう》の名でよばれる磨製《ませい》石器である。鋤・鍬などの耕作具は刃の部分までを含む全体が木製で、金属の部分はないけれども、形状は現在のものとほとんど変わらない。

石庖丁は粘板岩《ねんばんがん》などの軟質の石材でつくられ、多くは小孔が二つあいており、これに紐《ひも》をとおし、指にかけて穂の部分だけを摘み取る。天神沢《てんじんざわ》遺跡（南相馬市鹿島《かしま》区）からは石庖丁の完成品ばかりではなく、つくりかけの未製品が大量にみつかっており、ここで石庖丁の大規模な製作が行われていたことが知られる。のちの時代のように鎌を用いた根刈りが行われないのは、主として実りの時期にばらつきがあったためであろう。

なお弥生時代になって稲作が行われるようになると、狩猟・採集・漁撈《ぎょろう》のような縄文時代の生業は行われなくなったとするのは誤りで、東北地方のような稲作にとって限界ともいえる環境のもとでは、狩猟な

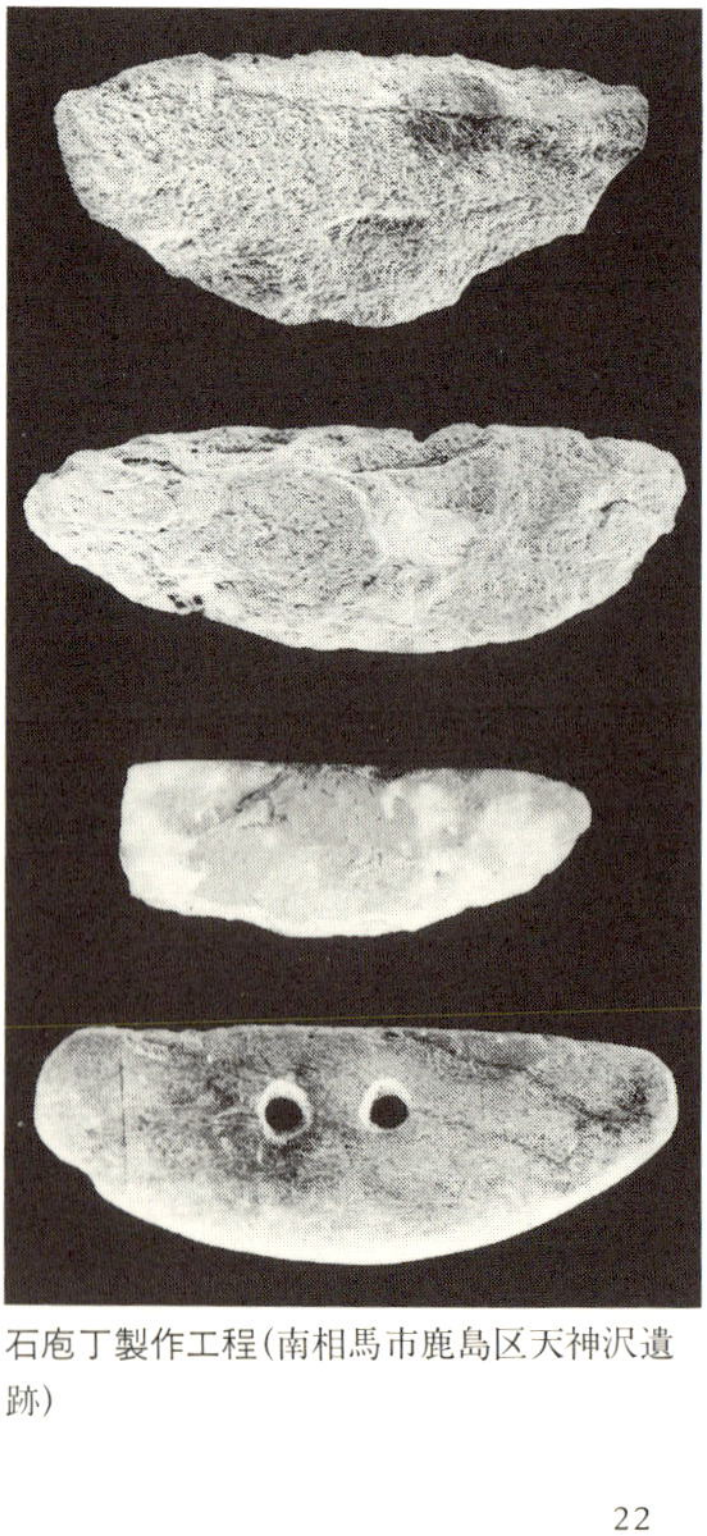
石庖丁製作工程（南相馬市鹿島区天神沢遺跡）

どは依然として重要な生業であった。東北地方を含む東日本では弥生時代になって稲作が行われるようになったとはいえ、それは縄文時代の狩猟・採集・漁撈、それに部分的な畑作による食料獲得に、水田稲作という新しい食料調達の方法が加わったという理解が妥当であろう。天王山《てんのうやま》遺跡（白河市）は壺に納められた多量の炭化米が発見された遺跡として知られるが、実際にはクリやクルミも多量に発見されているという。

東北地方の弥生土器は土器の表面に縄文もついているし、複雑な文様もあって、専門家でなければ縄文土器と区別がつかないほどの姿をしているのは、東北地方の弥生文化のこのような状況を反映しているといえよう。

二度葬られた人びと●

牡丹平《ぼたんだいら》遺跡（須賀川《すかがわ》市）では土器を用いた棺のなかから火熱をうけていない人骨が発見されたが、その土器は口が小さくて遺骸をそのままおさめることは不可能である。これは一旦埋葬した遺骸が白骨化したのちに壺形土器におさめて再埋葬したものであろう。このような埋葬を再葬墓《さいそうぼ》といい、弥生時代の福島県から北関東にかけての地域に多くみられる。かならずしも人骨が発見はさ

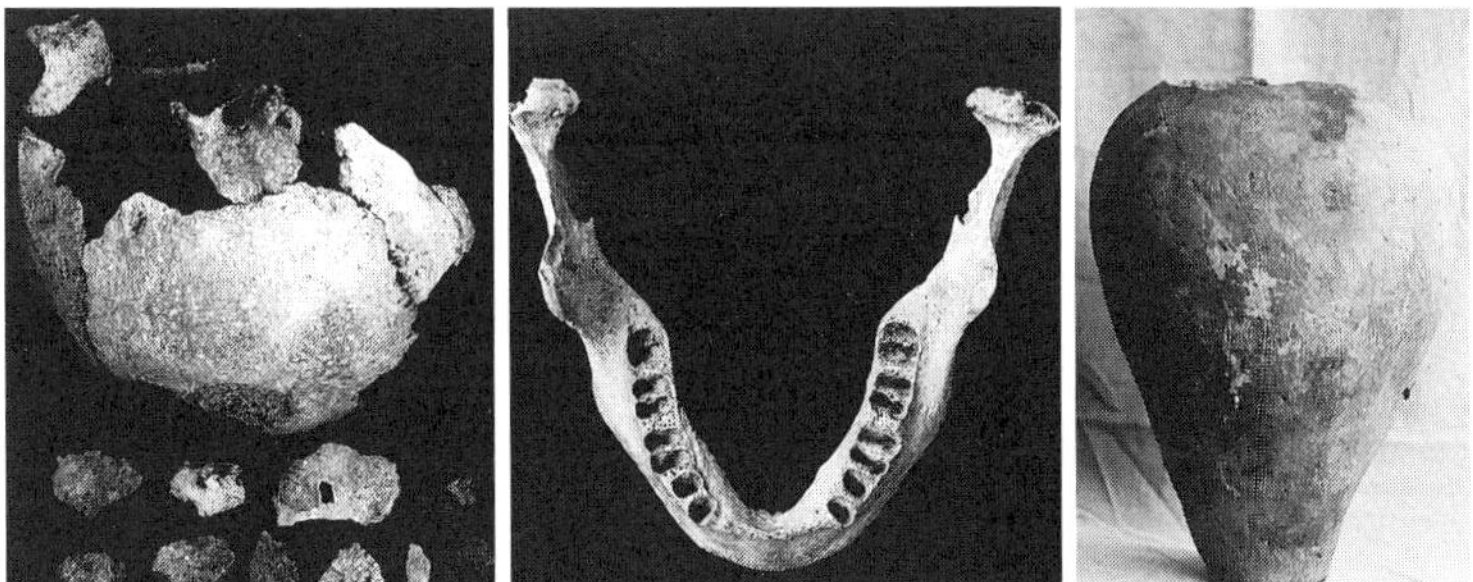

人の頭骨（左）と下顎骨（須賀川市牡丹平遺跡）　右側の壺にこれらの骨がおさめられて出土した。

れていないが、同じような性格の遺跡は、会津では墓料遺跡（会津若松市）・宮崎遺跡（大沼郡金山《かねやま》町）・上《かみ》野尻《のじり》遺跡（耶麻《やま》郡西会津町）・中通りでは鳥内《とりうち》遺跡（石川郡石川町）・西方前《にしかたまえ》遺跡（田村郡三春町）の例がある。これらの遺跡の年代は、おおむね福島県における弥生時代の最古段階に属するものである。

一方、根古屋《ねごや》遺跡（伊達市〈旧霊山《りょうぜん》町〉）の場合は、発掘調査を行った一〇・五×三・五メートルの範囲から壺を納めた二五基の土壙《どこう》が発見された。土器の数は少ないものでは一個だけであったが、多い例では一四個がおさめられていたものもあり、合計一二四個が発見され、約三分の一の土器のなかには人骨片がつまっていた。また土壙の外側にも膨大な量の人骨の堆積があり、人骨はすべて火葬されて強い火熱をうけており、人骨片の総量は四二キロにも達した。

墓料遺跡や根古屋遺跡で注目されるのは、一つの土壙にはいっている土器に年代差のある例があることである。おそらくは、一つの土壙に埋葬されるべき人は決まっていて、ある年代を経たのちに再度死者があった場合に、あらたな土器が用意されて人骨がおさめられ、土壙が再発掘されて土器が埋納されるのであろう。根古屋遺跡の年代も総じて福島県における弥生時代の最古段階に属する。

根古屋遺跡では人間の歯や指の骨に穴をあけて、ペンダントとして用いたものが多数発見された。歯の場合は臼歯《きゅうし》の根の部分に、指の骨の場合は適当な長さに切断したうえで穴があけられている。このペンダントは少なくとも死者が火葬される段階ですでに身につけていたものと思われ、近親者が死亡したときにその歯や指の骨をペンダントに加工し身につける風習があったと考える説もある。また根古屋遺跡では幼児・少年・成人の骨が同じ土器からでた例、小児・成人の骨とシカの骨が同じ土器からでた例もあり、血縁関係のある複数の人骨が同一の土器におさめられる場合があることが知られ、火葬する場合に一緒に動物を焼いて死者に捧げることがあったことも考えられている（霊山町教育委員会『霊山根古屋遺跡の研究』）。なお、再葬墓の土器のなかには人面を表現したものがある。鳥内遺跡・墓料遺跡の例のほかに滝ノ森《たきのもり》遺跡（白河市〈旧表郷《おもてごう》村〉）出土の例がある。

浜通りの天神原遺跡（双葉《ふたば》郡楢葉《ならは》町）ではほかの例にくらべるとやや新しい段階の弥生時代の墳墓《ふんぼ》が発掘されているが、ここでは土器におさめられているのは乳幼児のみで、成人は土壙に直接葬られていた。乳幼児を土器におさめて葬るのは縄文時代にもみられた葬法である。土壙墓が数多く発掘されたのは一ノ《いちの》堰《せき》B遺跡（会津若松市）で、一一一基が発掘された。墓穴の形は長方形・楕円形などさまざまである。死者が身につけていた管玉《くだたま》や勾玉《まがたま》などの装身具が発見されたもの、壺や鉢などの土器が副葬されていたものもある。また墓穴の端に接して墓標をたてた痕跡の小穴が確認された例が二六基ある。

2　ヤマト勢力との出会い

周溝墓と古墳の出現●

周溝墓《しゅうこうぼ》とは周囲に溝がめぐる墓で、墓の本体の高まりの周囲に方形《ほうけい》に溝をめぐらす方形周溝墓がもっとも多い。周溝墓は弥生時代から古墳時代の初めにかけてつくられた。東北地方の例では舘ノ内《たてのうち》遺跡（喜多方市〈旧塩川町〉）では、弥生時代の末ころの周溝の四隅が切れるタイプの方形周溝墓が二基発掘され、うち一基は周溝が弧状《こじょう》を呈しており、山陰地方や北陸地方西部の四隅突出型《よすみとっしゅつがた》墳丘墓との関係が想定される。また会津若松市の屋敷遺跡で発掘された弥生時代末の方形にめぐる溝もあるいは方形周溝墓かもしれない。

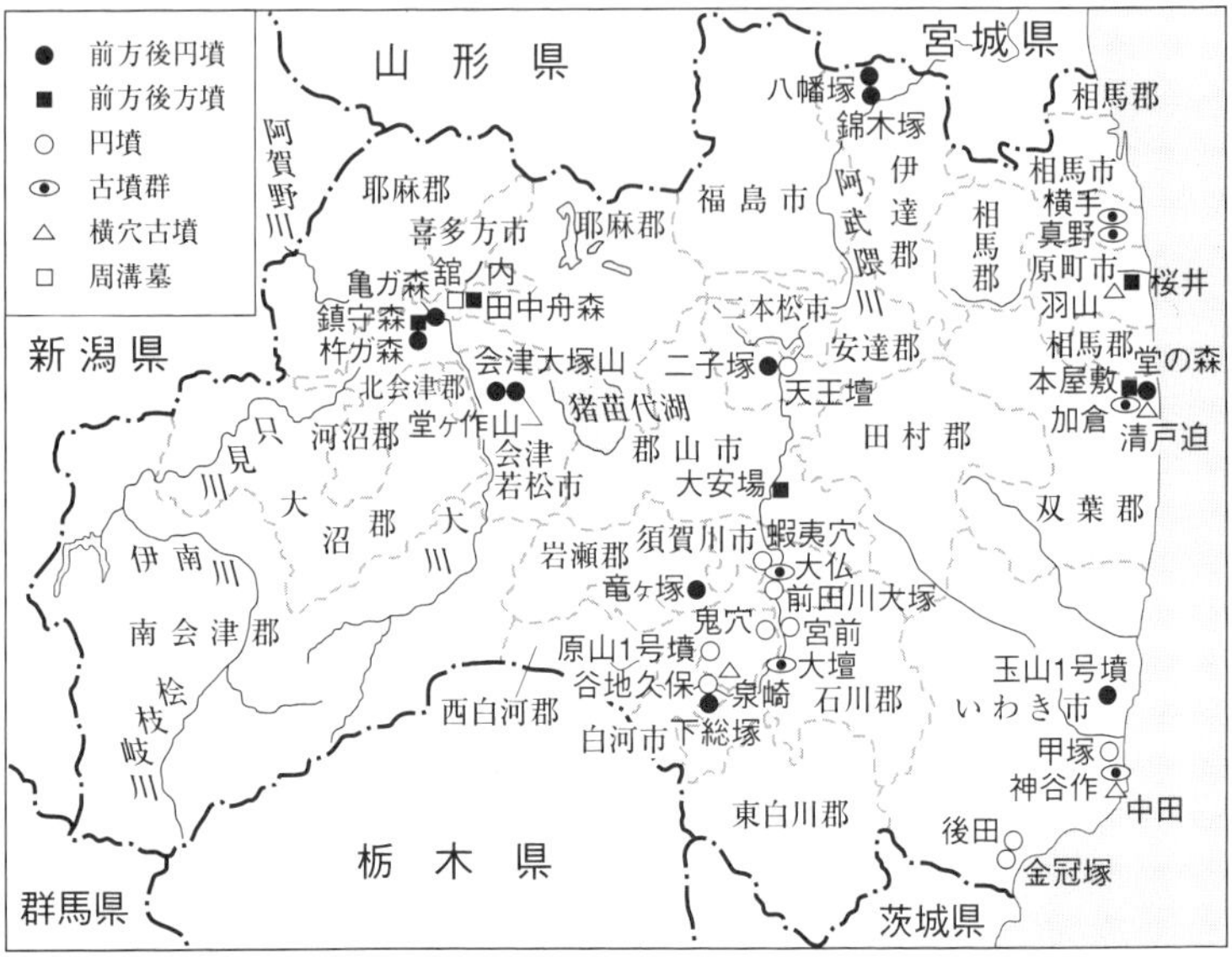

おもな古墳の分布

杵ガ森古墳と稲荷塚遺跡(会津坂下町)

古墳時代の周溝墓は一般に古墳よりも規模が小さく、古墳に埋葬されるより下位の人物の墓であろうと考えられる。また古墳が出現するより一段階前に周溝墓がつくられることもあるらしい。福島県では会津盆地で古墳時代の初期にさかのぼる周溝墓が確認されている。宮東《みやひがし》遺跡（河沼郡会津坂下町《あいづばんげ》）は東北第二位の大前方後円墳の亀ガ森《かめがもり》古墳（全長一二七メートル）の西四〇〇メートルのところにあり、円形・前方後円形・前方後方形の周溝墓が発見され、出土した土器の特徴から古墳時代初期のものであることが判明した。またさらに亀ガ森古墳に近い男壇《おだん》遺跡でも方形・前方後方形の周溝墓が発見され、やはり古墳時代初期のもので、五号周溝墓とされたものは亀ガ森古墳の周溝に一部壊されていて、その年代が確実に古墳よりも古いことが確かめられた。亀ガ森古墳に隣接して全長五五メートルの前方後方墳の鎮守森《ちんじゅのもり》古墳もある。

また、杵ガ森《きねがもり》古墳（河沼郡会津坂下町）は全長四六メートルほどの東北地方では最古段階に属する前方後円墳であるが、古墳の周囲を取り囲むように周溝墓が発見されている（稲荷塚《いなりづか》遺跡）。これらの周溝墓から発見された土器のなかには北陸地方の特徴をもつものが多くみられ、この地域の周溝墓と古墳の出現には北陸地方の強い影響が推測され興味深い。

これまで東北最古の前方後円墳として知られていたのは会津大塚山《おおつかやま》古墳（会津若松市）で、全長一一四メートル、後円部径約七〇メートル、前方部前端幅五四メートルの規模をもつ。埋葬施設は二本の粘土槨《ねんどかく》で、副葬品には三角縁神獣鏡《さんかくぶちしんじゅうきょう》・銅鏃《どうぞく》・三葉環頭大刀《さんようかんとうたち》などがあり、四世紀後半の年代が考えられる。近年、会津大塚山古墳のある丘陵を見下ろす、会津大塚山古墳の一・五キロほど東南にある堂ケ作山《どうがさく》の山頂に全長八〇メートルほどの大型の前方後円墳が存在することが知られた。古墳の表面には葺石《ふきいし》があり、墳頂《ふんちょう》部には折り返し口縁《こうえん》で底部穿孔《せんこう》の土師器《はじき》の壺があったと思われ、埋葬施設は未発掘であるが、墳形・立地などを考慮すると、会津大塚山古墳よりもさかのぼる年代のものであろう。またやはり大塚山古墳を見下ろす飯盛山《いいもり》の山頂にも全長六〇メートル前後の前方後円墳があり、これも会津大塚山古墳に匹敵《ひってき》する古い古墳であろう。これらは会津坂下町の杵ガ森古墳とともに四世紀の初めころにさかのぼる東北最古の古墳に属する。会津にはほかに灰塚山《はいづかやま》古墳（喜多方《きたかた》市）、深沢古墳・田中舟森《たなかふなもり》古墳（ともに喜多方市〈旧塩川《しおかわ》町〉）などの古い時期の大型の前方後円墳や前方後方墳の存在が知られている。

中通り地方では郡山市田村町の大安場《おおやすば》古墳が全長約八五メートル前後の東日本有数、東北地方最大の大型の前方後方墳で、埋葬施設は割竹型木棺《わりたけがたもっかん》、副葬品としては腕輪型石製品や各種の鉄製農工具をもち、四世紀のなかば前後にさかのぼる（郡山市教育委員会『大安場古墳群』）。中通り地方の古い時期の古墳としては、ほかに傾城壇《けいせいだん》古墳（安達郡大玉村）・仲ノ平《なかのだいら》六号墳（須賀川市）・正直《しょうじき》三五号墳（郡山市）などがある。浜通り地方の古い時期の古墳では玉山《たまやま》一号墳（いわき市）が全長一一八メートルの前方後円墳、桜井古墳群（南相馬市原町区）のなかの渋佐《しぶさ》一号墳が全長七五メートルの前方後方墳である。浜通り地方の古い時期の古墳としては、ほかに本屋敷《もとやしき》一号墳・堂の森古墳（ともに双葉郡浪江《なみえ》町）もある。

ところで会津大塚山古墳から発見された三角縁神獣鏡は、邪馬台国《やまたいこく》の時代に中国からもたらされた鏡を模して四世紀中ごろに大和《やまと》でつくられたものである。大和で三角縁神獣鏡をつくったのは、西晋《せいしん》王朝の滅亡という事態により、中国から鏡を入手できなくなったためにとられたやむをえない手段であった。中国製の三角縁神獣鏡は大和勢力が地方の豪族と手を結んだしるしとして各地の豪族に贈られ、全国に拡散した。国産の三角縁神獣鏡も同じ目的で用いられた。会津大塚山古墳の主は四世紀の中ごろに大和の勢力と手を結んだことがわかる。大安場古墳の主などもまた大塚山古墳の主と同じような関係を大和勢力ととり結んでいたと推測してよかろう。ただし大安場古墳が前方後円墳ではなく前方後方墳であること、副葬品の主なものが鏡ではなく腕輪型石製品であることなどからすると、大和勢力の二つの古墳の主に対する評価が微妙に異なっていたことも推測できるのである。

なお福島県地方の古い段階の顕著な古墳は会津に多く、中通り地方・浜通り地方には少ないという特徴がある。ところが会津地方では古墳時代の後半段階になると顕著な古墳が極端に少なくなる。県外では米《よね》沢《ざわ》盆地・山形盆地・仙台平野・大崎平野などが会津地方と同じような地域である。しかし中通り地方や浜通り地方は古段階の古墳はあまり多くないものの、後半段階には有力な古墳がつくられるようになる。このことは会津地方などは前期には大和の勢力によって注目され、その影響下におく必要があり、それにふさわしい実力をそなえた大豪族が存在した地域であったが、古墳時代の後半段階になるとこれらの地域における大豪族の力は弱まり、また大和の政治的・文化的な影響力も弱まったのであろう。これに対して中通り地方・浜通り地方は古墳時代の後半段階になるといっそう大和朝廷との関係を深めていったことを示している。

国造たちの墓●

七世紀なかばに陸奥国が建てられる前までの大和朝廷の地方支配の仕組みを国造《くにのみやつこ》制という。国造はクニノミヤツコと訓じ、のちの郡程度の広さの地域ごとに、その地域の有力豪族が国造に任命されてそれぞれのクニを支配領域とする一方で、大和の大王に対しては特産物の献上、労働力や兵力の提供などの義務を負うものである。国造には任期はなく、その地位は代々一族のものに伝えられた。国造に任命された豪族には直《あたい》・君《きみ》などの姓《かばね》があたえられた。直は一般の国造に、君は有力な国造にあたえられたといわれる。国造一族の男子は舎人《とねり》として、女子は采女《うねめ》として大和にのぼって大王やその一族に仕えた。舎人として大王に仕えたものは、やがて帰国してつぎの国造となることも多かった。

国造は大和を中心とした政治秩序に組みこまれた存在であり、大王や中央豪族によってさまざまな制約

東北地方の国造

国　造	注目される古墳とその特色
〔阿武隈川流域〕	
白河《しらかわ》国造(白河市付近)	白河市下総塚《しもふさづか》古墳(横穴式石室の前方後円墳)，同市谷地久保《やちくぼ》古墳(切石作りの石室の終末期古墳)，石川町大壇《おおだん》古墳群(横穴式石室をもつ前方後円墳3基を含む)，玉川村宮前古墳(切石作りの横穴式石室)，矢吹町鬼穴古墳(大規模な横穴式石室をもつ円墳)
石背《いわせ》国造(須賀川市付近)	須賀川市大仏《だいぶつ》古墳群(小型の前方後円墳2基を含む)，前田川大塚古墳（大型の横穴式石室)，蝦夷穴《えぞあな》古墳(長大な横穴式石室をもつ円墳)，天栄村竜ヶ塚古墳(後期の大型前方後円墳)
阿尺《あさか》国造(郡山市・本宮市付近)	大玉村二子塚古墳(後期の大型前方後円墳)
信夫《しのぶ》国造(福島市付近)	国見町・桑折町塚野目《つかのめ》古墳群（横穴式石室をもつ前方後円墳の錦木塚《にしきぎづか》古墳を含む)
伊久《いぐ》国造(宮城県角田市・伊具郡丸森町付近)	角田市大久保古墳(大規模な横穴式石室をもつ円墳)
〔太平洋岸地方〕	
道奥菊多《みちくおくのきくた》国造(いわき市勿来《なこそ》付近)	いわき市勿来金冠塚《なこそきんかんづか》古墳(横穴式石室をもつ円墳で金銅製飾り金具などが出土)，後田《うしろだ》古墳群(1号墳から陶棺が出土)
石城《いわき》国造(いわき市平《たいら》付近)	神谷作《かみやさく》古墳群(天冠埴輪などを出土した101号墳を含む。付近に多くの古墳群がある)，甲塚《かぶとづか》古墳(大型の円墳)，中田横穴(連続三角文を描いた装飾横穴)
染羽《しめは》国造(双葉郡浪江町付近)	浪江町加倉古墳群(周辺に直弧文《ちょっこもん》のある鹿角製刀装具を出土した上の原古墳などがある)
浮田《うだ》国造(相馬市・南相馬市付近)	南相馬市鹿島区真野《まの》古墳群(前方後円墳2基を含む。うち1基から金銅製の魚符《ぎょふ》が出土)
思国造（不明，宮城県亘理《わたり》郡付近か)	

「国造本紀」その他の史料による。

をうける存在ではあったが、自領内では土地・人民を把握する地域の支配者であり、大和王権の支配は国造をとおして間接的にしか地方におよんでいなかったのである。地方支配のこのような体制は五世紀末から六世紀にかけて徐々につくられていった。ただし国造の名称が用いられるようになったのはもう少しあとかもしれない。

全国にどのような国造のクニがあったかについては、『先代旧事本紀《せんだいくじほんぎ》』の「国造本紀」の部分に全国の国造の名称、系譜、国造として任命された年代などが列挙されている。『先代旧事本紀』の序文には、この本が聖徳太子と蘇我馬子《そがのうまこ》によって選述されたものと記されているが疑わしく、平安時代に物部《もののべ》氏に属する人物によってつくられた偽書《ぎしょ》とみるべきだというのが学界の定説である。ただし偽書とはいっても、完全に机上で創作されたものではなく、何らかの古い史料をふまえた部分もあると考えられている。「国造本紀」の部分も、そのような部分の一つで、おそらくは大化以前に実在した国造のリストそのものである可能性が高い。

なお「国造本紀」では全国の国造はおおむね大王家の血を引いたものが国造に任命され各地にくだったことになっているが、これは事実ではあるまい。大王家を中心とする擬制的な血縁関係を全国の地方豪族にまでおよぼして、支配をより完全なものにしようとした結果であるとみられる。

「国造本紀」およびその他の史料によって、東北地方の国造を示すと前頁の表のようになる。なお、それぞれの国造の拠点が国造がおさめるクニのなかのどこにあり、国造一族が葬られた古墳がどれにあたるのかなどは確実なところはわからない。しかし国造制の時代はおおむね古墳時代の後半段階に相当するので、その時期の注目すべき古墳をあわせて示しておく。ここにあげた古墳のいずれかが国造一族の墓と考えてよかろう。なお四世紀・五世紀という古墳時代の前半段階の有力古墳と後半段階の有力古墳が同じ場所に存在することはほとんどないところからみると、多くの地域では古墳時代前半段階の有力豪族が没落したらしく、新興豪族が国造に任命されたのではないかと考えられる。

三〇頁表に示した古墳は国造一族またはそれに準ずる勢力を有した豪族の古墳に相違ない。またある場合には国造一族内部での勢力の交代や国造の交代があったかもしれず、そのような場合には国造のクニの領域内の離れたところにある古墳がともに国造一族の墓ということもあり得ないわけではなかろう。

なお国造の治めるクニのもっとも北のものは阿武隈《あぶくま》川の河口にあたる宮城県南の伊具《いぐ》郡の地域とされる伊久国造である。一方、会津には国造がおかれていた証拠はない。米沢盆地・山形盆地や仙台平野・大崎

錦木塚古墳の横穴式石室(伊達郡桑折町)

平野にも国造制はおよんでいない。国造がおかれていた地域が、七世紀なかばころまでの大和朝廷の直接の勢力範囲とみてよい。

埴輪と壁画古墳●

古墳から発見される出土品のなかでもっともよく知られているものは埴輪《はにわ》であろう。埴輪には円筒《えんとう》埴輪と形象《けいしょう》埴輪とがある。円筒埴輪は文字通りに円筒形で、古墳頂上部の縁辺や古墳の裾《すそ》などにあたかも垣根のように一定の間隔をおいて立て並べられる。形象埴輪には人物・動物・器財などの別があり、古墳頂上部の埋葬施設の周囲を取り囲むように、あるいは石室の入口付近とか造出《つくりだ》しの部分におかれることが多い。円筒埴輪はすでに最古段階の古墳にみられるが、形象埴輪の出現はやや遅れる。

福島県内で出土した形象埴輪には、天王壇《てんのうだん》古墳（本宮《もとみや》市）・原山《はらやま》一号墳（西白河郡泉崎《いずみざき》村）・丸塚古墳（相馬市）・神谷作《かみやさく》一〇一号墳（いわき市）・経塚《きょうづか》一号墳（河沼郡会津坂下町）のものなどがよく知られている。

天王壇古墳は直径三八メートルの円墳で、西側に幅五メートル・長さ三メートルの方形の造出しがある。埴輪は造出しの裾付近に集中しており、埴輪の配置は、造出しの南側に古墳に近づくものから古墳をまもるかのように盾形《たてがた》埴輪をおき、つづいて犬、猪形埴輪をおいて狩りのようすを表現し、その北側には鶏形埴輪と小型の馬の埴輪をおく。造出しの北側には甲冑《かっちゅう》形埴輪と巫女《みこ》形埴輪をおいて、古墳で行われた儀式を再現している。なお天王壇古墳と国見町八幡塚古墳の円筒埴輪には多くの共通する特徴があり、同じ埴輪作りの人びとの手になる作品であることが推定されている（本宮町教育委員会『天王壇古墳』）。

原山一号墳は全長二〇メートルほどの小形の前方後円墳で、埴輪は本来は墳丘の上に立て並べてあったものが古墳の裾の部分をめぐる堀に転落した状態で発見された。各種の人物埴輪が発見され、なかに相撲《すもう》をとる男子・盾《たて》をもつ男子・琴を弾く男子・踊る男子・盛装した女子などがあった。原山一号墳の埴輪と東京都狛江《こまえ》市の亀塚《かめづか》一号墳の冠をかぶった男子像には多くの共通する製作技術が認められ、同じ埴輪作り集団の作品と推定されている（福島県立博物館『原山一号墳発掘調査概報』）。

いわき市神谷作一〇一号墳のものは、冠をかぶりあぐらを組む男子像、挂甲《けいこう》をつけた武人像がある一方、おそらくは古墳の主に対してひざまずいて敬意、あるいは弔意《ちょうい》を表している男子像がある。いずれも国指定の重要文化財である。経塚一号墳からは人物埴輪・馬形埴輪・家形埴輪などが発見されている。会津では形象埴輪を有する古墳は珍しい。

装飾古墳とは古墳の石室や石棺あるいは横穴古墳に装飾文様や絵画を施したもののことで、熊本県北部と福岡県に集中的に分布する。九州以外では山陰地方・大阪府・茨城県などに点在するが、東北地方ではとくに福島県のものがよく知られている。福島県の装飾古墳の年代は、中田《なかだ》横穴（いわき市）がやや古いが、ほかは六世紀後半から七世紀ころのものと考えられており、全体としては、埴輪を有する古墳よりも新しい時期のものである。

中田横穴の主要部は前室と後室とがあり、後室の四壁に赤と白の顔料を用い、三段に連続した三角文が描かれている。出土品には大刀・よろい・馬具などの多くの武器や武具があり、古墳の主が武人的性格を帯びていたことが推測できる。三角連続文が何を意味しているかについては諸説があるが、古墳の内部を幔幕《まんまく》を張りめぐらし、武器・武具を並べた古墳の主の本陣をかたどったものと考え、三角文は幔幕の表現とする説はきわめて理解しやすい。

清戸迫《きよとさく》横穴（双葉郡双葉町）は、奥壁中央に赤色顔料による巨大な渦巻文《うずまきもん》があり、それをはさむように左右に人物の立像が描かれている。そのうちむかって右側の人物は兜《かぶと》をかぶっているようにみえ、この人物の右側には人物を背中にのせた馬がいる。むかって左側の人物の右、渦巻文の下部には弓をもって鹿を射ている人物があり、鹿の周囲と渦巻文の右の人物の左には、あわせて四匹の犬がいる。

泉崎《いずみざき》横穴（西白河郡泉崎村）は、奥壁、左右の側壁、天井に赤色顔料による絵が描かれている。昭和八（一九三三）年の発見で、現在は薄くなってみえにくい部分もあるが、奥壁のむかって右側には弓をもって馬にのり、鹿を追っている人物が、奥壁の中央部から右側には、手をつないだ男子四人とひざまずいて何かを捧げているようにみえる女子三人の、あわせて七人の人物像がある。左右の側壁には、人物を背中にのせた馬、鞍《くら》をつけた馬など多くの馬が描かれている。また、天井部には多くの渦巻文が描かれている。

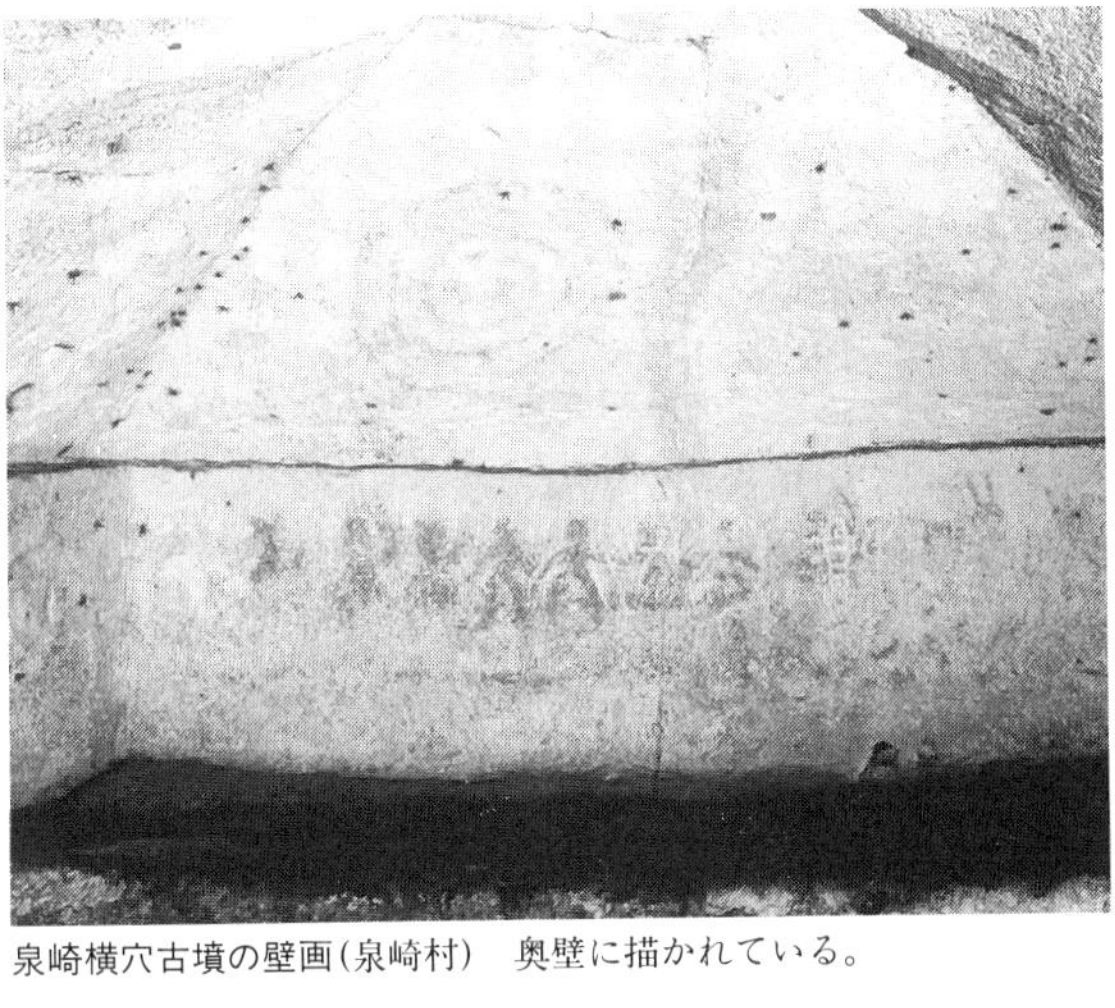

泉崎横穴古墳の壁画(泉崎村)　奥壁に描かれている。

羽山《はやま》横穴（南相馬市原町区）の絵は赤色と白色の二色の顔料を用いており、奥壁中央部に盾とみられるものと、その左側に二人の人物が描かれ、盾の右側には二個の渦巻文がある。二人の人物の上部には白色の鹿が、奥壁のむかって左側には、馬のようにみえる動物が四匹いる。天井と側壁には、赤色と白色の珠文がちりばめられている。

清戸迫横穴以下の壁画には渦巻文があり、太陽をあらわすものともいわれてきたが、古墳時代に呪力《じゅりょく》をもつ文様と考えられていた直弧文《ちょっこもん》という文様の系統のものとする説も捨てがたい。また馬が多く登場し、狩猟や、宴席の場面も多い。族長が主宰する狩猟はそのまま軍事訓練の場でもあり、また族長を中心とするまとまりを確認する場でもあり、そこでは宴会も行われたであろうから、そのような場面が絵の主題なのであろう。

いずれにせよ装飾古墳の絵画は、形象埴輪の群像とともにこの時代の族長層の生活ぶりを生き生きと表現したものにほかならない。

2章

古代国家と福島

願成寺(白水)阿弥陀堂(いわき市)

1　律令国家と福島

東国国司がやってきた

中央政界で六四五年に蘇我氏の本宗家《ほんそうけ》を打倒するクーデタが成功し、中大兄皇子《なかのおおえの》（のちの天智天皇）や中《なか》臣《とみの》鎌足《かまたり》らの勢力が実権をにぎると、これまでのような国造制を改めて、土地と人民を朝廷が直接に把握する中央集権国家体制への転換がはかられ、従来の国造の治める「クニ」を廃止して「コホリ」（評）という単位に改変し、複数の「コホリ」を統括し、国司の治める「国」という新しい上級の地方組織を設けることになった。陸奥《むつ》国はそのような「国」の一つとして成立した。

「クニ」から「コホリ」への改変と「国」の設定の過程はつぎのようなものであった。クーデタ直後、地方の状況の調査を任務とした調査団が派遣された。『日本書紀』はこれを東国国司と記している。東国国司は中部地方以東の地域にそれぞれ長官《かみ》・次官《すけ》・主典《ふびと》その従者からなる八組が派遣された。この八組のうちの一組がおそらく陸奥に派遣されたと考えられている。東国国司の任務には地方豪族の所有する武器を収公して武器庫におさめることもあったが、蝦夷《えみし》と境界を接する地方、つまり福島県や宮城県南部の地域では一旦武器を収公し、その数を数えたあとにもとの持ち主に返したという。

「コホリ」の設定が実際に行われたのは、『常陸国風土記《ひたちのくにふどき》』によると現在の茨城県地方の場合は大化五（六四九）年、あるいは白雉《はくち》四（六五三）年のことであった。『常陸国風土記』の多珂《たが》郡の条によれば多珂の国造のクニは道前《みちのくち》と道後《みちのしり》からなっており、道前は久慈《くじ》の堺の助河《すけかわ》の地域、道後は陸奥国石城《いわき》郡苦麻《くま》の村の地域だった。苦麻の村は現在の双葉郡大熊《おおくま》町にあたるともいわれる。このときの多珂のクニはのちの常陸国多珂郡と陸奥国菊多郡・石城《いわき》郡の地域を含む南北に細長いクニだったのである。白雉四年に多珂国造の石城直美夜部《いわきのあたいみやべ》と石城評造《いわきのこおりのみやつこ》の部志許赤《べのしこあか》（部の前の文字が脱落しているかもしれない）らは惣領《そうりょう》の高向大夫《たかむこのたいふ》に申請して、多珂のクニの南半分を多珂評《たかのこおり》に北半分を石城評《いわきのこおり》とした。惣領は『日本書紀』の東国国司に相当する。部志許赤を石城評造と記すのは、石城評が建てられた後に、部志許赤が石城評造となったということであろう。石城評とされた地域は孝徳朝以前には多珂の国造の領域に含まれていたのである。このようにして多珂のクニは多珂評と石城評に分割されたのであるが、ほどなく多珂評はさらに分割されて北部に菊多評が建てられた。

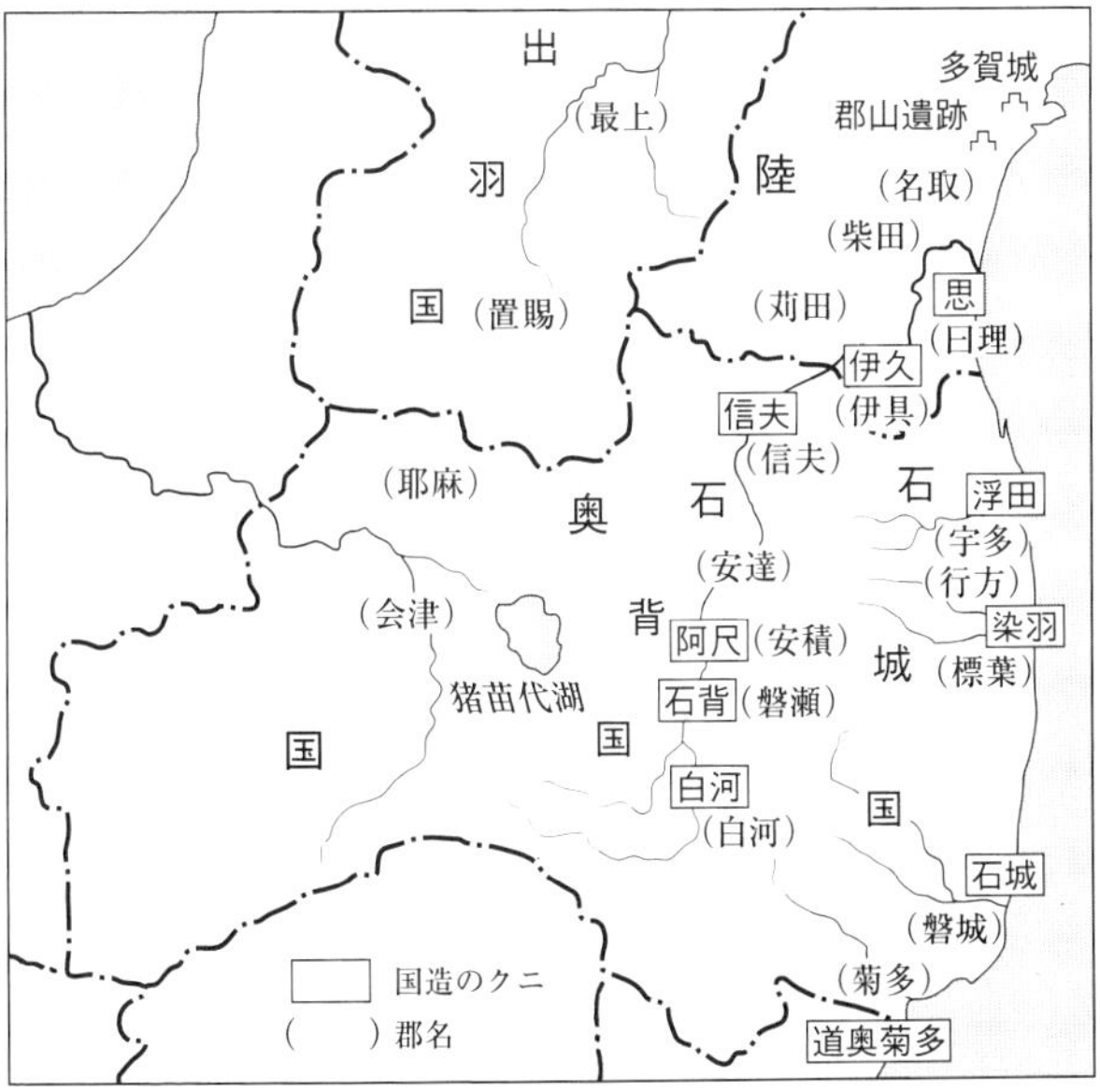

国造のクニと郡

菊多評は当初常陸国に属していたが、養老二（七一八）年に石城国が建てられると石城国の所属となり、石城国が廃止されると陸奥国に属することになる。

なお「国造本紀」には石城国造や道奥菊多国造の名があるから、ある時期には多珂国造の領域は孝徳朝ほど大きなものではなく、多珂国造とは別に石城国造や道奥菊多国造も存在した時期があるのであろう。また多珂国造の名前が石城直であることからすれば、もともとは石城地方を勢力基盤としていた石城直の勢力がある時期に多珂地方にまでひろがり、石城地方と多珂地方がひとつの国造のクニにまとまることになったのかもしれない。

『常陸国風土記』には、高向臣《たかむこのおみ》と中臣幡織田連《なかとみのはとりだのむらじ》らが派遣され、相模《さがみ》国の足柄《あしがら》山から東の我姫《あずま》地方は八国とされ、常陸国はそのひとつとなったことも記されている。高向臣や中臣幡織田連らが派遣されたのは、先の東国国司が把握した現地の状況をふまえて、国造のクニを評に編成がえし、複数の評を統括する国を設定するためであった。高向臣や中臣幡織田連らは、いわば第二次の東国国司であったのである。高向臣や中臣幡織田連らが設定した八国を相模《さがみ》・武蔵《むさし》・上総《かずさ》・下総《しもうさ》・上野《こうづけ》・下野《しもつけ》・常陸・陸奥とすれば、陸奥国の成立は常陸国などと同じく、孝徳朝ということになる。

なお、評を建てるときには複数の国造の領域の一部をさいて新設されることもあったが、国造のクニがそのまま評とされた場合ももちろんあった。陸奥の場合は、磐城地方をのぞいては基本的にはこの形態であったと考えられる。なお陸奥国の名称は当初は陸奥国ではなく道奥国であった。都からの道の一番奥の国という意味である。

道奥国設定当時の領域としては、会津をのぞく現在の福島県域と宮城県の県南部が考えられる。この地域には以前から国造の支配するクニがあったから、常陸と同じく孝徳朝にはそれらを編成がえした評が建てられたであろう。ただし孝徳朝のことであったかどうかは確かではないが、そう遅くない時期に会津地方、米沢・山形地方、仙台平野、大崎平野が陸奥国の領域のなかに含まれることになったと考えられる。しかしこれらの地域は、国造のクニがおかれた地域のさらに外側にあたっていた地域であり、そこは蝦夷とみなされていた人びとの世界であった。したがって当然、国造のクニを編成がえして評にするという方式はとれなかった。

このような地域を陸奥国内に組みいれるにあたっては、重要な地に城柵《じょうさく》を設け、これを地域支配の拠点とした。城柵には中央から官人が派遣され、城柵がおかれた地域には東北南部や関東・中部地方から移民が導入された。仙台市の郡山遺跡は七世紀のなかばすぎにさかのぼる城柵、宮城県大崎市の名生館《みょうだて》遺跡も七世紀末または八世紀初頭にはじまる城柵遺跡と考えられる。また遺跡は明らかではないものの、山形県の置賜《おきたま》（優嗜曇《うきたみ》）地方にも城柵があったことが『日本書紀』の持統天皇三（六八九）年の記事に優嗜曇郡の柵《き》（城）養《こう》の蝦夷という語がみえることから知られる。会津地方も国造のクニがなかった地域の一つであるから、あるいは城柵がおかれた地域であったかもしれない。

地方豪族の光と陰●

大小さまざまな古墳がつくられた時代は地方の時代であり、大小の豪族たちは、なお独自の権威と活力を保っていた。国造たちは大和朝廷の権威を背景としてではあったが、地域においては土地と人民を把握する存在であった。

国造の「クニ」が「コホリ」に編成がえされると、国造自身またはその一族がその長に任命された。コホリははじめ「評」の文字が用いられ、大宝律令が施行されることになった大宝元（七〇一）年以後は「郡」の文字が用いられるようになった。そして「コホリ」の長もはじめ「評造《こほりのみやつこ》」といわれたが、後には「評督《こほりのかみ》」となり、大宝律令では「郡司《こほりのつかさ》」の名になった（以後はとくに必要のある場合以外には大宝律令以後の郡、郡司の名称を用いる）。

国造のクニが評に、国造が評造に改められた段階では、それはたんに名前が変わっただけとうけとられたかもしれない。しかしやがていくつかの「コホリ」の上に「国」が設定され国司がやってくると、「クニ」から「コホリ」への変化は、単なる名称の変更ではないことが知られることになる。郡司は当初から複数制で、はじめは評造、評督の次位に助造《すけのみやつこ》、助督がおかれ、大宝律令以後は首位の郡司を大領《たいりょう》、次位の郡司を少領《しょうりょう》とよび、少領の下位にはさらに複数の主政《しゅせい》、主帳《しゅちょう》という

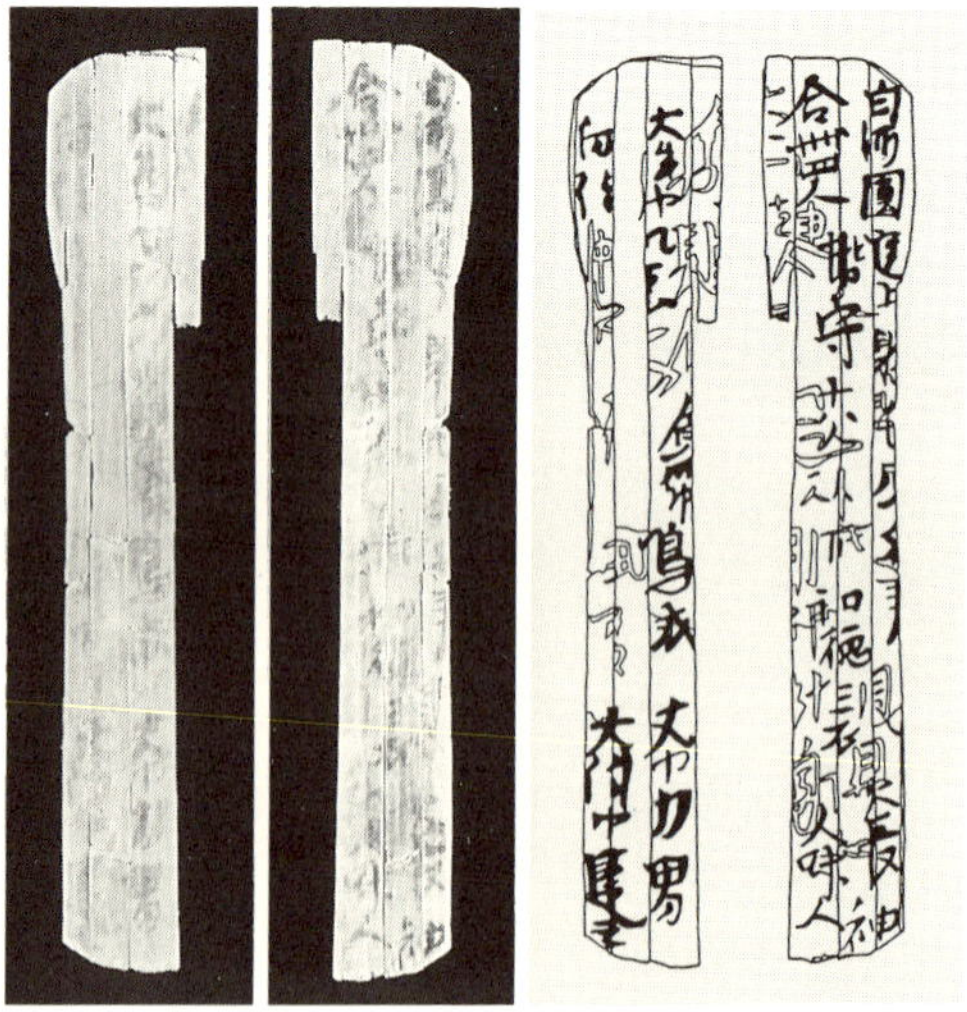

（表）
白河團進上射□□□□〔手歴名事カ〕　火長神
□守十八人　□□〔火長カ〕和徳三衣　人味人

（裏）
合卌四人　□
大生部乙虫　□□部嶋□〔成カ〕　丈部力男
□□〔阿倍カ〕□　□　大伴部建良

白河團から多賀城におくられた兵士の名を列挙したもの（宮城県多賀城市）

名の大領、少領を補佐する役がおかれた。そして同一の郡の郡司には原則として一族の者を連任しない定めもあった。そしてはじめは郡司には、かつての国造一族を優先的に任命することになっていたが、後にはその原則ははずされ、郡司候補者の才能が基準になり、才能が同程度の場合のみ国造一族のものが優先されるように改められた。さらに地方の軍事制度として軍団制が整えられると、地方豪族が任命される役職として大毅《たいき》、少毅《しょうき》以下の軍団の幹部がつけ加えられることになった。

かつての国造はおそらく複数任命制ではなかったし、軍事権をもにぎっていた。軍団制の創設には地方豪族の力をいっそう分散させるという意図もこめられていたのである。この点を考えると、国郡制がいかに地方豪族の権力の分散化をはかったかが明らかになる。国造制の時代の国造一族の独占的な地位はもはや過去のものとなったのである。

なお、軍団制は戸籍作成の整備をまって出現した制度で、評の制定よりは遅れて定められた。大宝律令の制度では成人男子三人のうち一人が兵士に指定され、兵士はもよりの軍団に所属した。一軍団にはふつう一〇〇〇人の兵士が所属し、交代で所属する軍団に上番《じょうばん》して訓練などをうけた。全国一率の軍団制は一旦は天平二（七三〇）年に廃止されるなどの変遷があったが、陸奥国、出羽《でわ》国、大宰《だざい》府管内の国々のみは、平安時代前期に至るまで軍団制が保持された。陸奥国の軍団は、時期による数の変遷はあるが、多いときには白河軍団・行方《なめかた》軍団・安積《あさか》軍団・磐城軍団（以上福島県内）、名取《なとり》軍団・小田《おだ》軍団・玉造《たまつくり》軍団［神亀五（七二八）年以前の名称は丹取《にとり》軍団］（以上宮城県内）があった。このうち白河軍団は神亀五年の新設であるから、福島県内の軍団で早くから存在したのは行方軍団・安積軍団である。また磐城軍団は弘仁六（八一五）年以後で承和十五（八四八）年以前に設置されたものである。

国司《こくし》は中央から赴任してきた中央の貴族が地方に常駐するもので、地方支配の全責任を負った。国造制の時代には朝廷から派遣された人物が地方を見回りにくることはあっても、それが地方に常駐するようなことはなかった。国司の主たる任務は地域の土地の人民を把握して租税収入を確保することであり、そのためには完備した土地台帳・戸籍台帳が必要である。郡司は戸籍と土地台帳の作成とそれらによる租税の確保の実務担当を主たる任務とするように位置づけられた。郡司は国司による地方支配機構の末端に位置づけられ、もはや地域の支配者ではなかったのである。また軍団も国司の管轄下にあったから、国司と郡司や軍団幹部との格差は絶大であった。

「正倉院文書《しょうそういん》」のなかに、おそらくは福島県内と思われる陸奥国の某郡の和銅元（七〇八）年の陸奥国戸口損益帳《ここうそんえきちょう》と仮称される戸籍台帳の一種が残っている。この台帳はこの年にその里でどのような人口の異動があったかを記したもので、一例をあげれば、この郡の郡上里の君子部波尼多《きみこべのはにた》を戸主とする戸に波尼多の親戚にあたる君子部阿佐麻呂《あさまろ》という青年がおり、別の里の君子部久波自《くはじ》という女性と結婚し、彼女を波尼多の戸に迎え入れたということが記されている。このようにことこまかく人民の動静を把握するためには里長に任命された末端の地方豪族の力が必要であり、律令制は各層の地方豪族の協力なしには機能しない仕組みになっていたのである。

石城国・石背国の建置と廃止●

律令制の時代の東北地方は陸奥国と出羽国の二国からなっていた。ただし出羽国が建国されたのは和銅五（七一二）年で、それ以前は福島県と宮城県、それに山形県の内陸部は陸奥国に所属しており、山形県の庄内《しょうない》地方は越後《えちご》国の出羽郡であった。その出羽郡も和銅元年に新しくおかれた郡で、出羽国はそれまでは陸奥国の管轄であった置賜《おきたま》、最上《もがみ》の二郡と出羽郡をあわせて和銅五年に新しくおかれたのである。

陸奥国の領域は養老二（七一八）年に陸奥国から石城《いわき》国と石背《いわせ》国が分置されるという大きな変化があった。陸奥国から石城・標葉《しめは》・行方《なめかた》・宇太《うだ》・曰理《わたり》、常陸国から菊多《きくた》の六郡をさいて石城国をおき、白河・石背・会津・安積《あさか》・信夫《しのぶ》の五郡をさいて石背国をおいた。これによって福島県域は石城国または石背国に属することになり、陸奥国の領域ではなくなった。これにより陸奥国はおもに阿武隈川河口以北の地域だけを領域とする小規模な国となったのである。

石城・石背両国として陸奥国から切り離された地域は、おおむね以前には国造のクニがおかれ、朝廷の勢力がおよんでいた地域であり、蝦夷系の住民が居住していない、常陸国や下野国以南の東国《とうごく》諸国と同じ性格の地域であった。したがって両国の設置は、以前には国造のクニがおかれていない、七世紀後半以後に新しく政府の直接支配地に組みいれられた地域を陸奥国として独立させることを意味した。両国の分置とほぼ同じ時期に成立した出羽国もまた、両国分置後の陸奥国と同じような性格の国であった。

陸奥国の設置以後、中央政府が直接支配する領域は以前に国造のクニがおかれていた地域を越えて、仙台平野や大崎平野までを含むようになっていた。中央政府がこの地域に直接支配の手をのばすことができると判断したのは、古墳がこの地域にも存在することに示されるように、以前からこの地域が朝廷の勢力圏にはいっていたからである。中央政府はこの地域を支配するために城柵を設置し、移民を導入した。こうしてこの地域は蝦夷系の住民と移民系の住民が交雑する地となったのである。のちに出羽国とされる地域もほぼ同様な状況であった。

中央政府のこのような政策は蝦夷系の住民の強い反発を招き、八世紀にはいると軍事的な衝突が頻発している。和銅二年には、陸奥・越後の二国の蝦夷がしばしば良民《りょうみん》を害すというので、巨勢麻呂《こせのまろ》を陸奥鎮《むつちん》東将軍《とう》、佐伯石湯《さえきのいわゆ》を征越後蝦夷将軍とし、陸奥と越後の両方から蝦夷を攻めさせた。また、両国の分置後のことではあるが、養老四年には、蝦夷が反乱して按察使《あぜち》の上毛野広人《かみつけののひろひと》を殺したということがあり、持節征夷《じせつせいい》将軍と持節鎮狄《ちんてき》将軍が任命された。このような蝦夷との戦いのため東国諸国は種々の人的・物質的な負担を強いられたが、もっとも負担が重かったのはやはり当事国である陸奥と越後であったにちがいない。陸奥国についていえば、最大の負担を課せられたのは福島県域の住民だったのである。そこで越後国から出羽国を切り離し、また石城・石背の両国を独立させ、越後や石城・石背地域の負担を軽減しようとした。新設の陸奥国と出羽国を越後国や石城・石背両国を含む東国諸国全体で支えようという体制がつくられたのである。

しかし石城・石背の二カ国と陸奥国の連携も必要なので、按察使の制度が活用された。按察使の制度とは近くの数カ国をまとめて、このなかの有力な国の国司がほかの諸国の行政を監督するものである。陸奥国司が按察使となって石城と石背の二国と出羽国を統轄したのである。だがもともと陸奥国の中核的な領域であった石城・石背の地域をきりはなされた新陸奥国は、経済的にもまた軍事的にもあまりにも力が乏しかった。陸奥按察使の権限によったのみでは、石城・石背の二国や出羽国をまとめることはできなかった。そこであらためて石城・石背の両国を陸奥国に統合することにした。ただし歴史的に越後国からわかれた出羽国は陸奥国に統合せず、按察使の制度を温存して、実質的には陸奥国司の監督下におくことにしたのである。

石城・石背の両国が廃止され、ふたたび広域にわたる陸奥国が復活し、石城・石背の両国が建てられるまでは常陸国に属していた菊多郡も、陸奥国に属することになった。両国が陸奥国に復活した時期は神亀元（七二四）年ころと考えられている。新しい陸奥国の国府こそが神亀元年成立といわれる多賀城《たがじょう》なのである。

なお、両国が分置された時期、福島県域がなぜ一国にまとめられずに、石城・石背の二カ国とされたのであろうか。養老三年には石城国に初めて駅家《うまや》一〇カ所がおかれており、これは常陸国から石城国の国府への連絡路を整備したということである。律令制のもとでの中央からの命令伝達は道ごとに行われることになっていた。両国分置以前の陸奥国は東山道に属しており、分置後の石背国も東山道に属したにちがいない。ただし石城国は地理的にも歴史的にも常陸国との関係が深いから、常陸国に属する東海道に属することになった可能性が考えられる。中央からの命令伝達が円滑に行われるように、二国を建てた可能性が高い。

瓦が語る郡衙と古代寺院

国司が地方に常駐するようになると国司が執務し、土地台帳や戸籍を管理し、各種の儀式をとり行う拠点が必要になる。これが国府《こくふ》である。またコホリにも郡役所（郡衙《ぐんが》・郡庁《ぐんちょう》）がつくられ、租税を収納したり、国司が地方へ視察にでたときの拠点ともなった。国府や郡衙には仏教寺院が併設されることも多かった。

平安時代になると郡が分割されることもあった。平安時代末までに成立した福島県内の郡はつぎのとおりである（*は養老二〈七一八〉年の石城・岩背両国分置時以前に成立）。菊多*（養老二年までは常陸国）、磐城*（石城）、楢葉（平安時代末以前に磐城郡から分置）、標葉*、行方*、宇多*（宇太）、白河*、高野（十世紀末までに白河郡から分置）、磐瀬*（岩背）、安積*、安達（延喜六〈九〇六〉年安積郡から分置）、信夫*、伊達（承安元〈一

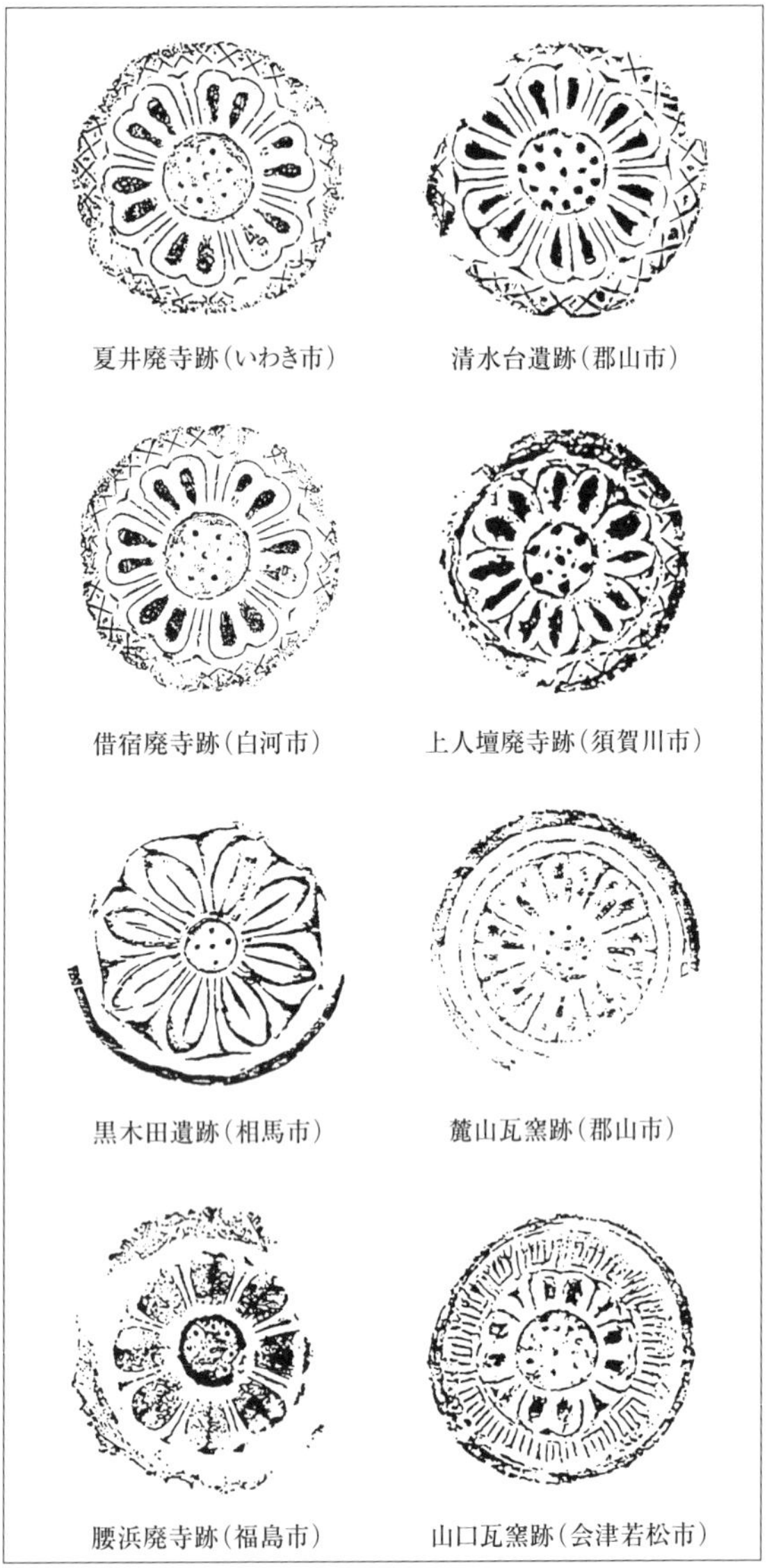

県内出土の軒丸瓦（拓本）

一七一〉年以前に信夫郡から分置）、会津*、耶磨《やま》（耶麻）。（承和七〈八四〇〉年までに成立）、大沼・河沼（ともに十世紀末までに会津郡から分置）。

なお陸奥国成立当初の陸奥国の国府や、石城・石背両国が存在した時期の両国の国府がどこにおかれたかは不明であるが、広域陸奥国が復活した後の陸奥国府は多賀城であり、そこには現在多賀城廃寺跡とよばれる仏教寺院が併設されていた。福島県内でも多くの役所や寺院の跡が確認されており、そのなかには多賀城以前にさかのぼるものもある。当時地方では瓦葺きの建物はほとんど役所や寺院に限られていたので、古代の瓦の発見が遺跡の所在や年代の確認につながることが多い。

関和久《せきわく》遺跡（西白河郡泉崎村）は古代の白河郡の郡衙の跡である。関和久遺跡から出土する最古段階の軒瓦《のきがわら》は七世紀末ころの特徴をもつ複弁蓮華《ふくべんれんげ》文軒丸《もんのきまる》瓦とロクロびきの重弧《じゅうこ》文軒平《もんのきひら》瓦である。関和久上町《かみちょう》遺跡（同村）からも同じ模様の瓦が出土する。関和久遺跡は発掘調査によって郡庁院とよばれる儀式を行う場や、倉庫が集中する正倉院というべき部分が確認されている。また関和久遺跡の阿武隈川をはさんだ対岸の白河市借宿《かりやど》には、白河郡衙に付属した寺院の跡があり、関和久遺跡と同じ瓦や七世紀代の寺院跡からよく発見される塼仏《せんぶつ》も発見されている。

上人壇《しょうにんだん》遺跡（須賀川《すかがわ》市）は磐瀬郡の郡衙に付属する寺院と考えられ、郡衙もこの近傍にあったとみられる。出土する瓦のうち最古段階のものは複弁蓮華文軒丸瓦と重弧文軒平瓦の組み合わせであるが、関和久遺跡の複弁蓮華文軒丸瓦よりはやや年代が下がるものである。瓦塔《がとう》が発見されており、塔は木造建築ではなかったことがわかる。鉄製の鉦鼓《しょうこ》が発見されているのは珍しい。

安積郡の郡衙は清水台《しみずだい》遺跡（郡山《こおりやま》市）である。江戸時代から瓦や焼米が出土することが知られており、かつてここに虎丸《とらまる》長者の屋敷があったという伝説もある。郡山市の中心街にあるため調査は容易ではないが、これまでに役人の食事の用意をする厨《くりや》の一郭などのようすがわかっている。七世紀にさかのぼる複弁蓮華文軒丸瓦にはじまり、平安時代初期に至る各段階の瓦が発見されており、長期にわたって郡衙として存続したことがわかる。郡山台遺跡（二本松市杉田）も虎丸長者が郡山から移り住んだ所だという伝説がある。延喜六（九〇六）年に安積郡からわかれて成立した安達郡の郡衙であり、発掘調査によって倉庫とみられる建物跡などが発見され、一〇トンにもおよぶ焼籾が出土した。またここからやや離れた地点から寺院の塔跡が確認されている。建物跡や瓦の古いものは平安時代初期にはさかのぼるもので、安達郡成立以前にすでに公的施設があり、安達郡成立後に郡衙とされて整備されたものらしい。

腰浜《こしのはま》遺跡（福島市）出土の瓦のうち最古のものは七世紀後半にはさかのぼると考えられる単弁《たんべん》蓮華文軒丸瓦である。また平安時代の花模様や火炎を旋回させたような独特の模様の軒丸瓦、瓦の正面と顎《あご》部（軒平瓦の凸面先端部）に華麗な花模様をほどこす軒平瓦も発見され、この系統の瓦は泉《いずみ》廃寺と植松《うえまつ》廃寺（ともに南相馬市原町区）、徳江《とくえ》廃寺（伊達郡国見町）、西原《にしはら》廃寺（福島市飯坂《いいざか》町）など、県北部と相双《そうそう》地区に分布している。腰浜遺跡は信夫郡の郡衙に付属する寺院であった可能性がある。伊達郡は平安中期以前に信夫郡から分立した。桑折《こおり》町の名は伊達郡の郡衙があったことに由来する可能性がある。徳江廃寺は伊達郡衙関連の寺院跡かもしれない。

郡《こおり》遺跡（いわき市勿来《なこそ》）は瓦や焼米が発見され、長者伝説もある菊多郡の郡衙で、正倉の跡が確認されている。根岸遺跡（同市平《たいら》）は磐城郡の郡衙で、多くの建物跡が発掘され、木簡《もっかん》など公的施設にふさわしい遺物が多数出土している。また近くには夏井《なつい》廃寺跡があり、塔の心礎《しんそ》が残っており、出土する最古段階の瓦は関和久遺跡と類似する複弁蓮華文軒丸瓦で、磐城郡の郡衙も七世紀末ころにはととのった姿をとっていたことが知られる。小浜代《こはまだい》遺跡（双葉郡富岡町）の瓦は多賀城創建の瓦の系統をひく重弁蓮華文軒丸瓦で、瓦のほかに托《たく》と思われる三彩《さんさい》陶器も発見されている。早くから磐城郡北部を代表する公的施設があり、それに寺院が付属していたのかもしれない。

五番《ごばん》遺跡（双葉郡双葉町郡山）は標葉郡の郡衙跡と考えられる遺跡で、奈良・平安時代の瓦が出土し、官衙ふうの建物跡も確認されている。また瓦塔も発見されており、遺跡の一郭には寺院もあったのかもしれない。

かつての行方郡内では泉廃寺跡やその近傍の舘前《たてまえ》遺跡から古代の瓦や炭化米が発見されており、これらが行方郡衙に関連する遺跡である可能性が高い。相馬市と新地町にまたがる善光寺遺跡から発掘された須《す》恵器《えき》と瓦を製作した窯跡《かまあと》は、出土した須恵器の特徴から操業のはじまりは飛鳥時代にさかのぼることが知られ、ここで須恵器とともに製作された瓦はすぐ近くの黒木田《くろきだ》遺跡（相馬市）に供給されたもので、福島県の瓦のなかでは最古のグループに属する。黒木田遺跡からは各年代の瓦が出土し、多くの建物跡も確認されており、宇多郡の郡衙跡の可能性がある。

会津郡の郡衙については河東《かわひがし》町に郡山の地名があり、この付近に郡衙があったことに由来する地名かもしれないがくわしいことはわかっていない。山口瓦窯跡（会津若松市一箕《いっき》町）からは縁《ふち》に雷文《らいもん》があり、蓮弁の数が四枚の特異な軒丸瓦が発掘されており、福島県の瓦のなかでは古いグループに属するものであるが、どこで使用されたのか解明されていない。この瓦ときわめて類似する瓦が宮城県北部の大崎平野にある色麻《しかま》町一ノ関《いちのせき》遺跡や菜切谷《なぎりや》廃寺跡から出土しており、これらの遺跡はいずれも奈良時代前半期の城柵関連遺跡であることが注目される。山口瓦窯跡で製作された瓦が使用されたのは、会津地方におかれた城柵関連の施設であったかもしれない。

白河の関・勿来の関●

陸奥国への出入口を扼《やく》する関として知られる関が白河《しらかわ》の関と勿来《なこそ》の関である。東山道《とうさんどう》から陸奥国にはいるときには白河の関を、東海道経由で陸奥国に入るときには勿来の関をとおらねばならない。勿来の関は菊《きく》多《た》の関ともいう。

白河の関、勿来の関の名は清少納言《せいしょうなごん》の『枕草子《まくらのそうし》』九十五段「関は」の段にも登場することはよく知られている。白河の関は「みちのく白河の関こえ侍《はべ》るによめりける　便《たより》あらばいかで都へ告やらんけふ白河の関は越ぬと」（平兼盛《かねもり》『拾遺集《しゅういしゅう》』）、「みちの国にまかりてよみ侍りける　音にこそ吹くともききし秋風の袖になれぬるしらかはのせき」（藤原頼範女《よりのりのむすめ》『新後撰集』）、「白川の関をすぎ侍りしに、雪ふり侍りしかば　人づてに聞渡りしを年ふりて今日雪すぎぬ白河の関」（『橘為仲家集』）、「都をば霞とともにたちしかど秋風ぞふく白河の関」（能因法師）、「都にはまだ青葉にて見しかども紅葉散りしく白河の関」（源頼政『千《せん》載《ざい》集』）などの古歌でも大変に有名である。また勿来の関も「みるめかる海士のゆくへのみなと路に名こその関もわれすゑなくに」（小野小町《おののこまち》）、「惜しめどもとまりもあへず行く春は名古曾の山の関もとどめず」（紀貫之《きのつらゆき》）、「みちの国にまかりける時なこその関にて花のちりければよめる　吹く風をなこその関と思へども道もせにちる山桜かな」（源義家『千載《せんざい》集』）など多くの歌に登場している。

関は大化の改新の詔《みことのり》にも「関塞《せきそこ》を置く」とあり、天智朝までには伊勢の鈴鹿《すずか》、美濃の不破《ふわ》、それに越前の愛発《あらち》（のちに近江の逢坂《おうさか》）のいわゆる三関《さんげん》がおかれたと考えられる。三関以外の古代の関には東海道に駿河《するが》の横走《よこはしり》、相模《さがみ》の足柄《あしがら》、東山道に上野の碓氷《うすい》、山陽道に長門《ながと》と須磨《すま》の関があり、陸奥には白河・菊多のほかに衣川《ころもがわ》、出羽には念珠《ねず》関などがあった。律令の規定では関をとおるときには役人は勤務先に、庶民は郡司に過書《かしょ》という通行証の交付を請い、これに記された関をとおらねばならなかった。そして過書がなくて関を通り抜けるもの、脇道をとおるもの、他人の名で関をとおるものなどは罪に問われた。また関には兵士をおくことも定められていた。
白河関と菊多関にも関守《せきもり》六〇人がいたことが『源氏物語』の注釈書の『河海抄《かかいしょう》』（四辻善成著）に引用されている延暦十八（七九九）年の太政官符《だじょうかんぷ》によって知られる。白河関と菊多関の名は承和二（八三五）年の官符にもみえ（『類聚三代格《るいじゅうさんだいきゃく》』）、白河関と菊多関（原文は「関」は「剗」）も長門の国の関と同様に不法に関を通過しようとするものを取り締まるようにすることを定めている。

なおこの格《きゃく》に、旧記によれば関がおかれてから四〇〇年余が経過しているとあり、白河関と菊多関の起源を論ずるときによく引用されるが、ここに引用されている旧記は全国的な関のはじまりについてのべたもので、白河関と菊多関のはじまりをのべたものではない。国造制の時代に福島県と栃木県や茨城県内の国造の国の境界に関を設けても意味はない。陸奥国と常陸国、下野《しもつけ》国の境に関を設けたのは陸奥国設置以後のことであろう。

白河市旗宿の「古関蹟」の碑(松平定信が寛政12年にたてたもの)

勿来の関跡(いわき市)

『今昔物語《こんじゃく》』にも白河の関についての話がある（巻二六の「陸奥守に附きし人、金を見つけて富を得たる語《こと》」）。陸奥守《むつのかみ》に任命されたものとともに陸奥国に下った人があった。陸奥守になった人は本心ではその人を妬《うと》ましく思っていたが、その心をかくして重く用いていたので、周囲の人もこの人こそが第一の側近だと思い、自分もそう信じていた。白河の関に着いたとき、守は供の人の名前を関の係に申告し、関の係に名前をよばれた人だけが関を越えることを許されるきまりであったので、この人は自分こそがまっ先に名前をよばれると思っていたが、いつまでも名前をよばれないままに、関の木戸が閉ざされてしまった。途方にくれ、ふと小河の流れに下りてみたところ、金がいっぱい詰まった瓶《かめ》をみつけた。その人はたまたま越後守と親しかったのでそのもとに身を寄せようとした。越後守は折から丈六《じょうろく》の阿弥陀仏をつくらせており、それに鍍金する金は陸奥守について陸奥国に行くその人をたよろうとしていたので、事の成り行きを聞いてがっかりしたが、その人がたちまちに小河で得た金を用立てたので、越後守はその人を重く用い、陸奥守について陸奥に赴くよりも豊かになることができた。その人は都に戻ったあとも経済力で内舎人《うどねり》になり、天皇の代替わりのときに固関使《こげんし》に任命されて不破関《ふわ》（近江国と美濃国の境の関）を固めていたところ、陸奥守が任期途中の報告のために妻子をつれて関をとおろうとしたが、とおさずに恥をかかせた、というのである。この話により白河の関でどんなことが行われたのか、陸奥が金を産し、陸奥守とともに陸奥国にはいれば財産をなすことができたことなども知られる。

白河の関跡の場所については二つの説がある。ひとつは白河市旗宿《はたじゅく》で、寛政十二（一八〇〇）年に白河城主の松平定信《さだのぶ》が、ここが白河の関であるという内容の石碑を建てた。現在白河の関跡として国指定の史跡となっているのがここである。もうひとつの候補地は旗宿の北西約四・五キロの白河市白坂の国道二九四号線（旧陸羽《りくう》街道）沿いの地で、ここには関の跡と伝えられる場所の福島県側に玉津島《たまつしま》神社（境神社）が、栃木県側に住吉神社と二カ所に古社があり、二所《にしょのせき》関明神といわれている。関明神は多くの関でまつられていた。文治五（一一八九）年奥州合戦の折に源頼朝一行は白河関を通過するにあたって関明神に奉幣しており、『一遍聖絵《いっぺんひじりえ》』『一遍上人絵巻《いっぺんしょうにんえまき》』にみえる関明神はここである。芭蕉《ばしょう》は奥の細道の旅で旗宿の後、わざわざ関明神に立ち寄っている。この地が白河の関跡だとする説もすてがたい。

勿来の関跡はいわき市勿来町関田字関山とされ、ここにも関の明神があるが、本来の関跡は海に沈んだとの説もある。

『今昔《こんじゃく》物語』には陸奥国と常陸国のあいだの焼山の関についての話がある（巻二七「近衛舎人、常陸国の山中に歌をうたひて死にし語」）。ある歌の上手な近衛舎人《このえのとねり》があり、相撲《すまい》の節会《せちえ》にでる相撲人《すまいびと》を召す使いとなって東国に下った。陸奥国から常陸国に越える道は深い山のなかをとおり、大変にさびしく心細いので、馬の上で常陸歌を歌ったところ、その歌が山の神の気にいられ、その夜に死んでしまった。焼山の関は、矢祭《やまつり》町から茨城県にぬける現在の国道二八号線、または一四九号線上にあったとも考えられ、勿来の関とは違う関であろう。

宇多・行方の鉄●

近年、浜通り北部における大規模な発掘調査によって、古代の製鉄遺跡の全容が明らかにされた。代表的なものが相馬市と新地町にまたがる武井《ぶい》地区製鉄遺跡群と南相馬市の金沢《かねざわ》地区製鉄遺跡群である。年代は七世紀後半から九世紀後半までの各段階のものがある。多賀城に近い宮城県多賀城市の柏木《かしわぎ》遺跡も宇多《うだ》や行方《なめかた》の製鉄遺跡とほぼ同じような遺跡である。

これらの製鉄遺跡は海岸近くの丘陵の頂上または斜面部分にあるものが多い。製鉄には原料となる鉄鉱石または砂鉄のほかに炉の材料となる粘土《ねんど》、燃料となる木炭が必要である。福島県北部の海岸地方には阿武隈高地からのびてくるいく筋もの丘陵が迫っており、丘陵の基盤は凝灰岩《ぎょうかいがん》質の砂岩《さがん》で、製鉄の原料となった良質の浜砂鉄《さてつ》が含有されている。また丘陵の林には当時はクヌギ・ナラ・クリなどの良質の木炭材が豊富であった。

発掘されたのは製鉄炉のほか木炭窯・工房・住居跡などがあり、須恵器を焼いた窯や粘土を採掘した坑もある。ほかに製鉄にかかわった人物のものと思われる墓が発見されている。製鉄炉には原料の鉄鉱石または砂鉄を木炭で加熱し、還元して鉄を得る製錬炉、製錬炉でつくられた鉄を再度還元して純度を高める精錬炉、精錬された鉄の素材を加熱し、槌で打って製品に仕上げる鍛錬炉や鋳造炉（溶解炉）などの別がある。

鋳造は鉄をとかし、鋳型に流し込んで製品をつくることで、鋳造に用いる鉄は鋳鉄《ちゅうてつ》といい、銑鉄《せんてつ》にくらべて純度は低いがとけやすい性質をもつ。鋳造炉では地金《じがね》と木炭を炉のなかに入れ加熱してとけた鉄を炉の下部の鑪《る》といわれる部分にため、鉄がたまると炉を解体して鑪を持ちあげ、とけた鉄を鋳型《いがた》に流し込む。また坩堝《るつぼ》を用いることもあった。鋳造されたものには浅い鍋のような器物、獣脚《じゅうきゃく》、梵鐘《ぼんしょう》、風鐸《ふうたく》などがある。獣脚と鍋のような器物は接合されて火舎《かしゃ》となるものらしい。火舎は仏教の儀式を行うときに護摩《ごま》を焚く火爐《かろ》として用いられたものである。風鐸は寺院の軒に吊り下げられるものである。

これらの製鉄関連の遺跡はきわめて大規模であり、陸奥国規模の背景をもつものである。陸奥国は出羽国とともに蝦夷と境を接する国であり、両国の国司にはほかの国の国司の一般的な行政にかかわる任務のほかに、蝦夷の状況を把握し（斥候《せっこう》）、蝦夷社会に政府の影響力を行使するために蝦夷が必要とする物資を供給したり、蝦夷の有力者を集めてもてなしをしたりすること（饗給《きょうきゅう》）、蝦夷側に政府側の意に反する行動があるときには軍事力を行使する（征討《せいとう》）任務があたえられていた（職員令大国条《しきいんりょうたいこくじょう》）。そしてこれらの任務をまっとうするためには鉄はきわめて重要な物資であった。

蝦夷との戦いには武器が必要であるから、鉄が重要な役割をはたしたことはいうまでもなかろう。国府の多賀城では宇多や行方の鉄を材料にして武器など各種の鉄製品を製作したと思われる。しかし、政府側と蝦夷との関係は戦いだけではない。政府側は蝦夷に対して日常的に必要な物資を供給し、それによって政府側の影響力を保持し、強化しようとした。政府側はときには城柵の政庁《せいちょう》において、ときには役人が蝦夷の世界に出向いての儀式をとおしてこれらの物資の供給を行い、蝦夷に政府側の権威を示そうとしたのである。この場合、蝦夷側からも政府側に蝦夷社会の特産物が貢献されているから、政府側による物資の供給は、一種の交易としての意味もあった。蝦夷社会に不足しているものは、米や酒・鉄製品・繊維製品などであり、蝦夷側から貢献されたものにはクマや海の哺乳類の皮、ワシやタカの羽、昆布などの北の世界の特産物であった。鉄製品には斧、鎌や鍋などの生活用品のほかに刀剣類などの武器があった。

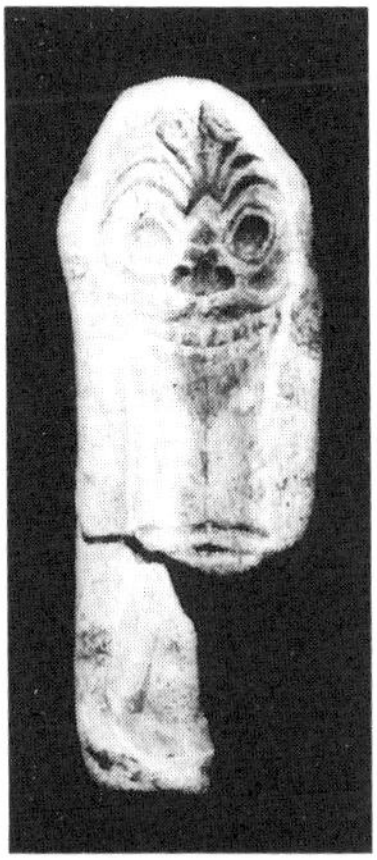

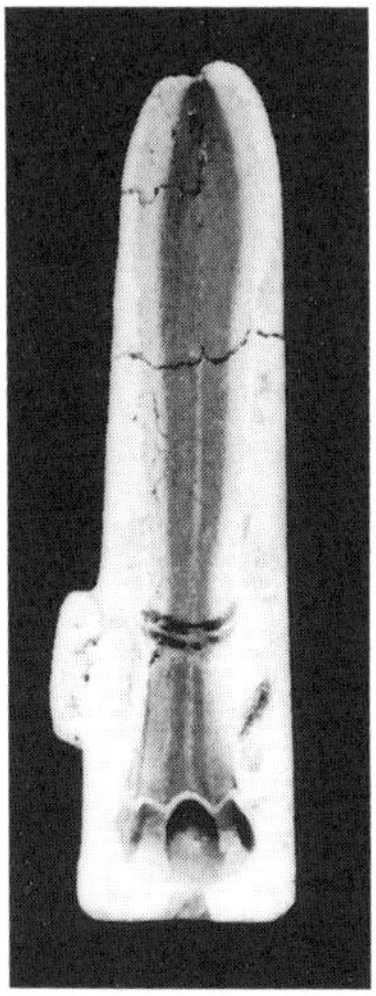

山田Ａ遺跡(上・相馬市)，向田Ａ遺跡(下・新地町)から出土した鋳型類

蝦夷社会は内部対立の激しい部族制社会で、部族対立はしばしば武力抗争に発展したから、蝦夷にとっては優秀な武器はなくてはならないものだったのである。政府側は蝦夷社会に勢力を伸ばすために部族対立を利用し、対立する集団のうちの親政府的な側に武器や食料を援助し、反政府的な集団とたたかわせた。蝦夷側でも生活物資や武器を入手することで対立する集団よりも優位に立つことができた。また部族の指導者たちは政府側との関係を保つことで位や称号を得て、集団内部での立場をより良好にすることができたから、政府側との関係を強化することは必ずしも不利なことだけではなかった。蝦夷社会は政府側とのこのような交渉のなかで、成長していったのである。

宇多や行方の鉄は蝦夷社会をかえてゆく大きな要因となったのである。

蝦夷との戦いと東北北部への移民●

奈良時代から平安時代の初期にはかなり多くの政府軍と蝦夷《えみし》との軍事的衝突が記録されている。和銅二（七〇九）年に陸奥《むつ》と越後《えちご》（このときはまだ出羽《でわ》国成立以前である）の蝦夷がしばしば良民を害するというので、陸奥鎮東将軍と征越後蝦夷将軍が任命された。養老四（七二〇）年には陸奥の蝦夷が反乱して按察使《あぜち》を殺したというので、持節《じせつ》征夷将軍と持節鎮狄《ちんてき》将軍とが任命されたことがある。さらに神亀元（七二四）年にも海道の蝦夷が反乱して国司のひとりを殺したというので、持節大将軍を任命して海道の蝦夷を征し、また鎮狄将軍を任命して出羽の蝦夷を鎮めるということがあった。

そして奈良時代の後半から平安時代の初期にかけては、大規模な対決が連年のごとく行われた。この軍事対決の時代は宝亀十一（七八〇）年の伊治公呰麻呂《これはりのきみあざまろ》の乱で高調し、結局は坂上田村麻呂《さかのうえのたむらまろ》の登場まで決着しない。伊治公呰麻呂は宮城県栗原郡地方の蝦夷の族長であり、郡司でもあった。伊治公呰麻呂の乱で、

❖コラム

蝦夷とは何か

古代蝦夷《えみし》については、蝦夷アイヌ説と蝦夷非アイヌ説(蝦夷日本人説)とがある。蝦夷アイヌ説では、中世・近世の蝦夷《えぞ》がアイヌをさすのだから古代の蝦夷もアイヌであろうと考え、古代の文献には蝦夷は農耕を知らない狩猟の民であることが強調されているが、アイヌ民族もそうであるということも蝦夷とアイヌを結びつける根拠とされた。また東北にはアイヌ語地名が多いことも重要な根拠とされている。一方、考古学の研究が進むと、東北北部でも早くから稲作が行われたことが確認され、それが蝦夷日本人説の重要な根拠とされた。しかし、東北北部にも北海道に中心がある続縄文文化が広がっていることなど、東北北部の文化には大和の文化に連なる要素とは異なる側面もある。

さて、東日本、北日本の縄文人の子孫は、稲作受け入れ有無、中央政府の直接の支配をうけた地域とそうでない地域などで、それぞれ違う歴史をたどった。大化改新直後には新潟県北部や仙台平野以北が蝦夷の地とされ、平安時代には盛岡市と秋田市を結ぶ線の北方が中央政府の直接の支配の外の地となり、鎌倉時代以後は北海道方面のみが蝦夷の世界となった。そしてこの地域の縄文人の子孫が主体となってアイヌ民族が形成されていった。東北北部の住民は、平安時代ころまでは北海道の人びととほとんど同じ歩みをたどってきたが、その後は政府の直接の支配のもとに、より南の人びととほぼ同じ歴史をたどった。したがって東北の古代蝦夷は最終的にはアイヌ民族になることができなかった人びととも、東日本、東北日本の縄文人の子孫がつぎつぎに日本民族の仲間入りをするなかで、もっとも遅く日本民族の一員になった人びとであったとすることもできるであろう。

反乱軍は多賀城を襲って火を放ち、多賀城の中心部が壊滅している。伊治公呰麻呂の乱後、政府軍と蝦夷側との対決との対決はますます大規模になり、政府側は都合四度にわたる作戦を展開させることになる。その結果延暦二十一（八〇二）年、胆沢《いさわ》地方の蝦夷の大首長の大墓君《おおばかのきみ》アテルイらが五〇〇余人を率いて田村麻呂にくだり、ようやく一応の決着がついた。

政府側は当初第五回目の作戦を考えていた。しかし政府側にもはやこれ以上に軍事を継続させる力は残っておらず、桓武《かんむ》天皇が崩ずる直前の延暦二十四年十二月に、藤原緒嗣《おつぐ》と菅野真道《すがののまみち》が天皇の面前で天下の徳政について論じあい、結局は天皇の判断という形で軍事と都の造営とを停止するという結論がくだされたのであった。桓武天皇の時代を象徴する蝦夷との戦いと長岡京、平安京の二つの都の造営はここに終止符を打たれることになったのである。

蝦夷との軍事的な対決の軍事力については、もっぱら関東、中部地方から兵士が徴発されたことが物語られるが、そのほかに古くから朝廷の支配下にあった東北南部の人びとがおおいに動員されたことはいうまでもない。たとえば延暦八年の戦いで政府軍に属して戦死した人のなかに、別将丈部善理《べっしょうはせつかべのよしまさ》、進士高《しんじたか》田道成《たみちなり》、会津壮麻呂《たけまろ》の名がみえるが、丈部善理は磐城《いわき》郡の人と明記されており、会津壮麻呂は会津人であろう。また東北南部の人で勲位を有する例がかなりあるが、勲位は戦功によってさずけられるものであるから、この面からも東北南部の人が、蝦夷との戦いに動員されたことが知られるのである。さらに多賀城跡から出土した木簡のなかにも伊治公呰麻呂の乱の直後に、白河軍団から多賀城に送られた射手など四四人の名を列記してあるものや、安積軍団に所属する会津出身の兵士が勤務をおえて帰ったことを記すものがある。また宝亀十一年の年紀をもつ漆紙文書《うるしがみもんじょ》にも行方《なめかた》軍団の大毅《たいき》または少毅の上毛野朝臣《かみつけののあそん》某の名前が記されたものがある。福島県域には白河・安積・磐城、行方の四つの軍団がおかれていたが、この福島県域の住民で兵士に指定されたものは、やはり地域の豪族出身の軍団の幹部にひきいられて多賀城などの城柵に上番し、かつ戦いの際には最前線でたたかったものも多かったのである。

また政府側の支配下にはいり、城柵が設置された地域に移民が導入されたことも知られており、これについても関東や中部地方から東北に送られた移民のことが多く語られるが、これとても東北南部からの移民も多かったのである。ただ陸奥国内での移民は、他国からの移民とはちがい、必ずしも朝廷からの命令を必要としなかったので、史料に明記されないことも多かったのであろう。

宮城県の大崎地方から岩手県南部の郡や郷の名前には色麻《しかま》郡の相模《さがみ》郷などのように坂東《ばんどう》諸国に由来するものがかなりある。賀美《かみ》郡の郡名および小田《おだ》郡の賀美郷も武蔵《むさし》国の加美郡に関連する可能性が高い。志田《しだ》郡の郡名および志太郡と玉造《たまつくり》郡にある志（信）太郷は常陸《ひたち》国の信太郡または駿河国の志太郡と関連するであろう。玉造という地名も駿河国駿河郡、下総《しもうさ》国匝瑳《そうさ》郡、埴生《はにう》郡に郷名の例がある。胆沢郡の下野《しもつけ》郷、上総《かずさ》郷、江刺《えさし》郡の信濃《しなの》郷・甲斐《かい》郷のような例もある。しかし陸奥国南部に由来する例も賀美郡の磐瀬郷、桃生《ものう》郡の岩瀬郷、登米《とめ》郡の行方《なめかた》郷、胆沢郡の白河《しらかわ》郷などが知られるのである。

福島県域は蝦夷との戦いの戦場にこそはならなかったが、財政的な面だけではなく人的な面でも蝦夷との戦いの重圧はなまやさしいものではなかったのである。

釆女伝説と真野の萱原

『万葉集』巻一六には「安積山影《あさかやま》さへ見ゆる山の井《い》の浅き心をわが念《おも》はなくに」という歌がおさめられている。この歌には、葛城《かつらぎ》王が陸奥国に派遣されたとき、国司のもてなしが十分でなかったため怒り、用意された宴会も受けつけなかったほどであったが、風流の娘子である前《さき》の采女《うねめ》が左の手に觴《さかづき》を捧げ、右の手に水をもち、王の膝を撃って、この歌を詠んだので、王の気持ちもやわらぎ、楽飲すること終日であった、との説明が付せられている。歌の意味は安積山にある物の影さえも映る（浅い）山の井のように、浅い心であなたのことを思いはしないことであるのに、というもの。

ここにみえる葛城王とは美努《みぬ》王と橘《たちばなのみ》三千代《ちよ》を両親として生まれ、のちに母が藤原不比等《ふひと》に嫁して聖武天皇の皇后の光明子《こうみょうし》を生んだ関係もあって聖武朝の実力者として知られ、左大臣にまで進んだ橘《たちばなのもろえ》諸兄のことである。葛城王が橘宿禰《すくね》の姓をあたえられて臣下となったのは天平八（七三六）年のことである。なお『万葉集』の巻一六は大伴家持《やかもち》がみずから編纂した巻と考えられている。家持は若いときから諸兄の知遇を得ており、そのことが諸兄ゆかりのこの歌が『万葉集』にとられる縁になったものであろう。

大和朝廷の時代には、采女は舎人《とねり》とともに国造などの地方豪族の子女が服属のあかしとして朝廷におくられ仕えていた。この伝統をふまえて奈良時代には郡司の子弟のうち強幹《こわくつよ》くして弓馬に巧みなものを兵《ひょう》衛《え》に（軍防令《ぐんぼうりょう》）、郡司の姉妹か娘のうち形容端正《かおきらきらし》なものを采女に（後宮職員令《こうきゅうしきいんりょう》）選定して中央におくることになっていた。采女は宮内省所管の役所である采女司《うねめのつかさ》に管理され、後宮関係の役所のうち膳司《かしわでのつかさ》に六〇人、水司《もいとりのつかさ》に六人が配属されることになっていたほか、ほかの後宮関係の役所や中務省所管の役所の縫殿寮《ぬいどののつかさ》にも配属され、掌侍《ないしのまつりごとひと》（内侍司《ないしのつかさ》の幹部）や掌膳《かしわでのまつりごとひと》（膳司の幹部）などに昇任するものもあった。また律令制のもとで国々に一員ずつおかれて地方の神祇《じんぎ》をつかさどった国造に任命されたものさえあった。采女の任期は終身であった。

陸奥国の場合は大宝二（七〇二）年に新規に采女を貢上する必要がないと定められた。また養老六（七二二）年閏四月には陸奥按察《あぜち》使管内出身の兵衛、采女などを出身地へ帰すようにとの命令がだされている。このころ蝦夷との関係が悪化したことによる。

これらの状況を考えに入れて安積山の歌を解釈してみよう。歌が詠まれた年代は、葛城王が橘氏を賜って橘諸兄となった天平八年以前である。作者は前の采女とされているから、都で采女として仕えていたが故郷に帰っていた人物であろう。歌の冒頭に「安積山……」の語があるのは、「浅い心」の意味の「浅き」という語をひきだすための技巧であるが、作者の采女は安積山ときわめて縁の深い地の出身であったと考えられ、安積郡の郡司一族であろう。歌が詠まれたのは国府あるいは重要な郡衙《ぐんが》における饗宴《きょうえん》の場であろう。歌が詠まれたのが石城、石背、陸奥の三国鼎立《ていりつ》時代で、饗宴が国府で行われたのであれば、その場所は石背国の国府ということになる。三国鼎立が解消し広域にわたる陸奥国が復活した後の作品であれば、その段階での国府は多賀城であるから、作歌の場が多賀城である可能性のほうが高いかもしれない。

ただし国司が国府以外の場所に出向いて葛城王を迎えての饗宴が行われたのであれば、作歌年代が三国鼎立期以前・以後にかかわりなく、歌がつくられた場所としては歌の内容にもっともふさわしい郡山市清水台遺跡周辺が浮かびあがってくる。采女として都にでていた経歴をもつ、安積郡の郡司の一族である彼女が、葛城王に対する饗宴の出席者として重要な役割を果すべく、宴席につらなった場としてはやはり安積郡の郡衙がもっともふさわしいのではなかろうか。この歌は葛城王という皇族が何らかの重要な任務をおびて東北に派遣されたさいのものであり、作者が都に上ったのは大宝二年以前で、養老六年の命令で帰郷したものであれば、歌が詠まれた年代は養老六年閏四月以後ということになり、神亀元（七二四）年の三国鼎立の終焉とこれと直接に関連する多賀城造営の完成に関連する作品とみる可能性がもっとも高いのではないだろうか（鈴木啓『福島の歴史と考古』）。

なお『万葉集』巻一四「相聞《そうもん》」のなかに「会津嶺《あいづね》の国をさ遠み逢《あ》はなはば偲《しの》ひにせもと紐結《ひもむす》ばさね」（会津の山の国が遠いので逢えないときには、なつかしい思い出にするようにと紐を結んでください）、「筑紫《つくし》なるにほふ児《こ》ゆゑに陸奥《みちのく》の可刀利少女《かとりおとめ》の結《ゆ》ひし紐解《ひもと》く」（筑紫の美しい児のゆえに、陸奥のかとりの少女が結んでくれた紐を解くことである）、「安太多良の嶺に臥《ふ》す鹿猪《しし》のありつつも吾は到らむ寝處《ねど》な去りそね」（安達太良山の鹿猪がいつも同じところで寝るように、いつもとかわらず私はあなたのところに行くから、寝所から去らないでください）の三首が「右の三首は陸奥国の歌」として、「比喩《ひゆ》歌」のなかに「陸奥《みちのく》の安太多良真弓弾《はじ》き置きて反らしめきなば弦着《つるは》かめかも」（陸奥の安達太良産の壇の木の弓の弓弦をはずして弓を反らせておいたならば、弦をかけることができるだろうか、できはしない）の一首が「右の一首は陸奥国の歌」としておさめられている。

巻一四は東国の歌をおさめた巻で、防人《さきもり》の歌もはいっているなど全体として民衆的な性格の強い歌がおさめられている。巻一四の歌は都人によって採録されたとはいえ、もともとは地方の作品である。陸奥国の歌も当時の民衆の素朴な愛情の世界がみえてくる。また、「筑紫なる」の歌からは陸奥の人がおそらくは防人として九州に送られたこと、歌の内容が民衆の共感を得るほどに一般的であったことがうかがわれる。

2　王朝国家と福島

恵日寺・勝常寺・霊山寺●

恵日寺《えにちじ》（耶麻郡磐梯《ばんだい》町）は、法相《ほっそう》宗の名僧徳一《とくいつ》が開いた寺と伝えられる（法相宗では慧日寺といい、のちに真言宗の寺になって恵日寺）。徳一ははじめ奈良の都の興福寺や東大寺で学んだが、南都仏教の堕落を批判し、教団の改革を志して東国にむかい、常陸国の筑波《つくば》山に中禅寺を興し、ついで大同二（八〇七）年会津に慧日寺を開いた。弘仁六（八一五）年、空海《くうかい》は弟子の康守《こうしゅ》を東国に派遣し、徳一にも書簡を送って、新

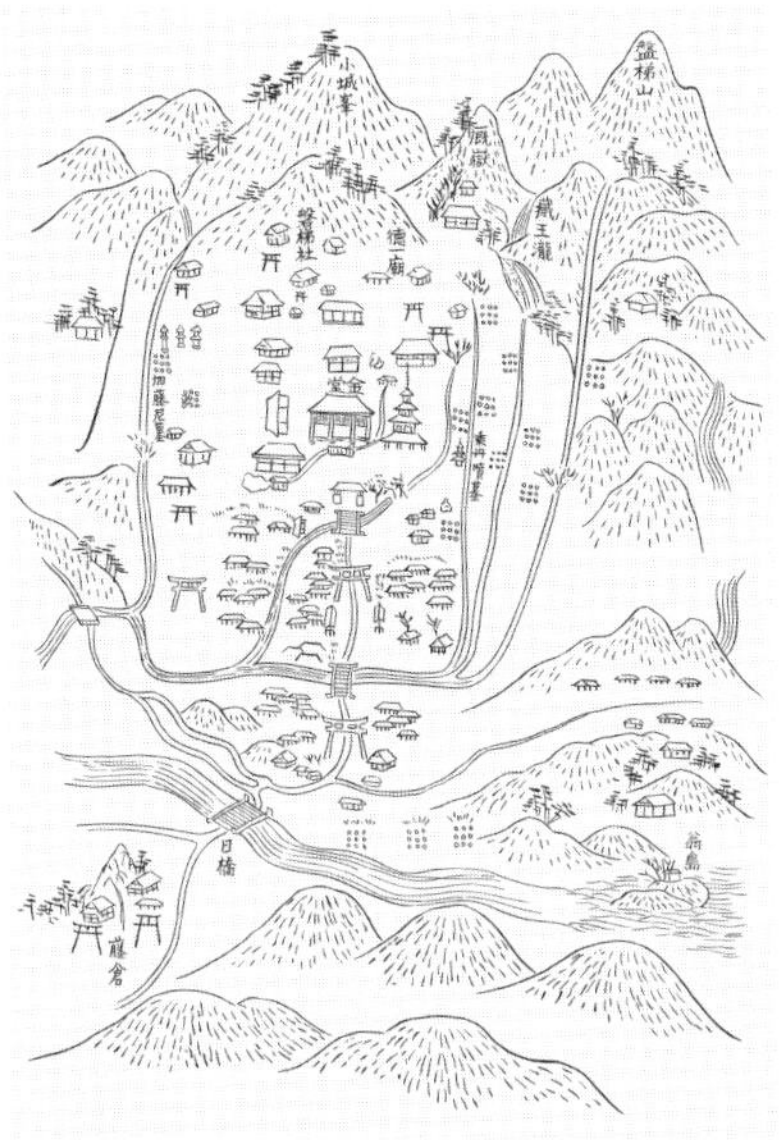

恵日寺絵図（『新編会津風土記』より）

恵日寺跡の徳一廟

しい真言《しんごん》の書籍を書写し、広めることを依頼した（『高野《こうや》雑筆集』）。これに対して徳一は真言教学の十一疑問をあげた『真言宗未決文』をあらわし、批判を加えた。

徳一はまた弘仁八年ごろからは最澄とのあいだで激しい論争を行い、天台教学・一乗思想を批判し、法相教学・三乗思想の真実性を主張した。この論争は三一権実諍論《さんいつごんじつそうろん》として知られる。「三一」は三乗と一乗（乗は乗物で、衆生をのせて仏果に運ぶという意味）を、「権実」は権教と実教で、方便の教えと真実の教えをさす。天台宗は仏の真実の教えはただ一つしかないが、聴衆の素質や能力が異なるから声聞《しょうもん》・縁覚《えんがく》・菩薩にはそれぞれに適した三種の教え（三乗）を方便として説いたとする。そして『法華経』こそ唯一真実の教えであって三乗を説く経典は『法華経』の一乗に導くための方便説法にすぎないと論ずる。これに対して法相宗では三乗が真実で一乗が方便であると主張した。最澄の『照権実鏡《しょうごんじっきょう》』『守護国界章《しゅごこっかいしょう》』など、徳一の『仏性抄《ぶっしょうしょう》』『中辺義鏡《ちゅうへんぎきょう》』『慧日羽足《えにちうそく》』『遮異見章《しゃいけんしょう》』は論争の過程での著作である（大野達之助『日本の仏教』）。県内にはいわき市内・安達郡・会津地方などに徳一が開いたという伝えのある寺院が多い。

はじめ法相宗の拠点だった恵日寺は平安時代後期には天台宗にかわり、さらに鎌倉時代には真言宗の寺となった。『今昔物語』巻一七には「陸奥国の女人、地蔵の助けに依りて活《よみが》へるを得たる語《こと》」には、恵日寺の傍の一人の尼の話が語られている。恵日寺の伽藍は戦国時代の天正年間（一五七三〜九二）の兵火で灰燼《かいじん》に帰したが、鎌倉時代末から南北朝時代ころのようすを描いた「絹本著色《けんぽんちゃくしょく》慧日寺絵図」により最盛期のようすを知ることができる。現在境内とその周辺には徳一大師廟のほか三重塔跡・中堂跡・中門跡・金堂《こんどう》跡・根本《こんぽん》堂跡・両界堂《りょうかいどう》跡・講堂跡・戒壇《かいだん》跡などの礎石が残存している（梅宮茂ほか「昭和二六年第一次会津慧日寺調査覚書」『福島考古』二五、『磐梯町史』）。

勝常寺《しょうじょうじ》（河沼郡《かわぬま》湯川村《ゆがわ》）も徳一が開いた寺の一つと伝えられている。現在の薬師堂は室町時代初期のものであるが、本尊の薬師如来座像をはじめとする日光菩薩立像・月光菩薩立像・聖《しょう》観音菩薩立像・地蔵菩薩立像・四天王立像などの一二体の仏像は一木造で量感のある表現の平安時代前期の仏像群である。薬師如来座像は東北の平安彫刻の劈頭《へきとう》を飾る優品で、一材から刻み出したものを前後に割り離し、内刳《うちぐ》りを施した後にふたたび矧《は》ぎ寄せる「割り矧ぎ」技法によるものである。浄泉寺《じょうせんじ》（河沼郡会津坂下町《ばんげ》）の薬師如来座像は勝常寺像の影響下に製作されたものといわれている（上原昭一編『みちのく伝統文化』古美術編）。

大蔵寺《だいぞうじ》（福島市小倉寺）にも収蔵庫・奥の院・観音堂にあわせて二八体の平安時代前期の一木造の仏像

「慧日侍印」の印影（「集古十種」）

千手観音立像（福島市大蔵寺）

群が伝えられている。その多くはいたみがはげしいが、千手《せんじゅ》観音菩薩立像は修理され良好の状態である。大蔵寺の仏像群はさまざまな作風や構造のものがまじっており、造立年代も若干の幅があるといい、最初から一カ所にあったものではなく、ある時期に周辺地区から集められたものであろうという（『大蔵寺の仏像』福島県立博物館調査報告書二四集）。

霊山寺《りょうぜんじ》（伊達市〈旧霊山町〉）は、慈覚《じかく》大師円仁《えんにん》によって貞観元（八五九）年に開かれたとも、弘法大師が開いたとも伝えられる大規模な山岳寺院で、霊山《りょうぜん》（標高八〇五メートル）の山頂部などに多くの建物跡が残っており、往時をしのばせている。霊山には南北朝時代に一時北畠顕家《あきいえ》が立てこもったこともあり、南朝がたの拠点であったが正平二（一三四七、貞和三）年北朝がたの攻撃をうけて陥落し、このときに霊山寺も焼失した（『霊山町史』第一巻）。

ところで『類聚国史《るいじゅうこくし》』には天長七（八三〇）年に山階寺《やましなでら》の僧智興《ちこう》が信夫郡に寺一区を造建して菩提寺《ぼだいじ》と名づけ、これを定額寺《じょうがくじ》（官寺に準ずると認定された寺院）の例に預からせた、という記事がある。山階寺とは奈良の興福寺のことであり、徳一もこの寺で学んだことがある。法相宗の勢力が中通りにも進出してきたことを意味するのであろう。菩提寺がどこにあったのかについては定説はない。しかし『三代実録』の元慶五（八八一）年の記事には安積郡の弘隆寺《こうりゅうじ》を天台の別院としたことがみえ、霊山寺の存在とも考えあわせると、天台宗の勢力もまた中通りにも広がっていたのである。平安時代の初期は法相宗と天台宗が勢力拡張を競いあった時期とすることができる。

三つの経筒●

平安時代の中期になると書写した経典を土中に埋納する風習がはじまる。釈迦《しゃか》が入滅後やがて仏法《ぶっぽう》が衰え、仏の教えが行われなくなる末法《まっぽう》の世にはいるのが永承七（一〇五二）年だと信じられていたことによる。人びとは遠い将来に弥勒仏《みろくぶつ》が現れてこの世を救ってくれるまで仏像や経典を無事に伝えようと考え、経典などを金属製あるいは陶製の筒にいれ、ときにはそれをさらに陶製や石製の外容器におさめ、それを石室におさめた。これを経塚《きょうづか》という。

関東地方から東北南部にかけての地域は近畿地方や北九州地方とならんでもっとも経塚が盛んにつくられた地方だといわれる。福島県内発見のものでは千光寺《せんこうじ》経塚（喜多方市慶徳《けいとく》町）から大治五（一一三〇）年の銘がはいっている石櫃《いしびつ》が発見されている。

福島県の経塚でもっとも有名なものは天王寺《てんのうじ》経塚（福島市飯坂町）・平沢寺《へいたくじ》経塚（伊達郡桑折町）・米山寺《べいざんじ》経塚（須賀川市）の三経塚であろう。これら三つの経塚からはいずれも承安元（一一七一）年の銘のある陶製の外筒が発見されており、しかもその銘文中に同一人物が登場するなど興味深いことが多い。

米山寺経塚は明治十七（一八八四）年、日枝《ひえ》神社社殿の増築中に一、二号経塚が、ついで植樹中に三号経塚が発見された。承安元年銘の陶製外筒は三号経塚出土である。なお昭和五十一（一九七六）年になって米山寺経塚四〜一〇号経塚が発見されている（須賀川市教育委員会『史跡岩代米山寺経塚群発掘調査報告書』）。天王寺経塚は明治三十二年に福島市飯坂町寺町天王寺裏山に天王寺公園をつくるとき、山頂から発見された（木口勝弘『奥州経塚の研究』）。平沢寺経塚は山中にあり、発見は文政三（一八二〇）年とも文政五年とも伝えられている。陶製の外筒は長いあいだ所在不明で、拓本《たくほん》だけが知られていたが、昭和五十四年になって東京の静嘉堂《せいかどう》文庫に水差しとして保存されていることが判明した（辻秀人「桑折町平沢寺出土陶製外筒について」『桑折町史叢書』一二）。

これらの経塚の構造は、おおむね銅製経筒《きょうづつ》に経巻をおさめ、それを陶製の外筒におさめて石室に埋納するもので、外筒には蓋《ふた》のある場合がある。また別に土器や銅鏡・刀子《とうす》・鉄鏃《てつぞく》などをそえることもあった。ただし銅製経筒が発見されない例もあるらしい。

天王寺経塚の外筒銘文には経塚を営む目的は、弥勒仏が出現したときに銘文に名前を連ねた人びとが浄土に往生することを願うことと明記され、米山寺経塚と平沢寺経塚の場合もほぼ同じ内容である。三経塚の銘文にはそれぞれ「信夫御庄天王寺如法堂」「伊達郡平澤寺如法」「磐瀬郡米山寺如法」と施入《せにゅう》先が明記されている。また天王寺経塚の銘文には大壇主として「藤原真年《さねとし》」、小勧進《しょうかんじん》として「白井友包《ともかね》」「糸井国数」「藤原貞清」「藤井末遠《すえとお》」「小太良殿《こたろうどの》」などの名があるが、「白井友包」以下四人は米山寺経塚と平沢寺経塚の外筒銘文にもみえる。また同一人物ではないがそれぞれの銘文中には複数の僧侶の名がみられる。

天王寺経筒(高さ 26.8×口径 21.5 cm, 承安元年 8 月 19 日銘)

天王寺経塚の銘文には銘文を書いた人物名が「取筆僧長鑒《しゅひつそうちょうかん》」と記されている。銘文に示された年月日は天王寺経塚が承安元年八月十九日、米山寺経塚と平沢寺経塚が承安元年八月二十八日で、きわめて限定された期間のなかにある。

天王寺経塚の銘文にでてくる大壇主の藤原真年はおそらくは信夫荘の有力者であり、小勧進の一人の小太良殿も文治五（一一八九）年の奥州合戦の石那坂《いしなざか》の戦いで死んだとの伝えがある信夫小太郎のことだともいわれている。しかし三経塚の銘文にみえる白井友包以下については、そのなかの藤井末遠の一族とみられる人物が全国各地の経塚出土の経筒や厨子《ずし》に名を記していることや、平沢寺経塚の銘文にでてくる僧永鑒《えいかん》、米山寺経塚の銘文にでてくる僧行祐《ぎょうゆう》がそれぞれ仁平元（一一五一）年の京都市福田寺石塔婆《せきとうば》銘にみえる「僧永鑒」、承安四（一一七四）年の三重県菩提山出土の瓦経中にみえる「僧行祐」と同一人物である可能性もあることなどから、銘文中の多くの僧侶とともに全国を遊行行脚《ゆぎょうあんぎゃ》して経塚造営にあたっていた人物たちとも考えられている。

なお平安時代にさかのぼると思われる県内の経塚には、ほかに湯野殿上《ゆのでんじょう》経塚（福島市飯坂町）・王宮《おうみや》経塚（郡山市片平町）・大石鈴子館《おおいしすずこ》経塚（伊達市〈旧霊山町〉）・蔵王経塚（二本松市〈旧東和《とうわ》町〉）・丹波《たんば》楯山《たてやま》経塚（岩瀬郡天栄《てんえい》村）・熊野神社経塚（白河市〈旧大信《たいしん》村〉）・榎内経塚（双葉郡双葉町）などがあり、中通りに多い傾向がある（東京国立博物館『特別展観・経塚、関東とその周辺』）。

前九年・後三年の合戦と平泉藤原氏

前九年《ぜんくねん》の合戦（一〇五一〜六二）は陸奥国最北に位置する岩手県盛岡市以南の六郡（奥六郡＝胆沢《いさわ》・江刺《えさし》・和賀《わが》・稗貫《ひえぬき》・紫波《しわ》・岩手）に勢力をもつ安倍《あべ》氏が源頼義《よりよし》とたたかって滅ぼされた事件である。ただし安倍氏の勢力は強大であり、源頼義の力だけでは安倍氏を倒すことができず、出羽の山北《せんぼく》（秋田県南部の雄物《おもの》川上流域の地方）の豪族の清原武則《きよはらのたけのり》以下の清原氏一族に援軍を要請し、その力によってようやく安倍氏を滅ぼしたのである。

戦後に清原武則は鎮守府《ちんじゅふ》将軍に任ぜられ、清原氏はこれを機に安倍氏の旧領ともいえる奥六郡をも勢力圏にいれることになった。清原氏内部では武則の孫の真衡《さねひら》の時代に、真衡と清衡《きよひら》・家衡《いえひら》の二人の異母兄弟が対立し、戦いがはじまった（一〇八三年）。清衡は前九年の合戦時の安倍氏側の猛将藤原経清《つねきよ》の子であるが、合戦の後、母が清原武則の子の武貞《たけさだ》の妻となったため、清原氏の一員として成長したのである。このときたまたま源義家《よしいえ》が陸奥守となり、義家は真衡に味方したが、突然の真衡の死により戦いは一旦はおさまった。しかしつぎには清衡と家衡が対立し、義家は巧妙に清衡に有利なように取りはからい、清衡を清原氏の後継者として認めた。これに不満な家衡は清衡の館を襲い、清衡は逃れて義家に救いを求め、義家は家衡を攻めた。清原氏一族のなかには反義家陣営に加わるものも多く、戦いはあたかも義家と清原氏一族の戦いのような性格をおびるに至った。戦いの最終段階で清原氏一族は金沢柵（秋田県横手市）に立てこもったが敗れ、清衡が最終的に勝ち残った（一〇八七年）。これが後三年《ごさんねん》の合戦である。

戦後しばらくして清衡は根拠地を平泉に移した。清衡はこのころから中央の摂関家とのつながりを深め、父経清の姓を襲って藤原清衡と名乗った。そして安倍氏、清原氏の時代の俘囚《ふしゅう》の世界を統括する立場とともに、陸奥国全体の軍事警察権をにぎる国押領使《おうりょうし》という新しい任務をもあたえられ、その後約一〇〇年間、平泉が東北地方の政治と文化の一中心として栄えるのである。

清原氏は出羽の山北地方の豪族で蝦夷系の豪族とされる。しかし現存する桓武平氏関係の系図を集成したもののなかでは信憑性が高いといわれる『桓武平氏諸流系図《かんむへいししょりゅうけいず》』（「中条家文書《なかじょうけもんじょ》」所収、以下「諸流系図」と略称）によれば武則は海道平氏《かいどうへいし》から清原氏にはいった人物である。海道とは浜通り一帯のことで、常陸《ひたち》大掾《だいじょう》平良望《たいらのよしもち》（国香《くにか》）の孫（曾孫とも）が安忠《やすただ》、その子が隆道《たかみち》（則道《のりみち》とも）で、隆道は岩城《いわき》次郎大夫と号して岩城を領し、その子孫は岩城氏と名乗った。「諸流系図」では武則は安忠の子となっている。そうであれば清原氏は武則以来事実上は海道平氏の一族同様の存在となったことになる（野口明「十一〜十二世紀、奥羽の政治権力をめぐる諸問題」『後期摂関時代史の研究』）。

「諸流系図」では武則の弟で、従五位下鎮守府将軍、岩城三郎大夫と号したとされ、ほかの系図類では隆道の弟または子とされる人物に貞衡《さだひら》がある。「前陸奥守《さきのむつのかみ》源頼俊《よりとし》申文《もうしぶみ》」という文書によると清原貞衡が鎮守府将軍に任じたとあり、鎮守府将軍は武則から貞衡に伝えられたと思われる。武則の孫にあたる清原真衡は異母弟の清衡・家衡をさしおいて海道平氏の一族から海道小太郎成衡《なりひら》を養子に迎え、これが真衡と清衡・家衡の対立に火をそそいだ。

隆道（則道）を初代とする岩城次郎の号は、隆清（忠清）・清隆・師隆・隆行と伝えられたとする系図が多いが、『寛政重修諸家譜《かんせいちょうしゅうしょかふ》』所収の系図では、隆行を成衡と同一人物とし、はじめ陸奥国に下って伯父清衡のもとにあり、室は清衡の養女であるとのべている。一方、いわき市内郷の白水《しらみず》阿弥陀堂は藤原清衡の娘で岩城則道の妻の徳尼が夫の死後その菩提を弔うために建てたと伝えられる。なお成衡は後三年の合戦の後に清原氏の嫡宗の地位を追われ、最後は下野《しもつけ》塩谷郡氏家《うじいえ》・風見の楯（館）において義家の命をうけた中郡頼経に討たれたという（網野善彦「桐村家所蔵『大中臣氏略系図』について」『茨城県史研究』四八）。

白水阿弥陀堂は方三間、宝形造《ほうぎょうづくり》で、内部に阿弥陀三尊像と持国《じこく》・多聞《たもん》（増長《ぞうちょう》とも）の二天王が安置されている。堂の前方と両側には池があり、池には中島と小島があり、島は二つの橋で大門に通じていた。白水阿弥陀堂は宮城県角田《かくだ》市の高蔵寺《こうぞうじ》阿弥陀堂とともに平泉の中尊寺金色堂に類似した堂として知られている。

清衡の妻で平泉藤原氏の二代基衡の母は平氏と伝えられ、彼女も海道平氏につらなる人物であったかもしれない。平泉の柳之御所《やなぎのごしょ》遺跡は三代秀衡の平泉の館の跡であるが、ここからは秀衡にきわめて近い人物の名を折敷《おしき》に墨書したものが発掘されており、そのなかに「海道四郎」の名があり、成衡の縁者が平泉藤原氏の時代にもなお活躍していたことを示している。岩城氏は清原武則以来の縁で平泉藤原氏と縁が深く、藤原氏と結ぶことで福島県地方に勢力をひろげたのであろう。

平泉藤原氏の勢力は福島県内のほかの地域にもおよんでいた。『古事談《こじだん》』には二代基衡のときのこととしてつぎのような話をのせている。藤原師綱《もろつな》が陸奥守であったとき、基衡の勢力は陸奥国中をおおっており、信夫郡はそれまでも国司の使いの立ち入りができないところであった。師綱

佐藤継信・忠信の墓がある医王寺(福島市平野)

は信夫郡の土地を調査しようとして使いをさしむけたが、基衡は信夫郡の地頭の庄司季春《すえはる》に命じて妨害させ、合戦となった。国司はその責任をきびしく追求し、季春は主君の命でやったことなのだが、基衡は知らなかったことにして、自分の首を国司のもとに送れば、事件が大きくなることはないだろうといい、基衡もやむなく同意し、陰で妻子を再三国司の館にやって一万両もの砂金を贈って命ごいさせたが、師綱は承知せず、ついに季春は部類五人とともに切られ、師綱の名がとどろいたというのである。『十訓抄《じゅっきんしょう》』にも同じ話があり、国司への贈り物として馬・金・鷲の羽・絹布をあげ、これは国司を一期をつとめた収入にも相当するとのべ、季春とともに切られたのは子息と舎弟五人と記し、季春は基衡にとって代々伝わった後見であるうえに乳母子であるとしている。

信夫の庄司の佐藤氏は藤原姓で藤原秀郷《ひでさと》の子の千常《ちつね》の子孫だという。のちに平泉に身を寄せた源義経に対して秀衡があたえた従者のうち、最後まで義経にしたがった佐藤継信《つぐのぶ》と忠信《ただのぶ》の兄弟は信夫郡の庄司佐藤基治《もとはる》（元治）の子と伝えられ、基治は季春の子か孫にあたるであろう。継信と忠信兄弟の母は基衡の弟またはは叔父にあたる清綱の娘だという。基治はその後文治五（一一八九）年の奥州合戦の際、石那坂《いしなざか》の戦いで頼朝に攻め滅ぼされている。また先にのべたように天王寺経塚の銘文にでてくる小太良殿も信夫小太郎のことで、この戦いで死んだという。

信夫郡の豪族と平泉藤原氏の結びつきが古くからのものであり、またそれがいかに強いものであったかが知られる。

3章

南奥羽ムサノヨへ

三人張りの強弓《こわゆみ》を調える地方武士(『男衾《おぶすま》三郎絵詞』)

1　鎌倉幕府の成立と南奥

鎌倉幕府軍と平泉軍●

文治五（一一八九）年をもって奥羽《おうう》の支配構造は大きく転換した。すでにのべたように、南奥《なんおう》も平泉《ひらいずみ》政権の支配下にあったが、この年をもって鎌倉《かまくら》幕府の支配領域となったのである。これより以前、伊豆で反旗をひるがえした源　頼朝《みなもとのよりとも》は鎌倉に幕府を開き、元暦二（一一八五）年、壇《だん》ノ浦《うら》に平家を滅ぼしていた。しかし、頼朝政権の背後をおびやかす奥州藤原氏は依然として健在であった。あまつさえ、頼朝追討の宣旨《せんじ》を得て、頼朝を討とうとした源義経《よしつね》が逃れて平泉にかくまわれており、不気味な存在であった。そのため頼朝が平泉を放っておくわけがなかった。

頼朝が日本六六カ国総動員令を発して、平泉へ進軍を開始したのは、文治五年七月十九日であった。これより二カ月半前に、平泉の当主藤原泰衡《やすひら》は義経を殺害して、その首を鎌倉に送ったが、頼朝は許さなかった。鎌倉軍は全軍を東海道（浜通り）・奥大道・北陸道の三手に分けて奥州に進発した。奥大道軍は頼朝みずからが大将となり、二十九日には白河《しらかわ》の関を越え、奥羽に大軍がなだれ込んだ。

秋風に草木の露を払わせて　君が越ゆれば　関守《せきもり》もなし

頼朝にしたがっていた梶原景季《かじわらかげすえ》が、能因法師《のういんほうし》を思いやってこの歌を詠んだという。「関守」、すなわち守備軍もいなく、やすやすと白河の関を越えたことを詠んだものであろう。だが、平泉政権は、信夫《しのぶ》・伊達《だて》地方に防衛拠点をきずいていた。

平泉軍の大将泰衡は国分原《こくぶがはら》の鞭楯《むちだて》（宮城県仙台市）に陣どり、伊達《だて》の大木戸といわれる阿津賀志山《あつかしやま》に要害をきずき、その前線として石那《いしな》坂にも砦《とりで》を構え、背後の白石付近にも柵を構築して、北上する鎌倉軍をまちかまえた。ことに泰衡の異母兄西木戸太郎国衡《にしきどたろうくにひら》を将とする阿津賀志山の防衛陣地は、大がかりであった。この山と国見《くにみ》宿とのあいだに、五丈の堀をほり、阿武隈《あぶくま》川の水を引き込んで柵をつくり、二万の軍勢で遠征軍を迎え撃とうとしていたと伝えられる。

戦闘は八月八日に、阿津賀志山と石那坂で開かれ、この日に石那坂が落ち、翌九日・十日は、平泉軍と鎌倉軍の最初で最後の決戦となった。現在も阿津賀志山の麓から阿武隈川にかけて、「二重堀」とよばれる遺跡がほぼ四キロにわたって断続的に残されている。『吾妻鏡《あずまかがみ》』の伝えるところによると、鎌倉軍は堀のほられていることを察知して、鎌倉を出発するときに三〇人のものに鋤鍬《すきくわ》を

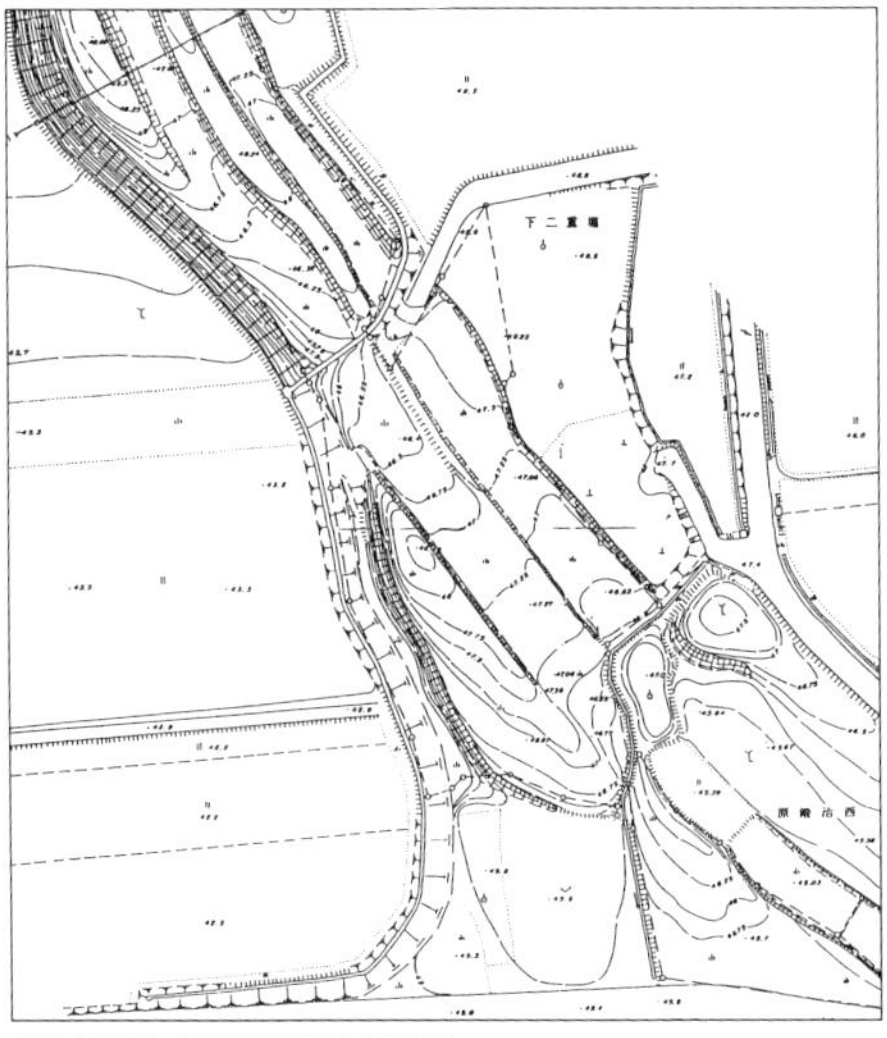

阿津賀志山防塁平面実測図

もたせてきていた。鎌倉軍は夜陰にまぎれて、その人夫を使って堀を埋めて人馬の通り道をつくってしまったという。十日、頼朝は平泉軍の本陣がある阿津賀志山に総攻撃をかけ、午前六時ころから主力軍による戦闘がはじまり、鎌倉軍の喚声は山々にこだまして郷村を揺るがせたという。そして安藤次《あんどうじ》というものを案内に立てて、国衡の背後をついたので、平泉軍は総崩れとなり、完敗をきっするのである。

頼朝軍は敗走する平泉軍を追い、途中の柴田郡大高宮付近で国衡は討たれ、総大将泰衡は一戦もせずに多賀国府を放棄して北に敗走した。彼は平泉に着くと政庁に火をかけ、紅蓮の炎を背に、さらに北走を続け、「夷狄島《いてきしま》」（北海道）をめざした。頼朝は八月二十二日の午後四時ころ平泉に入場してきた。政庁は焼けていたが、平泉の都市部はほとんど無傷のまま頼朝軍に落ちた。彼は北方領域の征討をめざしてさらに北進を開始した。しかし、泰衡は肥内《ひない》郡贄柵《にえのさく》で数代の郎従《ろうじゅう》河田次郎に殺害され、その首は頼朝のもとにとどけられた。そののち頼朝は前九年の合戦の激戦地厨川《みくりがわ》柵に至り、平泉に帰還して奥州合戦は終了し、奥羽は鎌倉幕府の支配下にはいったのである。

下向する関東武士団●

頼朝は占領した奥羽地域に対して、平泉政権の職権を継承した形で支配を展開しようとした。支配の責任者に任ぜられたのは葛西清重《かさいきよしげ》であった。彼は下総《しもうさ》国葛西御厨《みくりや》（東京都葛飾《かつしか》区）を所領とする武将で、阿津賀志山の戦闘で大功をあげていた。その職務は「陸奥御家人《ごけにん》」を奉行することであり、彼らは葛西をとおさなければ、頼朝にものをいうことができなかった。すなわち、葛西氏の得た権限は御家人の統率権である。そして平泉郡の警察権もあたえられていた。このような権限は、平泉の秀衡らがもっていた職権の継承であり、葛西氏は奥州総奉行とよばれている。一方、多賀国府にも伊沢家景という御家人を陸奥国留守職としておき、陸奥国の行政の責任者に任じ、葛西・伊沢の両者によって一国を切り盛りさせた。

御家人に対しては、陸奥・出羽の郡・荘・保がつぎつぎにあたえられた。奥羽の地はほとんどが関東御家人に分配されたのである。浜通り地方は、海道軍の大将として進軍してきた千葉常胤とその一族に多くの所領があてがわれた。『吾妻鏡』は「千葉介最前にこれを拝領す。およそ恩を施すごとに、常胤をもって初めとなすべきの由」と記している。次男相馬師常《もろつね》は行方《なめかた》郡、三男武石胤盛《ぶいしたねもり》は亘理《わたり》郡、四男大須賀胤信《たねのぶ》は好島《よしま》荘の預所職《あずかりどころしき》、五男国分胤通《たねみち》は国分荘（宮城県）、六男東胤頼《とうたねより》は黒川郡をそれぞれ拝領した。ことに行方郡はこれ以後代々相馬氏の所領として七〇〇年にもわたって存続するのである。

中通り地方はどうであろうか。伊達氏の初祖を朝宗《ともむね》と伝える書物によれば、奥州合戦のときに伊達郡を賜ったと伝えており、『吾妻鏡』にも朝宗という人名はみえないが、伊達氏と推定される人物が阿津賀志

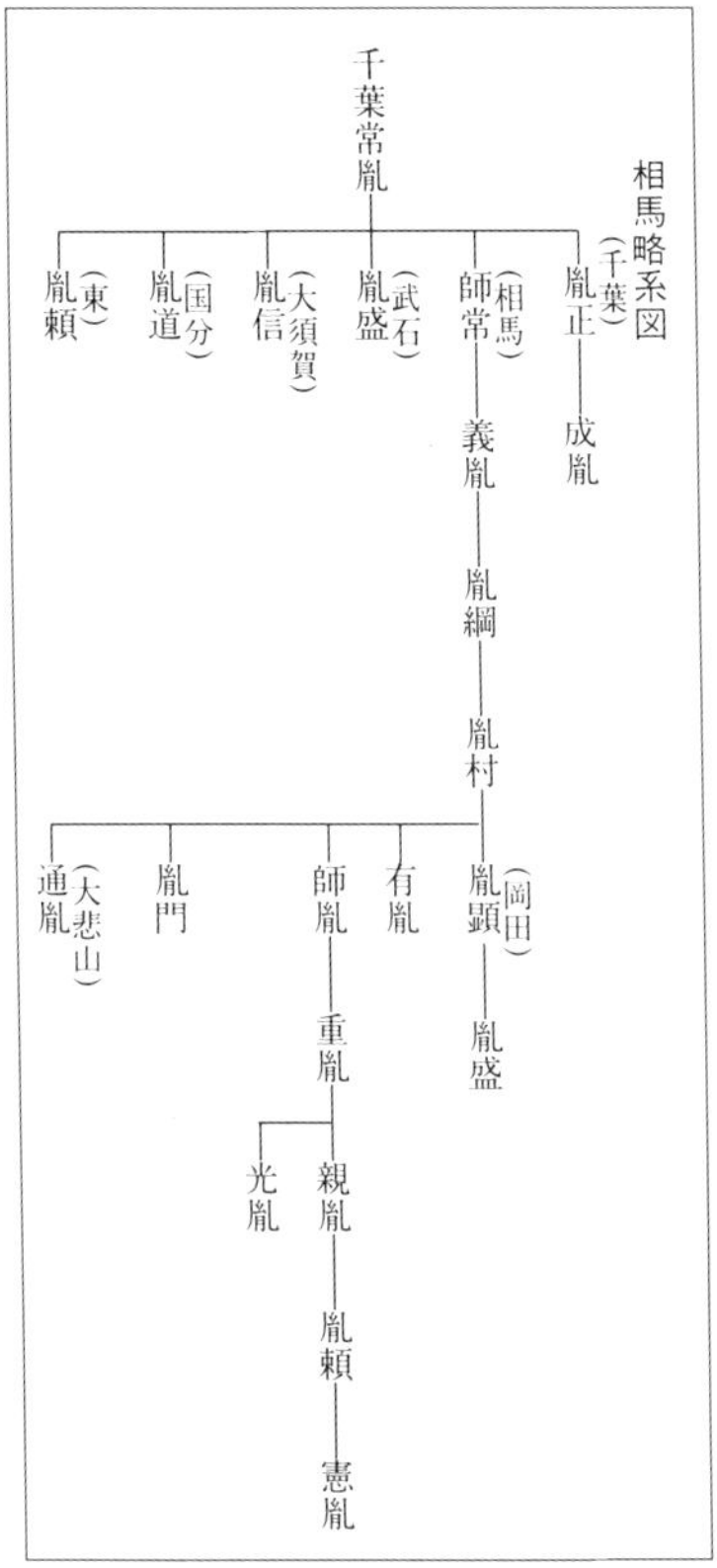

山の合戦のおりに功をたてたと記している。伊達氏もこの合戦の勲功として伊達郡を得たものと推定されている。同様にこのとき、伊東氏は安積《あさか》郡を、二階堂氏は岩瀬《いわせ》郡を、結城《ゆうき》氏は白河郡を得ており、また蘆名《あしな》（三浦）氏は会津の諸郡を、長沼氏も南会津郡の南山を、この前後に頼朝からあてがわれたものとみなされている。このように千葉一族の相馬・伊達・結城《ゆうき》・二階堂・伊東・蘆名・長沼氏らののちに南奥で領主として活躍する御家人がぞくぞくと関東から下ってきたり、所領を得たりしているのである。

　では南奥の領主はすべて関東から下ってきたかといえばそうではなく、少数ながら在地生え抜きのものも存在した。南奥の二大勢力であった佐藤氏と岩城《いわき》氏であるが、佐藤氏は奥州合戦でほとんど滅亡に近い形となったが、岩城氏は違った。佐藤一族が最後まで平泉に

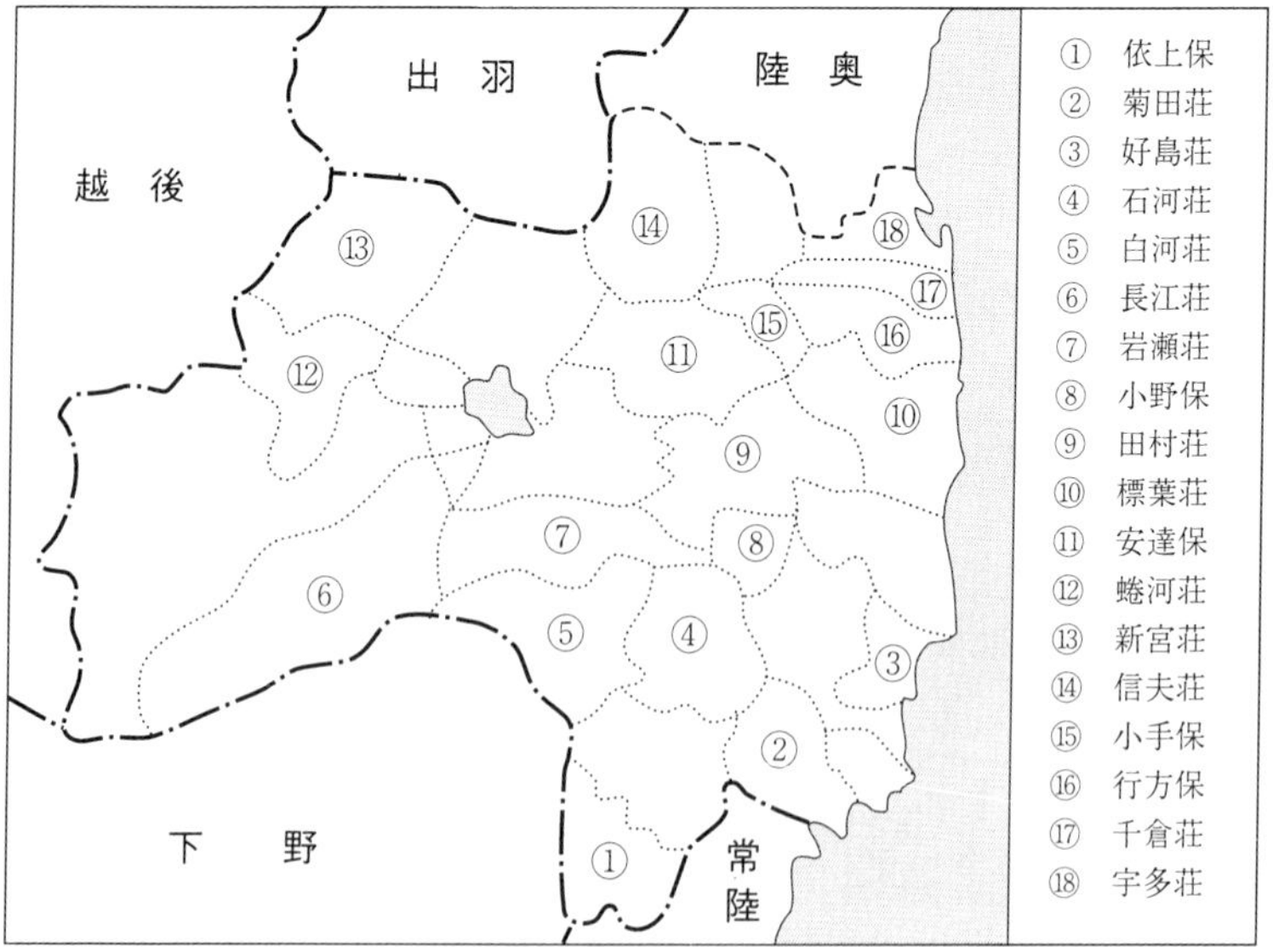

①	依上保
②	菊田荘
③	好島荘
④	石河荘
⑤	白河荘
⑥	長江荘
⑦	岩瀬荘
⑧	小野保
⑨	田村荘
⑩	標葉荘
⑪	安達保
⑫	蜷河荘
⑬	新宮荘
⑭	信夫荘
⑮	小手保
⑯	行方保
⑰	千倉荘
⑱	宇多荘

福島県の荘園と保

したがい、佐藤庄司が阿津賀志山合戦で敗死したのと対照的に、岩城氏は平泉藤原氏と姻戚関係にありながらも、いちはやく幕府に帰順して、海道軍の先陣をつとめたことにより、本領を安堵《あんど》され、好島荘地頭職をあてがわれたのである。岩崎氏も同様であった。また源頼義に従軍して、石川地方に住したと伝える石川氏も石川荘を安堵されており、平安時代以来の奥州住人もわずかに領主として生きながらえたのである。しかし支配者も体制も塗り替えられて新しい世界が展開していくのである。

南奥羽の郡と荘園●

『吾妻鏡』が藤原清衡について、奥六郡伊沢（胆沢《いさわ》）・和賀・江刺《えさし》・稗抜《ひえぬき》（稗貫）・志波《しわ》・岩手を伝領したと記していることは周知のことである。この奥六郡の成立は、十世紀後半のことであるとみられているが、郡の設置が蝦夷《えみし》の地から、中央政府に組み込まれたことの指標であった。中世の奥羽も郡・荘・保などの行政単位を基本的な枠組みとして、政治や経済が展開していくのである。まず南奥のこのような所領支配の枠組みからみていこう。

奥羽の国衙《こくが》領の多くは郡によって構成されていたが、中世にみられる郡は、古代には存在しない新しい郡が多く登場してきているとともに、多くの保や荘がみられるようになる。古代の郡が解体して、新しい支配の枠組みが形成されてきたのであり、このような郡は中世的な郡であるといえる。南奥（福島県）には古代の郡として、白河《しらかわ》・磐瀬《いわせ》・会津・耶麻《やま》・安積《あさか》・信夫《しのぶ》・菊多《きくた》・磐城《いわき》・標葉《しねは》・行方《なめかた》・宇多《うだ》の一一郡が存在していた。ところが中世になると、次頁表に示したように、一一の郡が一三の郡、二の保、一四の荘に大きく変化している。たとえば白河郡は高野郡、依上保、石川荘、白川荘というように四つに分割された。

中世的土地所有の成立といえば荘園の成立であるので、中世成立期のそのような状況を考えなければならない。いくつか著名な荘園を取りあげてみよう。石川荘は石川氏が地頭に任じられた荘園として知られている。石川氏は多田源氏源満仲の孫頼遠が前九年合戦のときに戦死し、その子有光に戦功があったので、南奥の石川地方をあたえられたという。白河郡から石川荘が成立したのは、早くても十一世紀の後半であろう。白河荘は『吾妻鏡』文治四（一一八八）年条に藤原信頼の知行であったが、平重盛の所領となったと記されている。もとは天皇家領ではなかったかと推定されている。会津の長江荘・蜷河《にながわ》荘は摂関家領として成立していたことが知られている。信夫荘は義経の従者となった佐藤継信・忠信兄弟の家系である佐藤氏とかかわりが深い。信夫郡司として存在した藤原秀郷《ひでさと》流が佐藤氏を称したとされており、平泉政権に仕え、信夫佐藤庄司とよばれていた。一族はのちにのべる河津賀志山合戦によって、打撃をうけたが、この地方に在地の武士として残った。菊田荘は皇室領として荘園化されたのではないかといわれている。安達荘は十二世紀の中ごろに、荘園を開発した領主の子孫と考えられる惟宗定兼《これむねさだかね》が、所領を太政官厨家《くりや》に

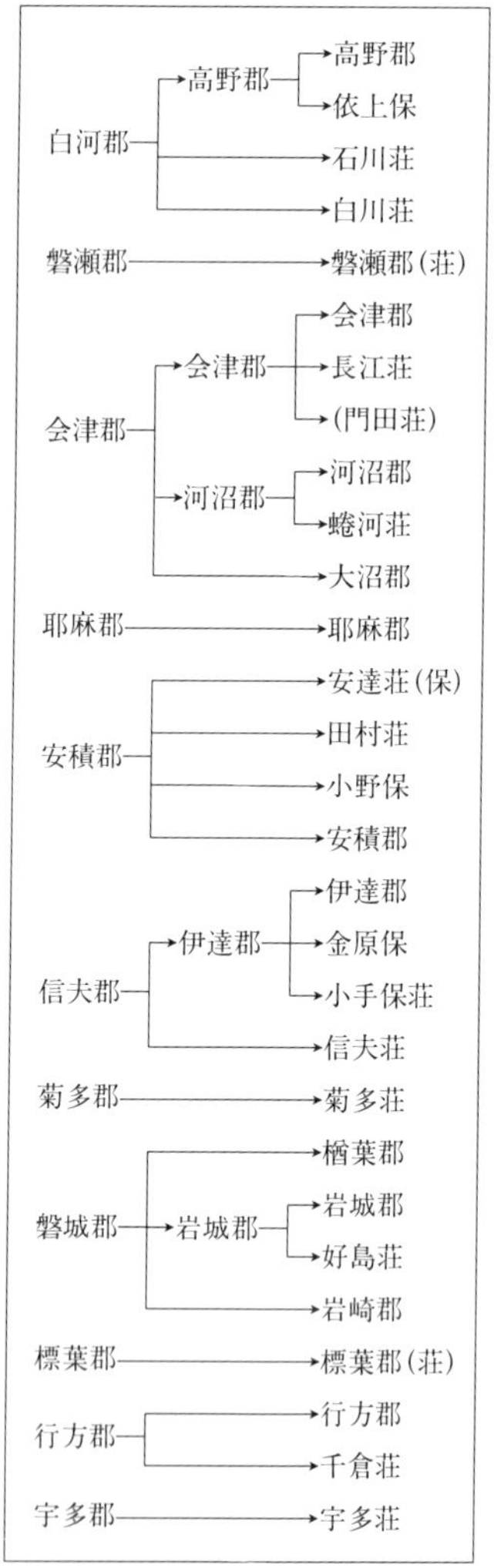

福島県域の中世的郡・荘・保の成立
(『中世奥羽の世界』による)

❖コラム

飯野八幡宮をめぐって

中世社会に生きた人びとの心のよりどころは、神仏に対する厚い信仰心であった。各氏族が積極的に寺院をつくり、神社を勧請《かんじょう》した。神々との約束事は、起請文《きしょうもん》という形で残され、それを破ったならば、無限地獄に落とされてもよいというような罰が書き込まれたりしたのである。ことに武士団は、合戦に勝利するためにも、神仏の御加護が必要であった。

源頼朝の命によって、山城国（京都府）石清水《いわしみず》八幡宮から勧請されたとされている神社として知られているのが、飯野《いいの》八幡宮である。いわき市平にあり、文治五（一一八九）年奥州合戦が終了したのち、好島荘の地頭として岩城清隆《いわききよたか》が補任され、千葉常胤が預所となった。そして勧請された八幡宮の別当に清隆の嫡男師隆が任じられ、一二口の供僧をおいた。預所は大須賀氏、さらに三浦氏に代わったが、宝治合戦（一二四七年）ののち、伊賀光宗が預所に就任すると、代々預所と宮司を兼任するようになっていき、現在に至っている。なお現宮司である飯野氏は伊賀氏の子孫である。

中世においては、神社の造営は、近隣の御家人や地頭などがつとめることが普通であった。大規模な神社（たとえば信濃国諏訪社）になれば負担は、一国規模の御家人に割りあてられた。飯野八幡宮でも、鎌倉時代は東西の好島の諸地頭がつとめることになっていた。文永十一（一二七四）年の鳥居の建立などでそのことを知ることができる。

飯野八幡宮所蔵の「飯野文書」（県重文、一六三通）は、鎌倉時代から南北朝期における本県の歴史を知るための史料として、きわめて重要なもので、第一級のものである。

寄進してこの荘園が成立した。田村荘は平安時代後期に成立したものと考えられ、鎌倉時代には、田村氏が荘司であった。

南奥のもっとも有名な荘園は好島荘《よしま》である。この荘園は石清水《いわしみず》八幡宮の所領であった。文治二年に、岩城郡物見岡《ものみがおか》に石清水から八幡宮を勧請《かんじょう》して、好島八幡宮（のちに飯野八幡宮とよばれる）とした。この地方に勢力をもっていた岩城氏は、所領を石清水八幡宮に寄進して、好島荘が設置された。岩城氏は好島荘地頭に補任され、下総の豪族千葉氏が荘の預所《あずかりどころ》の職を得た。預所は以後三浦氏から鎌倉中期に伊賀氏に交代し、以後、岩城氏と伊賀氏が、荘の実権をにぎって支配していった。好島荘は東西の両荘で構成されており、両荘は三カ郷によって構成されていた。郷は数カ村が寄り集まってつくられていた。そしてその村々には岩城一族が村地頭として、所領経営をしていた。

所領支配と民衆●

元久元（一二〇四）年の好島荘の田地目録によれば、

飯野八幡宮

好島荘のなかで、惣領《そうりょう》岩城清隆の所領二〇町、その一族と思われる新田《にった》三郎・好島三郎・深沢三郎・千《ち》倉《くら》三郎・片寄三郎・大森三郎・戸田次郎・戸田三郎・大高三郎らが一〇町程度の田地をもち、所領経営を行っていた。これらの領主は村々の地頭である。この荘園は年貢を課される定田（これが荘園の基本的部分）が二九七町余、前から年貢を免除されている本免田が一〇七町余、新しく年貢を免除された新免が一一八町余の合計五二三町余の荘園であった。これを岩城氏が地頭として管理していたのである。

そしてこの荘の中心となっていたのが、飯野八幡宮である。同荘の田地のうち、八幡宮の神事・祭礼などのための田が七四町存在している。また文永十一（一二七四）年、鳥居をつくるために、東西両荘などで作料を集めているのをはじめとして、以後も神宮の社殿などの造営が、荘内の負担で行われている。さらに、預所、検非違使《けびいし》、郡司、公文《くもん》などの給田も三三町存在している。

多くの荘園の内部は一般的に田・畑・在家・山野河海、さらに荒地からなっていた。耕地は耕作田と不作田があり、耕作田も神田や荘官などの給田が混在していた。また他領がまじっている場合もあった。このような田地・畑を耕作したり、年貢負担の責任者であったのは在家とよばれる人びとであった。在家はほぼ一町前後の耕地の所有者とみられている。たとえば正応五（一二九二）年の岩城一族の国魂経隆《くにたまつねたか》の所領配分状によれば、太郎成隆跡は水田一一町と屋敷一四宇で構成され、配分されていた。この屋敷一四宇が在家とよばれるものである。彼らは有力農民で、ほかの零細農民を抱えたりしており、年貢請負・負担者であったであろう。五反歩以下の中小農民も多くおり、またまったく耕地をもたない隷属民も多数存在していた。好島荘を例にとって、荘園や村落のなかをのぞいてきたが、ほかの荘や公領もだいたい同じようなものであった。

2　鎌倉の世をみる

遥かなるみちのく●

京の人びとには奥羽は珍しい北方の特産物をもたらす異国情緒を感ずる地域であり、都の人びとの憧《あこが》れの地ともなっていき、金や絹、馬で代表されるように、豊かな地方とも考えられていた。だが彼らは奥羽の地を蝦夷とよんでさげすんでおり、善知鳥《うとう》や安達《あだち》が原《はら》の黒塚、壺の石ぶみなどのようなものが存在する不気味なところ、あるいはけがれたところともみなしていた。

このようなみちのくへの入り口が、白河の関と勿来《なこそ》の関（菊田の関）であった。都の風流人の憧れの地であるこの両関を詠んだ歌は多い。そのなかでもっとも有名なものは「都をば霞とともに立ちしかど秋風ぞ吹く白河の関」と詠んだ能因法師《のういんほうし》の歌である。鎌倉時代に成立した『古今著聞集《ここんちょもんじゅう》』は、能因は奥州に下らずに、ひそかに日焼けして、いったふりをして詠んだのがこの歌であるとしているが、事実は、彼は二度にわたって奥州に下向している。西行《さいぎょう》も二度きている。第一回は、二六歳の康治二（一一四三）年春に都を出発して、秋風が吹くころ白河の関に着いている。『山家集《さんかしゅう》』に「みちのくへ修行してまかりけるに、白河の関に泊まりて、所からにや常よりも月おもしろく哀れにて能因が秋風ぞ吹くと申しけむをいつなりけむとおもひ出られて、名残おほくおぼえければ、関屋の柱に、白河の関屋を月のもる影は人の心をとよむなりけり」と記している。第二回目は老境の六九歳の、文治二（一一八六）年のときで、平氏によって焼かれた東大寺大仏殿再建の勧進《かんじん》のため、平泉までの旅であった。

安達が原（二本松市大平）も歌人には名高い場所であった。阿武隈川のほとりにある安達が原について、平兼盛の有名な歌がある。

みちのくのあたちの原の黒塚に　鬼こもれりと云うはまことか（『拾遺集』）

安達が原黒塚の鬼女の伝承はのちに金春禅竹《こんぱるぜんちく》がつくった謡曲「黒塚」（安達原）のもととなり、近世では歌舞伎の「奥州安達原」となっていくのである。このほかにも、安積山・安積沼・信夫山・阿武隈川などが歌枕として和歌に詠み込まれており、この地まできたかどうかはともかく、「異郷」への都の人びとの遥かな思いを示している。

布教のために奥州に下った僧侶も多かった。時宗の開祖一遍《いっぺん》は弘安三（一二八〇）年に奥州に下ってきた。信濃《しなの》国（長野県）善光寺《ぜんこうじ》から奥州にむかい、そして江刺《えさし》郡の祖父河野通信の墓を訪ねた。その途中、白河の関を越えている。道中において漁人や商人と語らいながら白河の関にさしかかると、関の明神の宝殿の柱に「ゆく人を弥陀のちかひにもらさじと名をこそとむれ白川のせき」と書き付けた。『一遍上人絵伝』に白河の関がきれいに描かれている。蔦かずらや紅葉の深山のなかに峠があり、入母屋造《いりもやづくり》の祠《ほこら》が存在しているが、これが関の明神であろう。そして山中の坂道の傍らに関屋があり、弓矢や太刀《たち》などをもった関守が通行する人びとを監視している。鎌倉時代の後半期の白河の関の状況がよく知られる。

信仰の世界●

現世では安穏《あんのん》に暮らして、来世では善きところに生まれ変わりたいとするのが、中世の人びとの願いであった。この奥羽地方の人びともしだいに仏教に帰依《きえ》していった。死者の往生《おうじょう》を願い、極楽《ごくらく》往生するために、さまざまな供養《くよう》を行い、寺を建て、仏像をつくり、五輪塔《ごりんとう》・板碑《いたび》（石塔婆《せきとうば》）を造立したりした。奥州松島の雄島には西にむいてたてられた多くの板碑と多数の遺骨がもちこまれて、「他界＝浄土」を思わせる神秘的な世界があったという。このような世界は各地に存在したことであろう。

関東地方に多かった板碑（石塔婆）が、関東武士団の本県への下向とともに広まっていった。福島県内にも板碑は多く存在している。この石の供養塔婆によって、中世の人びとの信仰状況をよく知ることができる。このような石塔婆は父母の菩提《ぼだい》を弔ったり、願主や妻子が功徳《くどく》を積むことにより、死後の往生を得ようとしたものが多い。福島市下鳥渡にある陽泉寺《ようせんじ》（曹洞宗）の北側の丘陵には、このような板碑が多く存在する。なかでも正嘉二（一二五八）年、「右志者為悲母也、平氏女敬白」の銘をもつ阿弥陀如来三尊塔婆は、国史跡に指定されている貴重なものである。この寺には、南北朝期の木造釈迦如来坐像（国重文）も安置されている。

ほかに有名なものとしては、福島市山田に文永八（一二七一）年銘の板碑、郡山市如宝寺《にょほうじ》に建治二（一

正嘉２年銘の阿弥陀如来三尊塔婆（福島市下鳥渡陽泉寺）

二七六）年のもの、須賀川市芦田塚の嘉元三（一三〇五）年のもの、いわき市四倉柳生院《やぎゅういん》の徳治二（一三〇七）年のものなどがある。県内に残されているこのような板碑は、二五〇〇基はあるだろうといわれている。これより浄土・阿弥陀信仰が人びとのあいだに広くかつ深く、広がっていったことを知ることができる。

南奥の世界においても、すでにのべたように、平安後期には浄土信仰が急速にその教線をのばしていった。岩城の白水《しらみず》阿弥陀堂が代表的なものである。また藤原清衡は中尊寺を建立したときに、白河の関から津軽外ヶ浜まで、一町ごとに阿弥陀の像を描いた仏をたてたと伝えられ、また会津高田町の薬師寺の薬師堂の本尊は、清衡の娘が鎌倉から運んだ薬師像だともいわれている。伊達郡の霊山寺は古代以来の山岳宗教の場であり、円仁《えんにん》が開いたとも伝えられている（六八頁参照）。

南奥の浄土信仰の多くは天台宗の系統である。平安時代の中ごろから天台宗系統の慈覚《じかく》大師（円仁）の流れをくむ教線を中心に、天台宗系統の浄土信仰が広く展開していった。また真言宗系統の浄土信仰も勢力を得ていった。安達太良山《あだたらやま》の麓を中心に山林修行場が開かれ、信夫・伊達郡に教線をのばし、会津地方にもおよんでいった。会津から越後街道をさらに北西に進み、坂下町の西の山地にさしかかったところに恵隆寺《えりゅうじ》（真言宗）と心清水《こころしみず》八幡宮がある。この八幡宮は、塔寺《とうでら》八幡ともよばれている。恵隆寺観音堂の本尊千手観音は、立木観音ともよばれる十四世紀につくられたもので、国の重要文化財に指定されている。また塔寺八幡は、源頼義が石清水八幡を勧請したものと伝えられている。八幡宮には、「塔寺八幡長帳」が残されており、南北朝期から江戸時代初期までのこの地方の歴史を知るうえで貴重なものである。

一方鎌倉新仏教も広まっていく。浄土宗は法然の弟子隆寛《りゅうかん》が東国に流されたが、その弟子である実成《じっせい》

依上保	依上氏――→　　　　　←――北条氏
小野保	(未詳)
小手保(荘)	文治・建久ころ 興福寺？――→
安達保(荘)	安達氏？(盛長―景盛―義景―泰盛)→弘安8 北条氏？――――――→
岩城郡	岩城氏？
楢葉郡	(未詳)
行方郡	相馬氏(師常―義胤……………………)――→
高野郡	八田高野氏
安積郡	建保年間？ 伊東安積氏(祐長―祐能―祐重)――→弘安・正応年間？ 北条氏　――→
伊達郡	伊佐伊達氏(朝宗―勝重―…………………………行朝？)
会津郡	文治5 三浦氏？――――→宝治1 北条氏――――――→
大沼郡	文治5 三浦氏？――――→宝治1 北条氏？――――――→
河沼郡	文治5 三浦氏？――――→宝治1 北条氏――――――→
耶麻郡	文治5 三浦氏？――――→宝治1 北条氏――――――→

(『中世奥羽の世界』付録「鎌倉期陸奥・出羽両国の郡（庄・保）地頭一覧表」より作成，一部改変)

が喜多方市に願成寺《がんじょうじ》を開き、浄土真宗は親鸞《しんらん》の孫如信《じょしん》の布教によって南奥に広まっていった。さらに禅宗は武士層の支援を得て、かなりの勢力をもったことは周知の事実である。鎌倉幕府の祈禱所となった東昌寺《とうしょうじ》以下の伊達五山、会津若松の興徳寺《こうとくじ》、岩崎郡の禅《ぜん》長寺《ちょうじ》などが代表的なものである。

武士団が東国から奥羽に移住してくるときも、寺院や神社とともに下向してきた。鎌倉末期に浜通りに下ってきた相馬氏も八幡寺・護国院・上之防・日光院・大蓮院・宝光院・摂取院を移しており、また星の宮・塩釜社・鷲宮を鎮守《ちんじゅ》にしたという。修験道も広まっていった。東白川郡棚倉町八槻《やつき》の都々《つつ》古別《こわけ》神社に、天福二（一二三四）年銘の十一面観音立像が伝えられている。

鎌倉時代の福島県域の地頭一覧

郡・荘・保	郡（荘・保）地頭
菊田荘	文治5？　元弘3 小山氏（朝政－長村－宗朝……）——→？
好島荘	〔地頭職〕　元弘3 文治5 岩城氏（清隆—隆宗—隆義……………………隆衡） 〔預所職〕 文治5　正治2 千葉常胤—大須賀胤信 （東荘）承元2 大須賀通信—宗常------→　元弘3 （西荘）大須賀胤村—三浦義村—資村—宝治1 伊賀光宗……盛光
白河荘	文治5？　元弘3 結城氏（朝光—朝広—祐広—宗広）——→？ （実際は、下総結城家広綱……朝祐系か）
石河荘	文治5？　元弘3 石河氏（光盛・光重系→光義）—北条氏（時頼？—重時—時宗…→）
岩瀬荘(郡)	←—建暦3 二階堂行村——→　元弘3 ←—北条氏—→
田村荘	藤原姓田村氏（仲能—重教……）→北条氏——→
標葉荘(郡)	←三浦和田氏（時茂—永仁3 義基—義章—義行）——→
信夫荘	二階堂氏？——→　←——北条氏？
千倉荘	相馬氏（義胤—土用）——→岩松氏（時兼—経兼—政経—経家）——→
宇多荘	←——北条氏？
長江荘	長沼氏（宗政—時宗……）——→？
蜷河荘	佐原氏——→　←——北条氏？
（新宮荘）	文治5　宝治1 三浦氏？——北条氏？——→

銘によると、成弁《せいべん》という修行僧が八溝《やみぞ》山（東白川郡）に参籠したとき、当神社の別当のために造立したものであるという。別当は八槻家で、修験道関係で名高い家である。所領支配と寺社は切っても切れない関係にあった。

武士団と女地頭●

都の風流人のあこがれの地であり、また一般的には蔑視される地であった奥羽は、関東武士団のもとでどのような状況となっていったのであろうか。武士団について少しみておこう。南奥浜通りの世界で勢力をふるった相馬《そうま》氏がいる。相馬師常《もろつね》はすでにのべたように奥州合戦の後に行方郡を所有するようになった。師常から四代のちの胤村《たねむら》の時代に一一人の子女に所領がわけられた。相馬氏は下総国相馬御厨を本領としており、行方郡は新恩地（恩賞として新しくあてがわれた所領）であったために、惣領よりも庶子系統の武士が多く所領配分をうけた。行方郡にもっとも多く所領を得た重胤が本貫地である相馬郡を離れたのは、元亨三（一三二三）年のことであった。相馬氏が長男胤氏系と五男師胤系に大きく分裂して、本領の相馬郡を胤氏系が、陸奥を師胤系が支配するようになっていった。

このときに従った一族は、岡田胤盛・泉胤康・堀内常清・伊奈有村・西胤利・大悲山朝胤等の主従八〇余人と伝えられている。しかしこれは主たる一族・郎党のみで、そのほかに寺社・有力農民もこれに従って、行方に下向してきた。そして相馬氏は従来からこの地に居住していた土豪層を家臣として組織し、南北朝初期に小高《おだか》城をきずいて、慶長十六（一六一一）年に中村城（相馬市）に移るまでこの地方を支配するのである。

鎌倉時代の武士団の支配の特徴は、所領を分割して、各子息に配分して惣領が統括して支配するところにあった。奥州相馬氏もその例にもれず、重胤《しげたね》は嫡子親胤と次子光胤にそれぞれ分割して所領を譲っている。親胤は行方郡小高・高・目々沢《めめざわ》・堤谷《つつみがい》・小山田・関沢・盤崎《はんがさき》・鳩原《はとはら》、下総国相馬郡増尾村などを、光胤には行方郡耳谷《みみがや》村・小高村内矢河原十郎尼田在家・彦三郎田在家・盤崎村内釘野在家、下総国相馬郡栗野村などが配分された。庶流の相馬岡田氏も同様であった。永仁の段階で胤村から胤顕に譲られた所領は、その後嫡子胤盛・胤顕後家・三男孫七に譲られ、後家分は一部を次男長胤・孫胤康にあたえ、残りを胤盛に譲っている。このような所領の支配の仕方はほかの武士団でもまったく同じであった。所領を庶氏をも含めて配分するだけでなく、女子もほぼ同じような配分の権利を得ていた。嫡子はやや多いが、庶氏も村々の配分をうけ村地頭としてその地域を支配した。女子も最低でも田在家の一宇程度は配分をうけたのである。

相馬岡田氏は後家に所領を配分しているが、所領と女性で興味深い史料が残されているのは「伊達家文書」である。永仁五（一二九七）年九月十三日付の、伊達一族の桑折《こおり》郷田在家をめぐる桑折氏内部の争いを、裁許した関東下知状《げちじょう》がある。前の部分がなくなっているが、その内容はつぎのようなものである。

伊達一族桑折心円《しんえん》には男八人、女六人、あわせて一四人の子女がいた。心円は建治年間（一二七五〜七八）と弘安年間（一二七八〜八八）の二度にわたって、所領を子どもたちに分与した。ところが子どものなかの氏女という女子が異腹の兄である時長に田一町二反、在家二宇を横領されたと鎌倉幕府に訴えた。氏女が申すには、父親の心円がつくった文永の譲状をもっているにもかかわらず、弘安六（一二八三）年に心円が他界したのち、異母兄時長は偽の譲状を作成して氏女の所領を横領して、追い出してしまったというのである。ところが時長は弘安二年に譲状を得、同八年に鎌倉幕

現代の相馬野馬追の甲冑競馬

府の安堵下文ももらっており、氏女の譲状こそ謀書（偽の文書）であると主張した。鎌倉幕府はこの訴訟に対して、氏女以外の一三人が、ことに同じ母から生まれた兄行朝も含めて建治・弘安の譲状を得ているにもかかわらず、氏女だけが文永に譲状を得ているということは信用しがたいこと、執筆者もはじめは心円の自筆であるといっていたが、あとで他の人の名前をあげるなど、これも信用できないこと、また氏女が嫁いでいるのは、彼女の兄である掃部助《かもんのすけ》六郎入道心阿というものの子息六郎太郎のところであるが、心阿は不都合があり、心円によって領内を追いだされているが、それを知らないと主張するのもおかしいこと、さらにかつて心阿が時長の所持する譲状は謀書であると幕府に訴訟したとき、氏女は子細をのべるべきであったが、そのときはよくわからないといっていたにもかかわらず、今回このような訴えをするなどということは、非常に疑わしいことであることなど、六点にわたって氏女の主張の疑問点をあげて、時長勝訴の判決を下している。

氏女が敗訴となったとはいえ、鎌倉時代における武家社会のなかの女性の地位をうかがうことができる判決状である。この時代には女性でも所領をもつことは普通であった。所領配分が不満であったならば、幕府に訴えることも当然の権利として保持していたのである。女性が所領をもっていれば、これまた当然なことであるが、軍役・課役を幕府に奉仕しなければならなかった。「貞永式目」第二五条には、公家の娘の婿となった場合も、将軍御所に仕える女性も公事を勤めよと規定されている。しかしこのような女性もしだいに権利をせばめられていき、南北朝期には女性の領主はほとんどみられなくなっていく。これは庶子も同じであった。所領はしだいに嫡子の下にまとめて譲られるようになり、単独相続となっていき、一カ所に所領を集中した国人《こくじん》領主があらわれてくる。

矛盾の激化

当初における鎌倉幕府の奥羽統治の基本は、すべて秀衡・泰衡の先例に任せて支配するというものであった。奥羽に所領を得た関東の御家人《ごけにん》は、その支配を一族・庶子や家臣に任せる場合が多く、前述した相馬氏も鎌倉末期になってやっと下向してきたのである。その間、現地の管理は生え抜きの住人に任されたが、地頭である関東御家人は鎌倉にいながら、奥羽の布や馬、金などを年貢として手にいれることができた。そして幕府は地頭の新田開発を奨励した。好島荘に関して、地頭の開発した土地は三年間は無税、それ以後は一町につき一〇反の准布《じゅんぷ》をおさめ、雑公事《ざつくじ》は免除するというような法も発布されている。

このような不在地主的体制や新田開発は、しだいに在地の抵抗にあうようになっていく。正治二（一二〇〇）年、伊達郡で境相論がおき、幕府の使者が派遣されるという事件があった（『吾妻鏡』）。各地で境相論等が頻発してくる。これらの相論の場合、原告となったのは奥羽の現地の住人であり、被告は地頭を代表とする関東の人びとであった（『中世奥羽の世界』）。関東の支配に対する奥羽住民の強い抵抗がみられる。

また幕府は、治安維持にも苦しまなければならないような状況になっていった。奥羽における夜討《ようち》・強盗《ごうとう》・悪党《あくとう》などの禁圧が、幕府成立当初から重要な政治課題として幕府に課され、建長八（一二五六）年には奥大道の夜討・強盗の取り締まりのために、道筋の地頭二四人に対して、宿々の警固《けいご》を命じたりして、さまざまな夜討・強盗禁圧令がだされている。

鎌倉時代の後半期になると、北条氏領が爆発的に広がっていく。最初、奥羽における北条氏領は北奥羽の津軽四郡など一部分のみであったが、和田合戦、宝治合戦、婚姻関係、寄進・贈与などを通じて、さらには罪を得た御家人の所領を没収して、奥羽の地に広大な所領を得ていった。たとえば、南奥の事例では、元亨元（一三二一）年、相馬師胤が罪のため所領三分一を没収され、北条高時の側近である長崎思元にあたえられたが、そのおり、相馬重胤の所領の一部も思元に渡されて紛争がおこっている。そのほか鎌倉時代後期から末期にかけて、好島荘では預所伊賀氏と地頭岩城氏とのあいだで激しい相論が続いている。南奥のその他の地域においても、一族間、他氏とのあいだ、御家人《みうちびと》と御内人とのあいだなど、さまざまな紛争・確執が続くようになっていった。奥羽の地の多くが北条氏領となっていくのは、奥羽の地で、所領支配が危機に瀕してきたからである。北条氏との関係を利用してその危機をのりこえようとするものがふえていった。北条氏のもとにみるみるうちに所領が集まっていったが、紛争・混乱も北条氏のもとに集中していった。北条氏が所領や権力を集中しても諸矛盾は解決されなかった。やがて津軽《つがる》で蝦夷《えぞ》の乱がおこり、鎌倉幕府の滅亡につながっていくのである。

4章

南奥羽動乱の世へ

岩崎城城館図(斎藤慎一氏原図)

1　新しい秩序を求めて

貴種の下向と奥州小幕府●

後醍醐《ごだいご》天皇が隠岐《おき》を脱出して、京都をめざしたのは、正慶二（元弘三＝一三三三）年二月二十七日のことであった。三月十五日には護良《もりよし》親王から、北関東・南奥の雄である結城宗広《ゆうきむねひろ》のもとに倒幕を命ずる令旨《りょうじ》が下された。この令旨をうけとった宗広は、六波羅探題《ろくはらたんだい》が陥落するころに旗幟《きし》を鮮明にして、鎌倉攻撃に参加するようになる。この後、ぞくぞくと奥羽の武士が倒幕の運動に加わっていくのである。

奥羽の人びとにとって、鎌倉から解放されて久しぶりにのびのびとした活動ができる時代がくると思われた。そのような時代がくることを願って倒幕に参加したのである。一方、新しい建武政権にとって、奥羽は鎌倉幕府支配の余韻を消し、新しい実力者の足利尊氏《あしかがたかうじ》勢力と対抗するためにもきわめて重要な地域であった。新政権は鎌倉幕府の植民地のような状況であった奥羽を自立させ、足利の支配にはいり、足利方の拠点となっている鎌倉に対抗するための地域として、ほかの地域と異なる政策をこの地域でとっていく。

後醍醐天皇の理想とする地方支配は何であったのであろうか。後醍醐は専制的な王権を確立するために、中央で復古的な権力機構の整備とみられるような形をとりながら、天皇独裁の権力機構をつくろうとした。地方支配も中央と同じように、国衙《こくが》を中心とする国司《こくし》制度を、王権をささえるものとしなければならなかったのであるが、現実はそう容易なものではなかった。守護《しゅご》制度をまったく否定することができず、国司と守護の併置となったのである。奥羽の場合はもっと後醍醐の理想からはずれたものであった。この地はもともと守護は存在していなかったから、天皇―国司という支配機構が、後醍醐の理想のように組織されてもよかったのであるが、現実の政治情勢からして、そのようにはならなかった。奥羽地方は天皇の直接統治を離れて、陸奥国府が強力な権限をもつ独立国のようになったのである。

建武政権は北畠親房《ちかふさ》の子顕家《あきいえ》を陸奥守《むつのかみ》に補任して奥州に下向させた。もちろん皇子義良《のりよし》を奉じていたのであるが、「今ヨリ武ヲカネテ藩屏タルベシ」（『神皇正統記《じんのうしょうとうき》』）との期待のもとに、天皇の裁決さえ「さし置く」というような権限をあたえられて、奥州経営の全権を委任されて、元弘三年暮れに多賀城に下ってきたのである。そしてただちに奥羽支配の体制を決めて、奥羽を建武政権の後ろ盾とするための強固な体制をきずこうとした。このとき北畠顕家が行った政治はきわめて意欲的なものであった。

後醍醐天皇像

『建武年間記』によれば、顕家は国府に八人の式評定衆《しきひょうじょうしゅう》をおき、二一人の引付《ひきつけ》を設け、さらに政所《まんどころ》・侍所《さむらいどころ》・諸奉行を設置して、結城宗広・伊達行朝《だてゆきとも》、武石顕胤、二階堂・長井一族らが国府の最高首脳部を構成したという。ただし、式評定衆のうち三人は顕家にしたがってきた京都の公家であった。まさに奥羽の武士が、奥羽支配の中軸にすわったことを示している。そして各地に国府の支庁を組織していった。この支配体制のなかには南奥(福島県)の武士も多く組織されている。結城・二階堂・伊達氏はいうまでもなく、引付一番には石川一族、二番には結城親朝・伊達貞長、安積伊東氏、三番には伊達行朝がみえている。また、寺社奉行や侍所にも伊東氏や二階堂氏がみられる。この支配体制を陸奥国府体制とよんでいる。また、天皇の指図を「さし置く」というような強大な権限があったことから、これを奥州小幕府体制ともいっている。

このような小幕府をも思わせる権力機構が成立したのは、足利方との対抗関係のなかからあらわれてきたのである。鎌倉幕府が滅んだあとの鎌倉は、実質上足利方の支配下におかれていた。このため多くの武士は足利に服属し、そして足利の勢力は奥州にまでのびていく。かつて北条氏の所領であったところが、つぎつぎと足利のものとなっていった。また『保暦間記《ほうりゃくかんき》』には「東国ノ武士多ハ出羽陸奥ヲ領シテ力モアリ」というように、東国武士が奥羽に多くの所領をもっていたと記されている。

これらの武士を組織していかなければ、日本の東半分は、足利の勢力圏となってしまう恐れがあり、護良親王や北畠親房らは、そのことを非常に恐れ、親房の子顕家を奥羽に下して、鎌倉を背後から牽制《けんせい》しようとしたのである。事実、建武元(一三三四)年正月、尊氏の弟直義《ただよし》が後醍醐の子成良《なりよし》親王を奉じて鎌倉に下り、足利一門、さらには足利の被官《ひかん》層を中核として、東国を強力に支配する体制をつくっていった。

南北両党の激闘●

後醍醐の政策の基本は、天皇中心の強力な王権を確立することにあった。しかし、その政策の多くは現実とあうものではなく、後醍醐の意図に反して破綻《はたん》していった。そして建武政権は、民衆や武士層のみでな

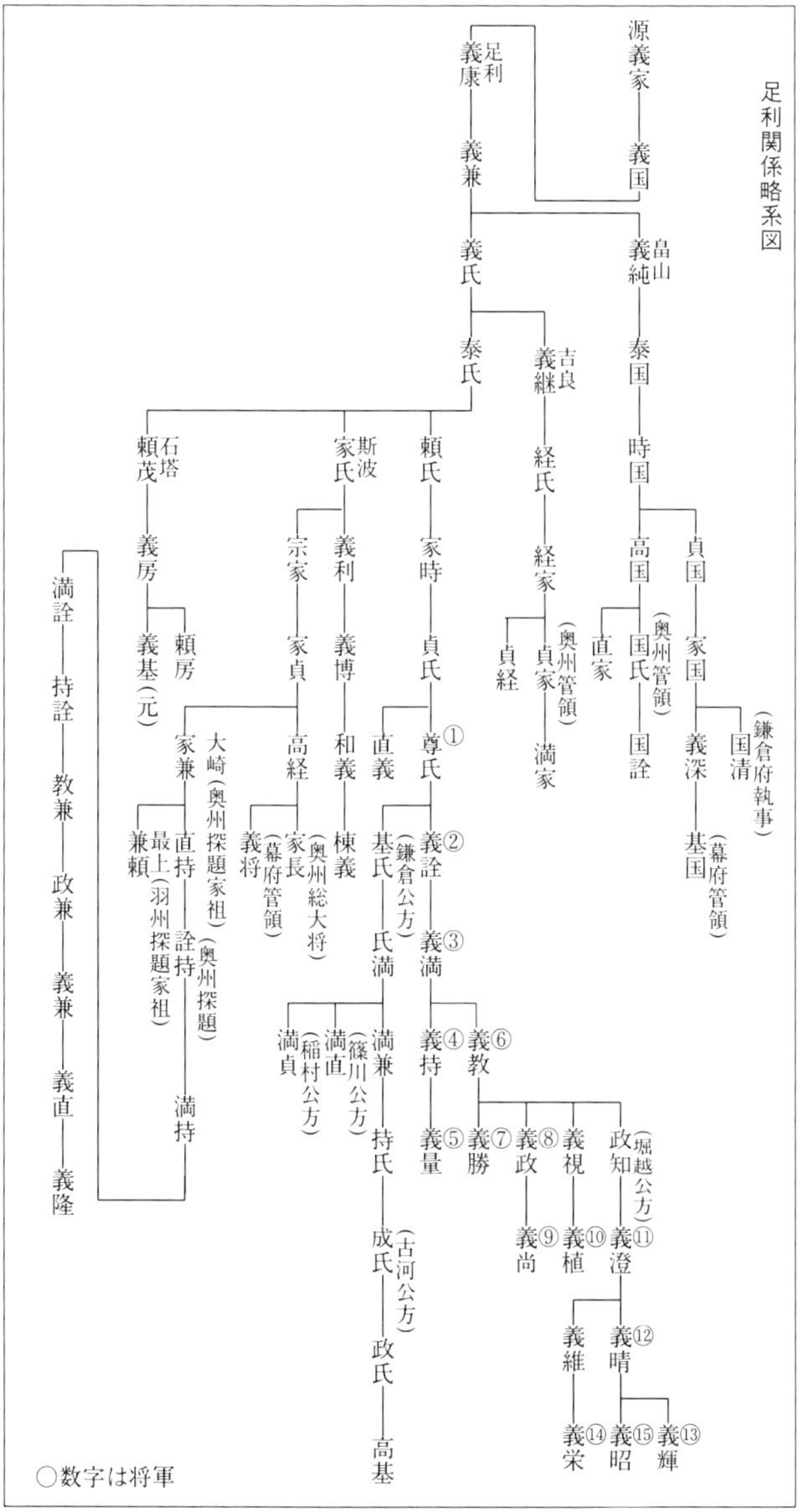

く公家《くげ》のなかからも大きな不満が噴出して、わずか二年ほどで滅ぶのである。新政権崩壊のきっかけとなっていくのは、奥羽の地からおこった反新政権の動きであった。すでに元弘三年暮れには北奥の地で北条一族の名越時如《なごえときゆき》らが反乱をおこした。この反乱を最初として、全国各地から新政権に対する反乱がぞくぞくとおこっていった。

その最大のものが建武二（一三三五）年七月、信濃国（長野県）諏訪《すわ》で、最後の得宗《とくそう》北条高時の子時行《ときゆき》が蜂起した中先代《なかせんだい》の乱であった。時行軍によって鎌倉を追われた直義をみて、尊氏は後醍醐の意向を無視して、大軍を率いて鎌倉に下向した。時行軍を鎌倉から追った尊氏は征夷《せいい》大将軍と自称して、後醍醐と敵対関係にはいっていくのである。尊氏は上杉憲房《のりふさ》を新田義貞の領国上野に派遣し、斯波《しば》家長を陸奥守兼奥州大将軍として陸奥に下し、北畠顕家と対抗しようとした。

一方、建武政権側も尊氏勢と対峙するために、顕家を陸奥守兼任で鎮守府《ちんじゅふ》将軍に補任した。すなわち軍事指揮権の掌握《しょうあく》者である将軍の地位をあたえて、新政府側に奥州武

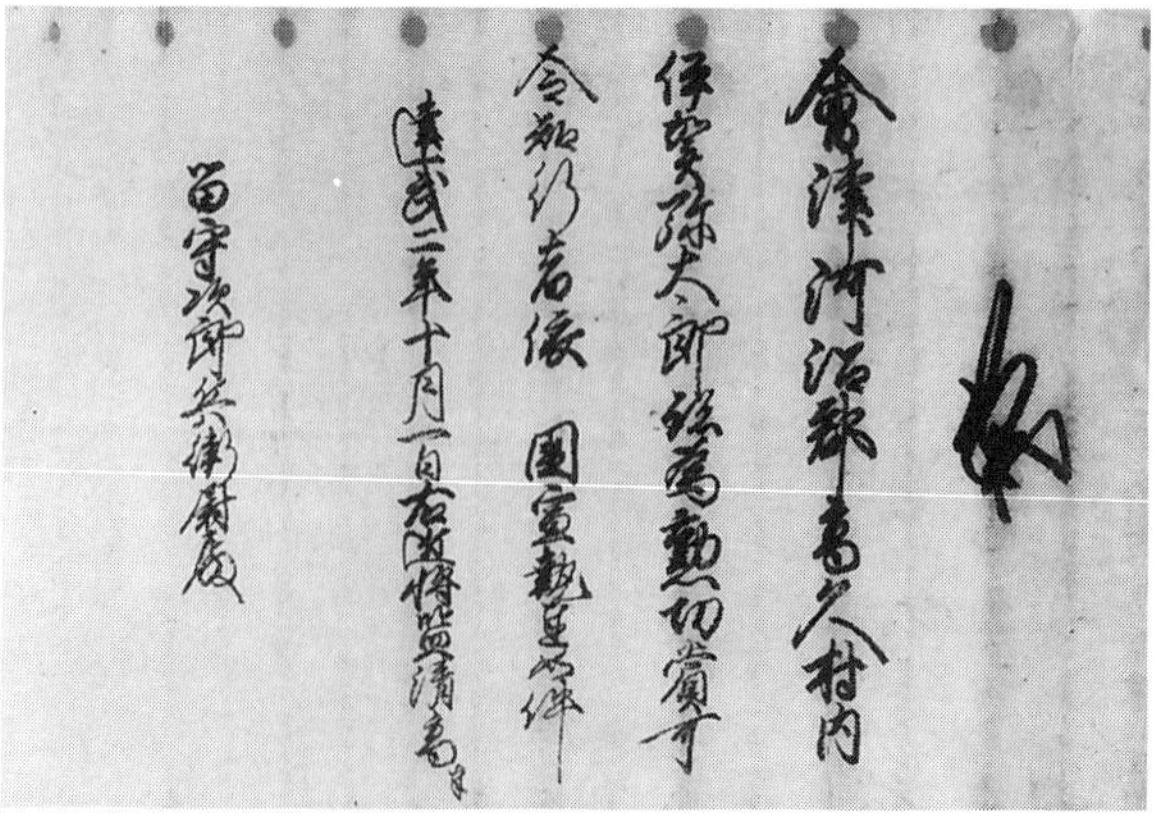
北畠顕家発給の国宣（「留守家文書」建武２年10月１日付）

士を結集させようとした。そして、新田義貞《にったよしさだ》を関東に下し、奥羽の顕家軍とともに鎌倉の尊氏軍をはさみうちにして勝利をおさめようとする作戦をとった。だが、奥羽の顕家軍の態勢がととのわないうちに、十月義貞軍はあせって尊氏軍に戦いをしかけて大敗を喫してしまう。

ようやく軍勢が結集し、態勢がととのった顕家は、この年の暮れ京都を占領している尊氏軍を追討するために、奥州武士の大軍とともに上洛《じょうらく》を開始した。この軍には南奥の有力者結城宗広や伊達行朝らが参じていたことはいうまでもない。さらに遠くは糠部《ぬかのぶ》の南部一族をはじめとして信夫・田村・伊達・結城などの一族がつぎつぎと加わり、『太平記《たいへいき》』の伝えるところではその軍勢は二万余であったと記されており、南奥（福島県）関係の勢力は五〇〇〇余であったという。

破竹の勢いで進軍した奥州軍は、建武三年一月末に京都を奪還し、二月六日に摂津《せっつ》(大阪府)で尊氏軍を破り、九州に敗走させてしまう。まさに奥州軍の快進撃であった。しかし関東・奥羽では容易ならない事態が進んでいた。奥州から鎌倉にはいった斯波家長を中心に、足利方が体制を立て直していたのである。奥州軍は、急遽帰国せざるをえなかった。三月下旬に帰国の途につき、多賀城に凱旋《がいせん》してきたのは五月の末のことであった。帰国の途上、相馬氏のよる小高城を攻めるなど、浜通り・中通り地方を攻略し、南奥の尊氏軍に打撃をあたえて、奥羽の大半を掌握したかにみえた。

だが、中央の政治・軍事情勢が大きく変化していった。顕家が帰国した五月に、尊氏は九州で再起して東上してきた。尊氏は「天下ヲ君ト君トノ御争ニ成テ合戦ヲ致サバヤ」として、持明院《じみょういん》統の光厳上皇の院宣《いんぜん》を掲げて進軍してきた。楠木正成《くすのきまさしげ》らの奮闘もむなしく、京都は再度尊氏の手に落ち、新帝を擁立した。このため、後醍醐は山門に逃れた。その後、一旦は形ばかりの講和がなされたが、この年も押し詰まった十二月二十一日に、後醍醐は京都を脱出して吉野に走ったのである。ここに「一天両帝、南北京」とよばれる、南北朝動乱の時代がはじまったのである。

このような中央の情勢は当然関東・奥羽の足利方に有利にはたらき、軍事情勢もしだいに足利勢が有利に展開するところとなっていった。顕家が宿る多賀城近辺にもひたひたと北軍の足音が近づいてきていた。さらに顕家のもとには、吉野からつぎつぎと上洛要請がとどいたのである。後醍醐や北畠親房らは奥州軍の力によって、再度の京都奪還を夢みていた。顕家もあせった。すでに南奥の相馬・岩城・石川・伊賀・安積・伊東らの諸氏が、足利方の斯波家長のもとに結集していた。そこで顕家は翌年正月に多賀国府をすてて、伊達郡霊山《りょうぜん》城に移ったのである。

標高八〇五メートルで、絶壁が続く霊山はまもりに安く、攻めるに難しい山城である。この地は奥羽南朝の大立者《おおだてもの》である伊達行朝《ゆきとも》の本拠地に隣接しており、結城氏の所領であった宇多荘も近く、宇多川を下れば松川浦《まつかわうら》であり、海運・水運とも便利な地であった。たしかに立て籠もるには堅固な地であったが、だがまもりやすいということは発展性がないことも意味していた。行政府がおかれる地ではなかった。顕家の活動も奥羽の支配者から、伊達郡の山城に籠城《ろうじょう》する一武将的なものになってしまった。『太平記』は「顕家卿ニ付随フ郎従、皆落失テ勢微々ニ成シカバ、ワズカニ伊達郡霊山ノ城一ヲ守テ、有モ無ガ如ニテゾヲハシケル」と記している。

建武四(延元二=一三三七)年八月十一日、吉野からの矢の催促に答えて、顕家は陸奥に不安を残しながら、ようやく三万余の軍勢とともに霊山をたった。まさに逆転の勝負をかけた再上洛であった。最初にまちかまえていたのは、足利方の重鎮斯波家長である。激戦のすえ鎌倉で彼を撃ち、戦死させる。さらに奥州軍は進撃し、美濃（岐阜県）青野原で高師冬《こうのもろふゆ》軍と激突する。ここでも足利軍を破り、伊勢路へと進んでいった。奈良にはいり、ここから京都に進軍して、その奪還をめざしたのであるが、奥羽軍の損傷もひどく、京都を落とすことはできなかった。暦応元（延元三＝一三三八）年五月二十二日、北畠顕家は和泉堺浦《いずみさかいうら》で二一歳の若さで戦死する。

顕家が戦死すると、南朝は体制立て直しのために、顕家の弟顕信《あきのぶ》を陸奥介兼鎮守府将軍に任じ、義良親王につけて陸奥に下すこととした。さらに、北畠親房と結城宗広に彼らの補佐をさせ、奥州に再度小幕府体制をきずこうとしたのである。しかし伊勢大湊から奥州にむかった彼らは、遠州灘《えんしゅうなだ》で暴風雨にあい親房と伊達行朝のみがようやく常陸《ひたち》（茨城県）に上陸できただけで、ほかは伊勢に吹き戻されてしまった。結城宗広は伊勢で病いをえて、死去する。南朝のこの計画も失敗する。奥羽の情勢はしだいに足利方に優勢な局面となっていった。

北畠顕家が陸奥国府を開いた霊山

北畠顕家を中心とする陸奥国府や南北両軍の動きをのべてきたが、室町幕府による動乱期の奥羽の支配と、その体制についてはどうなっていたのであろうか。足利方の拠点である鎌倉にいた斯波家長を、奥州総大将として奥羽に下したことはすでにのべたが、家長が戦死したあとに、奥州総大将として奥羽の軍事指揮官として下向してきたのは石塔義房《いしどうよしふさ》であった。建武四年二月のことである。彼はこののち奥羽の北党の中心として活躍する。奥州総大将の権限の中核は軍事指揮権にあり、多くの軍勢催促状や軍忠《ぐんちゅうじょう》状を発している。だが所領安堵《あんど》状や宛行《あてがい》状なども存在している。これは奥羽の地において南朝勢力を圧倒して、幕府方が圧倒的に優勢となったことにより、奥州支配が本格的に進みはじめたことを示していよう。

事実、奥羽の南朝方の退勢は明らかであった。先にのべた鎮守府将軍北畠顕信は暦応二（延元四＝一三三九）年の末にようやく常陸にはいり、翌年七月、陸奥の日和山《ひよりやま》城（宮城県石巻《いしのまき》市）に入城した。そして常陸の親房と呼応し、南奥の伊達・田村氏らとともに、石塔義房をはさみうちにしようとしていた。しかし、南軍は決定的な優位を得ることはできず、そうこうしているうちに康永二（興国四＝一三四三）年、結城親朝が幕府方に寝返った。このため北関東・南奥羽の諸氏の多くも足利方となり、とうとう親房のこもる南朝方の拠点である関・大宝の両城が落城し、親房は吉野に逃げ帰るという哀れな状況となったのである。

奥羽で南朝方としてもちこたえていたのは南奥（福島県）の霊山城・田村宇津峰《うづみね》城であった。しかしこの両城も貞和二（正平元＝一三四六）年奥州管領《おうしゅうかんれい》として吉良《きら》貞家・畠山国氏が下向してくると、その翌年に霊山と宇津峰に総攻撃をかけて、両城を陥落させたのである。これより以前、北奥羽の南朝の中心であった南部、中奥羽の葛西、南奥羽の伊達氏らも幕府に降っていた。北奥羽の一部の地域をのぞいて、奥羽地方のほとんどは幕府の支配下になっていった。

さて奥州管領とはどのような職であろうか。この職は奥羽を一体的に支配する地方行政府の長官の呼称であった。石塔義房は軍事指揮権を子の義元に譲り、みずからは政務に専念する姿勢をみせていたが、貞和元（延元六＝一三四五）年突如、石塔父子は京都に召し帰される。かわって奥羽に乗り込んできたのが、吉良貞家と畠山国氏であった。すでに石塔義房は奥州管領のような行動をとっていたが、ここに吉良・畠山によって奥州の行政府としての奥州管領制がスタートしたのである。二人が管領となったことに疑問を感ずる人がいるかもしれないが、この時代の長官（責任者）は二人が普通であった。たとえば鎌倉時代の執権《しっけん》も二人制であった。一人は連署《れんしょ》とよばれているが、これも正式には執権であった。また南・北六波羅《ろくはら》探題《たんだい》もその例である。

この吉良と畠山の両管領のあいだに明確な権限・地域区分はなかったと考えられている。二人とも同様な権限をもち、統治権・行政権・司法警察権・軍事指揮権をもっていた。もちろん統治権といっても、当知行安堵の推挙権であり、その安堵の最終決定は中央の幕府にあったのであるが。

奥州管領府はかなり整備された奉行が組織されていたことが知られている。その奉行には京都から下ってきたものもいれば、南奥（福島県）の好島荘預所伊賀氏一族なども存在していた。また奥州管領の指令を伝える使節も多くいたが、伊東・田村・石川・伊達・岩崎らの南奥関係の武士が、使節として各地に派遣されている。

この管領制は一時期、大成功のようにみえた。南朝勢力を圧倒しただけでなく、奥羽の武士層の行動にも制約を加え、強力に統括する動きをみせるのである。すなわち動乱の初期に幕府は奥羽の有力武士を「郡検断・郡奉行職」などに任じて、広域的な軍事・警察権をもたせて、奥羽の安定をはかったのであるが、有力武士たちは、この職権を梃《てこ》に郡を自己の所領化する動きをみせはじめていた。そこで奥州管領は、この「郡検断」に制約を加えていく。たとえば結城顕朝は本県の白河・高野・岩瀬・安積・石川・田村・依上・小野の仙道八郡の郡検断・奉行職であったが、管領のために、白河・岩瀬・小野の三郡だけの検断・奉行職となり、ほかの五地域の職権を奪われてしまった。

混乱続く●

奥州管領制は順風満帆のようにみえた。だが、ことはそう簡単にはいかなかった。足利直義《ただよし》と高師直《こうのもろなお》の対立からはじまった幕府の分裂は、将軍尊氏と直義の争いに発展していく。観応元（正平五＝一三五〇）年十月、直義は京都を出奔して、大和に走り、南朝と連携する。観応の擾乱《じょうらん》とよばれる内乱の始まりである。この内乱の最中に、高師直は殺害され、また直義も鎌倉で尊氏のために毒殺されてしまう。一方、南朝は息を吹き返し、一時京都を奪還する。一時安定していた国内の政治・軍事状況は激変し、再度振り出しに戻ったような状況になってしまう。

このような中央の大激変は、日本全国の状況を大きくかえていくのである。奥羽の地も当然この分裂をもろにかぶることとなる。すなわち二人管領制が解体し、奥羽でも南朝勢が力を増してくるのである。吉良貞家は建武政権の成立以来、直義に属する実務派の奉行人として活躍してきた経歴があった。だから当然貞家は直義派として行動しはじめる。一方畠山国氏は高師直の配下で活躍していたから、国氏は尊氏方で活動することは火を見るよりも明らかである。このような分裂は鎌倉府でもおこった。鎌倉府も高・上杉の二人執事制をとっていたが、これも両派に分裂した。

観応二年二月十二日、吉良貞家は宮城郡内の畠山勢を攻撃して、自決に追い込んでしまう。南奥の武士の多くが吉良に荷担したと伝えられている。ところが直義方が敗北し、情勢が急変すると、貞家は鎌倉にいた尊氏に降り、以後文和二（正平八＝一三五三）年ころまで奥羽の地で活躍している。

南朝勢の動きもこのなかで活発になっていった。北奥羽に押し込められていた北畠顕信がこの状況をみて動きだしたのである。さらに南朝は正平六年尊良《たかよし》親王の子守永王に顕信の子守親《もりちか》を付けて田村宇津峰に下してきた。ここに南朝勢力は勢いを得て各地で蜂起するところとなった。北の顕信勢と南の宇津峰勢が多賀国府をはさみうちにすることで、国府奪還も可能かと思われた。事実、十一月に宇津峰軍は一旦は吉良貞家軍を広瀬川のほとりで破り、国府奪還に成功するのである。そして顕信も国府に入城する。だがこれは長くは続かなかった、観応の擾乱が尊氏の勝利に帰し、幕府が一本化されると、幕府軍は南朝に奪われていた各地を、つぎつぎと取り戻していく。奥羽の地も同様であった。つぎの年の三月、吉良貞家、弟貞経は国府を再度取り戻し、さらに正平八年五月には宇津峰城を陥落させてしまう。北畠顕信は守永王とともに北奥に逃れる道しか残されていなかった。

しかしこののち、奥州はさらに分裂していく。いわゆる「四管領」「四探題」とよばれる時代となっていくのである。確かに奥州管領吉良貞家は奥羽南軍には勝利したが、それまでであった。奥羽の国人《こくじん》層を再度結集させ、組織することはできなかった。奥州管領制も実態のないものとなっていく。貞家は文和二年ころに子満家・弟貞経にその権限を譲って消えていったが、その貞経もほとんど力はなかった。会津にいた畠山国氏の子国詮も奥州管領と称し、また石塔義元も同じように自称した。たまりかねた尊氏は奥州を統合して、支配を強化するために、斯波家兼を派遣してきた。だが彼は延文元(正平十一＝一三五六)年には、死去してしまう。その子直持があとを継いだ。ここに正式な管領は吉良満家と斯波直持となる。しかし、管領を自称するものの行動は相変わらず続いていた。正平十八(貞治二＝一三六三)年には将軍義詮《よしあきら》の命により、石橋棟義も管領補佐のために下向してきたが、彼の行動も混乱に拍車をかけるだけであった。奥州管領制はバラバラになっていった。この後、石塔・斯波氏は大崎地方に、吉良・畠山両氏は南奥の安達郡四本松(塩松)・二本松に宿ったという。南奥の国人の自立的な動きをつぎにみよう。

2　一揆の世を生きた人びと

鎌倉府の支配にはいる奥羽●

南北両朝が合体するほぼ一〇カ月前、関東・奥羽の政治的枠組みをめぐって大きな変化がおこった。明徳二(元中八＝一三九一)年暮、陸奥・出羽両国が鎌倉府の管轄となったことがそれである。翌年の正月早々、鎌倉公方《かまくらくぼう》足利氏満は「喜びの書」を白河の結城三河七郎《ゆうきみかわしちろう》に発し、さっそく鎌倉に仕えるように命じたのである。

将軍義満と鎌倉公方氏満とのあいだが不和であったことは公然の事実であった。鎌倉府は足利直義が建武政権のときに鎌倉に下ってから、幕府の東国支配の中核としてきわめて重要な役割をはたしてきたのである。だが、東国の南朝の動きが終焉していくとともに、しだいに准幕府の様態を示すようになり、幕府との矛盾が激化して対立するようになっていった。ことに氏満の時代になると、氏満が将軍の地位を望み、幕府を討とうとする動きさえするのである。

このような状況のときになぜ、義満は鎌倉府に奥羽の支配を任せたのであろうか。関連史料が少なくて明快な理由を提示することはできないが、すでにみたように、この時期奥州は四分五裂であり、統一的な地域権力は存在していなかった。そのために手に余った幕府は、鎌倉府にその支配を任せたのではないかと推測する研究者もいる。このような推測は的を射た推測であり、奥羽を鎌倉府に任せた大きな理由であろう。さらに推測を重ねれば、北奥羽や蝦夷地で活発な活動をしているアイヌらをみすえながら、鎌倉府を通して奥羽支配の強化をはかったとも考えられる。南北朝末・室町初期の北奥羽・蝦夷の動向は幕府に大きな影響をあたえていたからである。

奥羽は鎌倉の管轄地となり、鎌倉府は代官を多く下したのであるが、その支配は容易なことではなかった。このころ北関東から南奥羽にかけて大きな反乱が何回もおこっていた。これらの反乱の要因は鎌倉府の支配に対する国人の反抗にあった。北関東の騒乱は康暦二(天授六＝一三八〇)年五月、

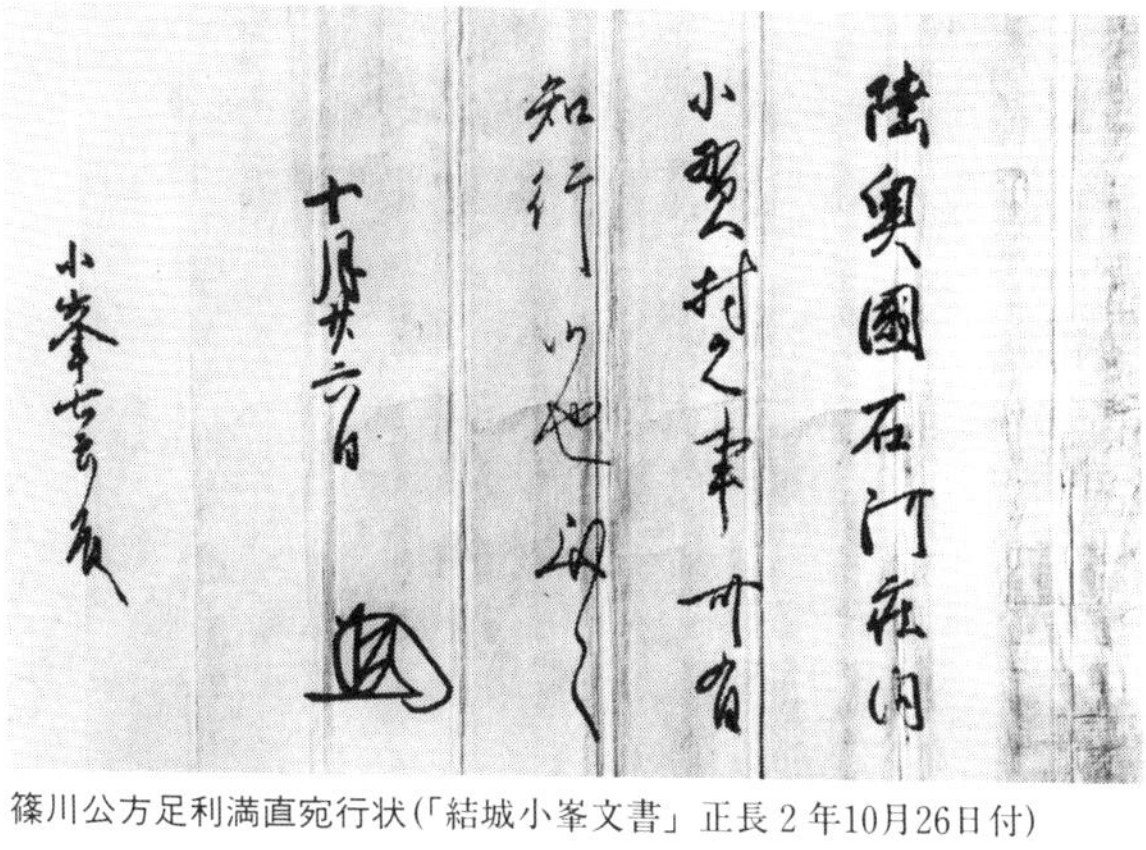

篠川公方足利満直宛行状(「結城小峯文書」正長２年10月26日付)

小山義政が反旗を翻したことからはじまった。彼は自害するのであるが、その子若犬丸が田村郡三春の田村庄司則義のもとに逃れてかくまわれた。若犬丸は至徳三（元中三＝一三八六）年五月、下野《しもつけ》で反乱の狼煙《のろし》をあげ、常陸の小田氏とともに鎌倉府に対抗したが、やぶれて再度奥州に逃れた。そして応永三（一三九六）年またまた兵をあげた。この間のことを『鎌倉大草紙《おおぞうし》』は、

応永三年の春の比、小山若犬丸奥州へ逃げくだり、宮方の余党をかたらい隠居たりしが、奥州は関東の分国となりて鎌倉より代官目代数多下り、隠家もなかりしかば、奥州の住人田村清包を頼み……白河辺へ打手出る間、上州・武州に隠居たる宮方の末葉ことごとく馳集まる

と記している。この反乱は鎌倉公方足利氏満によって鎮圧されるが、奥羽二国の不安定な政治状況が解消されたわけではなかった。

応永六年七月二十八日、二人の公方が奥羽にむかって鎌倉をたった。足利満直は安積郡篠川《ささがわ》に、同じく満貞は岩瀬郡稲村《いなむら》に下向した。満直は篠川公方、満貞は稲村公方とよばれている。前年に鎌倉公方は氏満から満兼にかわっていたが、両公方の奥州への下向は氏満の意向であった。満直・満貞は満兼の弟であり、奥羽二国に足利の血縁者を下すことによって、強力に支配しようとしたことが知られよう。『余目《あまるめ》旧記』によれば、両公方の母は「いだて（伊達）を父とたのみ、しらかは（白河）を母とたのむ」とのべたと記している。この両公方が南奥（福島県）にとどまってしまったことはなぜか、という疑問が当然に出てこよう。奥羽を強力に支配しようとすれば、多賀国府に入城するのが自然であるが、それをしなかった。その理由は斯波大崎氏や伊達氏との関係のなかで考えていかなければならないであろう。

両公方と伊達氏の反乱

両公方が南奥にとどまった理由の一つに奥州管領を称していた斯波氏との関係が考えられる。南北朝末期小山氏が反乱をおこしたさい、軍事指揮権を行使してこの反乱に対峙していたのは、奥州管領斯波氏の系譜をひく、奥州の有力国人である大崎満持であった。この大崎氏が両公方の奥羽下向を喜ばなかったであろうことは、明らかであろう。彼は奥州の統括者であるという自負があり、家柄も京都の斯波氏に匹敵するという誇りもあった。支配地も多賀国府の周辺地であった。両公方が多賀城にはいることはかなりの冒険であったといえる。南奥にとどまった理由の一端はこの辺にあったのであろう。いずれにしても鎌倉の支配を奥羽の人びとが拒否していることを読みとることができよう。

この両公方が奥羽に乗り込んできたことは、大崎氏との関係だけでなく、ほかにもさまざまなあらたな矛盾をももちこんできた。その一例をあげれば、両公方が自分たちの直轄地の進納を命令したことであった。それも荘では少ないから、郡を献上せよというのである。奥羽の人びとの反発を招いたのはいうまでもない。「父」ともたのんだ伊達《だて》政宗《まさむね》が鎌倉府に反旗を翻したのは両公方が下向した一年後の応永七（一四〇〇）年三月のことであった。この政宗は戦国末期のあの有名な独眼竜《どくがんりゅう》政宗ではない、もう一人の政宗である。この男も相当に豪胆な反骨に富んだ武将であった。

応永七年三月、稲村公方満貞は「伊達政宗が蘆名《あしな》とともに陰謀を企てて、奥州に逃げ下ったので、直ぐに退治するために参陣せよ」との軍勢催促状を結城満朝に認めた。この政宗の不穏な動きは、たぶん数カ月前からのものであろう。『余目《あまるめ》旧記』によれば、「両公方は伊達・白河両氏に御料所を進納するよう命令した。そこで伊達は長井荘三三郷、白河氏は宇多荘を進上しようとしたが、両公方は荘などではだめで郡を献上せよといったという。そのため伊達は大崎詮持《あきもち》とともに、幕府の支援を得て、両公方と一戦をまじえようとして、五〇〇余騎の軍勢を率いて白河に攻め上った」と記している。『余目旧記』は留守《るす》氏一族の余目氏に伝えられた記録であり、成立は永正十一（一五一四）年で、誤りもあるが、室町時代の奥羽政治史の大枠をみるうえで欠かせない史料である。ことに奥州探題大崎氏をめぐる記述は精彩に富んでいる。

伊達政宗の鎌倉府に対する反乱は、幕府が後ろで糸を引いていたので鎮圧するのにてこずった。両公方は一旦は白河氏らとともに伊達を出羽《でわ》に追ったが、それだけで伊達を撲滅させるところまではいかなかった。翌応永八年の南奥は小競り合いはあったが、さしたる動きはなく、九年に至ると動乱の炎がまたまた燃え盛ってきた。鎌倉府は同年五月、上杉氏憲《うじのり》（禅秀《ぜんしゅう》）を討伐軍七〇〇〇余騎の大将として奥羽に下し、政宗の居城赤館《あかだて》（伊達郡桑折町）を激しく攻めたてた。赤館は高館ともいい、西山城ともよばれているが、この城は天険の要害であった。現在でもこの館跡は当時の面影をよく伝えている典型的な山城であり、伊達氏の祖である伊達朝宗が鎌倉時代の初めに築城したと伝えられているが、詳細は不明である。

政宗は標高一〇〇メートルの高台の赤館に城郭を構えて強く抵抗し、一旦は鎌倉軍をしりぞけたが、ついに攻め落とされて九月五日に降伏した（『鎌倉大草紙』など）。また脱出して会津に逃れたとする説もある（『鎌倉管領九代記』）。鎌倉軍はかなりの苦戦を強いられた。さらに応永二十年またまた伊達氏は鎌倉府に反抗する。政宗の孫である持宗が信夫郡大仏《だいぶつ》城（福島市杉妻）に立て籠もり、鎌倉府に反旗を翻した。鎌倉から畠山修理大夫が大将として下り、同年の暮に大仏城を落とした。のちの時代になると、鎌倉公方は伊達を三度征伐したが、三度ともに平定することができなかったと記す記録もあらわれている（『臥雲《がうん》日件録《にっけんろく》』)。なにゆえ鎌倉府は伊達を「征伐」できなかったのであろうか。大きな理由は二つ考えられる。一つは幕府とのかかわりであり、ほかの一つは奥羽の国人の動きである。

幕府と鎌倉府の緊張関係は室町時代にも続いた。鎌倉公方はつねに、京都の将軍にかわって天下を握ろうとする野心をもっていた。京都の幕府も鎌倉公方の野心は百も承知であったので、目を離さずにいた。鎌倉公方は幕府政治の矛盾を拡大していく軸となる存在であった。室町時代初期は政治は比較的安定していたが、それでも鎌倉府は絶えず危機をうみだす存在であった。ことに有力守護と結託して反乱をおこせば、幕府の命取りとなり、天下は鎌倉公方のものとなる可能性を秘めていた。大内氏が蜂起した応永の乱は鎌倉公方にとってまさにそのような好機であった。鎌倉公方が反幕府の動きを示しはじめたとき、奥羽に不穏な動きが広がった。そしてそれが伊達政宗の反乱となっていく。応永の乱と伊達政宗の乱は密接につながっていたのである。政宗だけでなくほかの奥州武士にも幕府は働きかけていた。このため鎌倉公方満兼は関東の兵を率いて上洛しようとしていたにもかかわらず、京へ進軍できなかった。存亡の危機にたった幕府の策略が勝っていたといえる。関東・奥羽の問題について幕府は迅速に行動したことを示している。さらに幕府は大崎氏を巧妙に利用する。旧奥州管領の系譜をもつ大崎氏を奥州探題《たんだい》に補任したのである。この点はあとでのべよう。

奥州国人と篠川・稲村公方●

もう一つの問題である南奥の国人の話に移ろう。政宗の反乱は、伊達と両公方のみの問題ではなかった。伊達政宗の反乱の裏には奥羽の国人の鎌倉府に対する反抗があった。もちろん奥羽の武士全員が反鎌倉府であったわけではない。鎌倉府軍の主体も南奥羽の武士層であったことはいうまでもない。南奥の雄である白河氏は親鎌倉府派であった。奥羽の国人層をめぐって、幕府と鎌倉府とのあいだに血みどろの多数派工作と争奪合戦が繰り広げられていた。

　このようななか、政宗の反乱が終息した二年後の応永十一（一四〇四）年に、安積郡を中心とした国人二〇人が国人一揆を結成した。「おのおのの味方いたすのうえは、是非なきといえども、取り分け上意に応じ、同心して忠節いたすべし、ただし私において大小事を申し談じ、公私ともに用いたてらるべく候」とする一揆契状《いっきけいじょう》であった。ここに名を連ねた国人は二階堂・伊東・田村・石川の一族、さらに猪苗代《いなわしろ》・小峰・長沼氏らであり、篠川・稲村公方の近隣で数カ村を所有する村落領主クラスの国人層である。この国人一揆を仙道国人《せんどうこくじん》一揆とよんでいる。

　ところが、応永十七年、浜通りの岩崎・岩城・楢葉・標葉・行方の五郡の国人である岩城・白土《しらと》・好島・諸根《もろね》・相馬・楢葉・標葉らの一〇氏によって一揆が結ばれる。これを海道五郡《かいどうごぐん》一揆と称している。この一揆契状は「公方の事においては、五郡談合の儀をもって沙汰せられ、私の所務相論は、

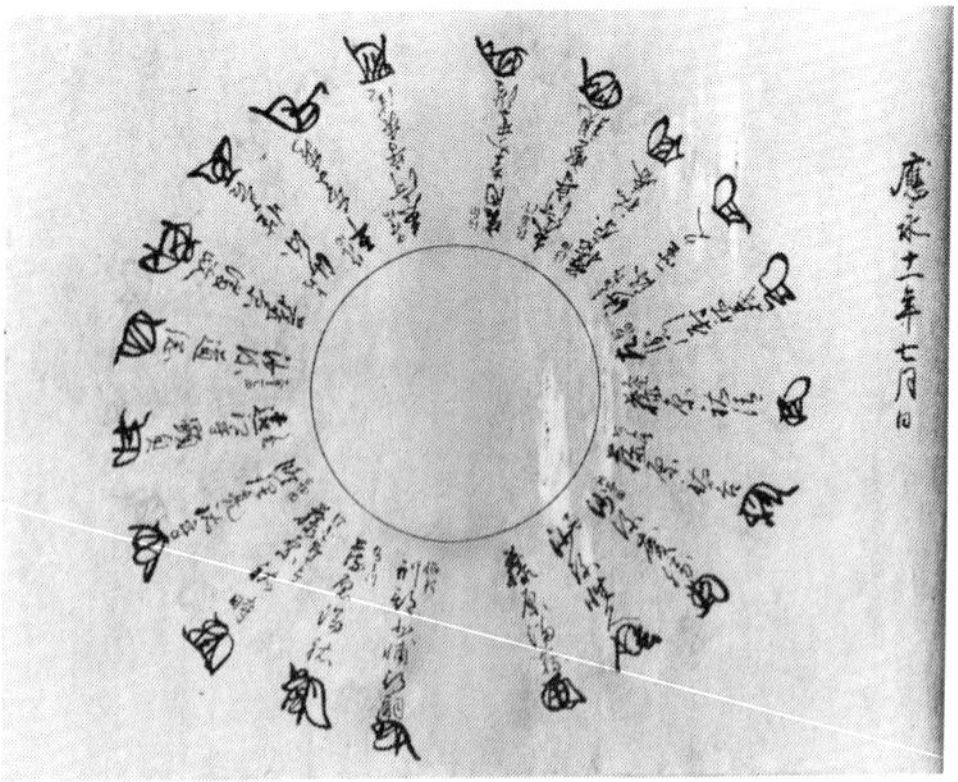

仙道国人一揆の連判

理非に任せてその沙汰有るべく候」と規定している。この両一揆をみてみると、「公方・上意」にかかわる点と、「私」に関する問題の二点が共通する問題であることが知られる。

「私」の事に関しては、「大小の事」「所務相論」とあるが、両一揆ともこれは個々の領主の支配領域を越えて展開する百姓・下人《げにん》らの逃亡に対処するものであったとされている。一方、「公方や上意」に関しては、両一揆に若干の相違がある。仙道一揆は両公方の働きかけによって結成されたものと考えられ、「忠節いたすべし」と、公方への忠勤を誓っているのである。だが、五郡一揆は、公方のことについて五郡談合をもって対処するというのである。「忠節」という語句はどこにもみられない。このころ、岩城氏が将軍義持《よしもち》から軍忠感状をうけたという事実もあり、五郡一揆は親幕府、反鎌倉府と推定されている。まさに幕府と鎌倉府の勢力争いが、国人をめぐって激しかったことを示しているものである。国人が双方に別れるといっても彼らが主体性を失っていたわけではない。国人一揆はすでに南北朝動乱の最中からあり、軍事的に大きな役割を演じていた。そもそも、国人が一揆を結ぶということは、幕府と鎌倉府の争い、両公方の下向のなかで、一揆することにより、政治的主導権を握ろうとしたところにあった。事実こののち、幕府・鎌倉府や両公方は奥羽の国人を掌握するために四苦八苦するのである。

ところで、南奥に下ってきた篠川公方・稲村公方はどうなったのであろうか。この両公方は奥羽の国人に翻弄《ほんろう》され、幕府と鎌倉府の確執《かくしつ》にもてあそばれて、悲劇的な結末を迎える。北関東・南奥の国人の反鎌倉府の激しい動きは、とうとう鎌倉府の膝元にまでおよんだ。応永二十三年十月、前関東管領上杉氏憲《うじのり》(禅秀《ぜんしゅう》)が鎌倉公方足利持氏《もちうじ》に対して蜂起した(上杉禅秀の乱)。『鎌倉大草紙』は関東の多くの有力豪族層の荷担を伝えたのち、「陸奥には篠河殿へ頼申間、蘆名盛久、白川、結城、石川、南部、葛西、海道四郡あまり一般には知られていないが、福島県の歴史のなかで有名なものの一つに国人一揆《こくじんいっき》があった。仙道《せんどう》国人一揆と浜通りの五郡《ごぐん》一揆は室町時代の政治史に大きくかかわっていた。十五世紀初頭の幕府政治の一つの核であった篠川《ささがわ》公方《くぼう》の行動を左右する存在であったからである。

次頁図は仙道国人一揆関係図で、『福島県史』通史編にのせられているものを少し改作したものである。仙道一揆は三つ形成された。それぞれの中心となったのは、伊東氏一族・田村氏一族・石川氏一族であった。無印の地名は伊東氏一族一〇人を中心に田村氏一族五人、二階堂氏二人、白河・蘆名・長沼各氏一人によって形成された一揆参加者の居住地である。四角かこみの地名は、田村氏一族一一人、伊東・二階堂各氏一人によって構成する一揆参加者の居住地、丸かこみ地名は、石川氏一族一一人、伊東氏四人、二階堂氏一人によって形成されている一揆参加者の居住地である。

伊東氏一族を中核とする一揆は、安積郡を中心として、田村荘に及んでおり、岩瀬郡や白河荘にも少し参加者がいる。田村氏一族を中核とした一揆は、田村荘内の国人である。石川氏一族を中核とする一揆は、石川荘を中心とし、近隣の郡荘から多少の国人が参加しているという状況である。この参加者の地名から推測されることは、一族一揆的な要素も強いが、郡や荘ごとにまとまった地域的一揆でもあるということである。畿内や西国では地域の国人が結集した地域的一揆が中心であるが、仙道一揆は一族一揆、地域国人連合一揆という両側面をもっていたといえる。

この仙道一揆の性格は、浜通りの海道五郡一揆のあり方をも推測させるものである。それはそれ

❖コラム

それの郡内に中小の国人を結集した国人一揆が存在していたことを推測させるものである。五郡一揆はそのような一揆の代表者がさらに結集して一揆したものであろう。仙道でも、伊東・田村・石川各氏の代表者が契状を結べば、五郡一揆のような大規模な一揆が結成されたであろう。

仙道一揆も五郡一揆も奥羽の入口に結成されていた。白河の関を越えると仙道一揆の支配する地域にはいり、勿来《なこそ》の関を越すと、海道五郡一揆の地にはいるのである。室町初期の奥州の「門番」とでもいうべき存在である。

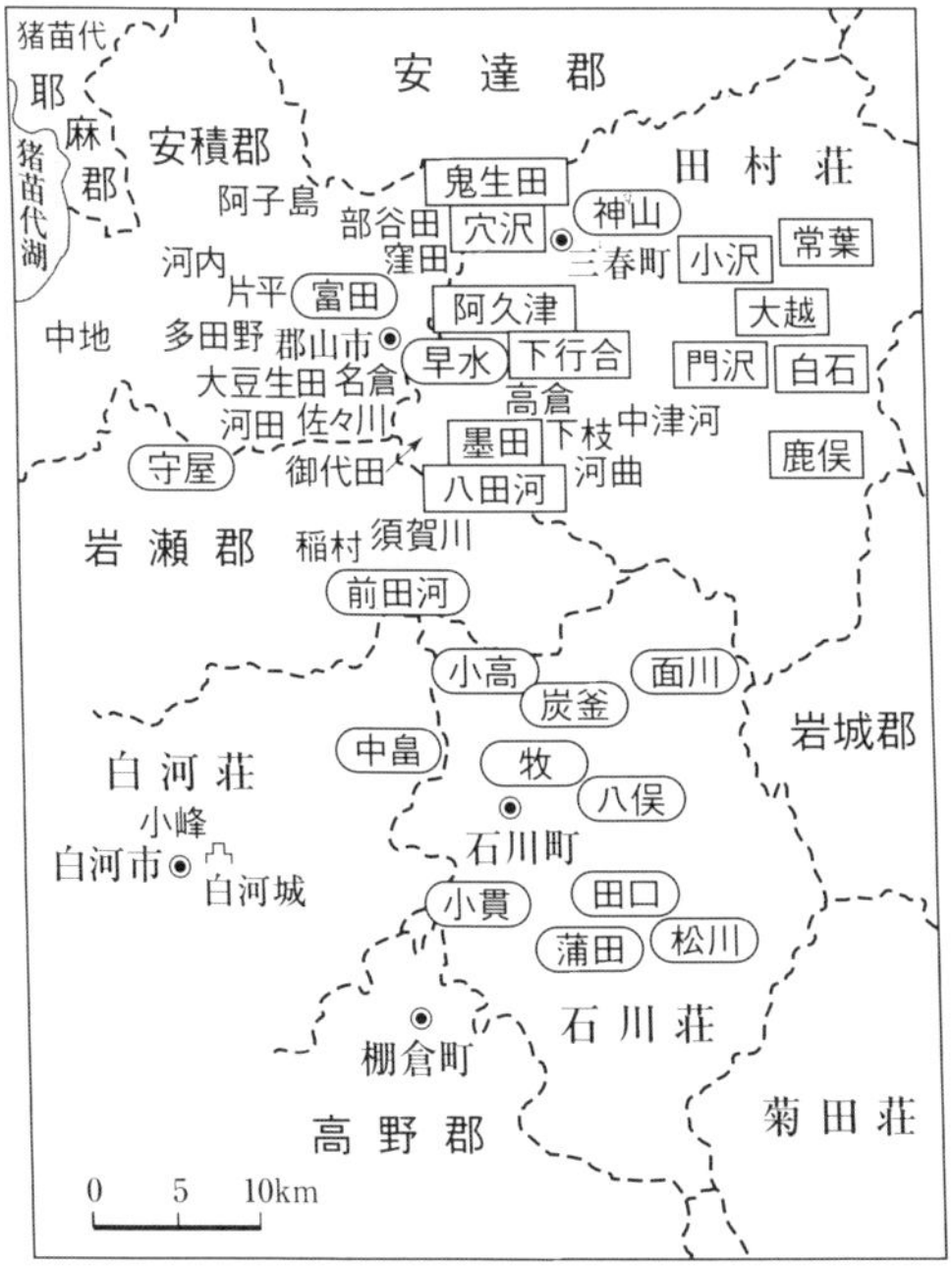

仙道国人一揆関係図(『福島県史』1より作成)

の者ども、みな同心す」と奥羽の反乱呼応者をあげているのである。南部・葛西をのぞき、すべて南奥の国人層であることが特徴である。小山の反鎌倉の蜂起、伊達の反乱の延長上に禅秀の乱があるのである。ことに伊達氏の反乱は三年前におこったばかりである。

両公方は伊達の乱から禅秀の乱においてどんな行動・役割を演じていたのであろうか。史料が断片的で、断定的なことはいえないが、伊達の乱のときは両公方が積極的に伊達討伐を行った事実はみられないこと、また『鎌倉大草紙』の記述を信じるならば、奥羽の国人が禅秀に荷担したのは篠川公方の手づるによったことが知られよう。少なくとも禅秀の乱の段階に至れば、鎌倉府がみずからの藩屏《はんぺい》にしようとして奥羽に下向させた篠川公方は、反鎌倉府の中軸となっていたのである。篠川の動きは禅秀の乱以後は、より明確になっていくのである。

ここで注意しておかなければならないことは、篠川公方と稲村公方の関係である。中世においては、同じ責任ある地位に二人の人物が就任することが普通であるとすでにの

稲村御所跡

べたが、この両公方の存在もまったく同様であった。篠川公方と稲村公方の発給した文書を整理して検討してみると、両公方のあいだになんらかの権限分担や役割分担があったとは考えられず、ましてや地域を分割して支配していたなどとはとても推測できない。まったく同等の地位であったといえる。鎌倉府との関係も不明確な点が多いが、鎌倉府と両公方のあいだに指揮命令関係があったと推測するにたる史料はない。たぶん鎌倉府は独立的な「奥州府」のようなものを構想し、「奥羽公方」として、鎌倉公方と同等の大幅な権限をもたせて、奥州、おそらく多賀城に下向させようとしたと推定される。

多賀国府まで下れずに南奥にとどまった両公方は、陸奥の国人支配をめぐってしだいに意思の疎通を欠くようになっていったと考えられる。さらに幕府が伊達氏らの国人の動きを巧みに利用して、二人の齟齬《そご》を拡大していった。両公方の相剋、陸奥国人をめぐる幕府と鎌倉府の対立のなかから、篠川公方は幕府につながっていく。当然稲村公方は鎌倉方となる。十五世紀前半の南奥（福島県）は、激烈な政治的葛藤の渦中にあった。

反鎌倉・親京都になびく奥羽●

もう少し両公方と国人の話を続ける。禅秀の乱は足利持氏をいらだたせた。乱後、持氏は反鎌倉の拠点は北関東・南奥羽とみすえて、禅秀余党の征討を名目に、この地域に兵を送り、親幕府的な国人層の討伐を開始した。しかし幕府も黙ってはいず、関東への派兵を計画するなど、さかんに鎌倉府を威嚇《いかく》し、牽制《けんせい》した。危機的な政治状況のなかで、わずかに破局に至るのを食い止めて小康状態を保っていたのは、鎌倉では管領上杉憲実《のりざね》、京都では幕府重臣層の姿勢にあった。

このような政治過程は、奥羽国人の旗幟を鮮明にさせていく。そしてしだいに親幕府的な国人が多くなっていった。ことに反鎌倉府の中心となったのは、篠川公方足利満直である。ひそかに幕府将軍の地位をねらっていた持氏《もちうじ》は、義持《よしもち》の死去したあとの次期将軍に義教《よしのり》が決定すると、怒り狂い、幕府とのあいだは抜き差しならない対立状態となっていく。このようななかで篠川公方が怪しいふるまいをする。幕府はその篠川公方をとおして奥羽の国人を組織していった。幕府の重臣三宝院満済《まんさい》の日記によれば、篠川と頻繁に連絡を取りあっていたことが知られる。また『満済准后日記《まんさいじゅごうにっき》』にみられる、幕府と連絡を取りあっていた奥羽の国人層は、伊達・蘆名・白河・懸田《かけだ》・河俣《かわまた》・塩松（石橋）・岩城・岩崎・標葉・楢葉・相馬などである。南奥の有力国人の顔がずらりと並んでいる。これらの諸氏と北関東の親幕府的な国人を京都扶持《ふち》衆《しゅう》とよんでいる。奥羽では圧倒的に幕府方が有利であった。そして篠川公方が稲村公方を圧倒していく。稲村公方は南奥から鎌倉に引きあげざるをえない事態に追い込まれるのである。

ここにみられる奥羽の京都扶持衆の多くは南奥の国人である。中奥羽や北奥羽の国人はどうであったろうか。もちろん北奥羽の南部氏のように、京都扶持衆とみられるような国人も存在していた。鎌倉府はこの地方にあまり影響力をもっていなかった。だが幕府は違っていた。中奥羽には大崎氏という旧奥州管領の系譜を引く有力者がいた。もともと大崎氏は幕府管領斯波氏の一族で、南北朝動乱期に中央から送り込まれてきた武将である。奥羽二国が鎌倉府の管轄となり、両公方が下向したことで、不遇な状況にあった。そのため伊達の反乱に荷担して、大崎詮持《あきもち》は仙道大越《せんどうおおごし》で切腹するというような事態となった。大崎氏が存亡の危機にあったとき、それをうまく利用しようとしたのが幕府であり、応永七（一四〇〇）年大崎氏を奥州探題に補任したのである（『余目旧記』）。そして施行状《しぎょうじょう》を発するなど（「上遠野家古文書」）、探題として活動しはじめた。奥羽二国を鎌倉府の管轄にしながら、一方で九州探題ほど強力なものではなかったにしろ、幕府行政機関的なものを設置し、それに大崎氏を補任したのである。複雑な事態であった。幕府は南奥では篠川公方と気脈を通じ、中奥羽は奥州探題をとおして秩序を維持しようとしていた。北奥羽・蝦《え》夷《ぞ》地《ち》はといえば、鎌倉以来の蝦夷管領の安藤氏が幕府につながっていた。安藤氏の存在については『青森県の歴史』や『北海道の歴史』で詳細にふれるものと思われる。

関東大乱と奥州探題

さてここで、鎌倉府が滅亡する永享《えいきょう》の乱直前における、関東から奥羽にかけての政治的地図を鳥瞰《ちょうかん》しておこう。日本は西国と東国に区分され、西国は室町幕府によって支配秩序が維持されており、東国は鎌倉府の管轄下にあった。もちろん奥羽二国は、南北朝末期に鎌倉の支配下にはいり、幕府が両国を没収したという史料はないので、形式的には鎌倉府の管轄であった。だが実態はすでにみたように奥羽の支配秩序はかなり複雑であった。南奥羽には本来両公方が存在していたが、篠川公方が稲村公方を圧倒して幕府と結び、大きな勢力をもっていた。中奥羽は奥州探題として大崎氏がおり、また出羽には羽州《うしゅう》探題として大崎氏の一族である最上《もがみ》氏が勢力を得ていた。北奥羽には海の武士団で蝦夷の沙汰を使命とする安藤氏が津軽《つがる》から蝦夷地にかけて影響力をもっていたが、しだいに南部《なんぶ》氏らに追いつめられていた。

このように政治地図に激変がおこった。永享の乱・結城合戦へと続く鎌倉府の滅亡である。京都の将軍義教も鎌倉公方持氏も猜疑心《さいぎしん》が強く、政治は強権的・独裁的であった。両者ともに人生をまっとうできずに、自害したり殺害されたりしてしまう。まず持氏が破綻《はたん》していく。股肱《ここう》の臣とたのむ関東管領上杉憲実とも不和となり、憲実は領国上野《こうずけ》にひく。義教はこの期をとらえ、持氏討伐の動員令を今川・武田・小笠原氏らに発した。奥羽の諸氏で、この軍勢催促の御教書をうけとったのは、ほとんどが南奥の国人であった。そしてその内容は、「上杉安房守に御合力の事、佐々川の御手に属しいたさるべし」とするものであった。幕府軍は持氏を鎌倉永安寺《ようあんじ》に攻めて自害させてしまう。永亨十一（一四三九）年二月のことであった。また稲村公方満貞も同じく同所で自害する。ここに鎌倉府は滅亡した。南奥の国人層が幕府御教書をうけとったのち、どのような行動をしたか不明であるが、大挙して鎌倉に進軍したという徴証はない。

関東はこの後も結城合戦へと戦乱が続いた。この過程で奥羽でも変化がおこった。篠川公方の死である。南奥の国人に攻め殺されたのではないかとみられている。のちに記された編纂史料などは、旧奥州管領の畠山・石橋氏、さらには伊東・蘆名・田村氏らが殺害したと伝えているが、真相は不明である。ここに篠川公方満直も消えた。室町前半の奥州を二分していた両公方、奥州・羽州探題、蝦夷管領安藤氏のなかの一つが完全に消滅した。南奥を上から押さえつけようとする鎌倉府、また同じような志向をもつ篠川公方も消えたことにより、南奥羽は

『余目旧記』

どのような歴史が展開していったのであろうか。

鎌倉公方の不在が続いたが、宝徳元（一四四九）年持氏の遺児足利成氏《しげうじ》を京都から迎えて鎌倉の主とした。だが上杉氏とのあいだに確執・相剋が続き、享徳三（一四五四）年成氏が上杉憲忠を謀殺したことで、関東は泥沼の大乱となっていく。古河の成氏と上杉が支援する伊豆《いず》の足利政知《まさとも》の対立を中心に、文明十四（一四八二）年まで続いたこの乱を関東大乱、あるいは享徳《きょうとく》の乱とよんでいる。京都の幕府からは政知の支援を求めて関東出兵の命令がたびたびだされるが、奥羽の諸氏は動かなかった。ただこの出兵を求める御教書で注目すべき点として、奥州・羽州探題宛のものに「国人を相催して」出陣することと書かれていることである。ほかの奥羽の国人、たとえば伊達氏宛のものは「一族を相催して」となっており、明らかに文面が異なっている。奥州・羽州探題職権がこの文面に明示されていることを知ることができる。すなわち、奥羽の国人に対する軍事指揮権がみられるのである。

鎌倉公方・稲村公方・篠川公方が滅亡したのち、奥羽の支配・政治秩序の中心となっていったのは奥州・羽州探題であった。この両探題のもつ政治的意味と活動を奥州探題を取りあげてみてみよう。すでに軍事指揮権があることはみたが、奥州探題の職権の一つに内裏段銭《だいりたんせん》（内裏を造営するための段銭であるが、一種の税金であった）の徴収もあった。段銭賦課は一国平均課役ともいい、幕府統治のための大きな柱の一つであった。この統治権を請け負っていたのが、奥州探題である。さらに「南部家文書」から奥州探題が官途推挙権も所持していたことが知られている。たしかに鎌倉公方・篠川公方が滅亡して以後、奥羽は政治的求心力を欠いた状況であった。しかしまったく無秩序であったかといえば、そうではなく、奥州・羽州探題を中核として室町的な奥羽の秩序が存在していた。その秩序をおぼろげながら現在に伝えているのが、すでに何度も引用している『余目旧記』である。

この記録には南奥の諸氏を含めて、奥州探題に結集する国人層が「書札礼」をとおして描かれている。この記録が成立したのは永正十一（一五一四）年であるが、「書札礼」のなかに描かれている国人の多くは、応仁・文明の乱前後に活動していた国人や守護である。それゆえ、応仁・文明の乱ころの奥羽の「礼」的世界をうかがうことができる。この「書札礼」からみる奥羽の身分序列は、奥州探題大崎氏を頂点に、大崎氏一族、旧奥州管領塩松・二本松氏が続き、つぎに伊達・葛西・南部・留守氏が第二の地位で続く。さらに『旧記』のほかの記述から、白河・蘆名・岩城氏がつぎの段階であり、その下に相馬・田村・桃生《ものう》氏のグループが存在する。さらにその下に伊達や葛西氏の庶氏が続くというしだいである。きわめて整然とした序列があったことが知られよう。奥州探題は、このように大きく奥州国人を統一的に編成・掌握していたのである。羽州探題も同様であり、これが両公方滅亡後の奥羽の政治的秩序であった。

3　戦国の世をみつめる

群雄割拠●

さてここでもう一度、戦国初期の十六世紀初頭ころの奥羽の政治情勢を俯瞰《ふかん》しておこう。奥羽の室町的秩序の中心であった奥州探題は相変わらず大崎氏であったが、その勢力は弱体化し、地位はしだいに形式的なものになっていった。十五世紀末には大崎義兼は内紛により大崎を逃れ、伊達成宗の支援を得てようやく復帰するような状態であった。奥州探題体制は解体しようとしていた。『余目旧記《あまるめ》』はその解体過程のなか、かつての支配秩序を回顧して記されたものであった。そもそもこのころには、室町幕府の支配体制も解体に瀕していたから、当然といえば当然のことである。そして伊達氏がその地位を奪う事態へと進んでいくのである。北に目を転じると、かつての蝦夷管領安藤氏は上国と下国に別れたが、南部氏に本拠地十三湊《とさみなと》を追われて十五世紀の中ごろ蝦夷にしりぞき、さらに下国は秋田檜山《ひやま》に転じて、上国は出羽土崎《つちざき》湊《みなと》に移っていた。しかし下国は松前の代官蠣崎《かきざき》氏をとおして相変わらず蝦夷地支配を行っていた。しかしアイヌが和人の支配に対して激しい抵抗を試みていた。一方、北奥羽の雄となったのは、安藤氏を蝦夷に追った南部氏であった。中奥羽は鎌倉以来の名族葛西・留守《るす》氏ともに弱体化し、しだいに伊達の力がおよびはじめていた。南奥では、白河・伊達・蘆名《あしな》・岩城の四氏が覇を競っていた。まさに奥羽は新しい秩序と統一を求め激動の時代にはいろうとしていたのである。

十五世紀後半の南奥では、白川氏が大きな勢力をもつようになってきていた。白川直朝とその子政朝の

蘆名氏略系図

盛高―盛滋―盛舜―盛氏（のち系図で「文武の名大将」と称さる）―盛興（29歳で没）＝盛隆（二階堂盛義の子。大場三左衛門に殺害さる。24歳？）―亀王丸（疱瘡で没。3歳）＝義広（左竹義重の二男。白川義親養子）

（＝は養子）

蘆名盛氏像(会津若松市宗英寺)

時代が最盛期であった。白川氏は岩城一族の内訌《ないこう》に介入して調停したり、政朝と岩城親隆が、兄弟の契約を結んだりして勢力をのばし、石川一族を攻めて所領を奪い、相馬氏とも一揆を結び、会津蘆名氏と猪苗代氏の抗争にさいしても、蘆名氏を支援して、一時南奥（福島県）に圧倒的な勢力をきずいた。白川氏はさらに北関東にも進出する。この絶頂期の文明十三（一四八二）年の晩春、三月に白河鹿島《しらかわかしま》社において一〇〇人のおもな家臣が集まって一日一万句の連歌会《れんがえ》が開かれている。白川氏のわが世の春を称えるものであったとみられる。しかし、十六世紀に至ると白川氏の家運は大きく傾いていく。すなわち、永正七（一五一〇）年に内紛が生じ、政朝は子の顕頼と一族小峰氏に追われ北関東に逃れる。この事件を契機に、白川氏はしだいに所領を失い、白川郡・高野郡・石川荘などに縮小されていく。

一方、伊達氏は白川氏に代わって南奥に大きな勢力をきずいていくのである。十五世紀後半、伊達氏

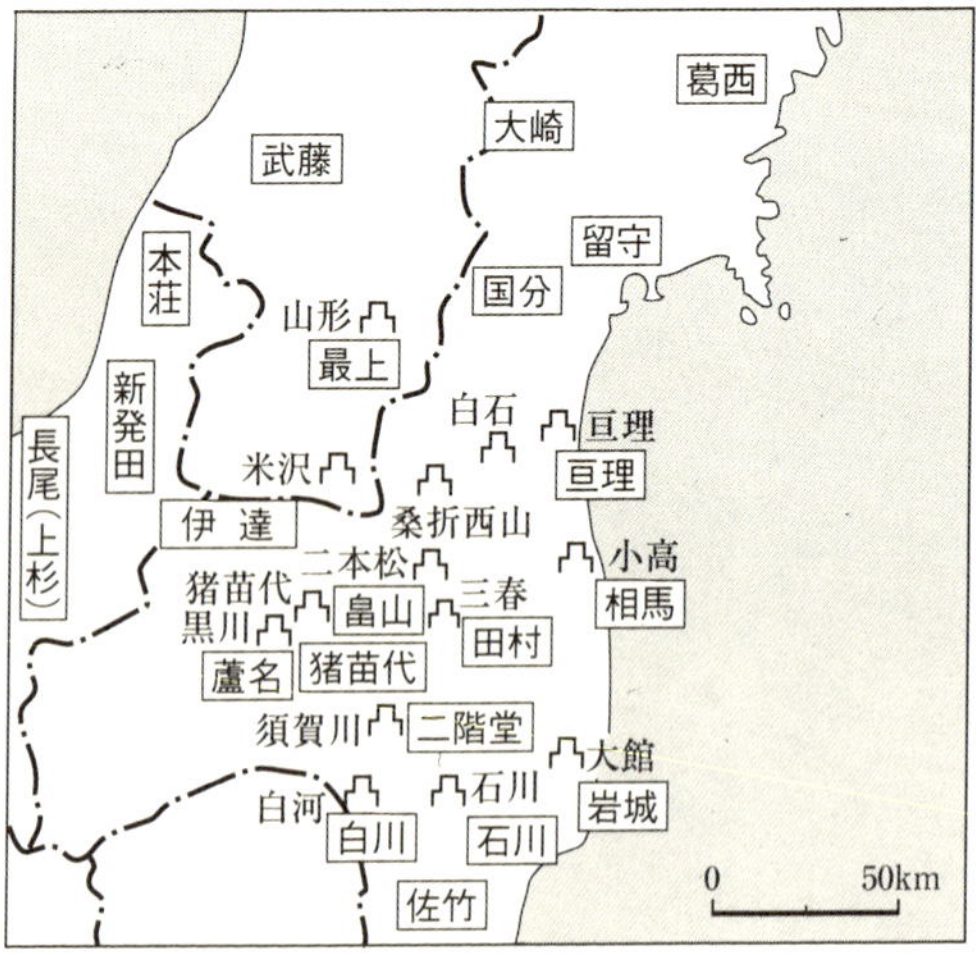

福島県域戦国関係図

は伊達郡・信夫郡を押さえ、さらに長井荘（山形県米沢地方）を支配していた。そして留守・大崎・葛西氏らに誼《よしみ》を通じていた。伊達氏にとって勢力拡張の大きな梃《てこ》となったのは、大永二（一五二三）年ころに伊達稙宗《たねむね》が陸奥国守護に補任されたことであった。さらにその子晴宗も守護・奥州探題に補任されている。大崎氏を中心とする室町的秩序は完全に解体しているのである。しかし伊達氏も父子相剋がおこる。伊達氏の家督をめぐって父の稙宗と子の晴宗の確執が天文十一（一五四二）年に勃発する。これを天文《てんぶん》の乱とよんでいる（一三六頁参照）。このころの南奥羽は父子相剋が多く続いた。

蘆名と岩城についてみてみよう。室町時代の蘆名氏は伊達と同様に、反鎌倉府としての行動が多かった。だが蘆名氏は会津郡守護と伝える史料もあり（「塔寺八幡宮長帳」）、郡守護として勢力を拡大し、会津黒川を居城としていたものと思われる。応仁・文明の乱ころから、蘆名氏と会津の有力国人とのあいだに激しい合戦が続いたが、十六世紀初頭までには蘆名氏が会津を掌握する。しかし、国人との争いが一段落すると、ご多分にもれず、一族の内紛が勃発するのである。永正二・三（一五〇五・〇六）年のころには、盛高と子盛滋《もりしげ》とが抗争し、父子相剋がみられる。さらに大永元（一五二一）年盛滋が死去したのち、家督相続をめぐって激しい争いを展開し、弟の盛舜《もりきよ》が相続し、ようやく内紛も終息して最盛期を迎える。

岩城氏は平安末期以来の浜通りの有力領主であり、この地方に一族が分立していたが、十五世紀後半に岩城惣《そうりょう》領が好間《よしま》氏から白土《しらと》氏に代わり、岩城白土氏が岩城郡主となり、戦国大名への歩みをはじめた。岩城氏の発展方向は常陸国方面であり、十六世紀に至ると、常陸の大名佐竹氏とのあいだに激しい戦闘が続いた。そのほかに、南奥では相馬地方の相馬氏が、安達郡では旧奥州管領の系譜をひく二本松氏と塩松氏が、田村郡では三春田村氏が、岩瀬郡では石川氏が、それぞれ一介の国人を脱し、戦国大名化をめざしてさまざまな動きをしていた。

上洛と官位●

さて、平泉政権が滅んで以来、奥羽は基本的には鎌倉の統轄下にあったといえよう。だが、十五世紀の中ごろ、その統制・手綱から離れた。そして十五世紀後半に至ると、室町幕府の支配もほとんどおよばなくなっていた。そして各地の有力国人領主が、それぞれの支配の強化と、領地の拡大をねらって対立・抗争、合従連衡《がっしょうれんこう》を繰り返し、まさに麻のごとく乱れた、まったく統一性のない時代が、奥羽でも続いたと考えられがちである。しかしまったく統一性がないかといえば、必ずしもそのようにはいえない。戦国時代において、戦国大名の上洛思考がきわめて強いことが指摘されている。奥羽の戦国大名も例外ではなかった。何のために上洛するかといえば、官位・官職を求めて上洛するのであった。さらに上洛はしなくても、官位・官職を求めて猛烈な運動を展開する。官位・官職が領国支配や、大名の政治的地位に大きな影響力をもっていたからである。官位・官職をとおして、一定の秩序があったのである。

伊達氏の上洛を考えてみよう。十五世紀の中ごろに伊達持宗《もちむね》は二回上洛しているが、その子成宗《しげむね》も二度上洛した。文明十五（一四八三）年に行った二度目の上洛の模様を「伊達家文書」で知ることができるが、そのとき、成宗は足利義政《よしまさ》や義尚《よしひさ》、日野富子《ひのとみこ》らに太刀二三振、馬九〇頭余り、砂金三八〇両、銭約六万疋を献上している。のちに編纂された『伊達正統世次考』は、このとき奥州探題に補任された、と伝えている。成宗の孫稙宗《たねむね》も永正十四（一五一七）年三月、「御字ならびに官途の事、望み申され候旨、上聞に達する処、御字においては御筆を染められ、官に至っては左京大夫に任ぜられ候」との管領細川高国の書状が発せられ、一字拝領と左京大夫に補任された。そこで稙宗はつぎの年に使者を京都に派遣して、左京大

❖コラム

政商・坂東屋富松

戦国時代、奥州にかかわりのある政商として名を成したのが、坂東屋富松《ばんどうやとまつ》である。奥羽の戦国大名や国人が上洛すると、多くは坂東屋富松の世話になった。たとえば、文明十五（一四八三）年に伊達成宗《しげむね》が馬一〇〇頭をつらねて上洛し、一カ月ほど京都に滞在し、足利義政《よしまさ》らに莫大な進物を献上して、京都の人びとを仰天させたのであるが、そのとき、成宗らの京都滞在の一切の世話をしたのは坂東屋富松であった。坂東屋は田村荘と関係が深く、永享二（一三四〇）年ころから、熊野先《せん》達《だつ》職の代金として五〇〇〇文ずつうけとっており、田村荘との関係は戦国初期まで続いていた。

富松は摂津国富松の出身といわれている。彼は京都と奥州をつねに往復しており、大名らと朝廷・幕府の斡旋《あっせん》にあたっていた。とくにこの時代の大名や有力国人が強く望んでいた官途補任《かんとぶにん》や一字拝領の周旋に手腕を発揮した。伊達氏関係の例としては、伊達稙宗《たねむね》は彼の斡旋により、左京大夫《さきょうだゆう》補任、陸奥国守護職補任、将軍からの一字拝領、晴宗《はるむね》は左京大夫補任、輝宗《てるむね》は一字拝領というような例が存在している。白川晴綱《はるつな》も彼の斡旋で、左京大夫補任、一字拝領をうけている。官途補任や一字拝領の見返りとして、各大名から金・馬・鷹・銭などを幕府などに進上させている。この過程で富松は莫大な利益をあげていたのである。

この後の富松代々も同様な行動により、奥羽と京都を結ぶ絆《きずな》として活躍しており、みずからも和泉《いずみ》守・左《さ》衛門尉《えもんのじょう》などという官職を帯びており、まさに商人と武士の両側面をもつ、京都と奥羽を結ぶ政商であった。

夫に任じられた礼として、莫大な礼物・礼銭を天皇以下の朝廷関係者に払っている。ちなみにこのときの後柏原天皇は三〇貫（三万疋）の礼銭をうけとっている。このときの使者の決算書によれば、伊達稙宗は二五五貫をついやしている。左京大夫の官途を得るためにこのような巨額な費用を使わなければならなかったのである。さらにこの後伊達氏が陸奥国守護職や奥州探題に補任されたことは周知のことである。これより以前、十五世紀の中ごろには結城白川氏朝《うじとも》も上洛しているし、持宗が上洛したころには出羽大宝寺《たいほうじ》城主武藤《むとう》氏も上洛している。また、戦国期の奥羽各地の史料をみると、多くの官途補任状が発せられていることを知ることができる。これはなにも奥羽だけのことではないが。

なぜ、このように大金をついやして官途を得ようとしたのであろうか。この問題は室町幕府の衰退と、朝廷権威の復活に深くかかわっているといえる。幕府がきわめて弱体化して、同時期に将軍と称するものが何人もでてきたり、幕府の所在地が転々としたりすれば、将軍としての権力はいうまでもなく、権威もまったくなくなっていった。戦国時代に日本国家があったとすれば、その国家のなかで階級支配を行っている支配者を結集する核と、その核を中心とする身分序列を示す「礼」の制度が最低限必要であった。幕府も将軍の権力も権威も地におちていた。ではこの核となるのはなにかといえば、律令国家以来の天皇とそれに付随する官職以外になかった。天皇は軍事指揮権のような権力はもたなかったが、このような権力をもたないため、儀礼的な律令官職を付与する権威を得ることができたのである。当時の支配層の象徴的な核として存在することが可能であったのである。官職を得ることは、当時の国家の内部にきちっと位置づけられるだけではなかった。自己の領国内でも、その官職は至高の権威として通用し、領国支配の梃《てこ》となったのである。このような状況であるから大名の上洛の面倒をみたり、官位・官職を斡旋《あっせん》することを任

伊達氏の婚姻関係図(『寛政重修諸家譜《かんせいちょうしゅうしょかふ》』による)

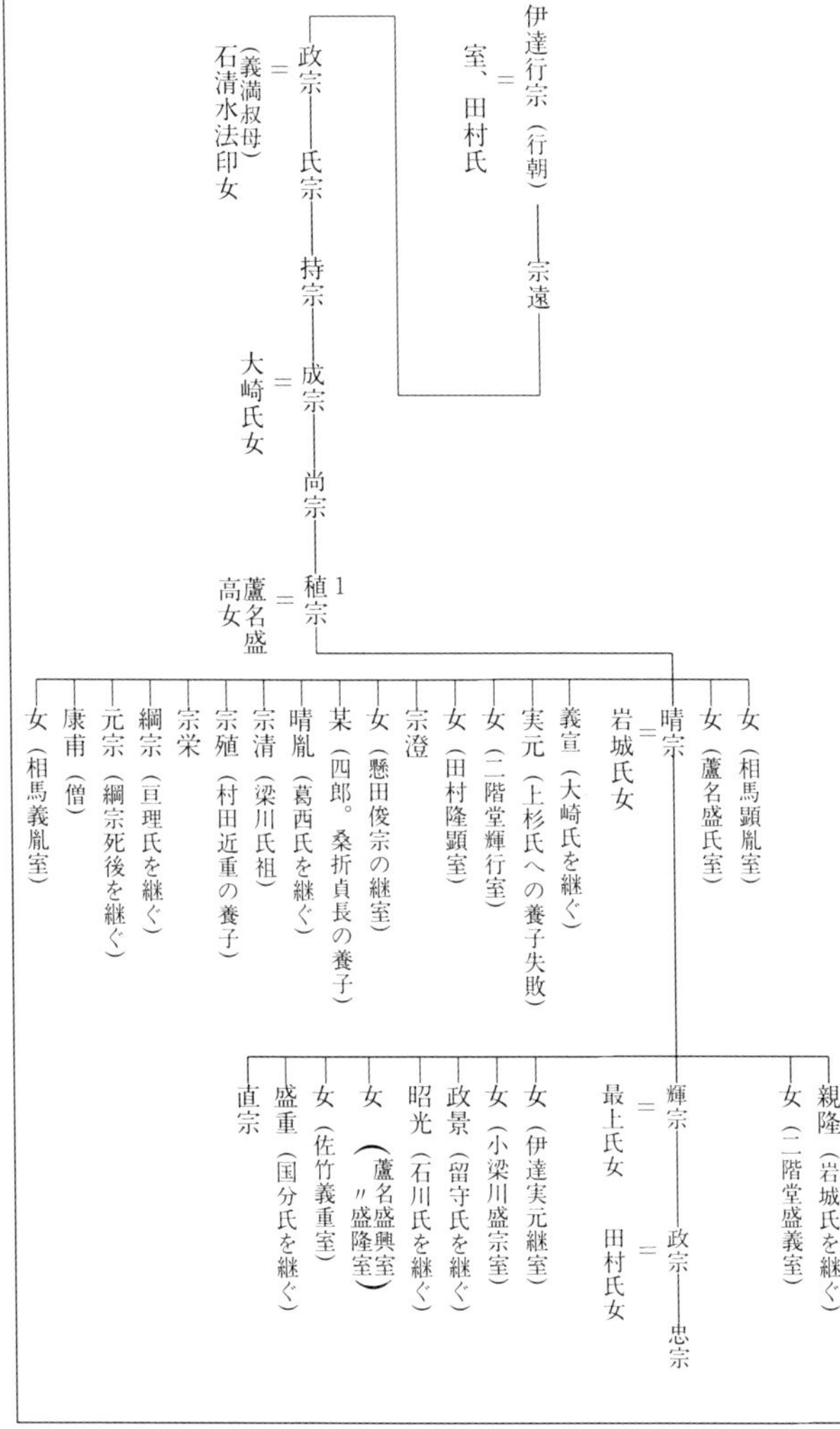

とするものもあらわれてきた。奥羽で有名な斡旋屋は坂東屋富松《ばんどうやとまつ》という人物であった。富松は伊達稙宗・伊達晴宗の左京大夫補任、白川義綱の左兵衛佐《さひょうえのすけ》、白川晴綱の左京大夫《さきょうだゆう》、小野寺輝道の遠江《とおとうみ》守補任などを斡旋している。

大名権力の確立と領国支配●

さて領国支配と大名権力の問題にいこう。南奥の大名といえば、伊達と蘆名である。蘆名は戦国末期に伊達との決戦に敗れ、滅亡したことにより、残念ながら史料が少ないが、この蘆名氏と、近世大名となり、史料も多く残されている伊達を中心として考えていこう。

十六世紀の中ごろ、天文十一（一五四二）年に伊達氏で内紛がおこった。稙宗と子の晴宗の親子のあいだで伊達家を二分し、南奥羽のほとんどの国人層を巻き込む大規模なものであり、以後ほぼ六年余にわたって続き、晴宗の勝利で決着する。この騒乱を天文の乱とよんでいる。この乱のきっかけは、稙宗の三男実元《さねもと》を越後上杉へ養子にいれることを晴宗が反対したことからはじまったが、根本的な理由は、伊達氏の棟役《むなやく》・段銭《たくせん》賦課体制の整備、検地、知行制・軍役の整備に対する国人層の反発があり、その矛盾が吹き出したものであった。すなわち伊達氏が戦国大名として成立するためには、国人とのあいだに主従制を中心とする知行制を確立させせなければならなかった。天文の乱はこの知行制確立過程の矛盾であったといえる。

戦国大名が強力な権力をふるうことができたのは、知行制度を確立したところにあった。戦国大名は、領国全体に統一した知行制を打ちたてるのであるが、その基本原則は当知行地の安堵であった。このころ、戦乱に乗じて違乱《いらん》や横領が多発していたことはいうまでもない。安堵するのはこのような事態に対応してのみ行ったのではない。中世後期になると土地売買がきわめて盛んとなってきていた。畿内においては土地の本年貢以外に、加地子《かじし》とよばれる剰余が成立して、それが頻繁に売買された。大名は、本年貢だけでなく、加地子をも掌握して、その売買をも安堵して知行制を確立していったのである。このような安堵を買地《かいち》安堵とよんでいる。この買地安堵が奥羽においても領主層を掌握する梃となっていった。

伊達氏においては、『伊達正統世次考』にある、寛正二(一四六一)年に伊達持宗が買地安堵したのが初見である。そして稙宗がもっとも多くこの買地安堵状を発している。稙宗だけでも確認できるものは、一二五通の安堵状が存在している。土地を売却したものは三二五人、買得者は一四〇人におよぶ。土地の売買がきわめて頻繁に行われていたことが知られよう。土地を買った領主はその保障を大名に求め、大名は売買による土地の移動を確認して、知行制のなかに組みこんだのである。

そして、この行き着いた先が『晴宗公采地《さいち》下賜《かし》録』である。天文の乱に勝利した伊達晴宗が天文二十二(一五五三)年正月、論功行賞《ろんこうこうしょう》を行いながら、それまでに行って

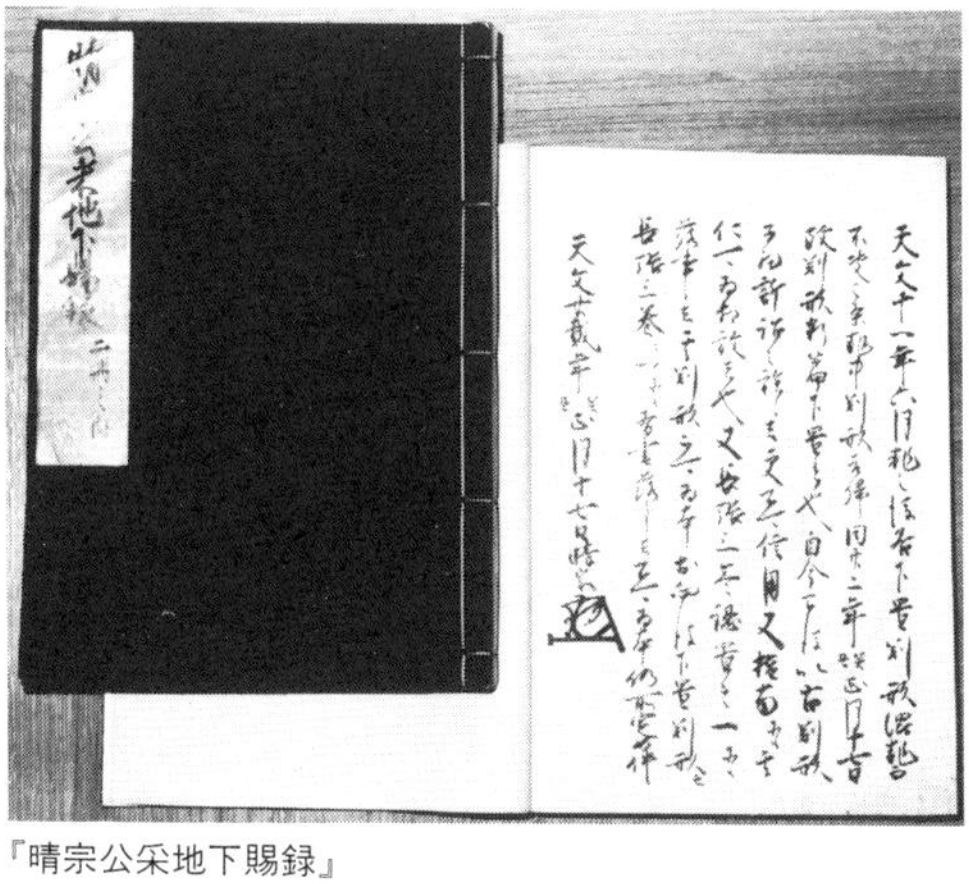

『晴宗公采地下賜録』

きた所領宛行などの文書をすべて破棄し、新しく所領をあてがったり、安堵したりして、知行制の再編・確立を一挙に行ったのである。『下賜録』は宛行・安堵をやり直したときの控えの帳面であるが、残念なことに一巻欠けている。こうして晴宗は土地支配を強化して領国支配を確立するのである。

これより以前の天文四年、『棟役日記《むなやく》』を作成して、在家から徴収する棟別銭を整備して棟役を確立し、天文七（一五三八）年、伊達氏は検地を行い、「段銭帳」を作成し、家臣ごとに知行目録をつくっている。わずかに知られているこの検地は、家臣の所領について約三割にもおよぶ検地増分を打ち出し、家臣が年貢を増徴することを可能にし、大名も軍役を増すことができるようにして、貫高制《かんだか》による知行制を遂行したのである。奥羽では田畑の面積は「刈《かり》」という単位で表示されたが、伊達氏はこの検地において一〇〇刈＝二〇〇文という貫高基準を定めた。そして家臣の知行高を貫高に換算して、軍役をかけ、また段銭も賦課したのである。このようにして「段銭帳」も作成された。この「段銭帳」に基づいて、段銭、夫銭（人夫役の替わりにおさめる銭）がかけられたのである。ここに貫高制に基づくきわめて整備された領国支配方式をみることができる。

このような領国支配の進展のなかで、伊達稙宗は分国法《ぶんこくほう》『塵芥集《じんかいしゅう》』を制定する。この法は基本的には領主階級の共同利益の上にたつ一七一カ条にもおよぶものであり、重臣層も起請文を据えて、この法に従うことを誓約した。このうち約七〇カ条は刑事関係条文であり、その特徴は、国人領主らの私成敗禁止によって、伊達氏へ裁判権を吸収しようとする方針に貫かれていることである。また「百姓、地頭の年貢所当相つとめず、他領へまかり去る」（七七条）というように、百姓が領主に抵抗して年貢の納入を拒むことに対して、領主が年貢収取を安定的に実現させようとする方針も基調になっている。このように伊達氏

在家の負担

　関東や東北地方の百姓は在家とよばれていた。『塵芥集《じんかいしゅう》』八一条に地頭（領主）が交替のとき、新しい地頭が知行する在家や田畑の境を知らないことにつけこんで、百姓が田畑をごまかしたり、年貢をおさめないというようなことがあったならば、本人はもちろん、妻子・眷族《けんぞく》・名子《なご》以下の男女すべてを重罪にするという規定がある。在家は妻子・眷族・名子というような複合的な家族構成をとっていたことがわかる。

　このような在家の領主に対する負担はかなり重かったことが知られている。文亀二（一五〇二）年、相馬一族の信胤というものが、自分の知行する「関根在家」一軒を年季で長徳寺《ちょうとくじ》に売却した文書が残されている。それによると、年貢銭二貫五〇〇文のほかに、米石代、麦石代、三・五・七月の礼銭、正月もち、たきぎ、地頭屋敷の塀垣の萱《かや》を負担して、そのうえに、毎月馬人一五日の労役をつとめるというものであった。その過重さに驚くばかりである。

　このような過重負担はかなり一般的であったが、しかし戦国時代の在家がすべてこのような過重の負担かといえば必ずしもそうではない。下長井郷《しもながいごう》（山形県高畠町）の湯目《ゆのめ》氏が知行していた「けとう在家」は年貢二貫文、田銭一貫文の計三貫文である。伊達領内の在家も「けとう在家」と同じ程度の負担が多い。同じ在家といっても過重な負担をしている在家と、それほどでもない在家の二つの形態があった。重いほうの在家は、年貢以外に在家役というものがプラスされていたのである。

は十六世紀中ごろまでに、分国法を制定し、検地を行い、貫高に基づく知行制を確立するというように、領国を整備していった。天文の乱はこの過程で矛盾が吹き出たものであるといえよう。

　蘆名氏はどうであったろうか。蘆名も伊達と同様な歩みを演じていた。蘆名氏による買地安堵状も文明十五（一四八三）年から天正年間（一五七三～九二）まで継続してみられるし、その発せられた範囲も会津地方はもちろん、大沼郡などにもおよんでいる。蘆名氏も独自に所領安堵を行うようになっていった。段銭・棟別銭も蘆名氏が徴収するようになっていく。十六世紀初頭には段銭の賦課や免除権をもつようになっており、かなり体制がととのっていた。また棟別銭も進納されるようになっていた。蘆名氏の場合もほかの戦国大名と同様に、国人の私成敗を禁止して、大名に裁判権を吸収したりする方向、貫高制へ歩んでいたものと推定される。

　知行制の確立などについてのべてきたが、伊達領や蘆名氏の所領内ですべての国人とのあいだに強固な主従性が完全な確立には至らなかったといっていいであろう。大名は意のま

『塵芥集』

まに所領を没収したり、宛行はできなかった。伊達や蘆名の領内においても独立的な領主権をもっている国人も多かった。伊達の領国を例にとると、天文七年の検地の段階において、伊達氏が段銭・棟役賦課権の掌握とともに、知行制に基づく主従制を確立した所領は、長井・信夫・伊達・宇多・伊具・柴田・刈田・松山・高城の諸郡・荘・保である。これらの所領においては、伊達氏が強固な支配を展開したものと考えられる。

ところが、伊達郡懸田《かけだ》城主懸田俊宗や信夫郡亘理《わたり》城主亘理宗隆などの所領は、「段銭帳」・『棟役日記』・『晴宗公采地下賜録』にみえておらず、独自な所領となっていた。しかし、彼らは伊達氏に従い軍役だけは奉仕していた。政宗の時代になると、かつての奥州探題大崎氏も軍事指揮権を伊達氏ににぎられて従属し、また政宗の時代に服属した田村・石川・白川・留守・国分などの各氏も独立した所領をもちながら、軍事指揮権を伊達に掌握されるという形で従属した。彼らは知行を媒介として伊達氏と主従関係を結んでいたわけではなかった。これらの国人と伊達氏は前代までは同等の間柄であり、主従の関係ではなかった。自立性の強い国人層を家臣化させて、主従関係にもちこむことはきわめて困難であった。戦国大名の領国内には軍事的には従属しながらも、なお独立の領主権をもった国人層が存在していた。これが戦国大名領の特徴であった。

奥羽中世の終焉●

天正十五(一五八七)年末、豊臣秀吉《とよとみひでよし》は関東・奥羽に「惣無事令《そうぶじれい》」を発して、東国・奥羽に介入を開始した。この「令」はたんなる停戦命令ではなかった。東国・奥羽の戦国大名の自決権を否定して、この地域を豊臣政権の支配下に編成することにあった。ところが、この「令」が発せられたころの奥羽は、まだ戦国動乱の最盛期であった。そして奥羽戦国の最後の高揚期であった。

北奥羽では、「惣無事令」が発せられた翌年、檜山安藤氏と湊安藤氏が争い、檜山安藤氏が勝利し、秋田の大名として勢力を得た。津軽の独立をめざす大浦為信と南部信直の抗争も激化していた。南奥羽も激しい戦闘が続いていた。伊達氏は天正十二年十月に政宗が家督を継いだ。一八歳のときのことである。一方、蘆名氏には不運がこの同じ月に訪れた。当主の盛隆が家臣大場氏のために殺害され、生まれたばかりの亀若丸が跡を継いだ。これ以前にも家臣の反乱もあったりして、不安定な状況が続き、さらに悪いことには、天正十四年に、亀若丸も夭折してしまう。ここに家督をめぐって大混乱を来すのである。この蘆名氏の混乱に介入したのが、北関東の佐竹氏と伊達氏であった。蘆名氏家臣は佐竹派と伊達派で争ったが、佐竹から白川にはいっていた義広を後継として迎えたのである。蘆名氏の弱体化は必然であった。白川氏

伊達政宗花押(天正17年9月12日)

伊達政宗画像

も一時の勢いはなく、岩城氏や佐竹氏の風下に立っていたのである。

伊達では政宗が家督を継いだ一年後に、父輝宗が蘆名氏に荷担する畠山義継に捕らえられ、最期を遂げたが、政宗が家督を継いでいたことにより、大きな不安はおこらず、むしろ家中が結束する契機となった。そしてこののち、蘆名氏の混乱に乗じて、積極的に蘆名領をめざして軍を進めるのである。ここに南奥羽では、伊達氏と蘆名・佐竹氏の鋭い対抗関係が生じたのであった。蘆名・佐竹を支援したのは、南奥の白川氏・岩城・二階堂・石川氏らであり、北関東の宇都宮・結城、越後の上杉景勝らも声援を送っていた。そして蘆名義広は上杉氏を通じて秀吉とのあいだに臣従の約束もしていた。伊達氏は背後の大崎氏を服属させていたが、出羽の最上氏とのあいだには緊張関係が続いていた。南奥で伊達氏に従うものは田村氏のみであった。

「惣無事令」が発せられたのは、このような南奥の戦乱・抗争のさ中であった。しかし、南奥の地では、奥羽戦国最後の決戦がおこる。伊達氏と蘆名氏の決戦である。天正十七年六月五日朝、磐梯《ばんだい》山麓の摺上《すりあげ》原《がはら》において両軍が激突した。伊達方は総勢二万三〇〇〇余騎、蘆名・佐竹軍は一万六〇〇〇余騎と伝えられている。この戦いは夕方までに伊達軍の勝利となって決着し、政宗は蘆名の居城黒川城に入城した。ここに政宗は南奥羽のほぼ全域を支配下においたのであり、伊達氏が南奥を統一したのである。

だが、この合戦は「惣無事令」を無視したものであった。これを知った豊臣政権は、伊達氏に対してきびしい追及を開始する。豊臣《とよとみ》に従う蘆名氏を滅ぼしたのは、許しがたく、「惣無事令」に反するというのである。そこで政宗は使節を上洛させ、蘆名氏から戦いを仕掛けられたこと、親の敵であることをのべるとともに、「奥州五十四郡の儀は、前代より伊達探題につき、諸事政宗申し付く」と、伊達が補任されている奥州探題としての権限に基づいて行った行為であると弁明したが、豊臣秀吉《ひでよし》は受けつけなかった。秀吉と交渉しながらも、政宗は佐竹攻めの姿勢をみせるが、豊臣政権と政宗の一年間にわたる駆け引きのすえ、最終的には、秀吉の小田原攻めに参陣するのである。天正十八年六月の初めのことであった。そこで政宗は会津・岩瀬・安積の三郡を没収され、伊達・信夫・長井・刈田・安達・田村の諸郡が安堵されたのである。

5章

近世的世界の成立

白河城ともよばれた小峰城跡

1　奥羽仕置

秀吉の会津入り●

天正十八（一五九〇）年七月五日、小田原《おだわら》城を落とし、関東・奥羽《おうう》も手中におさめた豊臣秀吉《とよとみひでよし》は、奥羽の地の仕置《しおき》をみずから行うため、七月十七日小田原を出発、会津黒川《あいづくろかわ》城へとむかった。これより先七月三日には、秀吉から道普請《みちぶしん》についての法度《はっと》がだされ、小田原・会津間に幅三間（約五・四メートル）の道をつくること、その普請のためには沿道の農民を使役《しえき》してよいこと、道筋の要所には休憩宿泊のための御座所《ござしょ》を設けること、などが触れ出された。白河《しらかわ》・会津間の道普請は伊達政宗《だてまさむね》が命じられている。

七月二十六日宇都宮《うつのみや》に到着した秀吉は、数日前に病死した岩城常隆《いわきつねたか》の跡を継いだ養子貞隆《さだたか》に岩城領一一万石余（常陸《ひたち》領分を含む）を安堵《あんど》、相馬義胤《そうまよしたね》が、宇多《うだ》・行方《なめかた》・標葉《しねは》三郡ではじめ四万八〇〇〇石余（のち六万石）を安堵されたのもこのときとみられる。八月六日白河到着、その後、長沼《ながぬま》・勢至堂《せいしどう》・黒森峠・背炙山《せあぶりやま》を越えて、八月九日会津黒川の地にはいった秀吉は、御座所とされた興徳寺《こうとくじ》からつぎつぎ仕置を行った。小田原に参陣しなかった石川昭光《あきみつ》と白川義親《よしちか》は領地を没収された。義親は、小田原へむかう政宗に馬と太刀を依頼して秀吉への礼としたが、政宗はこれを自身の進物として秀吉に進上、白川氏らをみずからの家中分としてあつかおうとしたが、秀吉は独立した大名国人とみなし改易《かいえき》に処したという（小林清治「奥羽仕置の歴史的意義」『福大史学』四八・四九合併号）。さきに会津攻略以後の罪を問われ政宗が没収された会津・岩瀬・安積《あさか》は、石川・白河諸郡とあわせ蒲生氏郷《がもううじさと》にあたえられた。辺境にいては武功の機会を失うのではないかと案じ、小国でも西国筋で領地を拝領したいとのぞんでいた氏郷は、はじめ会津拝領を辞退したが、勇功の家臣を召し抱えることを認めてもらい、これをうけた。

八月十日には陸奥《むつ》・出羽《でわ》両国の検地についての条規を片桐且元《かつもと》へ、十二日には検地の施行をきびしく命令した朱印状《しゅいんじょう》を浅野長政（長吉）へ発した秀吉は、はやくも十三日会津を出立、帰りは下野《しもつけ》街道を南下し、五十里《いかり》、高原《たかはら》峠を越えて京都へ戻った。

検地と楽市楽座●

豊臣秀吉の命による検地は、白河およびその周辺は宇喜多秀家《うきたひでいえ》、会津は豊臣秀次《ひでつぐ》を中心にして進められた。天正十八（一五九〇）年八月の浅野長政宛朱印状に示された検地の方針は、もし不届のものあれば、一郷も二郷もことごとくなでぎりにせよという強い調子のものであった。同年だされた「奥州会津御検地条々」（宮川満『太閤検地論』第Ⅲ部）によれば、田畑は三等に格づけされ、年貢高は永楽銭《えいらくせん》で表示されている。太閤《たいこう》検地は、一般的には石高《こくだか》制を原則としたとされるが、ここでは奥羽の慣行に基づいてか貫高《かんだか》制がとられている。明和

背炙山

九（一七七二）年の写本ではあるが、天正十八年の「南山田島郷はりう・まめあた・ふくろくち村御検地帳」（『福島県史』10〈下〉）をみると、内匠《たくみ》・玄蕃《げんば》・主殿《とのも》介など武士的な名請人《なうけにん》が記載され、やはり貫高付が行われている。しかし三〇〇歩一反の新制が採用されている。

秀吉は文禄年間（一五九二～九六）にも奥羽の諸大名に検地を命じた。蒲生氏郷はその命令に基づき文禄三（一五九四）年ふたたび検地を行っている。現存する文禄検地帳の記載形式は必ずしも同一ではないが、田畑の地積だけが記され、貫文高も石高も記されていない検地帳があり、「会津草高発貢納之式」に記載されている蒲生領検地石盛により石高を計算すると、文禄三年の蒲生「高目録帳」に示された村高とほぼ同じであるので、石高制が採用されていたと考えられよう（『会津若松史』2）。貫高表示の残存、検《けん》地竿《ちざお》の長さの不統一が三春《みはる》周辺の村々などではみられるところから、太閤検地における丈量単位の統一は幻想にすぎなかったという考えもある（『三春町史』近世）。たしかに地域によって太閤検地の基本方針の実現時期には多少のずれがあったといえようが、しかし、天正から文禄の時期に、県域においても秀吉による全国統一の方針にのっとった検地が行われようとしていたことは否定できない。

検地とならび、この時期に注目されるのが商業政策である。はやく伊達氏時代、天正十七年、「市町立つべきこと」（「簗田《やなだ》文書」）という命令がだされていたが、蒲生氏郷によって城下町の建設と結びついた楽《らく》市楽座《いちらくざ》政策が押し進められた。氏郷はかつて近江《おうみ》国（滋賀県）日野《ひの》城に在ったとき、日野町に対して一二カ条の掟《おきて》を下し、種々の座役《ざやく》をなくし、楽売楽買とするよう命じた。その後移った伊勢《いせ》国（三重県）松坂においても同様に楽市楽座令をだしていた。会津に入部してから城下町若松へだした「定」（『会津若松史』2）では、「町外れに遊女《ゆうじょ》屋をおくこと」とか、「魚塩交易の利を通ずるため町割りによって市場を開くこと」として市日を定めているだけであるが、日野・松坂と同様の方針がとられたであろうことは想像にかたくない。

文禄四（一五九五）年には、浅野長吉（長政）から蒲生の重臣にあて、「当町の塩役・しほの宿・ろうやく（蠟《ろう》役）・かうし（糀《こうじ》）役・駒役此ほか諸座これあるべからざること」ではじまる「掟条々」（「簗田文書」）がだされている。塩・蠟・糀・駒については座を認めるが、それ以外はすべて楽座とすることというものである。くだって寛永二（一六二五）年の史料に「先年はらくうりらくがいに御座候て」（同前）ともあるので、若松ではたしかに楽市楽座政策のとられていたことが知られる。

農村においては検地を行い年貢負担者を確認し、刀狩《かたながり》を実施、兵農分離政策を押し進め、武士・商工業者を集住させた城下町に対しては、楽市楽座の政策をとることにより、領国経営の中心地としての発展をはかるというものであった。

在地勢力の抵抗●

奥羽両国において太閤検地が押し進められていく過程では、各地で検地実施に反対する一揆《いっき》がおきた。天正十八（一五九〇）年、旧葛西《かさい》領の胆《い》沢《さわ》・気仙《けせん》・磐井《いわい》の諸郡におきた一揆は、旧大崎領にも波及、新領主木村氏の家臣らを殺害した。このほか、陸奥国和賀《わが》・稗貫《ひえぬき》二郡の一揆、出羽

浅野長吉掟書(「簗田文書」文禄4年7月21日付)

国仙北郡《せんぽく》の一揆、同国田川郡藤島の一揆、そして九戸政実《くのへまさざね》の乱など、各地で検地反対の一揆がおきていた。

福島県域でも、会津南山《みなみやま》で騒動がおきたことを、『旧事雑考《くじざつこう》』などが伝えている。会津地方の検地を行う責任者豊臣秀次《ひでつぐ》は、天正十九年、家臣細野主馬《しゅめ》光房、その家僕長谷部宮内・諸星隼人《もろぼしはやと》ら、役人・下人《げにん》あわせて一六人を南山に派遣した。彼らの検地が九々布郷《くくぶごう》（南会津郡下郷《しもごう》町の辺り）まで進んだとき騒動はおこったという。焼畑まで対象にし高に結ぼうとした検地に反対した赤岡村《あかおか》（南会津郡下郷町）の長、雅《う》楽《た》以下村民一〇〇余人が役人たちに戦いをいどみ、村民三〇人が即死、しかし役人たち一六人も残らず打ち殺されてしまった。一揆に立ちあがった人びとは、黒川からきた役人に捕えられ、六三人が田島の田辺《たべ》原《はら》（南会津町）で処刑されたという。『新編会津風土記《ふどき》』には、田島村村東一〇町余の田辺原に数堆の古塚があり、この塚が、あるいは処刑された一揆勢の屍《しかばね》を埋めたところではなかろうか、という説が記されている。

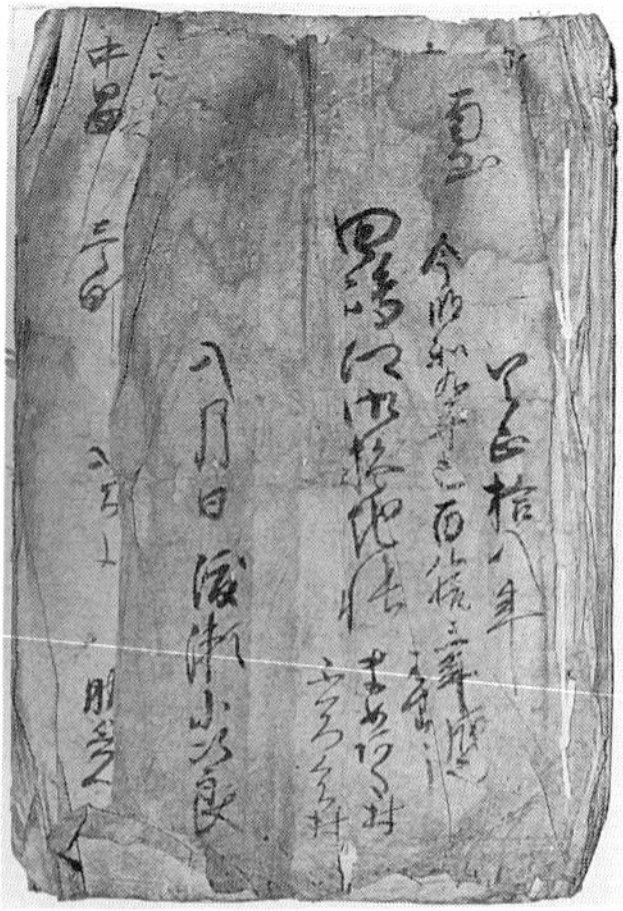
田島郷検地帳（天正 18 年。写本）

多くの犠牲が払われたが、この抵抗の結果、焼畑は検地の対象からはずされ、高には結ばれなかったと記されている。ただし、南山地方の天正検地帳は、天正十八年八月の「田島郷はりう・まめあた・ふくろくち村」三村のものしか現在のところ伝えられていないので（明和期の写本、『福島県史』10〈下〉）、太閤検地が天正十八・十九年、南山全域において終了したのか、具体的内容はどのようなものであったのかは今後の課題となっている。

2 領主の交替

会津●

豊臣秀吉の奥羽仕置《しおき》により、天正十八（一五九〇）年、南山地方を含む会津一円は、白河・石川・岩瀬・安積《あさか》・安達《あだち》諸郡を加え蒲生氏郷にあたえられた。翌十九年、伊達政宗の手をはなれた田村・信夫《しのぶ》・伊達・刈田《かった》・長井の諸郡も氏郷の支配するところとなったので、氏郷は九〇万石余を領する大々名となっている。本拠は、中世蘆名《あしな》氏以来会津支配の拠点とされた黒川（会津若松市）に定められた。まもなくこの地は、氏郷の郷里近江国蒲生郡若松の森の名にちなんで「若松」と改められている。同じころ、信夫郡杉目《すぎのめ》も「福島」（福島市）と改められたという。『氏郷記』によれば、領内要所に支城がおかれ、蒲生氏の姻戚あるいは譜代《ふだい》の臣が城主となっている。氏郷が文禄四（一五九五）年四〇歳で死去すると、その子鶴千代（世、のち秀行）が封を継いだが、家中の不和騒動などを理由に、蒲生氏は慶長三（一五九八）年宇都宮一八万石へ転封《てんぽう》となった。美人の誉れ高かった秀行の母（織田信長《おだのぶなが》の息女）を秀吉が召し出そうとしたが、これをうけなかったのも一つの理由と記した本もある。

あとには、越後《えちご》国春日山《かすがやま》城から上杉景勝《かげかつ》が封じられた。旧蒲生領に加え、旧上杉領のうち、出羽国三郡、佐渡《さど》国三郡一三万石余を領することとなったので、計一二〇万石の大領主であった。会津への国替《くにがえ》にあたっては、「家中の侍はもとよりのこと、中間《ちゅうげん》小者《こもの》など奉公人はことごとく召し連れよ、たゞし田畑を耕作する百姓はいっさい連れていってはならぬ」という秀吉の命令がほぼ実行に移されている。上杉氏も、領内に二八の支城をおき強力な支配の仕組をつくった。各城代《じょうだい》は、すでに越後時代から城持であった人びとばかりで、その点、牢人《ろうにん》から召し抱えた武将に支城を任せた蒲生氏とは大きく異なっていた。

しかし、この上杉支配もわずか三年半余り、関ヶ原の戦い後、会津など九〇万石を削られた上杉氏は、慶長六（一六〇一）年米沢《よねざわ》へ去り、かわってふたたび蒲生秀行が宇都宮より会津六〇万石に封ぜられた。妻は徳川家康《とくがわいえやす》の娘、関ヶ原の戦いのおり、家康に味方して論功行賞《ろんこうこうしょう》にあずかった外様《とざま》諸大名のなかでは一番の増封であった。領内一二の支城には城代がおかれた。入部まもなく、耶麻《やま》郡熊倉《くまぐら》村（喜多方《きたかた》市熊倉）に五・十日の六斎市《ろくさいいち》、慶長十二年には、同郡小荒井《こあらい》村（喜多方市）に開市を認めるなど、宿駅の整備、商品流通の展開に意を用いた。年貢収納に関する原則は、さきの蒲生時代を継受することとし、条目を定め、城の整備にも努力した。『旧事雑考』によれば、それまで主として土手《どて》で囲まれていた若松城が、石垣・水濠で整備されたのはこの時代という。領内経営に努力した蒲生氏であったが、家中で紛争が相次ぎ、また秀行の跡を継いだ忠郷《たださと》が、嗣子《しし》のないまま寛永四（一六二七）年死去したため、封はおさめられ、同年伊予国松山より加藤嘉明《よしあき》が新領主として入部した。四〇万石。賤ヶ嶽《しずがたけ》七本槍《やり》の一人として勇名をはせた武将である。

七層だった城の天守閣が五層となり、北と西の馬出しが拡張されて出丸となるなど、若松城の大改修が行われたのは、嘉明の子明成《あきなり》の時代であった。西・南・東に新しい町も割り出され、町域は外側へ発展していった。ところが、城の改修工事が盛んに行われていた寛永十六年、猪苗代《いなわしろ》（耶麻郡猪苗代町）の城を預かっていた堀主水《ほりもんど》が、妻子・眷族・従者を引きつれて若松を出奔《しゅっぽん》するという事件がおこった。この原因は、嘉明に重用された家臣堀主水が、明成の政事を事にふれて諫《いさ》め、それを不快とする明成とのあいだに生じた不和とされる。寛永十八年、幕府の裁決により堀主水は処罰されたが、寛永二十年、加藤明成の封四〇万石、弟明利の封三万石は没収された。明成の子明友に石見国《いわみ》（島根県）安濃郡《あのう》山田において一万石、明利の子明勝に三〇〇〇石があたえられることとなった。

かわって、寛永二十年入部したのが保科正之《ほしなまさゆき》であった。正之は、二代将軍徳川秀忠《ひでただ》の子。信濃国《しなの》高遠城《たかとお》主保科正光《まさみつ》の養子となり、寛永十一年三万石を襲封、寛永十三年出羽国最上《もがみ》二〇万石を経て、本領二三万石、私領同然預かり地五万石の領主として会津の地へはいった。三代藩主正容《まさかた》のとき「松平」の姓を許された。以来、幕末まで松平氏の支配が続いた。

中通り●

近世初頭、中通り《なかどお》地方の大半は、会津を領する蒲生氏郷・上杉景勝の支配下にあった。しかし、一二〇万石の上杉氏が、関ヶ原の戦い後、石田三成《みつなり》と呼応したことをとがめられ、出羽国米沢三〇万石に減封となり、会津がふたたび六〇万石で蒲生氏の領するところとなって以降、中通り地方の支配は細分化の道をたどり、譜代《ふだい》・取立《とりたて》大名の支配が成立、そのあいだに、幕領、諸藩の分領が点在するという錯雑《さくざつ》した状態となっていった。

常陸《ひたち》国佐竹氏の支配をうけ、慶長八（一六〇三）年以降立花宗茂《たちばなむねしげ》の支配するところとなっていた棚倉《たなぐら》（東白川郡棚倉町）には、元和八（一六二二）年、五万石で丹羽長重《にわながしげ》が入部、丹羽氏が寛永四（一六二七）年、白河へ一〇万石で転封となってのちは、内藤信照《のぶてる》・太田資晴《すけはる》（いずれも五万石）・松平（越智《おち》）武元《たけちか》（五万五〇〇〇石）・小笠原長恭《ながゆき》（六万石）・井上正甫《まさもと》（五万石）・松平（松井）康爵《やすたか》（六万石）・阿部正静《まさきよ》（一〇万石）と領主の交替をみた。

棚倉から丹羽氏が転封となった白河（白河市）は蒲生氏の遺領であった。しかしまもなく丹羽氏は二本松《にほんまつ》（二本松市）へ移り、加藤氏がかつて領した安達《あだち》・安積《あさか》地方一〇万石を幕末まで領することとなった。丹羽氏の去った白河へは、その後、榊原忠次《さかきばらただつぐ》（一四万石）・本多忠義《ただよし》（一二万石）・松平（奥平）忠弘《ただひろ》・松平（結城《ゆうき》）直矩《なおのり》（いずれも一五万石）・松平（久松）定賢《さだよし》（一一万石）・阿部正権《まさのり》（一一万石）の各領主が入部、幕末に一時幕領となったが、明治元（一八六八）年阿部氏がふたたび封じられている。

寛永四年から加藤明利、同五年から松下長綱が支配した

丹羽長重像

三春（田村郡三春町）へは、正保二（一六四五）年秋田俊季《としすえ》が入封、五万石余を領し幕末に至った。中通り中部には、このほか、水戸《みと》藩の支藩が二つ元禄年間（一六八八～一七〇四）に成立している。一つは二万石守山藩、ほかの一つは同じく二万石長沼藩である。岩瀬郡には、新発田《しばた》藩の分家溝口宣秋《みぞぐちのぶあき》の横田領、旗本領の三枝《さえぐさ》領、本多政利《ほんだまさとし》の大久保藩（別称岩瀬藩一万石）も成立した。享保十四（一七二九）年には、棚倉藩領のうち、南郷一円（東白川郡の近津以南の地域）と田村・菊多地方六万石が幕領となっている。

中通り北部もまた支配の変遷がはげしかった。信夫・伊達二郡は、慶長六年上杉氏が米沢三〇万石へ削封になってのちも上杉氏の支配下にあったが、寛文四（一六六四）年幕領となり、以後幕領・大名領・諸藩分領が錯綜《さくそう》して存在した。延宝七（一六七九）年福島城へはいった本多忠国《ただくに》は一五万石、貞享三（一六八六）年入部の堀田正仲《ほったまさなか》は一〇万石の支配であったが、元禄十五（一七〇二）年入部の板倉氏は三万石の城主として入部、幕末まで福島藩を支配した。梁川《やながわ》（伊達市梁川町）には、天和三（一六八三）年、伊達郡梁川村ほか二九カ村三万石の領主として尾張松平義昌《よしまさ》が入部した。享保十五年藩主通春《みちはる》（のち宗春《むねはる》）が宗家を継ぎ、尾張系の支配が絶えたのちは、幕領・分領・松前氏支配と変化した。元禄十三年、二万石松平（奥平）忠尚《ただなお》の支配下に成立した桑折《こおり》藩は、半田《はんだ》銀山があったため延享四（一七四七）年に幕領となった。

このほか、中通り北部には小藩・諸藩の分領の消長がみられた。元禄十一年成立の黒石藩領、寛保元（一七四一）年の白河藩領、延享四年の下総《しもうさ》国（千葉県）関宿《せきやど》藩領、寛政元（一七八九）年の越後《えちご》国（新潟県）新発田藩領、寛政四年の三河《みかわ》国（愛知県）刈谷《かりや》藩領、寛政十三年の備中《びっちゅう》国（岡山県）足守《あしもり》藩領などであった。天明七（一七八七）年には、陣屋が信夫郡下村《しもむら》（福島市佐倉下）におかれた田沼意明《おきあき》の下村藩、文化三（一八〇六）年には立花種善《たねよし》を領主とした下手渡《しもてど》藩が成立、奥羽の関門であり、奥州街道に沿ったこの地域には、その重要性を意識した大名配置が行われた。

相馬といわき地方●

浜通り北部、宇多《うだ》・行方《なめかた》・標葉《しねは》三郡は、中世以来相馬氏の支配するところであった。天正十八(一五九〇)年の豊臣秀吉の奥羽仕置にさいしては、三郡四万八七〇〇石が首尾よく安堵されたが、相馬《そうま》中村藩としての危機は、慶長七(一六〇二)年にやってきた。慶長五年の関ヶ原の戦いにさいし、石田三成《みつなり》にくみした水戸《みと》の佐竹氏と親交のあった相馬氏は、徳川家康の召しに応ぜず戦いに不参、減封所替あるいは領地没収の危機が伝えられ、一時藩内は大騒ぎとなった。慶長七年五月、一旦領地は没収と決まり、藩主相馬義胤《よしたね》は、当時在城していた牛越城《うしごえ》(南相馬市原町区)をあけわたし、わずかの家臣をひきつれて三春《みはる》領へ移り、家臣たちも帰農するもの、他国へ移るものさまざまであった。しかし、義胤の子利胤《としたね》は、その間江戸に上り訴状を提出、「御芳恩に預り候はば忠誠をぬきんで、後々御代々二念無く御奉公に及ぶべし」(「御経済略記」『福島県史』9)という神文をそえ熱心に申し開きをしたので、十月ようやく願いが聞きとどけられ、もとのように三郡が安堵されることとなった。以来幕末まで相馬氏の支配は続いた。中世以来の領主支配が継続した数少ない例である。

浜通り南部、楢葉《ならは》・磐城《いわき》・磐前《いわさき》・菊多諸郡、磐城地方は、中世以来岩城《いわき》氏が支配しており、天正十八年には、秀吉から一二万石を安堵された。しかし、慶長七年、当主貞隆は関ヶ原の戦いに不参、改易《かいえき》となり、そのあとへは下総国矢作《やはぎ》から鳥居《とりい》忠政が一〇万石の領主として入部した。元和八(一六二二)年鳥居氏が出羽国山形へ転封となると、かわって上総《かずさ》国佐貫《さぬき》より内藤政長が入部、七万石を領し、同じとき政長の子忠長(のち忠興)も菊多郡二万石をあたえられた。寛永十一(一六三四)年、忠興が父政長の遺領を継いで磐城平藩主になったあとは、菊多郡ほか二万石を弟政晴が襲封、泉藩が成立した。寛文十（一六七〇）年には、忠興が三男遠山政亮《まさすけ》に一万石を分けあたえ、湯長谷《ゆながや》藩が成立した。磐城平藩内藤氏は、延享四（一七四七）年日向国《ひゅうが》（宮崎県）延岡《のべおか》へ転封、井上正経が常陸国笠間《かさま》から入部した。井上時代から磐城地方一円支配はくずれ、井上氏の所領は城付二万三〇〇〇石、伊達郡梁川《やながわ》に三万石、常陸国多賀に七〇〇〇石と分散したものであった。宝暦六（一七五六）年入部した安藤信成《のぶなり》も、磐城地方五六カ村に加え、美濃・三河国で計五万石余と分散性は強まり、かつ石高も少しずつ減少していった。安藤氏の支配が幕末まで続いたが、支配地・石高には変化があった。文久二（一八六二）年、公武合体、親米和平外交を進めていて、坂下門で浪士《ろうし》に襲われた老中安藤信正は五代藩主である。

泉藩の支配は、内藤氏のあと板倉支配を経て本多氏の支配となった。一万五〇〇〇石。松平定信を助け、幕府の「寛政改革」に取り組んだ本多忠籌《ただかず》は二代藩主である。忠籌が老中となったとき五〇〇〇石が加増された。このほか元和八年成立の窪田《くぼた》藩、また常陸国笠間藩領・棚倉藩領・飯野八幡領があり、さらに小《お》名浜《なはま》代官所が支配する幕領があった。

3　城下町の成立

城下町若松●

中世蘆名《あしな》氏以来、会津を支配するものは「黒川」（会津若松市）に居館をおいた。伊達政宗が黒川城にはいったのは、天正十七（一五八九）年六月のことであった。政宗によってある程度の整備が行われたようであるが、伊達時代の黒川城・城下の姿はあまり明らかではない。

本格的に城と城下町の整備が行われたのは、蒲生氏郷《がもううじさと》が入部して後のことである。文禄元（一五九二）年、氏郷はつぎのように令した。(1)郭内《かくない》の大通りは、東西三里・南北二里の十字街とすること、(2)郭《くるわ》の四方は濠を深くし、木戸を設けて警固《けいご》すること、(3)商人・職人の屋敷と侍屋敷は区別して割り出すこと、(4)旅宿と遊女屋は、城下町のはずれにおくこと、(5)城下町五カ所に市を開くこと。

『氏郷記』に記されている狂歌「黒かはを袴《はかま》にたちて着てみれば　町のつまるはひだの狭さに」からみて、黒川城下は相当せまくて混雑していたらしいが、あらたな方針に沿って城下町建設がはじめられた。同じころ「黒川」という名は、氏郷の郷里、近江《おうみ》国蒲生郡若松の森にちなんで「若松」と改められた。

まず家臣曽根内匠《たくみ》らは郭内を整備拡張、外郭を新設、大町・馬場町などの町屋敷はこのとき郭外に移された。あらたに割り出され、のちに甲賀《こうか》町と改められた日野町には、近江国日野町から氏郷についてきた商工業者が居住させられた。郭内は一〇間（一八メートル）前後の幅をもった道路、郭外は四間（七メートル余）前後の道路に面して、侍屋敷・町屋敷が割り出された。寺々は城下の北はずれへ移された。大町・馬場町・本郷町・三日町・桂林寺《けいりんじ》町・六日町では、三斎《さんさい》・六斎《ろくさい》の定期市が開かれたので、毎日城下町のどこかで市が開かれているということになり、町はいっそうにぎわうこととなった。若松城下の札《ふだ》の辻《つじ》は、大町一之町と七日町のまじわるところであった。文禄二（一五九三）年、七層の本丸天守閣が完成、若松は「奥州の都」とうたわれたという。

上杉時代の慶長五（一六〇〇）年、若松城の北西三キロ余の神指《こうざし》村（会津若松市神指町）に新城の築営がはじめられた。若松城は山に近く、府城の拡大に不便と考えられたためという（『旧事雑考』『四家合考』）。

新城の総監は直江兼続《なおえかねつぐ》、使役された人足《にんそく》は八万とも一二万ともいわれた（『四家合考』）。しかし、二月に縄張を開始、昼夜兼行で工事が進められ、六月ころには大体できあがったと記した史料（『旧事雑考』）もあるが、上杉景勝は新城に移らぬまま、翌慶長六年には会津九〇万石を削られ、米沢へ移った。

関ヶ原の戦いで、岳父《がくふ》徳川家康に味方した蒲生秀行が、ふたたび会津六〇万石に封ぜられて以後は、幕末まで、若松が会津領内支配の中心地であった。

上杉氏の神指城跡(建設省国土地理院の撮影〈昭和38年 4 月27日〉による空中写真)

寛永四（一六二七）年、松山から転封となった加藤氏は、若松城の大改修に取り組んだ。嘉明によってはじめられ、その子明成のとき大規模に行われた改修により、慶長十六年の大地震以来傾いていた天守閣は改修され、それまでの七層が五層となった。城下には河原町・片原町・堀江町などがあらたに割り出され、西・南・東の三方へ城下町は少しずつのびていった。中世以来、「商人司」たることを歴代領主から認められてきた簗田《やなだ》氏が大町検断をつとめ、領内の商人を差配し、また領内外を流通する商品の取り締まりにもあたった。

寛永二十年保科《ほしな》氏が入部以後、寛文・延宝ころまでの時期に、城下町若松は政治的・軍事的にはもとよりのこと、経済的にも領国支配の中核たる地位を確立していった。

丹羽氏の城下町づくり●

寛永四（一六二七）年、丹羽長重が棚倉五万石から白河一〇万石余へ転封となった。丹羽長重は、安土城の普請《ふしん》総奉行をつとめた丹羽長秀の子である。

中世この地方を支配していた結城氏は、白川搦目《からめ》城をその本拠としたが、結城宗広《ゆうきむねひろ》の子親朝のとき、小《こ》峰《みね》に居を構え小峰家が分立した。十六世紀、宗家結城白川氏と小峰氏の関係が破綻したころ、搦目城は廃されたという。近世の白河城はしたがって小峰城である。

慶長六（一六〇一）年新領主となった蒲生秀行も、小峰城城郭の修築と城下の整備に着手したが、本格的に城と城下町を整備したのは丹羽長重であった。入部後まもなく幕府の命をうけ準備に取りかかった長重は、寛永六年城の大修築を開始した。このとき、城の南側を流れていた阿武隈《あぶくま》川は北へつけかえられ城の外濠《そとぼり》となった。旧河川敷には、二之丸・三之丸が設けられ、郭の四方には六つの門がつけられ、郭内と郭外を結んだ。本丸は石垣を積み上げてきずかれ、三重櫓《やぐら》・富士見櫓などいくつかの櫓があった。郭外についても、大体の町割りはこの時期に定まった。北の尾廻門、西の会津門・道場門をでた辺りには、主として侍屋敷が割り出され、南追手《おいて》門と東の田町門・横町門をでたところには、主として町屋が割り出された。街道沿い、あるいは町の出入口周辺、町屋の外側には侍屋敷・足軽《あしがる》屋敷・中間《ちゅうげん》屋敷が配置され、さらに町の南端には寺院が建ち並び町屋を包み込んでいた。本丸が城全体のもっとも高いところにあり、遠くからみると攻撃にもろい城のようにみえ、「政宗白河の城下を通とて片倉小十郎に向て此城も朝飯前にて有べし」(『白河古事考』)といったと伝えられるが、実は各方面からの攻撃にそなえて幾重もの火線が城をまもり、小規模ではあるが守りの固い城と町であった。

二本松の城と城下町も丹羽氏によってその基礎がきずかれた。二本松は、蒲生・上杉・再蒲生時代は、いずれも安《あ》積《さか》・安達《あだち》両郡の支配にあたる支城として城代がおかれていた。加藤時代には、嘉明の女婿松下重綱、ついで嘉明の次

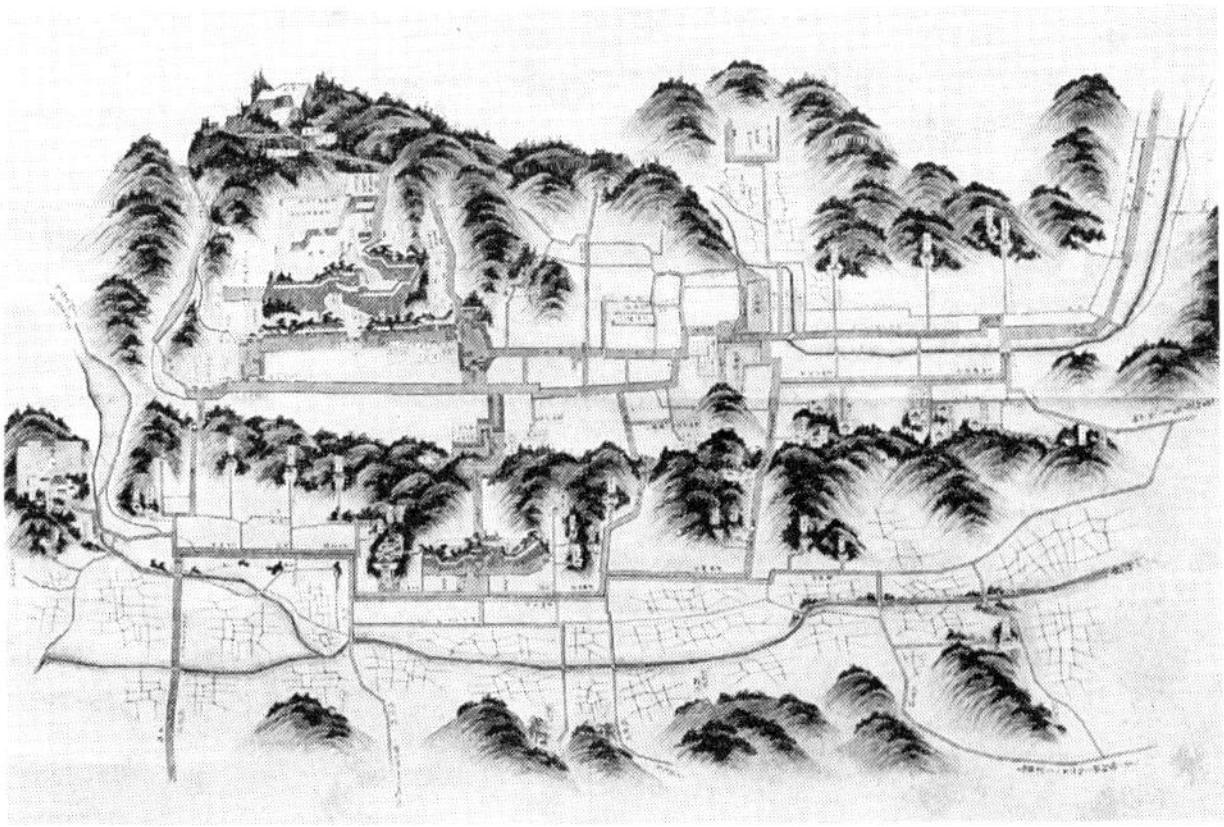

二本松城下絵図

男明利らが二本松城へはいったが、支城であることにはかわりがなかった。二本松が会津から独立して領されることになったのは、寛永二十年以降のことである。この年、白河から転封となった丹羽光重（長重の子）は、正保元（一六四四）年から城下町の整備にとりかかった。道筋のつけかえ、切通し・坂道の拡幅、城の濠・石垣・城内の建物の普請を行い、郭内・郭外の境には、松坂・坂下（大手）・池ノ入・竹田（搦手《からめて》）の門が設けられた。城の南方を東西に走る観音丘陵には寺社が配置され、丘陵の北すそには竹田町・根崎《ねざき》町、南すそには若宮町・松岡町・本町・亀谷《かめがい》町が割り出された。家並みはほぼ奥州街道に沿って連なり、全町に用水が引かれていた。光重は、城・町を整備し、藩領を一一組にわけ、各組に代官を配置するなど、領国支配機構をととのえ、二本松藩の基礎をきずいた。

浜通りの城下町●

相馬《そうま》氏は、中世以来行方郡小高《おだか》（南相馬市小高区）に城をかまえていたが、天正十八（一五九〇）年、豊臣秀吉の奥羽仕置により旧領を安堵《あんど》されてのち、慶長三（一五九八）年居城を行方《なめかた》郡牛越《うしごえ》に移した。しかし、前述のように、関ヶ原の戦いにさいしてのいきさつにより、慶長七年一時改易の憂き目をみ、藩主義胤は、三春の蒲生郷成をたより牛越城をあけわたした。だがその子利胤の申し開きによりもとのように三郡を安堵された相馬氏は、牛越城に戻った。そして、翌八年、一旦小高城に移ったのち、慶長十六年、宇多郡中村（相馬市）の城を拡張大修理して移り、幕末に至った。

中村は、相馬領の北端に近いが、かつて延暦年間（七八二～八〇六）、坂上田村麻呂の東夷征討のとき、この地に城のおかれたのが始まりと伝えられ、近世において城がおかれたのは、北の伊達氏の侵攻に備えるためであったといわれる。濠《ほり》や土塁《どるい》、建物の工事が行われ、慶長十六年十二月小高城から移っている。

それまで城の南側を流れていた宇多川は、さらに南方へかえられ、その流域の西には侍屋敷、東には町屋が割り出された。

磐城平城と城下町の建設は、慶長七年入部した鳥居忠政によって行われた。飯野《いいの》八幡宮の建つ赤目崎物見《あかめざきものみ》ヶ岡《がおか》を築城の地と定め、由緒ある八幡宮をほかへ移した。工事は慶長八年からはじめられ、一二年の歳月をついやした大工事であった。石垣には、小川・好間《よしま》・赤井方面に産する自然石が用いられ、物見ヶ岡の一番高いところに本丸を設け、三階櫓・塗師《ぬし》櫓・櫛形《くしがた》門櫓など多くの櫓がおかれた。天守ははじめからつくられなかったが、三階櫓は高さが四丈三尺(約一三メートル)余りあり、天守の役目をはたしていたと

相馬中村城大手一の門(相馬市中村神社)

いう。広大な外濠がめぐらされた。慶長から寛永のころまでは「磐城城《いわきじょう》」とよばれ、のち「磐城平《いわきたいら》城」「平之城」「飯野城」などと称された。城下の町割りもこのとき行われ、城の西方と南西方向には侍屋敷、東側には中間屋敷・足軽屋敷など軽輩《けいはい》の士屋敷、南西の大館には寺々をおき、南には職人や商人の住む町屋敷を割り出した。浜街道に沿う形の細長い町作りであった。

鳥居氏についで元和八（一六二二）年入部した内藤氏により、平城下はさらに発展した。享保年間（一七一六〜三六）に作成されたといわれる「平城古図」（いわき市平山崎忠兵衛氏蔵）によると、侍屋敷が城をまもるように配置され、その数二〇〇軒余、寺々は五〇寺におよび、城の東方の仲間町・鷹匠《たかしょう》町などには、下級の士屋敷が二五〇軒余、城南の紺《こん》屋《や》町・鍛冶《かじ》町・研《とぎ》町など手工業者の町々には二〇〇軒余、鳥居時代に一町目から三町目までしかなかった町人町は五町目までのび、三〇〇軒近い家々が軒

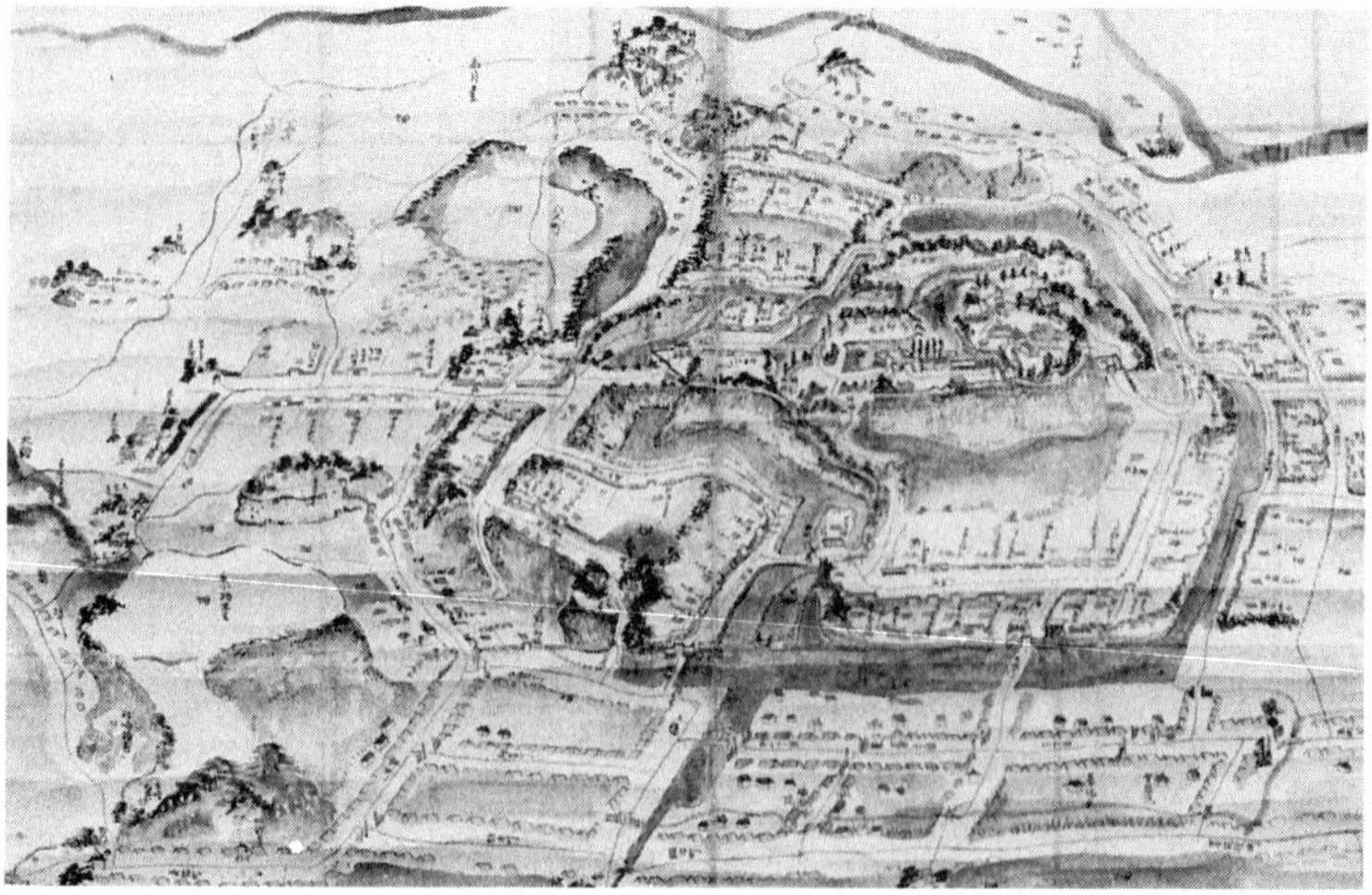
磐城平城下図

を連ねていた。慶安三（一六五〇）年、城下の四町目に五十集《いさば》問屋（乾魚・塩魚などを扱う問屋）が許され、延宝八（一六八〇）年には呉服の商いが城下町商人に認められたことなどからも、領国経済の中心地として繁栄した城下町の姿がしのばれる。

4　街道と舟運

街道・宿駅の整備

太平洋岸を南から北へ走った浜街道（奥州東街道・浜通り）、中通りを南から北へ抜け仙台・松前へむかった奥州街道（奥松前道・江戸道中）、会津の若松から北へむかった米沢街道、若松から南へむかい下野《しもつけ》国に至った下野街道（南通り・南山通り・川路通り・下野道）の三筋が、近世福島県域を縦に貫いた大幹線街道とすれば、この三筋を横につないだいく筋もの横断道があった。中通りと浜通りを結んだ街道には、相馬中村をめざした相馬街道すなわち福島から卒都婆《そとば》峠を越え中村、瀬上《せのうえ》から笹峠を越え中村、二本松から笹峠を越え中村、これらはいずれも相馬街道である。また、磐城平城下へむかった岩城《いわき》街道は本宮《もとみや》から平《たいら》、郡山《こおりやま》から平、須賀川《すかがわ》から平。石川《いしかわ》道と御斎所《ございしょ》街道は須賀川から石川、さらに御斎所峠を越えて湯本に至る。常陸大田《ひたちおおた》街道（常陸街道・水戸通）は中畑新田《なかはたしんでん》村（西白河郡矢吹町）から明神《みょうじん》坂を越え常陸国徳田《とくだ》村へ。常陸大田街道の八槻《やつき》（東白川郡棚倉町）からわかれて平潟《ひらかた》へでた平潟街道などがあった。

中通りと会津を結んだ街道を、若松を中心にした呼称でみてみよう。若松から中通りへむけては、二本松街道が壺下《つぼおろし》・中山峠を越えて本宮と結び、白河街道は滝沢・勢至堂《せいしどう》峠を越え白河へと結んだ。西へむけては越後街道が、坂下《ばんげ》・野沢（耶麻郡西会津町）を経て越後国へ、さらに越後街道の気多宮《けたのみや》（河沼郡会津坂下《ばんげ》町）でわかれ、只見《ただみ》地方をまわって檜枝岐《ひのえまた》から上野国沼田へ抜けた越後裏街道（上州《じょうしゅう》道・伊北《いほう》越後道）も重要な役割をはたしていた。このほか、中通り北部と出羽国を結んだ桑《こ》折《おり》から七ヶ宿《しちがしゅく》を経て上山《かみのやま》へ至った羽州街道、福島から米沢へ至った米沢街道の両街道も出羽国の人や米のとおる道として大事な路線であった。

　これらの街道のうち、御斎所街道はその利用が江戸時代中期以降であったが、ほかの街道はおおよそ天正十八（一五九〇）年以降急速に整備されていった。慶長九（一六〇四）年、幕府は一里塚の設置、宿駅の整備などを命じた。これに応じて当時つくられた一里塚が、須賀川（国史跡）とか喜多方市塩川町（別府の一里塚、県史跡）にその姿をとどめている。街道には、二、三里ごとに宿駅が設けられた。奥州街道の踏瀬《ふませ》宿（西白河郡泉崎《いずみざき》村）は、少し北のほうにあった民家を街道沿いに移して設けられたし、笠石《かさいし》宿（岩瀬郡鏡石《かがみいし》町）は、東のほうにあった四カ村を引き移して成

別府の一里塚(喜多方市塩川町)

❖コラム

宿駅のおもかげ伝える大内宿

参勤交代のおり、下野《しもつけ》街道を江戸へむかった会津藩主は、早朝若松城を出発して大内宿《おおうち》（南会津郡下郷町）で昼食をとり、田島で宿泊した。大内宿は村の北と西から集まる四本の街道がここで一本となり南下する交通の要衝であったから、明治の三方《さんぽう》道路開削工事で街道筋が現在の一二一号国道に移るまで宿駅としてさかえた。大内峠から大内宿にはいるところは、かぎの手に曲がり桝形《ます》となっている。道の両側には四〇軒ほどの家が建ち並んでいる。寄棟造《よせむねづく》り茅葺きの家並みが続く宿の光景は美しい。

家は道から五メートル余り後退して建てられており、この空地を「オモテ」とよんでいる。「オモテ」は、かつて荷物を積みかえたり、馬つなぎ、休所として使われたという。明治以後大内が宿駅としての役目をおえてからは、稲・葉たばこ・麻などの干場として用いられたり、大内特産の高原大根の作業場所として利用されている。昔街道の中央を流れていた堀は、明治十九（一八八六）年に埋められ、両側の二本の側溝となった。水は今も豊かにきれいで、生活用水として利用されている。

西の小高い山に高倉《たかくら》神社がある。後白河天皇の第二皇子以仁王《もちひとおう》が、実は生きのびて尾瀬《おぜ》、檜枝岐《ひのえまた》を越えて大内に逃れ住んだという伝説にささえられた神社である。はじめ以仁王の命日とされた五月十九日を祭日としたが、明治になって半夏生《はんげしょう》の七月二日に行うこととなったので、この祭りは「半夏祭り」とよばれている。

立させた宿である。新しくつけかえた街道筋には、近くに散在する小村を集めて宿駅がつくりだされた。そして、宿駅には人馬継《じんばつ》ぎたてをとりしきる問屋《といや》・年寄《としより》など宿役人がおかれ、宿泊施設がつくられた。下野街道の大内宿《おおうち》（南会津郡下郷《しもごう》町、国の重要伝統的建造物群保存地区）の例でみると、本陣・脇本陣をのぞき一般の家は屋敷地九五坪、家屋の建坪四〇坪と定められており、寄棟造り、茅葺きの家々が軒を連ね、街道の中央には堀があった。宿々には所定の人馬が用意されていた。通行人馬の増加にともない、助郷の制も整備されていった。本県域の奥州街道においては、元禄・正徳年間（一六八八〜一七一六）ころに整備されていったと考えられる（丸井佳寿子「奥州街道における助郷と農民負担の仕組」『日本歴史』五三九号）。

舟運の整備●

宿ごとに荷物を積み替え、継送りしなければならない陸路にくらべて、荷の傷みが少なく、また一度に大量の荷を送ることができる水路の利用は、近世領主によって早くから計画されていた。

会津においては、再蒲生時代の元和年間（一六一五〜二四）、すでに阿賀《あが》川（近世史料には揚川とあらわされていることが多い）の開削・通船が試みられていた。保科正之《ほしなまさゆき》は正保年間（一六四四〜四八）に、また三代正容《まさかた》も享保年間（一七一六〜三六）に通船工事を行っている。塩川（喜多方市塩川町）に廻米蔵《かいまい》を建て、米をここへ集めて阿賀川を下り、新潟から大坂へ米を廻漕しようというものであった。しかし河底には深浅があり、流れの途中には利田《かがた》の滝（喜多方市高郷《たかさと》町の内）・銚子《ちょうし》ノ口（耶麻郡西会津町の内）などの滝や激流があったため、塩川から通して舟を用いることは困難であった。会津領内では結局一部しか舟運の利用はできず、難所は陸揚げして運び、つねに舟運を用いることができたのは、会津領の西端津川《つがわ》（新潟県阿賀町）から西だけであった。主として米、若干の炭・薪《まき》などが越後へむけて運ばれ、帰り荷には、塩をおもに運んだ。

阿武隈川も東北有数の大河なので、はやくから物資の輸送に利用することが考えられたが、福島を境にして、上流と下流とではその事情をだいぶ異にした。近世前期から利用されたのは、福島から河口の荒浜《あらはま》のあいだであった。寛文四（一六六四）年、上杉氏の削封により信達地方（信夫郡・伊達郡地方）一二万石

「阿武隈川舟運図」(部分。明和年間〈1764～72〉後期)

が幕領となり、この幕領米を江戸へ廻漕しなければならなくなったため、代官の許可を得て、商人渡辺友意(友以)が、福島・水沢・沼ノ上間の水さらい普請を行ったのが始まりという。だが、本格的に整備されていったのは、寛文十年以降のことで、幕府の命をうけた河村瑞賢《ずいけん》の手によってであった。水沢と荒浜には、水運を統制する番所がおかれ、荒浜には幕領米専用の倉庫が設けられた。番所の支配下には、艜《ひらた》肝煎《きもいり》がおかれて舟運をとりしきっていた。福島河岸には、福島・米沢藩の廻米蔵がならんだ。桑折・徳江(伊達郡国見町)などの河岸《かし》の蔵場まで、年貢米は村々から農民によって運ばれ、河岸からは問屋商人が請負い、沼ノ上までは小鵜飼《こうかい》舟、そこから河口までは艜船・高瀬《たかせ》船、荒浜からは海船で江戸へ運ばれた(竹川重男「近世後期阿武隈川河岸の存在形態」『福島県立博物館調査報告書』一八)。阿武隈川上流の舟運は、陸路による高値と、輸送に時間のかかることが問題になってきたこと、および流域の商品生産の発展を背景に、嘉永年間(一八四八~五四)から工事がはじめられた。

本県域には、もう一筋、舟運に利用された川があった。県南の久慈《くじ》川である。この川を利用すれば、下野国阿久津《あくつ》河岸まで陸送して、鬼怒《きぬ》川から舟を利用するよりどれほど利益があるかとか、会津・二本松藩米や幕領米の運送予定を明暦年間(一六五五~五八)に書きあげているので、早くからその利用の考えられていたことが知られる(守谷早苗「幕領塙の廻米について」『福島県立博物館調査報告書』一八)。近世後期になると、夏井《なつい》川も笠間《かさま》藩分領米の運送に用いられた。

このほか、舟運では猪苗代湖の湖上利用もあった。西岸の篠山《ささやま》(会津若松市)と戸《と》ノ口《くち》(耶麻郡猪苗代町)、北岸の関脇《せきわき》(同町)、東岸の浜路《はまじ》と舟津《ふなつ》(ともに郡山市)に舟着場が設けられ、浜坪《はまつぼ》(同市)には舟番所がおかれていた。元和年間(一六一五~二四)には、篠山で着船荷物の取り扱いがはじまり、寛文年間

（一六六一〜七三）からは、領内から運び出される荷物も取り扱われるようになったという。延宝三（一六七五）年には、会津藩が江戸廻米のため、代田《よだ》組稲荷原《とうかはら》新田村（会津若松市河東町《かわひがしまち》）に蔵を建て、塩川・熊倉組など九組の年貢米を集め、さらにここから湖岸戸ノ口の蔵まで運ばせて、戸ノ口から一七〇俵積みの船で湖上を運送した。

いずれの舟運も、江戸・大坂への廻米が大きな課題となった近世大名によってまず開かれたものであった。

人・物の往来●

奥州街道は、蝦夷《えぞ》・陸奥《むつ》・出羽《でわ》国の大名家が、参勤交代で上り下りした。松前《まつまえ》・南部《なんぶ》・伊達氏らは北からまっすぐ南下、津軽氏と出羽国佐竹・戸沢・酒井氏ら一三家は、羽州《うしゅう》街道小坂宿を経て藤田宿（ともに伊達郡国見町《くにみ》）で奥州街道にはいった。上杉家は福島宿で、丹羽・立花・秋田氏など、福島以南の大名たちも奥州街道をそれぞれ南下している。相馬氏のように、相馬街道を、奥州街道の本宮宿または須賀川《すかがわ》宿までたどり、江戸へ上った例もある（大島延次郎『近世における東北地方の交通』によれば文政五〈一八二二〉年ころのこと）。白河街道は、会津松平氏はもとよりのこと、越後国新発田《しばた》藩主も参勤交代時に用いている。越後街道から白河街道を経て奥州街道に至る街道は、越後・佐渡方面と本県域を結ぶ重要な交通路であったから、越後国からの出稼《でかせ》ぎ男女もたくさん往来した。下野街道も、天和三（一六八三）年日光領地震により五十里《いかり》湖が出現して通行を妨げるまで、会津・新発田・村上藩主が利用していた。浜街道は、正規の参勤交代の道ではなかったが、幕府巡見使に随行した古川古松軒《こしょうけん》の『東遊雑記』によれば、天明八（一七八八）年の奥羽松前巡見使一行は、中通り・会津、そして出羽国から陸奥国北部をたどったのち、白《しろ》石《いし》・角田《かくた》・坂元《さかもと》を経由して浜通り北部駒《こま》ヶ嶺《がみね》宿（相馬郡新地《しんち》町）にはいり、その後浜街道を南下して帰った（誉田宏「諸国巡見使の研究」『歴史資料館研究紀要』一）。水戸藩の儒者小宮山楓軒《ふうけん》は、仙台領鳴子《なるご》温泉へ湯治《とうじ》にいくため、浜街道を北上している。『浴陸奥温泉記』はその旅日記である。街道筋、宿々のようすが記されているが、そのなかに相馬《そうま》藩主が参勤交代の帰国のさい、浜街道を通行したことがのべられている。

街道・舟運は、人びとが通行するばかりではなく、物が移動する道でもあった。そもそも近世における交通網の整備は、領主的要請によるものであったから、まず第一に運ばれたのは米であった。会津から江戸に廻送される米は、下野街道を経て鬼《き》怒《ぬ》川の河港阿久津《あくつ》へ送られるものと、猪苗代湖上を利用し、白河街道から奥州街道へ、あるいは原方《はらかた》街道を用いて阿久津へむかうものが大部分であった。出羽国米沢・高畑御城米は羽州街道を運ばれてきて、伊達崎《だんざき》（伊達郡桑折町）・桑折などの河岸から阿武隈川を荒浜へむかった。信達地方の幕領米輸送にも阿武隈川の舟運が用いられた。二本松・三春・守山《もりやま》（郡山市）などの諸藩の米は、奥州街道を南へむかい、阿久津河岸から鬼怒川

福島城下南口の番所（福島信夫橋，文久３年）

の舟運で送られた。

南会津地方には、仲付駑者《なかづけどじゃ》とよばれる人びとがいた。山村で生産する小羽板《こばいた》など林産物を馬で城下の若松あるいは下野国今市《いまいち》あたりへ運びだし、帰り馬に米・塩などをつけて戻った。山村の人びとの生活をささえるために、一人数頭の馬をひき、宿駅で荷を積み替えることなくつけ通すことが認められていた（丸井佳寿子「近世的運輸の一形態」『福大史学』四六・四七合併号）。越後街道周辺でも中追《ちゅうおい》とよばれた人びとがいた。

近世中期ころになり、商品作物が展開し、手工業生産が発展するのに伴い、運ばれる品々は多様になっていった。若松からの米沢街道では、会津から塗物・穀物が運ばれ、帰りには青苧《あおそ》・紅花《べにばな》がはいってきた。奥州・相馬・岩城街道では、蚕種《さんしゅ》・生糸《きいと》・真綿《まわた》が運ばれ、それらを取り扱う商人たちが往来した。御斎所・水戸街道は、田村地方で産するたばこが江戸へむけて運ばれた。只見《ただみ》地方で産する麻・麻布は、明治以降「沼田街道」と称されるようになった檜枝岐《ひのえまた》から関東へ抜ける街道を、江戸へむけて出ていったし、同じく南会津で産する苧《からむし》・真綿・繭《まゆ》は、八十里越《はちじゅうりごえ》を越えて越後へむかった。商品作物の展開は地方と三都を深く結びつけ、同時に、地方市場相互を結ぶ街道も発達させていった。

5　近世の村々

村々の支配●

豊臣秀吉《とよとみひでよし》の奥羽仕置《おううしおき》により配置の定まった近世大名は、藩の支配体制を着々と整備していった。その過程で、行政単位としての村々は範囲が確定され、地方《じかた》の支配組織もととのえられていったが、そのときあらたに入部した大名にとって大きな課題となったのは、在地の土豪的勢力の存在であった。

会津地方では、中世蘆名《あしな》時代には村の地頭であったかと思われる土豪ないし地侍的色彩の濃い大百姓が、村々に君臨していた。彼らの多くは、蘆名時代には大政所《おおまんどころ》、文禄年間（一五九二～九六）には大割元《おおわりもと》、元和年間（一六一五～二四）以降は組頭《くみがしら》と称され、地方を支配していた。伊達―蒲生―上杉―再蒲生―加藤―保科と近世初頭めまぐるしく交替した領主は、このような在地土豪的大百姓を家臣に組み入れるでもなく、かといって彼らの地方に対してもっている支配力を否定し、一般農民と同列に扱うこともできず、むしろ彼らのもっているその地域に対する統率力を利用する形で、近世村落の支配を形成していった。幕末まで用いられた郷頭《ごうがしら》という呼称は、保科時代になってから用いられるようになったと考えられる（「家世実紀」巻一三）。

保科氏は、寛永二十（一六四三）年に入部すると、郷頭（当時まだ組頭とよんでいた）へ従来のように給分をあたえた。ただし「先規の半分」（同前、巻五）ということで、合力米一八石前後であったという。給分を縮小し、郷頭も並百姓であることを確認し、分外の驕《おご》りを禁じ、一般農民を私的に支配することを禁じつつも、在地土豪層の支配を容認せざるをえなかった。村には長として肝煎《きもいり》、何カ村かまとめた組の長には郷頭をおくという仕組となった。肝煎の出自も郷頭と同質であった。

藩が奨励した新田開発に積極的に応じていったのは、これら在地土豪的村役人層であった。開発高は各自一〇〇石から二〇〇石くらいで、開発者には、開発地の一部の地方支配、あるいは蔵米取《くらまいどり》が認められていた。しかし、寛文・延宝期（一六六一〜八一）になると、これまで領主が土豪的側面を制限しながらも、なお妥協的に容認してきた在地土豪的村役人層の特権的新田開発に終止符がうたれ、平百姓と同じ立場での新田開発という形に藩の方針がかわっていった。郷頭見立《みたて》新田は、各村落の農民の分限として藩に把握され、耕作者は藩へ年貢を直接負担する。郷頭は、藩からそのうちの半分を合力米のかわりにあたえられるという形になり、取り分は村役人給分という性格をもつことになった。これは、延宝八（一六八〇）年に行われた、村高に応じて一定の無役高を定め、それを肝煎給分とする肝煎無役高制とともに、近世的村落支配の成立を物語るものであった（竹川重男「会津藩における郷頭の新田開発」『歴史』一一八輯）。

中世領主がそのまま近世大名に移行した相馬中村藩の近世的村落支配成立の過程には、また異なる経過がみられる。かつて相馬領内には三五の館があり（三八との説もある）、小領主が散在していた。慶長年間

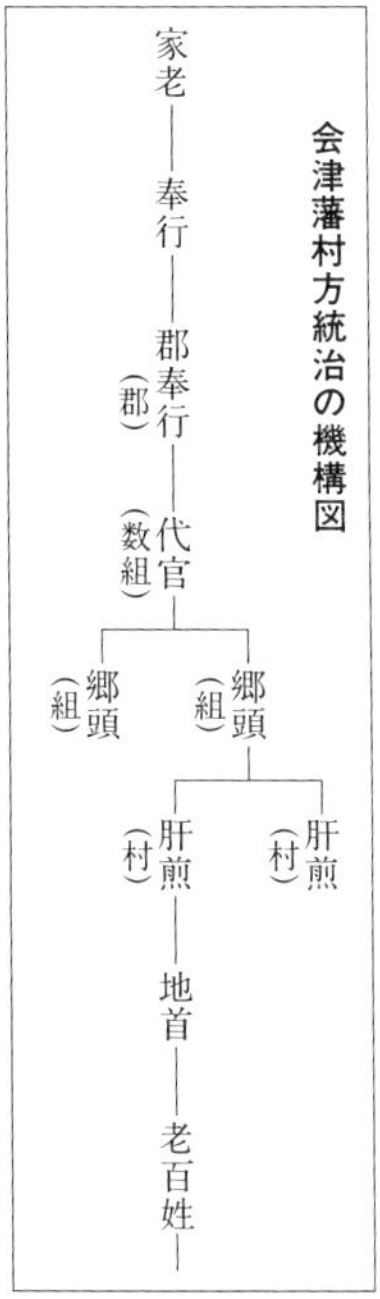

会津藩村方統治の機構図

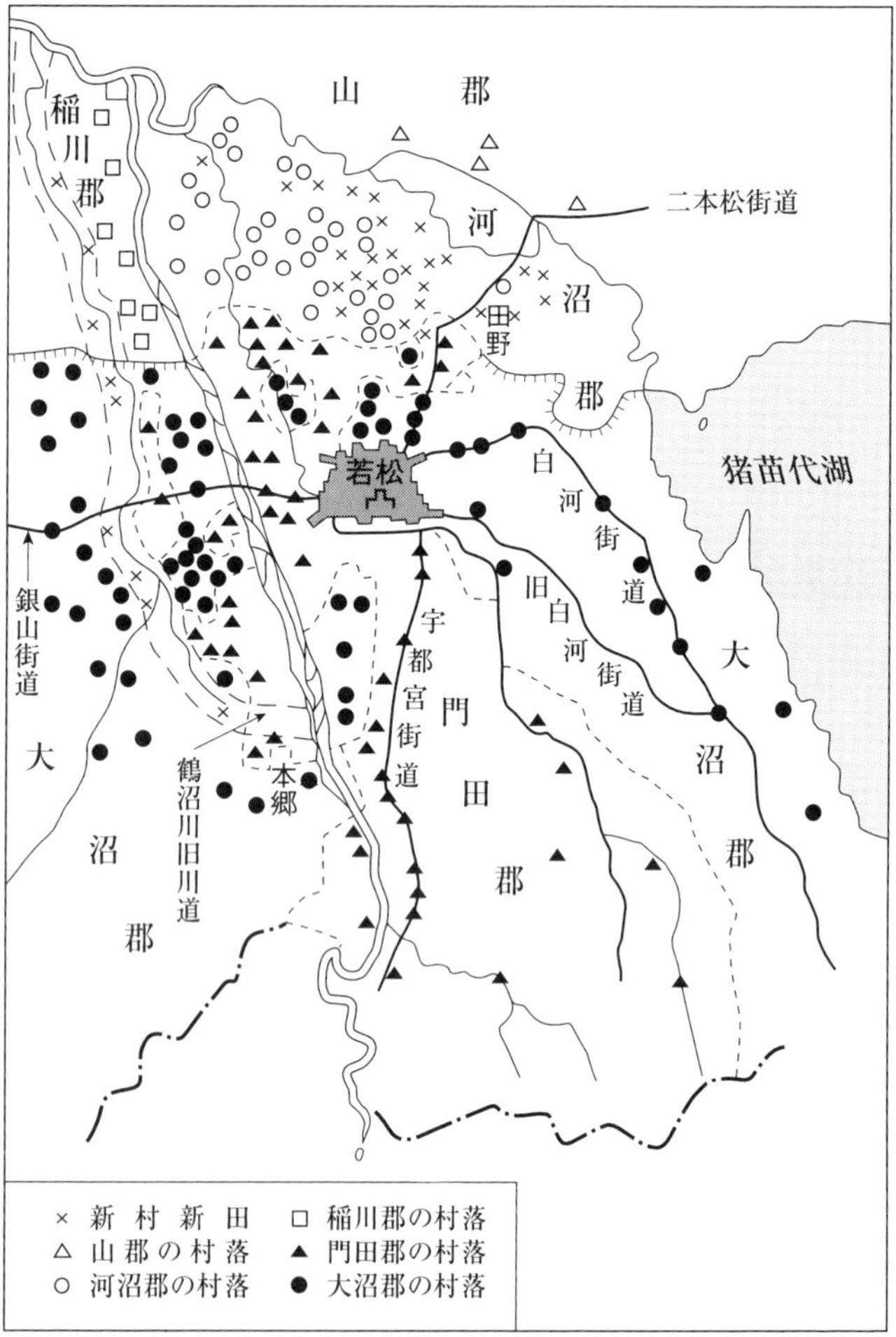

文禄の高目録による会津若松近郊の村落と新田開発分布図(『会津若松史』 2による)

（一五九六〜一六一五）、兵農分離政策がとられ、これら給人たちを城下へ集住させようとしたが、この過程が不充分であった。元和年間の調査によると、城下へ移った采地二八石以上のもの（これを府下《ふもと》給人という）一四一人（二〇〇人前後という説もあり）、二八石以下のものは在村としたので、これに数倍する在郷給人がいたという。このような状態は近世的藩体制の不安定さを示し、財政上にも問題があるということで、給人の整理が行われはしたが、以後も形をかえながら給人制度は維持されていった。領内が七郷にわけられ、各郷に陣屋がおかれたが、その陣屋の地方手代《てだい》以下の役職には多く在郷給人が用いられた。平時は村々にあって農業を営み、かたわら藩の仕事を分担、一旦、事がおこったときは、戦場に出て武力をもって領主のためにたたかうという給人が在村し、村々の支配にあたるという形は、近世的に再編されているとはいえ、中世的色彩を色濃く残すものであったといえよう（佐藤彦一「相馬藩における〝在郷給人制〟と村落支配」『福大史

名主長谷部家住宅(南会津郡只見町叶津)

学』二七号)。

小農民の自立●

それまで、一片の耕地に対しても重層的に関係していた領主職・名主職・百姓職などの諸職を排除し、成長しつつあった小農民を権力の基盤として直接掌握しようとした豊臣政権の意図が、小農民の成長と相ついで入部した近世大名の諸政策によって、本県域で実現されていったのは、十七世紀中期以降のことであった。

会津藩においては、寛永二十(一六四三)年保科氏入部以降、新田開発が積極的に奨励され、明暦元(一六五五)年には、新田開発をしたものには社倉米《しゃそうまい》から夫食《ぶじき》をあたえることとされた(「家世実紀」巻一五)。この時期の新田開発は、一つには入部以後行った地方改めによる荒地など一万二〇〇〇石余の減少と、七〇〇〇石ほどの収納免除地がでたのを補うためであったが、二つには小農民を取り立てるためであった(竹川重男前掲論文)。だが、前項に記したように、この時期、藩の新田開発奨励に呼応して、積極的に開発を行っていったのは、新田開発に必要な新堰工事を行う力をもっていた土豪的村役人層であった。しかし生産力が少しずつ上昇し、小農が自立化の道をたどりはじめると、新田開発は、小農=平百姓が中心となっていき、藩権力も積極的にこれを押し進めていくこととなった。こうして開発の中心が、大百姓=土豪層から小農=平百姓へと移っていったのが寛文・延宝期(一六六一〜八一)であった。

この小農民自立の過程は、村の宗門改人別帳《しゅうもんあらためにんべつちょう》・分限帳《ぶげん》などにあらわれる。承応二(一六五三)年の耶麻郡落合村(耶麻郡磐梯町《ばんだい》)の「改帳」(『福島県史』10〈下〉)をみると、六八石余の大高持がおり、一一人の譜代下人(同一の家に世襲的に仕える下人)、名子《なご》(名主・小領主の下に半奴隷的に使役された農民)家族三組一〇人、質券《しちけん》奉公人五人にその経営はささえられている。この家も含めて三戸の大高持が奉公人を使用しているが、その奉公人は、大部分が譜代下人・名子という隷属度の高い奉公人であり、家族の形態も傍系親を内包する複合的大家族であった。明暦三年の「川（河）沼郡八田野村改之帳」（同前）でも同様の傾向がみられる。家族形態はやはり傍系親を内包した大家族形態が多数である。奉公人を使用している経営が一六戸あるが、その奉公人の使用数は一戸で八、九人、譜代下人か名子という形態が圧倒的であった（『湯川村史』第三巻）。しかしもう少し時代が下るとようすが少しかわってくる。耶麻郡山浦村（耶麻郡西会津町）の寛文八（一六六八）年の「分限帳」（西会津町宮城家蔵）をみると、ぬきんでて大きな高をもった農民はみられない。家族形態は、複合的な大家族形態ではなく、直系家族だけになっている。しかし、奉公人の形態は、まだ隷属性の強い譜代下人・名子を内包しているという状態である。この寛文八年の「分限帳」と享保十九（一七三四）年の「分限帳」を比較してみると、この時期の変化がはっきりあらわれてくる。村高が一七〇石余から二四三石余、家数が一四戸から二一戸へと増加、その中味をみてみると、本百姓が八戸から二二戸へと大幅に増加している。そして水呑《みずのみ》が六戸から一戸へと減少、譜代下人も八人からゼロへと減少している。本百姓の家族構成は、平均八・四人から四・九人へと小規模化し、持高も平均一四石余から八石六斗余へと小さくなっている。単婚小家族の小農民経営が寛文期以降徐々に成立しつつあったことが知られよう（竹川重男前掲論文）。

『会津農書』●

『会津農書』三巻は、会津の幕内《まくのうち》村（会津若松市）肝煎《きもいり》佐瀬与次右衛門によって、貞享元（一六八四）年著わされた農書である。これより早くだされた農書は、日本最古の農書といわれる『清良記《せいりょうき》』（寛永五〈一六二八〉年成立説が有力）と、『百姓伝記』（天和二〈一六八二〉年成立説が有力）くらいのもので、明治初年まで日本農業技術において指導的役割をはたした宮崎安貞《みやざきやすさだ》の『農業全書』は、『会津農書』より一三年後の元禄十（一六九七）年に著わされているから、近世農書として『会津農書』は貴重な存在といえる。

佐瀬与次右衛門末盛は、寛永七（一六三〇）年、与次右衛門克盛《かつもり》の長男として会津郡幕内村に生まれた。寛文十（一六七〇）年、末盛は父克盛の跡を継ぎ、幕内村の肝煎となっている。『会津農書』の序に、「編集の最初に内外の二義を含む、内には我子孫に伝へ、田家の記録もなし、其業に至らしめんかため、是一ツ也、外にハ職分の勤を励し、居村麁耕の輩に教しめんかため、是二つなり」とあるように、農書著述の目的は、一つには自分の子孫のため、二つには村の「麁耕」の人びとのためであった。

佐瀬与次右衛門末盛の農業指導の図

上巻は稲作、中巻は畑作、下巻は農家生活全般について記されている。上巻稲作に関連してとくに力点がおかれているのは、水稲《すいとう》の播種《はしゅ》期と田植期の早期化であった。そのためには、浸種技術の進歩が必要不可欠であり、熱心に研究の行われたことがのべられている。浸種技術が進歩し、田植の時期を早めることができたことで、生育日数が長く収穫量の多い晩稲《おくて》の赤熟期を早め、冷害などによる被害を少なくすることができたという。晩稲の比重が増大し、収穫量が増大したばかりでなく、田植の早期化によって田植期に幅ができ、早・中・晩稲の組み合わせが可能になったことにより、自然による被害を少なくし、収量を平均的に確保することができるようになった。また年間にわたる労働の分散も可能になった。『会津農書』により、この時期の農業生産力の発展を知ることができる。中巻には、三五種類におよぶ畑作物の耕作法、単位面積あたりの投下労働量、収穫量が記されている。稲作と組み合わせ、かぎられた土地に、農家生活に必要な作物を効率よく栽培するためにさまざまな工夫が記述されている。

『会津農書』に続いて、旧慣習・農業語彙《ごい》を老農と農民の対話方式で記述した『会津農書附録』がだされ、また、一般の農民へ『会津農書』の内容を理解させるため、農書の内容を一六六九首の和歌にして伝えようとした『会津歌農書』が、宝永元（一七〇四）年に著わされた（庄司吉之助「『会津農書附録』に現われた会津地方の農業」『歴史資料館研究紀要』一）。

『会津農書』などにのべられた農業技術の改良、農業生産力の向上が、まさに十七世紀後半期における小農民の自立を可能にしたのであった。

6章

幕藩体制の動揺から崩壊へ

蚕種紙

1　立ち上がる百姓一揆

享保の信達一揆●

享保六（一七二一）年と同八年、陸奥国信夫《むつしのぶ》・伊達《だて》地方は凶作であった。しかし、川俣《かわまた》代官をつとめ、享保七年からは大森代官も兼務していた岡田庄大夫俊陳《としのぶ》は、幕府の享保の改革の方針をうけて、信達地方七四カ村七万三〇〇〇石余において年貢の増免をはかり、享保十年から三カ年の定免《じょうめん》を実施した。凶作後の農民にとっては苦しい負担であり、逃散《ちょうさん》が相ついだ。享保十一年、俊陳が没し、遺跡を継いだその子庄大夫俊惟《としただ》はさらに享保十三年から一〇カ年の定免を定めた。このとき定められた年貢率は、享保六年から十二年までの七カ年のうち、凶作だった六年と八年をのぞいて豊作だった五カ年の作柄を基準にし、それに五厘を増すという定め方をしたものであった。このように高率での定免を実施したうえ、享保十三年は、まれにみる長雨のため各地で大洪水がおこっていたのに、これまで年貢を免除されていた川欠《かわかけ》・永引《えいひき》地《ち》へ四分賦課《ふか》、荒地からまで年貢を取り立てることとした。さらに同年十二月には、高一〇〇〇石につき三〇石余の置籾を命じ、翌年二月には、その置籾の半分を納入するよう命じた。

この苛酷《かこく》な要求に対して、農民たちは何度も破免を訴えたがいれられなかった。たまりかねた農民は、ついに享保十四年三月決起した。

伊達郡立子山《たつごやま》村（福島市立子山）小左衛門・忠次郎、信夫郡佐原《さばら》村（福島市佐原）の太郎右衛門らをまとめ役とし廻状《かいじょう》を作成、大森・川俣代官所へ強訴《ごうそ》したのであった。年貢減免、種籾《たねもみ》・夫食《ぶじき》拝借を要求としてかかげ、代官所へ強訴した。大森代官所へは信夫郡三五カ村の農民約二〇〇〇人が押しよせ、要求がいれられないと知るや、農民たちは福島城下へ押しよせた。それというのも、福島藩では、幕領と異なり年貢定免も常々幕領よりは一つ五、六分ずつ下免に定められ、享保十三年は「別而悪作《べっしてあくさく》」だったので、改めて検分し相応の引方《ひきかた》を考えてくれたので、農民の生活は助かった。福島藩主は慈悲深い殿様だということで（『福島県史』9）、福島藩へ越訴《おっそ》したのであった。川俣代官所へ押しよせた農民たちも二本松藩へなだれこんだ。福島・二本松藩では、救小屋《すくいごや》を設け炊《た》き出しをしながら、穏便《おんびん》に退散するよう説得を続けた。二〇日余りがんばりつづけた農民勢であったが、老中からの奉書が到着、村々へ帰っていれば、まもなく「御救可被下置《おすくいくだしおかるべく》」と理解した農民たちは、両藩の説得に応じて帰村した。しかし、二本松藩士にまもられて大森代官所へ到着した岡田代官は、ただちにきびしい詮議《せんぎ》を開始、言語に絶する取り調べを行い、小左衛門・忠次郎・太郎右衛

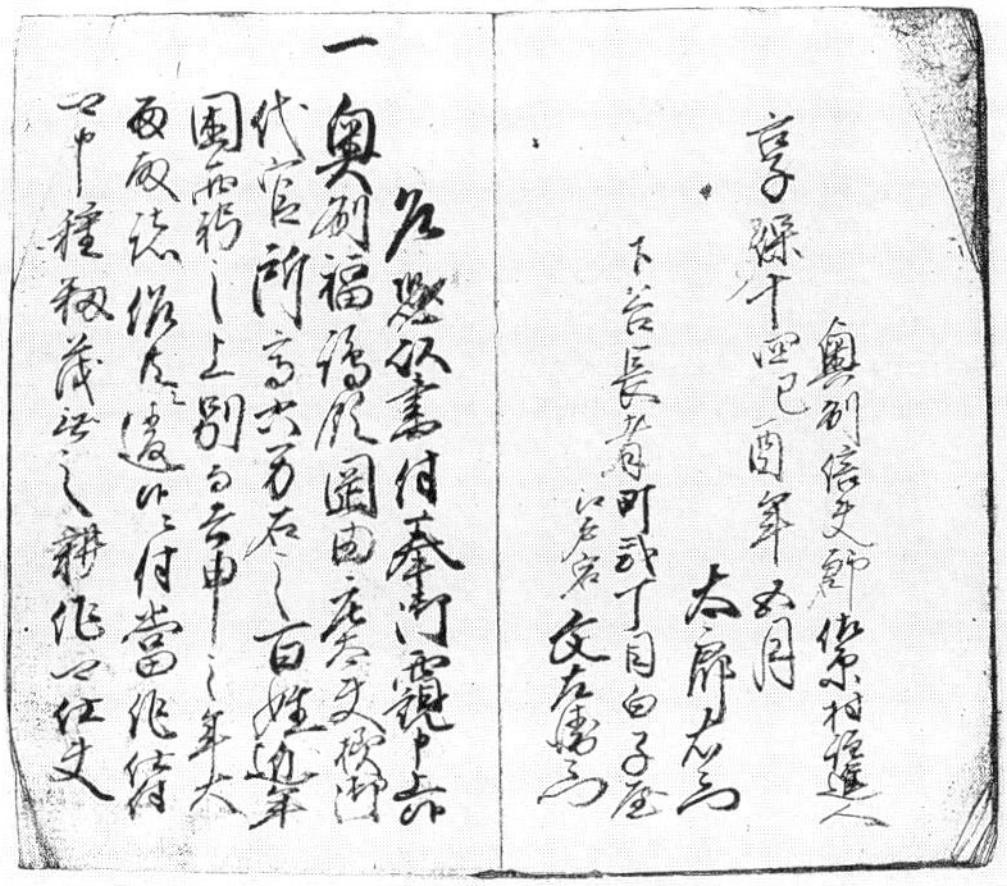

佐原村太郎右衛門訴状（部分）

門は死罪獄門、越訴を理由に六人が遠島、田畑取り上げ所払いが七人など、九〇人余が処罰された。このときの岡田代官については、『徳川実紀』でさえ、「常に民をあつかふさまよからぬ故《ゆえ》にかかる騒擾《そうじょう》を引出せり」と記している。ただし、この岡田代官は、その後各地の代官を歴任したのち、宝暦四（一七五四）年には勘定吟味役《かんじょうぎんみやく》にまで出世しているから、幕府にとっては、騒動がおこるほどの苛政《かせい》をしいては困るが、ある程度強硬な農政を行う役人は能吏として評価していたのであろう。

一揆の結果は、多くの犠牲者をだしたものの、一時的にせよ免相緩和を勝ちとり、岡田代官の関東への転勤、大森・川俣両代官所付村々の大部分の二本松藩預りとなってあらわれた。そして、享保十八年になると、定免年季内でも損毛《そんもう》の生じた場合は年貢減免を認めることとなり、年貢の不当に高いところでは、これを引き下げる場合もみられるようになった。農民たちの命をかけた抵抗の一つの成果があらわれたといえよう。

元文の磐城四郡一揆

元文三（一七三八）年九月十二日ころ、磐城平《いわきたいら》領内において、年貢諸役の負担軽減を要求する傘連判《からかされんぱん》が夜中に村々へまわされ、十八日に、平城下へ「百姓相詰」めるよう連絡がだされた。それによって、十七日にははやくも農民たちがぞくぞくと城下へ集まりはじめたという。しかし、この段階では、藩はこれといった対応を示していない。

十八日になると、農民の行動は激化した。城下へはいる南北両口に結集した数は八万人余と記録される。農民たちは、城下に近い割元《わりもと》名主狐塚《きつねづか》村（いわき市四倉町）与右衛門と赤沼村（同平下神谷カ）の七右衛門宅を、廻状で申し合わせた先立ちを拒否したという理由で打ちこわし、気勢をあげたのち、一気にそれぞれの口を破って城下へなだれこんだ。町分高久組《まちぶんたかくぐみ》の割元市郎右衛門宅、紺屋《こんや》町丸屋理兵衛宅を打ちこわし、二丁目会所へ押しよせここも打ちやぶり、制札・張紙・帳面類を処分した。このとき、農民の困窮を訴え、幕府の目安箱《めやすばこ》に投書したとして投獄されていた入牢中の三人がとき放たれている。

一揆勢は、さらに町内所々、勝手方用人屋敷などを破壊しながら前進、郡方の元締である田町地方会所を打ちこわした。このとき、幕府からの諸帳、鳥居時代からの知行割《ちぎょうわり》、領内の地図など「一本不残」処分してしまったという。城中へ攻めいる勢いをみせた一揆勢に、藩は周章狼狽《しゅうしょうろうばい》し、農民側の要求を聞くことにした。

十九日、いぜん強い力を維持していた農民側と藩側との交渉がはじまった。農民たちは、このとき全二〇カ条にわたる要求書を提出している。その内容は、新歩役金《しんぶやくきん》賦課の全面撤廃《てっぱい》、本田畑・新田畑年貢率の軽減、貯籾・種による御救い、検見《けみ》役人の縮小、普請人足日雇《ひやとい》代等の横領追求、諸商売諸役御免、鉄炮《てっぽう》役銭免除、城米駄賃即時支払など、藩の農民政策全般にかかわるものであった。これに対し、藩側は、江戸にいる藩主に取り次ぐということにして、ひとまず騒ぎをしずめた。しかし、農民の要求を江戸へ取り次ぐため、番頭赤井喜兵衛が出府の準備をはじめた前後から、農民のなかの指導層と、なお闘いつづけよう

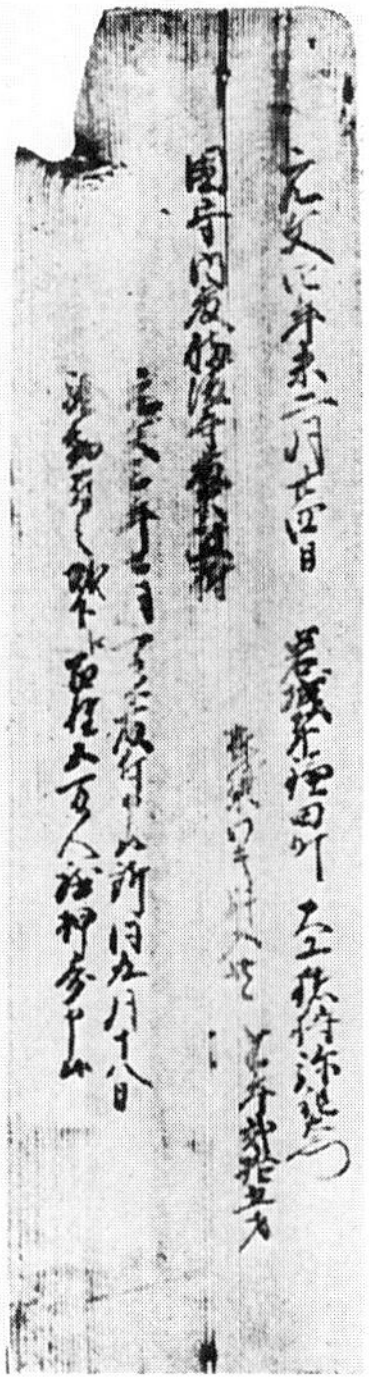

一揆の記入のある棟札

とするものたちのあいだに亀裂《きれつ》が生じはじめた。藩側と、反一揆の立場にたった村役人層との結びつきもできはじめていた。

十月、江戸から戻った赤井喜兵衛の報告が、要求書に署名した「判頭《はんがしら》」たちを集めて行われ、種々問題はあるが、ともかく農民側の要求は受けいれるということが申し渡された。しかし、判頭たちは、たずねたいことがあるという理由でそのまま留めおかれ帰村できなくなったので、農民たちにこの回答が直接伝達されることはなかった。そして一揆の取り扱いが番頭から郡奉行に移ったとたん、藩内全域にわたる取り調べがはじまった。結果を詳細に知らされない農民は、ふたたび城下を襲撃しようとした。藩は急ぎ要求に対する返答を行うことにした。しかし、その内容は赤井の報告と異なり、歩役金など役金類の復活を停止すること、中間で横領などにかかわっていたとされた在地性をもった武士・郡奉行・代官層への要求はいれるとしただけで、そのほかはほとんど拒否するというものであった。激高した一揆勢は、これに対して城下へ詰め、赤井と直談判《じかだんぱん》しようとする動きをみせたが、在方家臣団による支配が強化され、村々同士の横の連絡がはばまれ、分散的な闘いになってしまった。一年後、死罪九人・永牢二人・禁足一人のきびしい処罰が行われた。だが一揆の原因となった新政策を実行し、打ちこわしの対象となった勝手方役人の二人も左遷となった。

この一揆は、元文三年六月に開始された藩政改革に反対して立ち上がった全藩的規模の大一揆であり、これまでの領国支配のあり方に強く反省をせまるものであった。

寛延の大一揆●

延享から寛延年間(一七四四~五一)にかけては、全国的に一揆の多い時期であった。福島県域も例外ではなかった。とくに、寛延二（一七四九）年には、信夫・伊達両郡の幕領、二本松藩・三春《みはる》藩・守山《もりやま》藩、さらに東白川郡の幕領、会津藩と、浜通りをのぞくほとんど県全域に一揆が発生した。

信夫・伊達郡幕領の一揆は、伊達郡長倉《ながくら》村（伊達市）組頭斎藤彦内《ひこない》を頭取として信達二郡の農民が、代官神山《かみやま》三郎左衛門に、年貢減免・石代納《こくだいのう》（米でおさめるかわりに貨幣でおさめること）などを要求しておこしたものである。寛延二年は旱魃《かんばつ》による凶作の年であったが、神山は代官に着任するとただちに検見《けみ》を行い、年貢を二分五厘増免、年内皆済《かいさい》を命じた。この命令は、これまで半石半永《はんごくはんえい》の年貢を翌年の養蚕《ようさん》収入で皆済していた農村の実情を無視したものであったため、農民は立ち上がったのであった。

九月、どこの村からでたかわからない「わらだ廻状（どこの村が首謀かわからないように村名を円形に記したもの）」が村々にまわされ、桑折《こおり》（伊達郡桑折町）より南郷の惣《そう》百姓が宮代《みやしろ》村（福島市宮代）山王《さんのう》社に集

寛延三義民の顕彰碑(伊達市)

斎藤彦内の墓(伊達市福源寺境内)

まった。この地域は、蚕種《さんしゅ》・生糸《きいと》生産など養蚕に従事している人びとの多い所であった。彼らは北郷《きたごう》へもよびかけ、嘆願書を作成して提出、十二月一斉に蜂起した。一揆勢の大きな要求は、代金納の引き下げと、年貢納入時期の延期であった。北から南から桑折陣屋へ押しよせる農民に抗しきれないとみた代官所は、仙台・福島両藩に援軍を要請した。しかし、両藩兵が到着する前に代官所役人堤三右衛門が農民たちと交渉、訴状の受理と引きかえに農民の引揚げを説得し、騒ぎはおさまった。翌三年吟味の結果、首謀者たちは厳罰に処せられたが、農民の要求は、年貢減免、石代納の五カ年賦、一年に三〜四度の分納が承認されるなどして、年貢収取方法は、商品生産地帯に適合したものに改められることとなった。

この年十二月、三春領内でも不作を理由に年貢半免を要求する強訴がおこっている。農民たちは城下に押しよせ、半免用捨《ようしゃ》を勝ちとった。この騒ぎが境を接する二本松領へも伝播《でんぱ》、東安達《ひがしあだち》地方の農民が、年貢半免、御救米の給付要求をかかげて立ち上がった。騒動は、西安達地方・安積《あさか》郡にも広がり、半免要求を認めさせている。このときの騒動は、同じ半免要求をかかげて守山領の農民たちまで蜂起した広範囲の一揆であった。しかし、いずれも半免要求を一旦認めさせながら、まもなく領主側に裏切られている。

同じ十二月会津藩でおこった一揆も大規模なもので、藩政期最大の一揆であったといわれる。はじめは、借り米に対して徴収される苛酷《かこく》な利息に反対した猪苗代《いなわしろ》周辺の農民たちの立ち上がりであったが、火の手は急速に燃えひろがった。猪苗代、北方《きたかた》方面から若松の木戸に押しよせた人数は、一万数千人といわれている。連年不作がつづいたにもかかわらず、きびしい年貢取り立てが行われたことに対して、年貢減免・定免制の実施・安石代《やすこくだい》要求・上《あ》げ田《た》の割り当て耕作反対・労役徴収の増加反対・苛酷な農政を実施しようとする役人の罷免《ひめん》要求などをかかげて、農民たちは城下へ乱入した。さらに一揆の鉾先《ほこさき》は、郷頭《ごうがしら》・肝煎《きもいり》など村役人層へもむけられ、村役人の不正、高利貸付などを糾弾して打ちこわしへとむかった。その結果、数多くの犠牲者をだしながらも、年貢半免・五分下げで定免制実施・強行派役人の罷免などを勝ちとった。この一揆が藩政にあたえた影響は大きかった。

2　寛政の改革

天明大飢饉●
村に残された記録（信夫郡荒井村の「青立《あおだち》諸色《しょしき》書留《かきとめ》覚帳《おぼえちょう》」『福島県史』9）によれば、天明三（一七八三）年は四月ころまでまずまずの天候だったが、五月、田植のころから雨が降り続き、七月二十三、四日まで晴

天明飢饉の図

天の日は二日となく、八月中も雨が降り続き、ここ一〇〇年来聞いたことがないほどの大青立《おおあおだち》だったと記されている。信達地方では「土用早稲《どようわせ》四分、中稲《なかて》五分、晩稲《おくて》三分」（天明三年「大餓死記」『福島県史』9）というありさまで、九月には山々に初雪が降ったという。

福島藩では、施粥《せがゆ》小屋を設けたり、諸職人に課していた役銭徴収を中止したりした。二本松藩では、この年の損毛高九万九〇〇〇石余といわれた。石高一〇万石余りの藩であったから、いかに大きな被害であったか推しはかられる。しかも天明期は、三年ばかりではなく、その前後ことごとく気候不順で、例年二、三万石から五、六万石の減収であった。困窮した農民の離村、あるいは水呑《みずのみ》百姓に転落するものが増加し、口べらしのために堕胎《だたい》・間引《まびき》が広く行われた。天明三年に七万六〇〇〇人あった二本松領の人口は、翌四年には六万八〇〇〇人余となり、以後減少の一途をたどっている（『福島県史』3）。

白河地方も、天明三年は未曾有《みぞう》の大飢饉であった。やはり五月から雨が降り続き、夏でも袷《あわせ》を着るものがいるほど冷夏であったが、そのうえ浅間《あさま》山が噴火して灰を降らし、太陽をさえぎり野菜まで枯れさせた。白河藩は一一万石余の表高であったが、天明三年の減収は一〇万八〇〇〇石余にのぼったといわれ、ほとんど全滅に近い状態となった。

このような状態は、会津・浜通り地方でも同様であった。相馬中村藩でも、この年春から霖雨《りんう》が降り続きはなはだ寒く、「山中皆無、宇多郷・北郷・中郷大凶作、小高・両標葉凶作」と「御経済略記」（『福島県史』9）にあるほど、かつてない大凶作となった。さらに天明四・五年も大凶作、損毛高は七万とも八万ともいわれ、表高を超える被害であった。天明四年六月の調査によると、飢えと病いで死んだものは八五〇〇人にのぼったという。泉《いずみ》藩の被害も大きかった。天明三年六八〇〇石余、四年以降も五、六千石の減収、泉藩は一万五〇〇〇石の藩であったから手痛い被害であった。

会津地方も、もとより例外ではなかった。天明二・三・四年と凶作が続いた。天明二年の異常な低温と長雨による減収は一一万九〇〇〇石余、畑作も全滅状態であった(「家世実紀」巻二一七)。三年はさらに寒冷、風雨激しく河川は氾濫《はんらん》、山郷の村々は作柄皆無、里郷でもようやく半毛、領内の半分の村々は「亡所同然」になりそうな状態であった。この年の減収は二八万三〇〇〇石といわれた。天明三年はほぼ本県域全体が未曾有の大凶作であった。

このような惨状《さんじょう》に対して、諸藩では応急の手当てが行われた。会津藩では飢渇《きかつ》にせまる窮民《きゅうみん》に対して、とりあえず一〇〇〇俵の米を救済にあて、酒造を禁止した。穀留《こくどめ》をし、米屋の所持米を書きださせ、かくし米は厳禁とした。江戸商人三谷《みたに》をはじめとした大商人からの借入金、幕府からの借入金を藩士ならびに領民の救済にまわした。相馬中村藩も、幕府に再三要望して五〇〇〇両を借りいれている。倹約・荒地開墾などの努力も行ったが、この時期多くの諸藩が行ったのが人口増加政策であった。相馬中村藩では、天明六年以降、二男三女以上には養育料を支給することとし、また堕胎・赤子《あかご》圧殺などの悪習を矯正《きょうせい》しようとした。泉藩では、これより先、藩主本多忠籌《ただかず》が、明和四(一七六七)年堕胎・間引を禁じていたが、寛政年間(一七八九~一八〇一)、養育扶助料を支給する制度を設け、また越後などからの労働力の移住をはかっている。

二本松藩でも、人口増加への熱心な取り組みがみられた。延享二(一七四五)年、他藩にさきがけてはじめられた八代藩主丹羽高庸《にわたかつね》による藩政改革のなかで、「生育法《せいいくほう》」が定められ、間引防止がのべられていたが、天明六年法が改訂され、赤子養育のため、米に加えて金・衣類が支給されることとなった(白河藩については別項)。

すでに元禄期からみられはじめた諸藩の財政窮乏、これをのりきるための年貢増徴策により疲弊《ひへい》していた農村は、天明の大飢饉によって決定的な打撃をこうむった。この封建農村の重大な危機をのりきるためには、抜本《ばっぽん》的な対策が必要であった。その対策が諸藩で行われた「寛政の藩政改革」であった。

松平定信と白河藩●

松平定信《さだのぶ》は、宝暦八(一七五八)年、八代将軍徳川吉宗《よしむね》の第二子、徳川(田安《たやす》)宗武《むねたけ》の子として江戸城内田安邸に誕生したが、安永三(一七七四)年一七歳のとき、白河藩主松平(久松)定邦《さだくに》の養子となった。幼いころから学問を好み、書・絵画などにもすぐれた資質をもった定信を、白河藩は「めでたしとてうきうきしう」迎えたという。安永五年、定信は養父定邦の女峰子と結婚、天明三(一七八三)年十月、白河藩一一万石を襲封《しゅうほう》した。

おりしもこの年は史上空前の大凶作で、白河藩の損害は一〇万八〇〇〇石余にのぼった。定信は迅速に対応した。家臣団に減禄を命じ、倹約・領民救済などについて細かな指示をした。また領民のための飯米の確保に全力をあげた。襲封前の八月、すでに定信は、越後・会津から六〇〇〇俵(越後から米一万俵という記録もある)、浅川陣屋から三〇〇〇俵、二本松から一〇〇〇俵など米の買い入れを手配しており、これを領内へ放出し、領民を飢餓《きが》から救ったという。定信は、「農は国の本」を信条としていたから、疲弊した農村の復興にはとくに意を用いた。農業労働力の確保を何よりも必要と考えた定信は、まず間引の悪習を矯正しようとした。他方間引せずに五人以上の子を育てているものには、米一俵を褒美《ほうび》としてあたえた。寛政二(一七九〇)年からは赤子養育料の支給もはじめた。貧しくて妻帯できないものには、金を貸したり越後から女性をよんで結婚させたりもした。さまざまな人口増加策をとった結果、寛政年間（一七八九〜一八〇一）には、天明五年にくらべ、三五〇〇人余も藩人口が増加したという。

殖産興業にも力をいれた。京都西陣《にしじん》から織工を招き、小身の御家人《ごけにん》の子女にこの技術を学ばせた。また上州の職人をよび、織物を製造させた。織物役所が設置されている。同時に塗物《ぬりもの》役所もおかれ、会津の塗師《ぬし》を移住させている。酒造の技術改良にも意をそそぎ、それまでの地酒の味が悪かったので、会津・上方の技術を学ばせた。製茶では、宇治《うじ》茶の製法を導入、紙業では、会津から人を招き、半紙・奉書《ほうしょ》・色紙などをつくらせた。鉄山の経営も行った。農家の副業として、薬草の人参《にんじん》・孟宗竹《もうそうちく》・生姜《しょうが》・薩摩芋《さつまいも》・たばこ・紅花《べにばな》などを栽培させている。工芸品の製作も奨励し、ガラス・刀剣・武具の修復・象《ぞう》眼細工《がんざいく》・陶器・キセルなどを製造させた。また資金をだして絹布・太物《ふともの》・絹織物の卸店を育成し、流通の円滑化もはかった。それまで秋に開かれていた馬市を、春四月

松平定信画像

にも開かせることにしたので、領内外から馬と買人がはいりこみ、町は繁昌《はんじょう》したという。植林も精力的に行わせ、天明三年から寛政五年までに、七一万本の木が領内に植えられた。金銀をついやすことであっても、国を豊かにし、民をにぎわすことであればかまわないという考え方が定信にはあったのである。

学問・武芸は武士の基本的な修養としてとくに奨励されている。天明五年から、毎年二月と八月には、武備・武芸の訓練を兼ねた武芸祭が行われた。下級武士にも弓や鉄砲を学ばせ、水練の稽古《けいこ》も行わせた。藩士のうち、学問に志あるものは御殿に集め、定信みずから「大学」を講義した。寛政三年には、藩校の立教館《りっきょうかん》を設立、藩士の子息で一一歳以上のものはすべて入学することになった。武芸の稽古所も隣に建てられた。庶民の教育にも意を用い、白河と須賀川《すかがわ》に敷教舎《ふきょうしゃ》という郷学《ごうがく》が建てられ、読書・手習《てならい》・算術などの教育が行われた。

この間、天明七年から寛政五年のあいだ、定信は老中首座として幕政改革にも取り組み、動揺する幕藩体制の立て直しに尽力した。

晩年の定信は、花鳥風月《かちょうふうげつ》を友とし、著述や古典の書写などで静かな日々を送っていたが、文政十二(一八二九)年没した。江戸深川(東京都江東区)の霊巌寺《れいがんじ》に葬られている。

田中玄宰と会津藩●

田中玄宰《はるなか》は、寛延元(一七四八)年、代々会津藩の重職をつとめる家柄の田中家に生まれた。奏者番《そうじゃばん》・番《ばん》頭《がしら》・奉行・若年寄などの要職を経て、天明元(一七八一)年弱冠三四歳で家老となっている。だが病いを得てわずか四年で家老職を辞した。しかしおりしも会津藩は、早くからの財政窮乏に加え、天明二・三・四年と相ついだ大凶作により、大きな痛手をこうむっていた。根本的な対策をたてることが求められてお

❖コラム

近代的公園の先駆「南湖」

白河藩主松平定信は、学問・文化に対する造詣が深く、高い教養をそなえた大名であった。多くの業績を残したが、その一つに作庭があげられる。江戸に「浴恩園《よくおんえん》」、白河城内に「三郭四園」、城下南に「南湖《なんこ》」、このほか「六園《りくえん》」「海荘《はまやしき》」と五つの名園をつくらせた。そのうち現存するのが「南湖」である。

『白河風土記』に、「谷津田《やつた》川ト云フ深沼」と記されるこの地は、寛文・延宝年間（一六六一〜八〇）のころから開発が試みられたが、永続性なく荒廃していた。定信は、老中引退後の享和元（一八〇一）年、この沼の浚渫《しゅんせつ》と築堤の大工事を行わせた。藩の役人が監督し、人夫賃が通常より高く払われたので、短期間に工事は完成したという。西方の那須山、東南方の関山《せきやま》を借景とし、自然風庭園としてつくられた。開鑿碑によれば、「田に漑《そそ》ぎ民を肥し、衆と共に舟を浮べ、以て太平の無事を娯《たのし》むべきなり」とあり、灌漑《かんがい》用水として、さらに藩士の水練や操船の場としたという。湖岸には、茶室「共楽亭《きょうらくてい》」を建て、四民とともに楽しむことを理想として庶民にも開放した。多くの大名庭園が、城中または別邸につくられたのに対して、一般庶民にも公開された庭であったという点で、近代的公園の先駆と評価されている。

大正十三（一九二四）年に国史跡名勝に指定され、また福島県立自然公園ともなっている。

り、天明五年、ふたたび玄宰は家老に任命された。

玄宰はまず郡《こおり》奉行の申し出をうけいれ、年貢率を五分下げて定免制を実施した。と同時に荒廃地の解消に取り組むため田地《でんち》生帰《いきかえり》任役《にんやく》を設けた。地方支配にかかわる役人が厳正に役目をはたすよう、郡役所に目付《めつけ》も配置した。そして天明七年、玄宰は改めて藩政改革の大綱を提出した（「家世実紀」巻二一七）。郷村支配の再編強化と農村の復興を第一の目標としたものであった。この年は、幕府でも松平定信が老中に就任、幕政改革がはじまっている。玄宰の提案は、多少藩の重役のあいだで異論はあったが、藩主容頌《かたのぶ》の決断により実施されることとなった。

家老は三つの職掌すなわち地下御用・軍事方・公事《くじ》方にわけられ、責任体制が明確にされた。そしてまず地下方・町方・勝手方の改正が指示された。郷村諸割符物数年収納中止、諸種の貸金・年賦などの返済用捨、郷村五人組の助け合い再確認、数カ村ごとの組合をつくり、米金の溜置《ためお》きをはかるなど、疲弊した農民生活の立て直しがはかられた。これまで郡奉行・代官は若松にいたのを改めて、四郡に一人ずつ郡奉行をおき、町方は上町・下町にわけ、町奉行をそれぞれにおいて、地下の支配にこまかい目配りができるようにした。村々の支配組織も改められた。これまで地方《じかた》で大きな役割をはたし村方の頂点にたっていた郷頭は、名称とわずかな職務を残して重要な役目からはずされ、郡奉行—代官—肝煎《きもいり》という線が明確になった。肝煎の職分が具体的に規定され、地方支配のもっとも重要な役割をになうこととなった。

藩財政の基礎は、米二二万俵とし、この範囲内でのやりくりと定めた。在々には目安箱《めやすばこ》を設置し、役人の不正などに対する農民の声を聞くこととした。人口政策にも力をいれた。産子養育・幼児保育に努力、離散者の農村復帰をはかったので、改革後しだいに人口の増加がみられるようになった。耕す人が逃散・

離村していなくなった手余り地・廃田の再興にはとりわけ熱心であった。これまでも村割り地（手余り地を村に残った人びとが皆で耕作する土地）とか人足づくり、越国引入百姓（手余り地などの耕作のため越後から引きいれた百姓）による耕作などさまざまな努力が重ねられたが、増大した手余り地の処理は容易ではなかった。農民の耕作地の質の不均等も顕著になっていた。このような事態に対して、所持田畑の熟薄を均等化しようとした「田地均し《でんちなら》」が行われた。領域全体でどれだけ実施されたかは不明であるが、少なくとも笈川《おいかわ》組（河沼郡湯川《ゆがわ》村）で実際行われたことは、史料で確認できる。

殖産興業も改革の重要な柱であった。奨励された養蚕は山郷の村々にとっては欠くことのできない生業となったし、蚕種の製造も行われるようになった。紅花の栽培を奨励し、紅花の栽培・製法に通じているものを肝煎の指導にあたらせたりしている。伝統的な漆器に改良を加え、すぐれた酒造技術の導入をはかり、薬用人参を藩直営で生産・販売するなど、会津特産物の品質向上にも努力が払われた。寛政五（一七九三）年には、江戸中橋《なかばし》に産物会所が設立され、領内の商品が売りさばかれるこ

田中玄宰の墓（会津若松市小田山山頂）

ととなった。

また、軍制・学制の改革も重視された。軍制はこれまでの河陽流から長沼流軍学にかわり、藩士の気風を一新、軍備の充実がはかられた。寛政二年には、徂徠《そらい》学派の古屋鬲《かなえ》を招聘《しょうへい》し、用にたつ人物の育成を心がけた。これが藩校日新館《にっしんかん》の設立へと発展していった。

田中玄宰を中心として行われた会津藩の寛政の改革は、危機に瀕《ひん》した封建制の再編強化をはかったものであり、その結果、会津藩は、一時的とはいえ小康状態を得ることができたのであった。

3 諸産業の発展

信達地方の養蚕業●
阿武隈《あぶくま》川がその中央を流れ、東岸には阿武隈山地、西岸には吾妻《あづま》の山々がせまっている信達《しんたつ》両郡は、洪水がひんぱんにおこる氾濫《はんらん》原に桑の木を植え、湿気の少ない丘陵地で蚕《かいこ》を飼育する、古くから養蚕業の盛んな地方であった。伝承によれば、古代にはすでに「伊達《だて》の絹」「信夫毛地摺《しのぶもじずり》」とよばれた絹が世に知られていたという。しかし、本格的にこの地方の産業として養蚕業が登場してくるのは、近世にはいってからのことである。
寛文四（一六六四）年までこの地を領有した上杉氏の殖産興業政策により、畑地への桑栽培が急速に広がり、周辺の丘陵地に養蚕業が展開していった。保原《ほばら》・梁川《やながわ》・掛田《かけた》（ともに伊達市）・桑折・藤田（伊達郡国見町）に開かれた六斎《ろくさい》の定期市は、農村における養蚕業など商品生産の発展と深いかかわりをもっていた。陰暦六月十四、五日、伊達郡岡・長倉（伊達市）で開かれた天王市《てんのういち》は、まさに養蚕の一大市で、糸・蚕種・真綿などが取引されていた。この市で売買された糸が、寛文十一年には、「登《のぼ》せ糸」として京都西陣へ送られている（吉田勇『佐藤友信』）。蚕業技術もしだいに発展していった。口伝によれば、天和年間（一六八一～八四）ころ、柳田村（伊達市梁川町）の鈴木吉之丞が、早生《わせ》桑を栽培してよい結果を得、「吉之丞早生」とよばれ、元禄以降盛んに栽培されるようになっていったという。同じころ、伏黒《ふしぐろ》村（伊達市）の八城六之丞《ろくのじょう》が育てた「六之丞桑」、同村佐藤市兵衛発見の「市平桑」など、早生桑が登場し、蛆の被害を免れるための早期の蚕の掃立《はきた》てが可能になっていった。

信達の養蚕がさらに一段と発展したのは、白糸割符《しらいとわっぷ》制による中国生糸の輸入制限により、西陣機業の原料生糸の需要度が増大したころからである。良質の糸を出す繭を生産するために良質の蚕種が要求されるようになり、蚕種製造が、阿武隈川沿岸の村々を中心として専業化していった。さらに糸の需要に応じ、絹業地が川俣《かわまた》を中心に形成され、近世中期には、信達地方に地域内分業が成立していった。信達地方で生産された良質な蚕種は、信達地方内部で売られるばかりではなく、上州・信州など遠隔地へも売りさばかれるようになっていった。元禄ころには最盛をほこった結城《ゆうき》種も、近世中期をすぎると信達地方に蚕種製造の中心地をゆずらなければならなかった。

しかし、このように信達地方の蚕種がすぐれているということになると、本場福島産といつわって粗雑な蚕種が出まわりはじめた。これを防ぎ、流通面での利をまもろうとした蚕種商人たちの要望により、さまざまな経緯を経たのち、幕府公認の良種として、信達産蚕種は、冥加金《みょうがきん》を納入するかわりに本場銘を記入することが認められた。安永二（一七七三）年のことである。小幡《おばた》（伊達市保原町）・二野袋《にのふくろ》・粟野・梁川（ともに伊達市梁川町）・桑折・伏黒など一七カ村が本場、箱崎・柳田（伊達市）・瀬上（福島市）・福島など八カ村の村々が場脇《ばわき》となり、場脇につぐ村一三カ村とあわせ計三八カ村で、冥加金を納入することとなった。だがこの成り行きによっても、ほかの地方の蚕種生産を抑えることはできなかった。そればかりか、冥加金を納入しなければならないことになった本場種は価格が高くなり、かえってほかの地方の安値の蚕種との競争に破れるという事態がでてきた。農民は、安永六年冥加金と改印の一年休止を願い出、それがだめなら三カ年、五カ年の半額上納を希望、冥加金を半額にしてもらった。さらに天明元（一七八一）年には全廃を願い出、幕府は、同三年この制度をやめることとした。

　以後の信達養蚕業は、他地方との競争のなかで、天明三年著わされた佐藤友信の『養蚕茶話記後編』にのべられている「清涼育」すなわち気温の変化に注意し、湿気には火気を有効に使用する方法や、寛政年間（一七八九〜一八〇一）田口留兵衛《たぐちるへえ》によりとなえられた「温暖育《おんだんいく》」すなわち

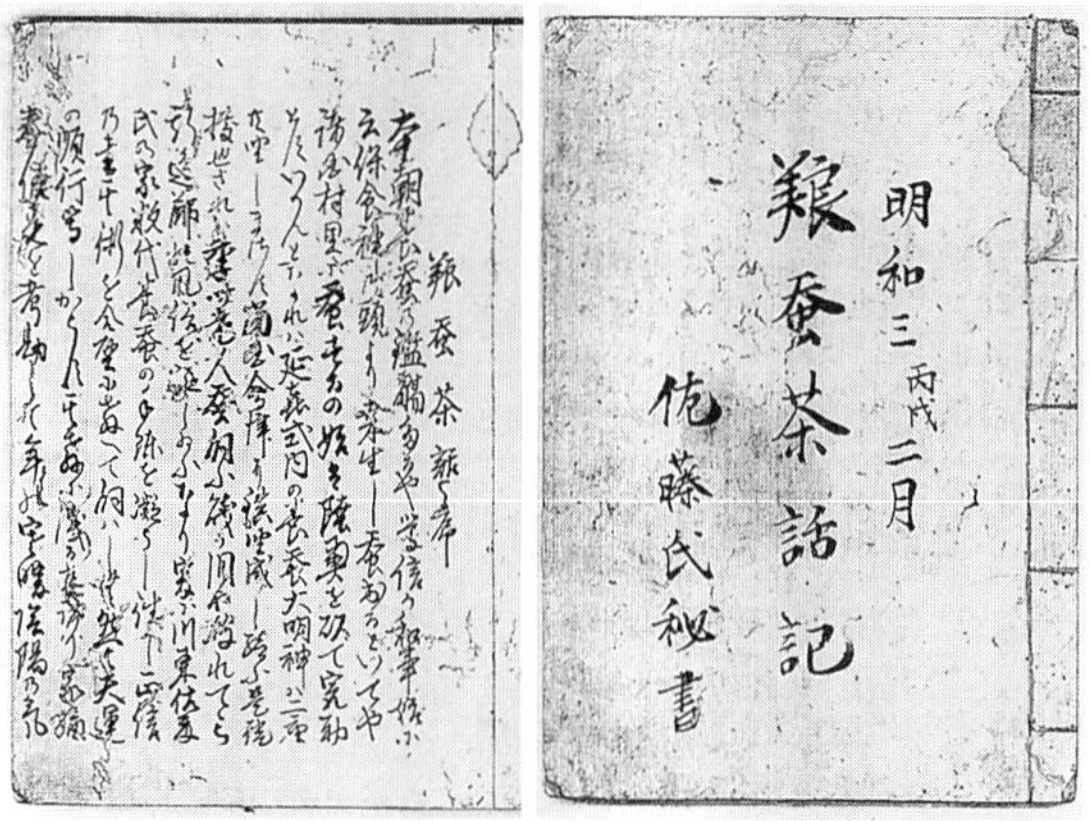

『養蚕茶話記』

蚕の飼育に炭火を用いる方法、弘化三（一八四六）年中村善右衛門が完成した「蚕当計《さんとうけい》」すなわち蚕室で用いる寒暖計の発明など、技術改良に努力し、奥州種の声価を維持していき、安政の開港によってなおいっそうの活況をみることとなった。

会津の漆器・酒造業●

近世初頭、蒲生氏郷《がもううじさと》は、近江国から木地師・塗師を招き、近江日野椀《おうみひののわん》のすぐれた技術を地元の職人に伝習させたという。再蒲生時代、慶長六（一六〇一）年の「蒲生分限帳」によれば、三人扶持《ふち》とか六人扶持の扶持米をもらっている塗師たちがいる（特別資料展〝会津の漆器展〟実行委員会編『会津の漆器』）。近世前期は主として領主に抱えられた職人が手工業をささえていたといえる。しかし、貞享の「天寧寺町風俗」（会津若松市簗田英雄氏蔵）によると、他領の商人と直接取引をする塗師の姿がみられるから、町方の職人も相当ふえてきていたと考えられる。彼らは町検断《けんだん》の支配下にはいっていた。そして、享保期以降扶持米からはなれる職人が多くなっていった。

城下町若松以外の地域においても、しだいに漆器生産が盛んになってきており、延享（一七四四〜四八）ころになると、たとえば「北方椀《きたかた》」「北方茶托《ちゃたく》」などと名付けた漆器が若松城下へ出まわりはじめる（「御用日記」簗田文書）。同じころ藩には塗師小屋が設けられ、頭《かしら》がおかれ、町方・お抱え両職人を支配下においていった。そして、本格的に会津の特産品として漆器生産が振興されたのは、天明期以降、家老田中玄宰による藩政改革の過程においてであった。

玄宰は、殖産興業の一策として、漆樹の栽植を奨励した。寛政年間（一七八九〜一八〇一）には、京都から職人を招き、髹塗蒔絵《まきえ》の方法、消粉《けしふん》蒔絵の方法を地元の職人に習わせている。寛政十（一七九八）年、町方塗師のなかでとくに精を出したものを定塗師として雇っている。享和二（一八〇二）年には、長崎を通しての貿易計画まであったと伝えられる（前出『会津の漆器』）。こうして領主によって保護育成された漆器生産は、会津をささえる重要な産業の一つとなった。

もう一つ、会津地方の重要な産業としてあげられるのが酒造業である。良質な米、豊富な地下水、半年ほどもある雑菌の少ない寒冷期間など、酒造に適した条件に恵まれた会津地方では、古くから酒造が盛んに行われていた。ただし米を原料としているため、自由にその製造が行われていたわけではない。幕府は、明暦三（一六五七）年酒造株を制定しているが、会津藩においても、酒をつくるためには「酒箒《さかぼうき》」（酒造業の権利）を得なければならず、造酒高も定められていた。寛文七（一六六七）年の数字をみると（「家世実紀」巻二九）、領内酒屋三二六人、預所六八人、領内酒造米二万四〇四三石余、預所酒造米二六〇石、このうち城下町酒屋が二〇三戸であった。在々の酒造家は主として郷頭・肝煎層で、酒造の規模は、七、八十石から最高は四〇〇石くらいであったという（会津若松酒造組合編『会津酒造史』）。造酒石高が、その年の米穀の豊凶により定められていたばかりではなく、酒造の過程に対しても藩はこまかい目配りをしていた。三日町口《みっかまちぐち》の前を流れる車《くるま》川は、城下五町の酒屋が酒道具を洗ったり、酒造水にも用いる水であるから汚さぬようと注意したり（「家世実紀」巻五三）、生産された酒に対する検査規定を設けてもいた（同巻四五）。悪酒の出まわることを防ぐためであった。

隠れ酒造がしきりに問題になりはじめたころ、元禄十（一六九七）年、酒運上銭の取り立てがはじまった。これは、運上銭をおさめる旧来の酒造家の権利をまもると同時に、領主の経済的メリット、酒造業全体の掌握を固くすることを狙ったものであった。

天明八（一七八八）年からはじまった藩政改革においては、殖産興業政策の一環として、摂津《せっつ》から杜氏《とうじ》が招かれ、摂津酒の醸造法の町方・在方への伝授が試みられた。と同時に、寛政四（一七九二）年には酒造方役人をおき、材木町に酒造蔵を建設し、藩が直接酒造も行おうとした。この詳細は不明だが、重要国産たる酒の品質改良と、上質酒を他領へ売りだすことを意図したものと思われる。その後の会津地方酒造業の基礎作りが行われた。

磐城炭と片寄平蔵

常磐《じょうばん》炭田は、茨城県日立《ひたち》市から福島県双葉郡富岡《とみおか》町に至る九五キロ、東西二五キロ・面積八〇〇平方キロの本州では最大の炭田である。発見されたのは、安政二（一八五五）年といわれる。すでに、宝暦期（一七五一～六四）、長久保赤水《せきすい》の『東奥紀行』に、また文政期（一八一八～三〇）の佐藤信淵《のぶひろ》の『経済要録』にその所在が記されてはいたが（『福島県人物風土記』）、採掘がはじまったのは安政年間（一八五四～六〇）であった。

文化十一（一八一四）年、磐城郡大森村（いわき市四倉町）に生まれた片寄《かたよせ》平蔵は、材木商を営んでいた叔父《おじ》利兵衛の婿養子となった。若いころから商才に富み、尾張・紀州家の御用商人明石《あかし》屋治右衛門に目をかけられていた。ちょうどそのころ、日本沿岸には外国船が姿をあらわし、日本は騒然たる状態にあった。ある日平蔵は、海に浮かぶ外国船の煙突《えんとつ》から黒い煙がでているのをみた。この黒煙が、石炭を燃した煙であることを明石屋から教えられた平蔵は、それ以来、郷里磐城地方の山々を歩きまわり、ついに湯長谷《ゆながや》藩領白水《しらみず》村弥勒沢《みろくざわ》（いわき市内郷白水町）で石炭の露頭《ろとう》を発見した。

安政四年には、平蔵は明石屋治右衛門の代理という形で願人となり、加納作次郎を願出取次人として、弥勒沢の石炭製油願いを湯長谷藩へ提出している。その内容は、石炭製油のため、安政四年から五年のあいだ、その地の三畝《せ》二六歩の地を竈場ならびに小屋場として拝借したい、役永《やくえい》は命ぜられるだけ納入するというものであった（『福島県史』8）。はじめ採掘は露天掘りで行われた。その後、狸《たぬき》掘りといって、露頭から掘りはじめ、杭木で天井、左右に枠を組みながら抗道を掘っていく方法がとられた。掘った石炭は、天井が低いので、四つんばいで運び出されたという。

安政五年十月、幕府は軍艦操練所を品川に設置、その軍艦の燃料として石炭三〇〇〇俵を上納するよう平蔵に命じた。平蔵は、好機到来と人夫を督励、昼夜兼行で採掘を行わせた。この大量の幕府からの注文がほかのものを刺激し、いわき地方の石炭事業は活発化した。この時期、炭鉱は一五カ所までになったという。

掘りだされた石炭は、馬で湯長谷藩の江名《えな》港、磐城平《いわきたいら》藩の中之作《なかのさく》港まで運びだされ、船に積んで横浜へ送られた。平蔵は、石炭取引の店が必要と考え、明石屋と共同で横浜に石炭貿易商を開業した。出店し

片寄平蔵

た場所は、積み出しに便利な船着場の運上所の真前で、面積は一万坪ほどもあったという。軍艦塗料用のコールタール・磐城遠野に産する遠野和紙・シイタケなども交易したいと外国奉行宛願書を提出しているから、よほど手広く貿易事業を行うつもりであったのであろう（『福島県史』8）。

安政六年採掘のはじまった湯長谷村分小野田山では、万延元（一八六〇）年二月から三月の掘出量三三七一俵、文久元（一八六一）年一万二八〇六俵、同二年一万四〇九五俵、同三年二万六二三八俵と記録（『福島県史』8）されているから、全体としては相当量産出していたと考えられる。

しかし、平蔵の外国へむけての事業拡張をこころよく思わないものたちがいた。万延元年、横浜から磐城へ帰ろうとした平蔵は、勿来《なこそ》の近くで、攘夷《じょうい》派の浪士数人の刃に倒れた。四七歳であった。そのち、磐城炭は、西南《せいなん》戦争で東京への九州炭の輸送が途切れたことを契機として、いっそうの発展をみることとなる。

4　騒然たる幕末

農村の荒廃と二宮仕法●

諸藩で行われた天明・寛政期（一七八一〜一八〇一）の藩政改革により、窮乏化した農村の立て直しがはかられたが、充分な成果も得られないまま、天保期（一八三〇〜四四）、村々はまたまた天明以来といわれる大凶作に見舞われた。

会津地方は、天保元（一八三〇）年不作、同二年地震・水害、三年また不作、四年天候不順と天災があいつぎ、農村は疲弊、米納分九万四〇〇〇俵余、金納分九三八両余の減収となった。天保六年から九年にかけてはまた凶作で、とくに天保七年は同四年とほぼ同じくらいの状態となった。領内は手余り地が増大し、人口が減少した。中通りの諸藩も同様であった。白河藩でも天保年間不作が相つぎ、天保四年には損毛高七万九〇〇〇石余、穀留をし、酒造高を三分の一に減石した。天保七年は、八万九〇〇〇石余とさらに天保四年を上まわる取り落しとなった。領内に御用金を命じたり、上方から米を買いいれたりしたが、家中に餓死者がでたという。二本松藩領でも、天保四年には一〇万石余の損毛だったというから、ほとんど全滅の状態であった。

相馬中村藩でも、天明以来の大不作となった。そのうえ、天保元年には、中村城下に大火がおこる不幸が重なった。相馬中村藩においては、天明の凶作以後、藩政の立て直しがはかられていた。間引きを矯正するなど人口増加がはかられ、質素・倹約をまもらせるための武家・町人・百姓法令がだされていた。文化十四（一八一七）

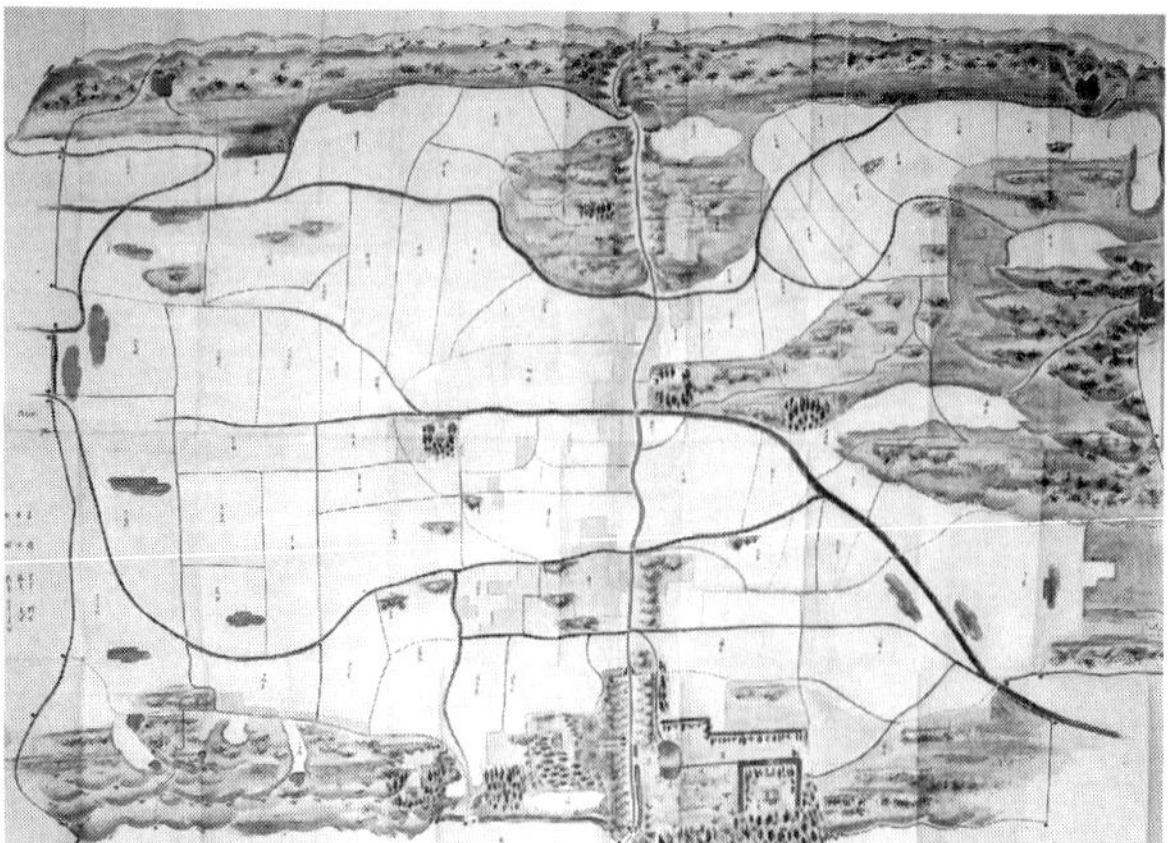
御仕法発業の地，相馬領坪田村絵図

年には、「文化の御厳法《ごげんぽう》」が宣言された。これから五年間、六万石の藩の格式を一万石に切り下げ、切りつめた生活をする案を幕府に了承してもらってこれを実行するというものであった。のち、この期間は六カ年に延長されている。この思いきった緊縮政策の結果、一時藩財政は小康状態となり、ささやかな貯穀もできていたが、しかし、天保の相つぐ凶作により、そのすべてを吐きださなければならなくなってしまった。藩としては、より抜本的な対策が必要となった。このときとられたのが、二宮尊徳の「興国安民《こうこくあんみん》法」である。相馬では「御仕法《ごしほう》」とよばれた。

相馬中村藩で二宮仕法が行われたとき、その中心になったのは富田高慶《たかよし》であった。高慶は、文化十一年中村藩士斎藤嘉隆の子として生まれた。荒れ果てた田畑をみて成長した彼は、一七歳のとき江戸に上り儒学を学んだが、儒学で「興国」が可能か悩んでいたとき、二宮尊徳の存在を知った。なかなか許されなかった入門を半年後にようやく実現した高慶は熱心に勉学、まもなく二宮四大門人の筆頭にあげられるまでになった。高慶の妻文子は尊徳の娘である。

弘化二(一八四五)年、同じく二宮尊徳を尊敬していた中村藩家老草野正辰《まさとき》は、国家老池田胤直《たねなお》とはかり、二宮仕法による藩政立て直しを高慶に担当させることにした。尊徳は一度も相馬を訪れなかったが、藩の依頼により「分度《ぶんど》」は尊徳がたてた。「分度」とは、天からあたえられた分限を測度して、己の実力を知り、それに応じて生活の限度を定めるということである。尊徳は、藩から寛文五(一六六五)年以降、弘化元年までの年貢を調べたものを提出させ分度をたてた。そして、設けられた仕法役所の中心には富田高慶がすわり、実験村が二村定められて、「入るをはかって出ずるを制す」方針の下、仕法がはじめられたのであった。

村人には、至誠・勤労・推譲・分度の四カ条が説かれ、具体的な農業経営・技術の指導が行われた。努力した人間には賞をあたえ、無利息金の貸与など特典をあたえた。農民が努力し、勤労に励む心をもてるよう、さまざまな工夫がこらされた。努力をして困窮から脱した村には、「仕上げ村」と称し無利息金を貸与、村民の負債をつぐなわせ、凶作にそなえて倉庫に籾を蓄わえさせるなどして仕法を完了した。仕法が廃止された明治四（一八七一）年までの二七年間に一〇一カ村で仕法が行われ、五五カ村で仕法が完了した。二宮仕法の行われた諸藩のなかでも屈指の成功をおさめたといわれる。農民にあたえた精神的影響もまた大であった。

欧米列強の接近に対する沿岸防備への動員●

安永七（一七七八）年ロシア船が蝦夷《えぞ》地《ち》厚岸《あっけし》に来航、松前《まつまえ》藩に通商を求め、寛政四（一七九二）年には、ロシア皇帝の使節ラクスマンが伊勢国の漂流民大黒屋幸太夫《こうだゆう》を護送して根室《ねむろ》に来航、幕府に通商を求めるなど、十八世紀末には、欧米列強の船が日本近海に出没、騒然たる状態となってきた。老中松平定信は、状況によっては通商もやむなしと考えつつも、諸藩に海岸防備を命じた。

文化元（一八〇四）年、ロシア使節レザノフが漂流日本人四人を伴い長崎に来航、通商を求めたが、幕府はこれを拒んだ。翌年ロシア船は、帰国の途中その報復として、カラフト・択捉《えとろふ》の番所や漁船を襲っていき、以後しばしば北方は脅やかされた。幕府は、文化四年弘前・秋田・盛岡・庄内等奥羽諸藩を蝦夷地警備に派遣したが、同五年さらにこれを強化して仙台・会津二藩に出兵を命じた。

会津藩では、家老田中玄宰《はるなか》が軍の部署を定め、家老内藤信周《のぶちか》の率いる一陣は、本隊は宗谷《そうや》に、一部は利《り》尻《しり》島に分駐、家老北原采女《うねめ》の率いる一陣は、一部を松前に残し本隊はカラフトの大泊《おおどまり》に、さらに一部が留多加《るたか》とクシンコタンに分駐という態勢をととのえた。全軍は正月、雪のなかを順次出発、仙台・盛岡を経て三厩《みんまや》から海を渡った。カラフト隊は三月下旬に目的地へ到着、三カ月とどまって警備にあたっている。七月、南部・津軽の藩と交代することになって、会津藩兵は帰途についた。しかし途中カラフトと利尻島からの船が暴風にあい、大部分は北海道のオジシカ（オニシカのことか、北海道留萌郡小平町鬼鹿）に上陸、未開の陸地を縦断して、苦労して帰国した。一部は秋田・佐渡まで流されたものもあり、全員帰国は十二月末になったという。会津藩は北辺防備から戻って一年半、文化七年に今度は江戸湾の警備を命じられた。湾の西側の相州警備だったので、相模国観音崎《かんのんざき》と三崎《みさき》に陣営をつくり藩士を駐留させた。幕府はこれに対し、三浦・鎌倉《かまくら》両郡のうちで高三万石を会津藩に給している。このときの駐留は長きにおよんだので、現地に藩校日新館に属する学舎が建てられたほどであった。文政三（一八二〇）年、会津藩は相州沿岸防備の免除を願い出て許された。一〇年の駐留をねぎらって、幕府はこのとき金一万両を下賜している（「忠恭様御年譜」一六、会津図書館蔵）。

白河藩も同じく文化七年、江戸湾の房総《ぼうそう》側の防備を命じられた。

カラフト守備の絵巻

藩主松平定信はこのことに熱心に取り組み、文化八年には現地を巡視している。白河藩は安房《あわ》・上総《かずさ》国のうちで三万石余をあたえられた。竹カ岡・洲崎《すのさき》に台場を設置、神竜と称する大砲を配置した。

弘化四（一八四七）年、会津藩はふたたび江戸湾警備を命じられた。天保の凶荒による痛手から充分立ち直っていない会津藩は、強くこれを辞退したがいれられなかった。警備の地域は房総側安房国平群《へぐり》塩入村辺り（千葉県鋸南《きょなん》町）から上総国木更津《きさらづ》辺りまでであった。本陣は富津《ふっつ》・竹カ岡におき富津港には砲台をきずいた。幕府からあたえられた一万両の援助ではとてもたりず、城下商人から冥加金を増納させたりしたが、藩財政はとみに苦しくなっていった。嘉永四（一八五一）年には江川太郎左衛門英竜《ひでたつ》に依頼、ヘキサンズ砲をつくらせて富津砲台にそなえた。嘉永六年のアメリカ使節ペリー来航のさいには、会津から房総へ急拠増兵している。房総警備は同年免除されたが、引きつづき品川沖の第二御台場の防備を命ぜられ、安政六年まで六年間任務についた。同年会津藩は仙台・秋田・庄内藩とともに蝦夷地に領地をあたえられた。会津藩にあたえられたのは、根室地方から釧路《くしろ》・十勝《とかち》地方の広大な海岸一帯であった。

京都守護職と松平容保●

会津松平八代藩主容敬《かたたか》には男子がなかったので、弘化三（一八四六）年、女敏姫に、美濃《みの》国高須《たかす》城主松平義建の子を夫として迎えた。この人が、会津藩最後の藩主となった松平容保《かたもり》である。容保が襲封したのは嘉永五（一八五二）年二月、翌六年には会津地方は旱魃《かんばつ》に見舞われ、米価は高騰、領国経済は破綻に瀕した。外では、アメリカ使節ペリーが浦賀《うらが》に来航、日本に開港をせまるなど、内外ともに物情騒然たるなかでの藩主就任であった。農民層の分解が進行する農村、開港による海外貿易の影響をうけ動揺する商工業など、山積する領内の諸問題に対して、適切な対応がのぞまれていた。

❖コラム

悲劇の人西郷頼母近悳

文久二（一八六二）年会津藩主松平容保《かたもり》が幕府から京都守護職を命じられたとき、家老だった西郷頼母近悳《たのもちかのり》は、「今この至難の局にあたるのは、まるで薪を負って火の中にとびこむようなものだ」と言葉をつくしてこれをとめた。しかし孝明天皇の厚い信頼に応え、幕府と盛衰存亡を共にしようと容保が決断したのちは、会津藩をまもるため全力をつくした。鳥羽・伏見の戦いがはじまると、謝罪恭順・家名存続を願い、それがかなわぬときは武力抗戦という二本立てで会津藩を救おうとした。西軍が若松城下から二〇キロの地点まで迫った八月二十二日、長男を伴って頼母が城へはいったのち、母・妻・娘たち一族二一人が屋敷で自刃して果てた哀話は有名である。頼母はこれをきき、妻たちを「思いやられてあわれなり」とのちにのべている。この頼母は若松城落城のときすでに城中から姿を消していた。米沢を経て仙台へいき、榎本武揚《たけあき》の軍艦に投じ箱館にむかっていたのである。

亡き母に誓った「吾公（容保）のうけた賊名を晴す」機会を求めての行動であったと思われるが、事情の不鮮明なまま大事なときに姿を消した頼母は、その後久しく柔弱な卑怯者という評価をあたえられた。彼は明治二（一八六九）年榎本らとともに箱館で降伏、館林藩に幽閉されたのち、福島県棚倉にある都々古別《つつこわけ》神社の宮司とか日光東照宮の禰宜《ねぎ》をつとめ、その間、西郷隆盛に与した疑いをうけたり、大同団結運動にかかわりをもったりした。奇しくも日光時代、宮司となった旧藩主容保との出逢いを涙を流して喜んだ頼母は、晩年なつかしい故郷会津へ立ち戻り、明治三十六（一九〇三）年、通称十軒長屋で激動の生涯をひっそりと閉じた。

おりしも、万延元（一八六〇）年、大老井伊直弼《いいなおすけ》が桜田門外で非業《ひごう》の最期をとげた。この事件の後処理について意見を求められた容保の見解が、将軍家茂《いえもち》のいれるところとなって以来、しだいに幕政のなかでも容保の発言力は大きくなっていった。同年十二月、容保は左近衛権中将に昇進した。文久二（一八六二）年、公武合体をはかり、皇妹和宮《かずのみや》の将軍家茂への降嫁に尽力した老中安藤信正（磐城平藩主）が、坂下門外で浪士たちの襲撃にあい負傷した。京都の反幕、尊王攘夷《そんのうじょうい》派の行動は、ますます過激なものになっていった。

朝廷の動向と京都の治安に不安を感じた幕府は、同年、京都所司代・大坂城代・近国大名を指揮する大きな権限をもつ「京都守護職」を設けることにした。その白羽《しらは》の矢が松平容保にたったのであった。容保は、はじめその任にあらずと固く辞退した。藩の家老たちも沿岸防備、農村の疲弊などにより窮乏した藩財政へのこれ以上の負担を案じ、また切迫した難局の京都へのりこむことは、薪を背負って火中にとびこむようなものだと、藩主および会津藩の将来をうれえて強く反対の意を表明した。しかし、度重なる説得をうけた容保は、将軍に忠勤をつくせという松平家の家訓に従い、結局はこの大役をひきうけることにしたのであった。

文久二年、容保は京都守護職に任ぜられ、役料として五万石をあたえられた。その年十二月、容保は行列をととのえ入京、京都の治安をまもり、公武合体の実をあげるべく、朝廷と幕府のあいだにたって努力をはじめた。文久三年七月・八月の二回、朝廷の命により「天覧の馬揃《うまぞろえ》」（軍隊操練）を行い、また「八月十八日の政変」における会津藩の対処の仕方に対しては、孝明天皇から感謝の意をあらわす宸翰《しんかん》があたえられた。元治元（一八六四）年、幕府もこれを賞し五万石を増封した。このとき、これまでしばしば会津藩預り地となっていた会津南山《みなみやま》地方が会津領となった。

二月、容保は一旦京都守護職を免じられ、陸軍総裁職に任じられた。しかし、朝廷内部でこの処置に反対するものが多く、ふたたび四月、容保は病いをおして京都守護職をつとめることとなった。同じころ京都所司代に任命されたのは、桑名藩主松平定敬《さだたか》である。定敬は容保の実弟であったから、兄弟で京都をまもる役目についたことになる。以後桑名藩は会津藩と最後まで行をともにした。

慶応二(一八六六)年、これまでともに行動してきた薩摩藩が、長州藩と結び討幕のための薩長同盟を成立させ、七月将軍家茂が死去、十二月に孝明天皇も死去すると、公武合体派はその支柱を失い、いよいよ会津藩の立場はむずかしくなっていった。慶応三年十月、徳川慶喜は政権を返上、十二月には王政復古の詔勅がだされ、京都守護職・京都所司代・町奉行所などはすべて廃止された。そして慶応四年正月の鳥《と》羽《ば》・伏見《ふしみ》の戦いにより、戊辰《ぼしん》戦争の幕は切っておとされたのであった。

7章

学問・文化の展開

三春藩講所明徳堂の表門

1　学問と思想

諸藩の教育●

会津藩では、はやく寛文四（一六六四）年、藩主保科正之《ほしなまさゆき》の儒臣横田俊益《とします》を中心として、士庶の学問所「稽古堂《けいこどう》」が設立された。さらに延宝二（一六七四）年には、藩によって本一《ほんいち》ノ丁《のちょう》甲賀通《こうかどおり》東北角に、「郭内講所《かくないこうしょ》」とよばれる学問所が設けられたが、これはまもなく衰退、元禄元（一六八八）年、三代藩主正容《まさかた》が再興し、孔子《こうし》像をまつる孔子堂を翌年完成させて武士の教育を行った。そして、同年「町講所《まちこうしょ》」と名を改めた「稽古堂」が庶民の教育を行う場となった。このように近世前期から藩が教育機関を設けた場合もあったが、多くの場合、公的教育機関が藩校という形で設立されてきたのは、近世中期をすぎてから、とくに寛政の改革の時期以降のことであった。

宝暦六（一七五六）年設立の磐城平藩「施政堂《しせいどう》」、宝暦十一年設立の守山藩「養老館《ようろうかん》」はやや早いが、他藩校の設立は天明期以降のこととなる。三春《みはる》藩藩校「明徳堂《めいとくどう》」は、天明元（一七八一）年古屋《ふるや》重次郎《じゅうじろう》（鬲《かなえ》）を学長として設立された。江戸湯島《ゆしま》からも教授を招聘《しょうへい》、四書五経などの素読、学長の月次講釈《つきなみこうしゃく》などを行い、天保期以降は、中国・日本の歴史教育も行った。寛政三（一七九一）年には、松平定信によって白河藩の藩校「立教館《りっきょうかん》」が建設された。藩士の子弟は一一歳に達するとすべて入学することができた。当時幕府の正学は朱子学《しゅしがく》であり、学問所には孔子をまつることが多かったが、立教館では、その中央に伊勢大神宮の御祓《おはらい》を安置、孔子像はまつらなかった。これは藩主定信が、中国の制度や学問をそのままうけいれて日本にあてはめることに反対であったからで、危機的状況になっている幕藩体制の改革、再建に役立つ学問を学ぶことが求められた。

寛政十一年には、会津藩藩校「日新館《にっしんかん》」の本格的整備がはじまった。天明・寛政期の藩政改革のなかで、家老田中玄宰《はるなか》により郭内講所の整備拡充がはじめられ、寛政三年には、田中玄宰の師古屋鬲を会津へ招聘した。三春藩でも招いた古屋は、一般に徂徠《そらい》学派とみられた学者であったので、昌平坂《しょうへいざか》学問所の岡田寒泉《かんせん》からは、会津藩に対して反対の申し入れがあったが、玄宰は、老中松平定信から内々の了承を得て事を実現した。「聖人の教え」を学ぶことを重視した定信であればこそあたえられた了承であったろう。藩校は、書経の「日々新而又日新」から字をとって「日新館」と名づけられ、享和三（一八〇三）年大成殿完成、日常生活のしつけや礼儀を重視した教育が行われた。一一歳から一八歳の藩士およびその子弟を教育、とくに幼年からの教育に力をいれた。幕末戊辰戦争のおり飯盛山《いいもりやま》で自刃した白虎隊士《びゃっこたいし》は、日新館の教育をうけた少年たちであった。

文化十四（一八一七）年設立された二本松藩の「敬学館《けいがくかん》」では、昌平坂学問所出身者を招いて儒学を、医学は蘭方を主とした教育が行われ、最上《もがみ》流の算学も教授された。二本松からでて、佐藤一斎・林述《じゅっ》

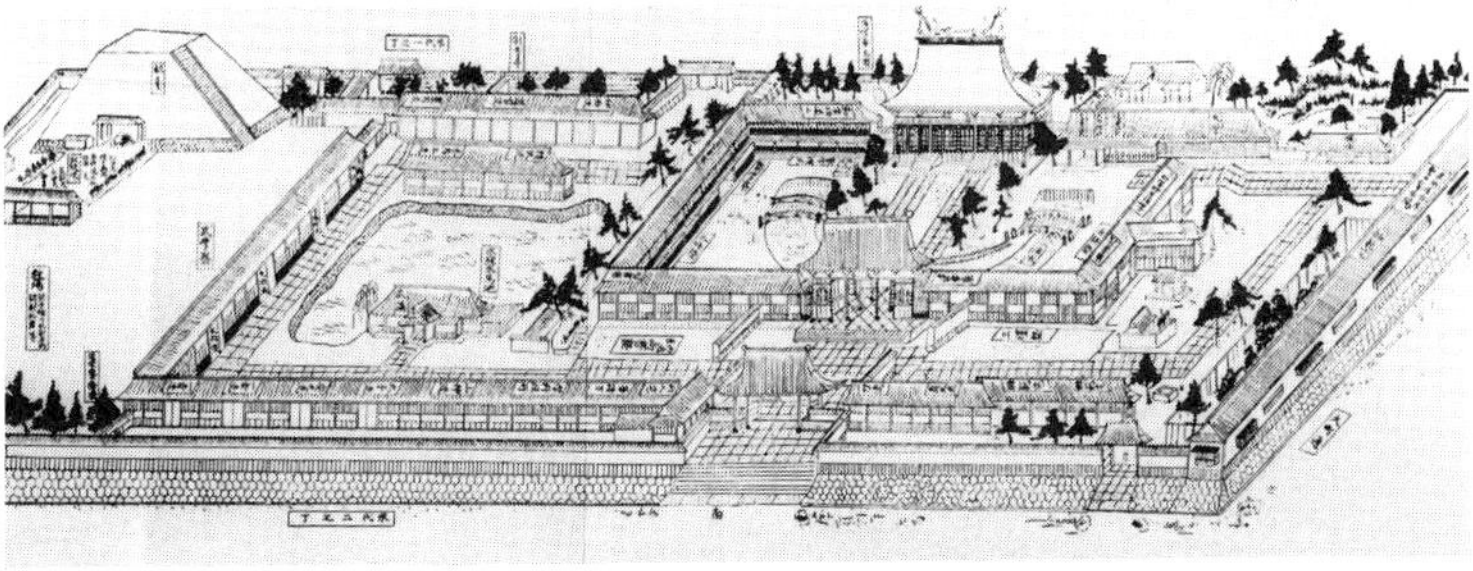

会津藩校日新館の図

斎《さい》に学び、江戸で塾を開いていた安積艮斎《あさかごんさい》（一七九一～一八六〇）が、天保十四（一八四三）年招かれて教授をつとめている。艮斎はのち昌平坂学問所教授となった。相馬中村藩の藩校育英館《いくえいかん》は、文政五（一八二二）年大手先につくられた。中村藩では、天保二年仙台から千葉良蔵《ちばりょうぞう》を学頭に迎え医学所も建てられた。福島藩でも、文政年間（一八一八～三〇）に講学所が設けられている。湯長谷藩の致道館《ちどうかん》建設は天保十四年、泉藩においては早くから教育に意は用いられていたが、藩校が公式に設立されたのは、汲深館《きゅうしんかん》建設の嘉永五（一八五二）年であった。

藩校の多くは、天明・寛政期の藩政改革前後に整備・拡充をみた。この時期の藩校の整備拡充は、封建体制が動揺しつつあるなかで、封建支配のあり方を再検討し、学問を通じて弛緩《しかん》した封建倫理のひきしめをはかった一つの現れであったといえよう。

会津藤樹学●

中江藤樹《とうじゅ》の門人淵岡山《ふちこうざん》（一六一七～八六）は仙台領の人で、二八歳の時藤樹の門にはいり、藤樹が没したのち、京都西陣葭屋町《あしや》に学舎を設け、藤樹学の普及につとめた。この岡山に学んだのが、若松の医師大河《おおか》原《わら》養伯《ようはく》と荒井真庵《しんあん》であった。二人は良師を求めて上京、岡山に出会い四年余学び、帰郷して藤樹学を伝えた。養伯・真庵に師事し、そのすすめで京に上り岡山に入門したのが、耶麻郡小荒井村（喜多方市）の矢《や》部《べ》惣四郎《そうしろう》であった。会津藤樹学の基礎は、大河原養伯・荒井真庵・矢部惣四郎の三人によってきずかれた。岡山の学問は、京都・大坂・伊勢・美作《みまさか》・江戸・熊本など全国二四カ国におよんだというが、なかでも隆盛をきわめたのが会津であったという。会津でもとくにその中心となったのが北方《きたかた》地方であった。

耶麻郡小田付《おだづき》村（喜多方市）の五十嵐養安《いがらしようあん》・同郡漆《うるし》村（北塩原村）の遠藤謙安《けんあん》・同郡上高額《かみたかびたい》村（喜多方

市）の東條長五郎の三人が、矢部のすすめで岡山の門にはいり、帰国してその教えを北方地方に広めた。天和三（一六八三）年には岡山自身も会津を訪ね、教えを説いている。五十嵐・遠藤はともに郷頭、東條は肝煎《きもいり》というように、藤樹学をまず学び得たのは村役人層であった。そしてこれら指導者は、学んだ孝悌《こうてい》忠信《ちゅうしん》の封建道徳を村民に伝えた。藤樹学を学ぶための会合が農閑期に村役人宅で開かれ、指導者が巡回して平易な言葉で講釈をした。話の内容が実践的であったため、会合はいつも盛況で、養安の門人は数百といわれ、東條長五郎の門下生には藩士もいたという。五十嵐・遠藤・東條は「会津三子」＝前三子《ぜんさんし》といわれた。

しかし、藤樹学は教勢を拡大して、講的な組織をつくっていったとき、徒党を組み密かに集まりをしていると誤解され、また藩祖正之の学問と異なる陽明学《ようめいがく》が領内に公然と広がることを危惧《きぐ》した三代藩主正容によって、天和三年一時禁止された。だが、まもなくこの教えが、藩の学問や神道を批判するものではなく、封建道徳をもっぱら庶民にわかりやすく伝えるものであることが明らかになるにおよんで、貞享二（一六八五）年禁止令は解かれた。元禄十五（一七〇二）年には、五十嵐養安の発意で京都に藤樹の祠堂および学館が設けられ、熊倉村で質屋を営んだ益金などがその維持費として京都に送られている。

しかし、矢部や前三子が没した享保以後になると、会津藤樹学はやや沈滞の時期を迎えた。そして、ふたたび隆盛をみたのは、安永から化政期にかけての藩政改革期であった。この時期に活躍した人びととしては、東條方堯《ほうぎょう》（熊倉組の郷頭）・井上友信（小田付村の検断）・鈴木佐助（下窪村〈喜多方市塩川町〉の肝煎）・五十嵐常成《じょうせい》（上高額村肝煎）・栗村以敬（塩川村〈塩川町〉の酒造家）などがあげられるが、なかでも矢部湖岸《こがん》（五十嵐養安の孫）・井上安貞・北川親懿《ちかよし》・中野義都が有名である。

井上安貞は井上友信の弟で「岡山先生示教録」「二見直養の語録」などを深く研究した。北川親懿は耶麻郡漆村の人で小沼組の郷頭をつとめていた。医術を学び多くの和漢書を読み、和歌も嗜《たしな》む教養人であった。安永十（一七八一）年吉川神道《よしかわしんとう》を学びはじめ、藤樹学との結合をはかった。「北川子示教録《きたがわしじきょうろく》」「北川親懿集」「雑記後篇案思録《ざっきこうへんあんしろく》」など多くの著作がある。中野義都は、かつての猪苗代《いなわしろ》城主蘆名盛国の血を引くという。藤樹学を修めるとともに神道も学び、また武芸にも秀でていた。熊倉村に住み地方の人びとに多大の感化をあたえた。天明四（一七八四）年には藩主容敬《かたたか》の侍講を命ぜられ、寛政三（一七九一）年には見禰山《みねやま》神社（保科正之をまつる）の社司を命じられている。保科正之の治績を顕揚《けんよう》する書、会津神道の先学の伝記にかかわる書、藤樹先生年譜など藤樹学に関する書等々、数多くの著書を残した。

親に孝をつくし、天に仕える所以《ゆえん》を平易に説いた会津藤樹学は、庶民教化に大きな役割をはたした。

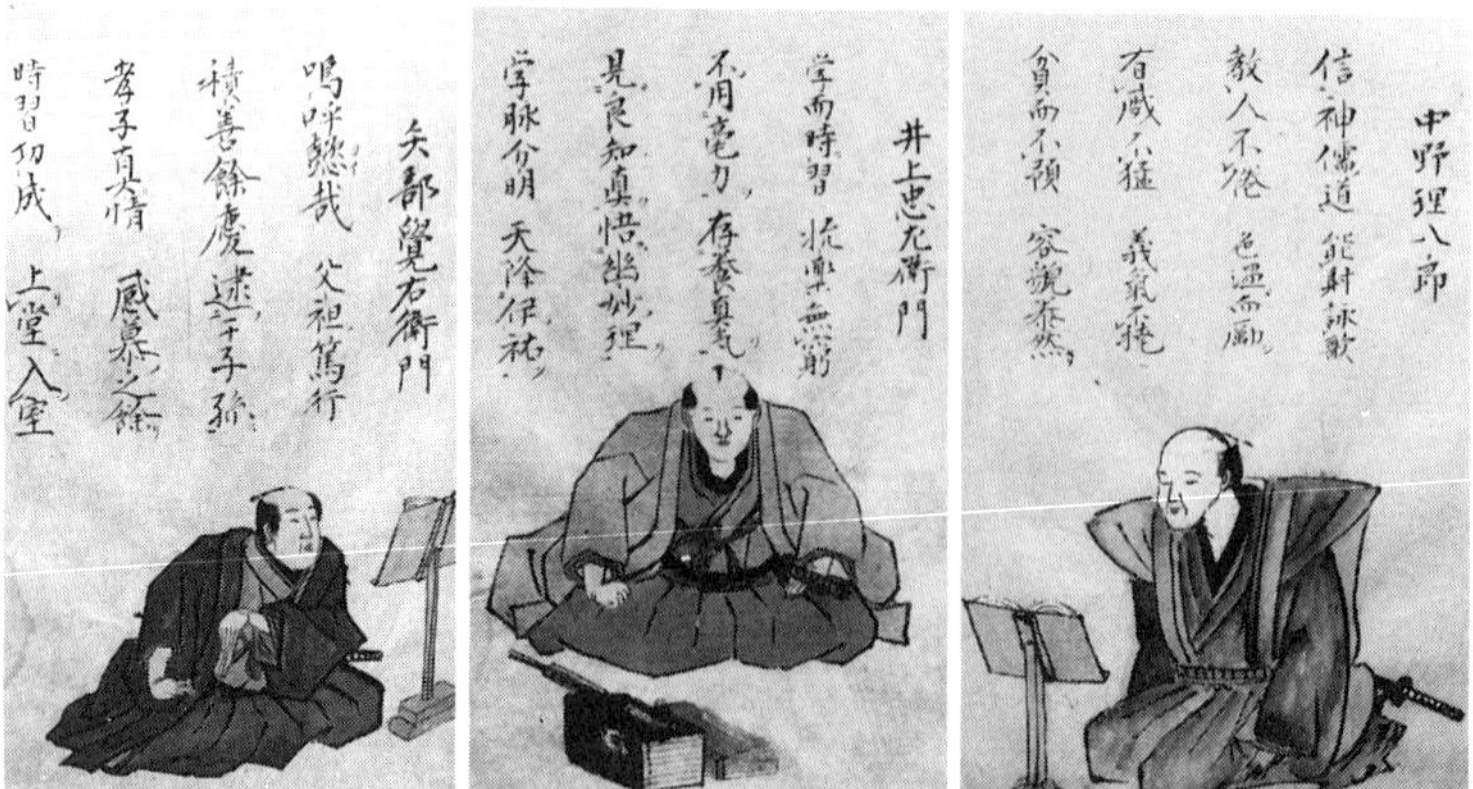

矢部湖岸(覚右衛門。左)，井上安貞(忠左衛門。中)，中野義都(理八郎。右)　中野義都「藤門像賛」より。

泉藩の心学●

心学は、江戸時代中期に石田梅岩《ばいがん》によっておこされた人生哲学である。そこでは、士農工商の人間としての価値は平等であることが説かれ、人間の本性の尊厳性を明らかにし、人間が真の人間となるための「道」を見出そうとしている。梅岩には多くの門弟がいたが、なかでも手島堵庵《てしまとあん》が石門心学を全国に広めるのに大きな役割をはたした。梅岩にあった社会批判の側面をすて、もっぱら自己批判・自己反省に重点をおく生活哲学とし、堵庵の弟子中沢道二《どうに》は、梅岩の社会批判の面と堵庵の主観的な人生哲学の面を統一して、人間学としての心学を確立した。泉藩藩主本多忠籌《ただかず》は、松平定信とともに老中として幕政改革を推進した人物であるが、徂徠学にも朱子学にも懐疑的であった。忠籌は中沢道二の教えをうけ、深く傾倒していった。

忠籌は、寛政六（一七九四）年、広瀬（北条）玄養《げんよう》・植松自謙《じけん》（中沢道二の高弟）を自領に招き、文化年間（一八〇四〜一八）に至る二〇余年間、回村して心学を広めさせた。その間、寛政九年には、泉（いわき市泉町）の曲輪《くるわ》内八木屋丁

本多忠籌木像

に、武士や庶民のための心学道場善教舎《ぜんきょうしゃ》を設立した。また泉領南組の村々の願いにより、大島村（いわき市）に、善教舎の写し舎（分教場）を設けた。村方の費用で設けられはしたが、畳・建具の修理代は藩が支出しているから、心学普及のために藩がいかに力をいれていたかが知られる。この年玄養に三人扶持をあたえた。

忠籌は、嫡子忠雄《ただお》にあてた書簡のなかで、「この間は、道二心学の咄《はなし》聞かれありがたき事に存ぜられ候由、安神之基と幸甚に候、胸中の書物も智恵も頓と暫《しばら》く止めに至され、生れ子の時になりてあの咄は聞き申さるべく候」（『福島県史』3）とのべている。すなわち、これまで学んだ諸知識、諸理論など理屈はしばらく胸にしまい、生まれたばかりの子どものように白紙の状態で心学をうけとめ、精神修養と実行に励むべきであるといっている。領内には心学が浸透していった。さらに泉藩の善教舎を拠点として、心学は東北諸藩にも広がっていった。中沢道二が江戸での活動の本拠としていた参善舎《さんぜんしゃ》が、文化三（一八〇六）年火災にあったときには、泉藩は苦しい藩財政のなかから寄付もしている。

しかし、文化九年忠籌が死去、そして文化十一年にはそれまで続けられていた広瀬玄養への扶持の支給が打ちきられ、玄養との二〇年余の交わりが断たれると、泉藩心学には大きな変化があらわれた。以後衰微の一途をたどり、安政二（一八五五）年、箱館の誠終《せいしゅう》舎の西川晩翠《ばんすい》が、江戸からの帰途、平・四倉《よつくら》に立ち寄ったときには、泉心学の様子はよくわからない状態になっていたという。

信達の国学者たち●

信達地方では、天保期（一八三〇〜四四）以降石門心学の講話に人びとが集まり、心学が多くの人びとの心をとらえていったが、国学・歌学に心をよせた人びとも多かった。信達地方には、「国学の四大人《うし》」「信夫の七翁」とよばれる国学者・歌人として有名な人びとがいた。「国学の四大人」とは、石金音主《いしがねおとぬし》（瀬上《せのうえ》）・佐藤方定《まささだ》（中野）・久保篤見《あつみ》（藤田）・安藤野雁《ぬかり》（桑折）、「信夫の七翁」とは、内池永年《うちいけながとし》・石金音主・阿部磐根《いわね》（ともに瀬上）・村松真栄（半田）・安藤野雁・佐藤方定・菊田芳胤をいった。この八人（三人重複）のうち三人が信夫郡瀬上村（福島市瀬上町）の出身である。瀬上は奥州街道の宿駅であった。福島宿と桑折宿の中間にある合《あい》の宿だったので、大きな宿駅ではなかったが、阿武隈川の河岸があり、信達地方で蚕糸業が発展すると、陸上・水上交通の要所として、近江商人・江戸商人の出店や代理店の開業が相ついだ。あらたに展開する商品流通の活気が、新しい文化の担い手を育てていった。

文化九（一八一二）年ころ、瀬上の内池永年（嘉永元年八六歳で没）が、国学者本居大平《もとおりおおひら》（一七五六〜一八三三、本居宣長の養子）の門人となった。内池家は、寛文・延宝期（一六六一〜八〇）ころ近江国日野からきてこの地に店を開いたといわれる近江商人である。太物《ふともの》・呉服を商い、酒造・醬油株ももっていた。永年は、商いのため近江・京・大坂を往来するうち国学に関心をもち、本居大平に入門、また村田春門らに歌を学んだという。当時瀬上には備中《びっちゅう》国足守《あしもり》藩分領の代官陣屋がおかれていた。永年は、江戸に上ったおり、領主木下氏に和歌を献じ、以来二〇石を給され帯刀を許されている。歴史考証学にとくにすぐれており、『信達風土記補』『信達神社考』などの著書がある。石金音主（安政七年没）は、同じ瀬上で酒造業を営んでいた。永年を通じて本居大平の門下生となり、文法・音義の研究に独特の見解をもち、文政十（一八二七）年『古言本音考』を著わした。阿部磐根（安政二年没）も瀬上の人である。茶屋の主人で本家は瀬上宿の検断家であった。前二者と同じく本居大平に学び、天保二（一八三一）年平田篤胤《あつたね》の門もたたいた。書をよくし仮名がきの名手といわれた。華麗な和歌をよみ、鋭い歌論も展開している。著書に『絡《つ》石廼家集《たのやしゅう》』『朧乃月影』（嘉永六年稿未刊）・『古今和歌集六帖』などがある。

この瀬上に住んだ三人に加えて、桑折代官であった寺西蔵太《くらた》が中核となり、県北信達地方の農民や僧侶が参加してつくったのが「陸奥《みちのく》社中」であった。社中メンバーには、多彩な人びとが集まっていた。桑折の安藤野雁は、文化十二年桑折代官所の役人の子として生まれた。七歳で父を失ったのち、名代官といわれた寺西封元《たかもと》にひきとられ、封元没後はその子寺西蔵太元栄《もとなが》の下で成人した。本居大平の門人であった蔵太に教えをうけ、のち内池永年の弟子になった。すぐれた国学者であったが、とりわけ長歌については、賀茂真淵《かものまぶち》につぐ達人と評されたという。歌集に『野雁集』『道乃菅能根《すげのね》』があり、一生の仕事として取り組んだ『万葉集新考』がある。社中には、このほか菊田関雄（岡）・古関《こせき》載敬（桑折）・観音寺石翁（同）・奥山正胤（藤田）・赤井夏門《かもん》（下飯坂）・阿部正雄（磐根の兄）らがいた。

信達地方の国学者としては、陸奥社中と別に、本内村小楯《もとうちむらこたて》八幡宮の神官木口訓重《のりしげ》の一族もあげられる。訓重は伊勢神宮社人垣屋平太夫の子で、伊勢神宮権禰宜《ごんのねぎ》で国学者の足代弘訓《あじろひろのり》の弟子となり、博学の誉れ高く、木口家の娘婿となる。歌・書ともにすぐれ、遺稿に『榊園歌集《さかきえん》』『紀記考』などがある。訓重の国学は子孫にうけつがれた。

2　文化のかおり

各地のまつり●

「神をまつる」、これがまつりの原点だという。福島県域にも、古い伝統をもった数多くのまつりが、人びとの生活に根をおろして伝えられてきた。「火所に祀られるカマド神」「台所に祀られる福神」など、「イエの神」を信仰対象とするまつり、地縁・血縁によって結ばれているムラムラ（近世の村々）が守り伝えてきたまつり、郡全体におよぶほどの氏子をもつ大きな神社のまつりというように、まつりといっても信仰対象やまつりにかかわる人びとの範囲によって大小さまざまなまつりがある。ここでは、ムラのまつりと地域のまつりについてみてみよう。

ムラのまつりの中心は、なんといっても農耕関係のまつりである。とくに「御田植え」まつりは大切であったろう。二本松市岩代町の熊野神社御田植、棚倉町八槻の都々古別《つつこわけ》神社御田植は、いずれも正月六日、豊作を祈願して行われる。熊野神社のまつりには作占いがあり、神職が目かくしをして大拍子《だいびょうし》の鼓面に米を播《ま》き、その播き具合からその年の作柄を判断する。神田に稲魂の降臨を仰ぎ、早苗《さなえ》に稲魂を鎮め稲の成長を祈願する大田植形式の神事は、喜多方市慶徳の稲荷神社、会津美里町の伊佐須美《いさすみ》神社、会津坂下《ばんげ》町の栗村《くりむら》稲荷神社などに伝わっている。綱引きによって米価を占うまつりも各地で行われている。磐梯《ばんだい》町の磐梯神社で行われる舟引き祭りでは、東が勝てば米価が上がり、西が勝てば米価が下がるといわれる。会津美里町と会津坂下町の俵引き、伊達市保原町のつつこ引きも年占いのまつりである。

地域のまつりとしては、南相馬市鹿島区江垂《えたり》の日吉《ひよし》神社に伝わる「お浜下り」というまつりがある。このまつりは、一二年ごとの中年《さる》、四月初申の日に行われるまつりで、旧相馬藩領北郷七カ村の人びとがささえている。まつりの準備は一年半ほども前からはじめられる。当日は、日吉神社から海岸までの五キロほどを、神輿《みこし》によって神霊が烏崎《からすざき》浜まで降りられる。海水をうけて清めをされるというものである。お浜下りには江垂から宝財踊の奉納があり、道中、子供手踊、大神楽《かぐら》などさまざまな芸能が奉納される。

国重要無形民俗文化財に指定されている「相馬野馬追《そうまのまお》い」は、旧相馬中村藩領全域のまつりである。古くは五月中の申の日に軍事訓練をかねて行われていたが、明治以後、七月二十三日宵乗り、二十四日野馬追い、二十五日野馬懸けと七月の三日間にわたって行われるようになった。平将門が、下総《しもうさ》国小金原《こがねはら》に兵を集めて野馬追いを行い、兵馬の訓練をしたのにはじまるといわれる。二十三日、中の郷は南相馬市原町区の太田神社に、小高郷と標葉《しねは》郷は南相馬市小高区の小高神社に、宇多郷と北郷は相馬市の中村神社に集まり、神輿とともに隊列をととのえ南相馬市原町区雲雀《ひばり》ケ原《がはら》にむかう。これを「お繰出し」という。この日は古式馬装で、宵乗り競馬が行われる。二日目は、花火で打ち上げられる神旗を奪い合う「旗取り」が行われ、終了後、各神社の神輿は還行する。三日目は小高神社だけで「野馬懸け」が行われる。神社の山裏岩ノ迫に集めた馬を騎馬武者《きばむしゃ》が追い、神社の境内の竹矢来《たけやらい》に追いこみ、昔のままに素手で捕えて神前に奉納するという神事である。古風な面影を残している行事である。

田島祇園祭のお党屋行事

南会津町田島の祇園祭《ぎおんまつり》は、田出宇賀《たでうが》神社、境内の牛頭《ごず》天王社、熊野神社合同のまつりである。神社に神饌《しんせん》を運ぶ「七行器《ななほかい》」の行列や山車《だし》の上で歌舞伎芝居が演ぜられるなど、華やかなまつりである。

県内各地には、このほか念仏踊りとか獅子舞《ししまい》など、人びとの生活に深いかかわりをもったまつりや芸能がある。地域の人びとによって、これからも大切にまもり伝えられていくことであろう。

亜欧堂田善●

洋風画家亜欧堂田善《あおうどうでんぜん》は、寛延元（一七四八）年、須賀川に生まれた。田善の生まれた須賀川は、中世は二《に》階堂《かいどう》氏の支配下にあり、近世初期は若松城に拠った蒲生《がもう》・上杉・再蒲生・加藤氏の支配をうけていたが、寛永二十（一六四三）年加藤氏が封を返上、会津へ保科《ほしな》氏が入部したとき、白河藩領となった地である。奥州街道・岩城街道・棚倉街道・三春街道・会津街道が交差する交通の要地で、慶長年間（一五九六～一六一五）からすでに宿駅として整備されていた。蒲生氏により定められた三・八日の六斎市が開かれ、はやくから商業が盛んで、裕福な町人が育っており、豊かな財力を背景に数多くの文化が花開いた町であった。俳諧では、相楽等躬《さがらとうきゅう》・二階堂桃祖《とうそ》・藤井晋流《しんりゅう》・石井雨考《うこう》・市原多代女《たよめ》ら、いわゆる須賀川俳壇が形成されていた。絵画では白雲上人《はくうんしょうにん》・遠藤田一《でんいち》らがでた。須賀川の豪商伊藤祐倫が、薬用の目的で牡丹《ぼたん》を栽培したのが始まりと伝えられ、現在国指定の名勝になっている須賀川牡丹園がつくられはじめたのは、明和三（一七六六）年という。このように経済的に豊かで、文化の香り高い須賀川に田善は生まれたのであった。

田善は本名を永田善吉といった。伊勢国からきて元和年間（一六一五～二四）須賀川に落ちついた永田家の五代目惣四郎の次男として生まれた。兄の丈吉が、本業の染物屋のかたわら絵画にうちこみ、地方では有名な絵師であったため、弟の田善も幼いときから絵画に親しんだ。宝暦十二（一七六二）年と記された上小山田《かみおやまだ》（須賀川市）の庄屋遠藤義房奉納の絵馬に「絵師　須賀川　永田善吉」とあるところからみて、このころには絵画を職業として、注文をうけるほどになっていたものと思われる。時に田善一五歳であった。長じて田善は、伊勢国山田の寂照寺《じゃくしょうじ》の住職月僊《げっせん》に学んだ。月僊の鋭い筆法による人物画の独自な表現の影響は、田善の晩年の作品にまでみられる。

寛政六（一七九四）年、田善四七歳のとき、田善の生涯にとって画期的な出来事があった。白河藩主松平定信との出会いである。定信はこの年九月、画家谷文晁《たにぶんちょう》、書家千里啓《せんりけい》らをひきつれて領内巡遊のおり、須賀川の安藤三郎右衛門宅で休憩し、次の間にかざってあった「江戸芝愛宕山図屛風《しばあたごやまずびょうぶ》」をみた。この絵が田善の作品と知った定信は、ただちに田善を召しだし、谷文晁の弟子とした。定信は田善を白河藩のお抱え絵師とし、銅版画技法を習得するよう命じた。田善は、すでに銅版画を発表していた司馬江漢《しばこうかん》の弟子となったが、まもなく破門されたため、定信とかかわりのある蘭学者たちの協力を得て、銅版画技法を習得していった。田善

亜欧堂田善の銅版画「三囲眺望之図」

五五歳のころといわれる。以後、「洋人曳馬《ひきうま》図」「驪山《りざん》比翼《ひよく》塚」「日本辺界略図」「新訂万国全図」などをつぎつぎうみだした。亜欧堂という号は定信からあたえられたという。定信の発言「亜欧両大陸を眼前に見る心地がする」というのがその由来と伝えられる。江戸の白河藩邸にアトリエをかまえ、田善の生涯においてもっとも充実した日々をすごした。

しかし、定信が致仕した文化九（一八一二）年からおそくとも十一年のあいだころに、田善は故郷須賀川へ戻ってきた。そしてまもなく御用絵師の身分からもはなれたので、生活が苦しくなった田善は、もち帰った銅版画を呉服太物商八木屋半助（田善の弟子でもあった）にゆずり、半助は銅版画を半衿《はんえり》や袋に刷り、それを売り出して田善の生活費をつくりだしていた。晩年は、もっぱら須賀川の商人たちの注文により、縁起のよい題材を制作していたという。

生涯にわたって制作された作品は一〇〇点を超え、また、江漢によって創始された腐蝕《ふしょく》銅版画を完成させた功績は大きい。田善の教えをうけた弟子たちも多かった。

文政五年、七五歳で須賀川に没し、北町の長禄寺《ちょうろくじ》に葬られた。

浦上玉堂・秋琴

浦上玉堂《ぎょくどう》は江戸時代後期の琴の名手・文人画家である。延享二（一七四五）年、岡山藩支藩備中国鴨方《かもがた》藩士浦上宗純《うらかみむねずみ》の子として生まれた。幼名を市三郎・磯之進といった。七歳で家督をつぎ、一六歳で元服《げんぷく》、藩主池田政香《まさか》の側詰となった。名君のほまれ高かった一歳年長の政香によく仕えたが、政香は二五歳で死去、そのためか、玉堂はその後、琴・絵画への関心をさらに深めていった。安永八（一七七九）年、明の顧元昭《こげんしょう》製七絃琴を手に入れた玉堂は、この琴を何より愛し大切にした。この琴には、「玉堂清韻」という字が彫られている。「玉堂」という号はここからとられたものである。寛政元（一七八九）年四五歳のとき『玉堂琴譜』をあらわしている。絵は三〇歳前後から南画を独り学びはじめた。水墨の用筆と構想は個性的で、池大雅《いけのたいが》について新様式をつくったといわれる。

この玉堂が会津へ招かれたのは、寛政七年のことであった。儒学とともに神道にも深い関心をもち、吉川惟足《これたり》に師事していた会津松平家初代藩主保科正之が、寛文十二（一六七二）年に没したとき、遺言により正之は磐梯山麓の見禰《みね》山《やま》に葬られた。この霊廟を土津《はにつ》神社（見禰山神社）といい、吉川惟足・作沢彦五郎作詞、施律は紀斎院《きのさいいん》が付した神楽歌が奏されていた。しかし、その後いつしか神楽が略奏されるようになっていたので、会津藩は再興を熱望していた。おりしも寛政六年、神楽・催馬楽《さいばら》・東遊歌《あずまあそびうた》・諸国の風俗今様《いまよう》歌につうじ、管絃鼓などを奏す

「青山弾琴図」（浦上玉堂画）

ることのできる浦上兵右衛門（玉堂）が、脱藩して江戸にいることを知った会津藩は、和学大竹喜三郎の門弟、徒《かち》の荒井文之助を旗本中沢彦次郎の紹介で玉堂に入門させ、さらに数人を追加入門させて稽古に励ませた。しかし、昼夜練習してもなかなか習得がむずかしく、まして見禰山の楽人に正しい音律を伝えることは困難と思われた。ちょうどそのころ、玉堂が、京・尾張から招かれていることを知った会津藩は、稽古が中途になってしまうことを恐れ、玉堂が一見したいと望んでいた松島へ出かけたついでに、会津へ立ち寄って指導してほしい旨を申し入れ承知してもらった。招きに応じた玉堂は、寛政七年四月、長男紀一郎（春琴）を江戸に残し、二男紀二郎（秋琴）を伴って江戸を発ち、若松の町人佐治吉右衛門抱屋敷に落ちついた（「家世実紀」巻二四九）。

玉堂は、到着後ただちに新講所で見禰山楽人たちに神楽歌を指南《しなん》、三カ月余であらかたできあがった稽古の成果を、新講所兵学修行場で披露《ひろう》した。そしてこの年八月の土津《はにつ》神社祭礼に首尾よく間に合い、無事神楽歌が奉納された。玉堂はその功により、「銀子三拾枚、弐拾目懸蠟燭《ろうそく》百挺、肴一種」をうけ、子紀二郎も「両絹弐疋、肴代弐百疋」をあたえられた（同、巻二四九）。

翌寛政八年、玉堂父子は会津を去り江戸へ戻ったが、このとき、二男紀二郎（秋琴）はすでに会津藩に召し抱えられていた。玉堂の希望によるものであり、十人扶持をうけることとなっていた。秋琴は、兄春琴とともに幼少のころから琴・詩・書・画の手ほどきを父からうけ、すぐれた才能をあらわしていたが、以後しばしば京に上り雅楽《ががく》の修行をつみ、二七歳で雅楽方頭取を命じられている。

秋琴は、絶えていた慶徳《けいとく》村稲荷《いなり》神社の「お田植まつり」の田植歌を再興した。二〇〇年近くの中断にもかかわらず残っていた歌詞を沢田新右衛門が補い、失われた施律は秋琴があらたに作曲した。施律は、京都で学んだ雅楽の「越天楽《えてんらく》」を基礎としたものだったという。戊辰《ぼしん》戦争で岡山藩士と出会ったことをきっかけに明治二（一八六九）年会津を去るまで、秋琴は会津と長いかかわりをもったのであった。

8章

日本の近代化と福島

河野広中の銅像(福島市杉妻町，福島県庁内)

1　東北戊辰戦争と世直し

戊辰戦争●

近代日本の成立期に生じた二つの大きな出来事—戊辰《ぼしん》戦争と世直し騒動は、歴史の転換点に生じたものであると同時に、急速に時代を押し進める役割をはたした。そして、福島はこの二つの出来事によって、明治維新という変革期に歴史の舞台に登場するのである。

戊辰戦争は、慶応四（一八六八）年一月三日、鳥羽伏見において勃発した。それから会津落城までの約一〇カ月間、榎本武揚《えのもとたけあき》らの函館五稜郭《ごりょうかく》戦争まで含めれば一年余の戦争が日本全土をおおった。鳥羽伏見の戦いは、当初兵力において勝っていた幕府軍が優勢とみられていたが、長州藩の近代的軍事力を中心に組織された討幕軍が勝利し、徳川慶喜《よしのぶ》は一月六日海路江戸へ脱出した。七日に慶喜追討令がだされ、十日には旧幕府領を新政府の直轄領とすることが宣言されている。そして、新政府として一月十五日に王政復古を、二十日には幕府締結の条約遵守《じゅんしゅ》を各国に通告、あわせて局外中立を要請、英米仏蘭普伊の各国が局外中立を宣言すると、二月十五日、東海・東山《とうさん》・北陸三道にわかれて江戸へ進撃した。こうした討幕＝新政府軍の迅速《じんそく》な行動に、幕府側はなす術《すべ》を知らなかった。幕府はすでに鳥羽伏見の敗戦により戦意喪失《そうしつ》しており、徳川家の延命を主眼に慶喜は上野《うえの》東叡《とうえい》山大慈院（東京都台東区）に蟄居《ちっきょ》し恭順謝罪書を提出した。そして、木戸孝允《たかよし》はすでにこの段階で版籍奉還構想を提起している。

三月十三日、西郷隆盛《さいごうたかもり》と勝海舟《かつかいしゅう》が会見し、江戸開城の了解が成立、翌十四日に五カ条の誓文を布告し、そして、四月十一日、新政府軍が江戸城へ無血入城、慶喜は水戸へ退去し、ここに徳川幕府は崩壊したのであった。徳川家は、家達《いえさと》が新政府より五月二十四日に駿府七〇万石を封じられ、文字どおり一つの大名となった。しかし、徳川家がまず「家」の存在を基本とし、「幕府」を放棄したのは、反撃の機会をまったという側面もあり、幕府崩壊が即、戦争の集結ではなかった。これまで幕府をささえてきた譜代家臣や大名が存在していたからである。そのことは、新政府軍が切実に認識していたことであり、これとの対決なしには、新政権の確固とした樹立は成り立たないことであった。そして、その中心的存在として会津藩があった。新政府軍からみれば、東北戊辰戦争は必然であった。

会津藩主松平容保《かたもり》は、鳥羽伏見の戦いで幕府軍が敗れた直後、慶喜とともに江戸にむかい、二月二十二日会津に戻った。このときすでに、会津討伐令がだされており、東北諸藩はこの対応に苦慮していた。二月二十六日には奥羽鎮撫総督《おううちんぶそうとく》がおかれ、総督九条道孝《みちたか》、参謀醍醐《だいご》忠敬、大山格之助《かくのすけ》、世良修蔵《せらしゅうぞう》らが三月二十三日海路仙台入りをし、仙台藩校を本営とした。東北諸藩は、いやおうなしに会津討伐の路線に引きずりこまれたのであった。

総督府は、仙台藩や諸藩に会津討伐を命じたが、しかし、この段階では諸藩は、新政府の断固とした決意について、楽観的判断をしていた。諸藩の対応はむしろ会津救命を主眼としていたのである。四月十一日、白石に東北一四藩の代表が集まり、会津救命の嘆願書を作成し、奥羽鎮撫総督に提出したが、総督府から示された会津藩に対する降伏条件は、容保の斬首、嫡子若狭《わかさ》の監禁、開城という無条件降伏に等しいものであった。総督九条道孝自身は、諸藩の嘆願に対して理解を示したが、総督府の実権は世良らの参謀にあり、いかんとも成しがたいとのべたといわれている。

これをうけて、四月十九日、ふたたび白石に東北諸藩一五藩が会合し、「白石盟約」を締結した。これにはのちに越後六藩も加わって、いわゆる「奥羽越列藩《おううえつれっぱん》同盟」が成立した。その目的は「白石奥羽列藩会議、公平正大之道を以《も》って、同心協力し、朝廷に撫恤《ぶじゅつ》を遵奉《じゅんぽう》し、皇国の維持を欲す」となっていたが、その実態は、新政府軍と対決し、会津救命をねらったものであった。ここに至って、政府軍対同盟軍という図式が成立し、東北戊辰戦争は本格的な戦いに突入することになった。

翌二十日、会津軍は白河城を攻撃し落城させ、中通りの関門に拠点をきずいた。福島の相馬《そうま》・棚倉《たなぐら》・平・泉・三春・二本松の諸藩は新政府軍の動員令に対して「解兵通告」をだしてこれを拒否し、会津藩と呼応した。白河攻防は、県内の本格的戦争の始まりであったと同時に、戦況において重要な意味をもった戦い

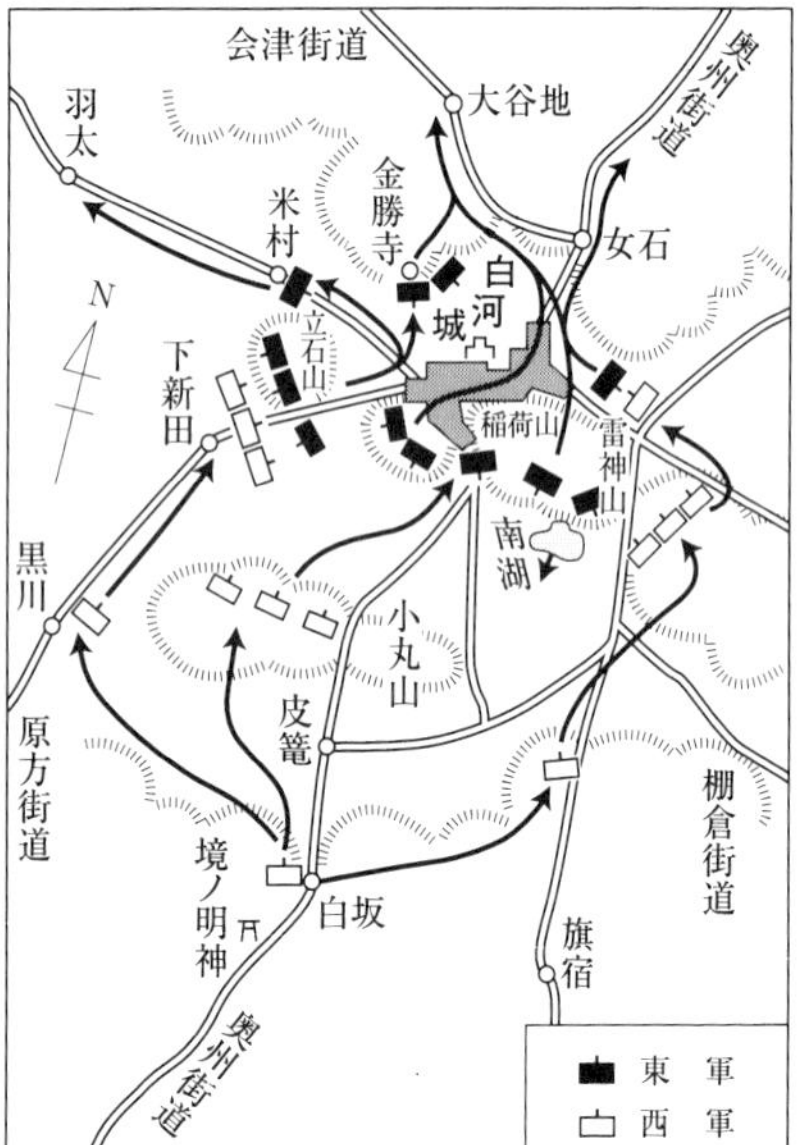

白河城攻防経過図(『会津若松史』5による) 慶応4年5月1日午前4時〜午後2時。

戊辰戦争に動員された民衆

戊辰《ぼしん》戦争は、旧幕府勢力と薩摩・長州を主力とした討幕勢力の激突であり、その意味では武士階級の覇権争いであったが、武士だけの抗争にとどまらず、多くの民衆が巻き込まれた。その例を三《み》春《はる》藩にみてみよう。

　三春藩は政府軍に降伏したのち、会津戦争へ動員されたが、武士だけではなく一般の民衆が軍事物資輸送の人足として、あるいは最前線の歩兵として動員された。旧上移《かみうつし》村（田村市船引《ふねひき》）の「軍《ぐん》夫《ぶ》動員録」によれば、六月十六日より十月十三日までの動員数は、最長一四六日間動員された村民を含め、延べ一五五三人、実動員数三七人であった。そのほか、「新舘詰《しんたちづめ》」「御城下《ごじょうか》詰」として六一人あり、総計九七人が動員されている。とくに、若松方面に動員された人びとは、激戦地であったために、何人かの死者をだしている。そのうち鎌《かま》田久八《たきゅうはち》については「薩州御隊中江軍夫エ御割付ト相成、去戊辰八月廿三日若松城下御戦争ノ砌《みぎり》戦死仕、遺骸ハ同所七日町コウスイ寺門前ニテ埋葬被仰付候」との記述があり、激戦のなかで戦死した。また、本多庄右衛門・仙吉親子は薩州拾弐番隊と濃州大垣隊にそれぞれ属し、息子の仙吉が戦火のなか父親を捜し回ったところ、すでに死亡しコウスイ寺門前に埋葬されており、髷《まげ》を切りとって持ち帰ったとの記述がある。村では戦死者を弔うために墓碑を設置し、のち、明治三（一八七一）年、戦死者に対する憐賞《りんしょう》が新政府により行われたとき、その遺族たちが、新政府に「戦死御憐賞嘆願《たんがん》」をだし、年貢《ねんぐ》免除を願っているが、新政府は「聞き届け難《がた》き候事」と拒否をしている。民衆にとっても戊辰戦争は苛酷であった。

幕　末	戊申戦争後	版籍奉還 (2.6.17) 〔任知藩事〕	廃藩置県 (4.7.14)			
幕　領 福島藩 (3万石) 下手渡藩 (1万石)	民政取締所 (2.2.12) 福島民政局 (1.9.—) 三池へ転封	(2.7.20) 福島県 (三池藩分領)	(4.7.14) 福島県 (三池県分領)	(→二本松県)		
二本松藩 (10万石)	(1.12.26) 二本松藩	(2.6.19) 二本松藩	(4.7.14) 二本松県	(4.11.2) 二本松県	(4.11.14) 福島県	(9.8.21) 福島県
長沼藩		(2.6.—) 長沼藩	廃藩 (3.石岡県分領)			
白河藩	(2.2.—) 白河民政局	(2.8.7) 白河県	(4.7.14) 白河県	(→二本松県)		
三春藩 (5万石)	(1.8.7) 三春藩	(2.6.19) 三春藩	(4.7.14) 三春県	(→平県)		
守山藩 (2万石)	(1.7.—) 守山藩		(3.) 廃藩			
棚倉藩 (10万石)	(1.12.14) 棚倉藩	(2.6.19) 棚倉藩	(4.7.14) 棚倉県	(→平県)		
中村藩 (6万石)	(1.8.21) 中村藩	(2.6.22) 中村藩	(4.7.14) 中村県	(4.11.2) 平県	(4.11.14) 磐前県	(→福島県)
磐城平藩 (3万石) 泉藩 (2万石) 湯長谷藩 (1.5万石)	民政取締所 (1.8.8) 平民政局	(2.7.—) 磐城平藩 (1.12.18) 泉藩 (2.6.22) 泉藩 (2.2.3) 湯長谷藩 (2.6.23) 湯長谷藩	(4.7.14) 磐城平県 (4.7.14) 泉県 (4.7.14) 湯長谷県	(→平県)		
会津藩 (28万石)	(1.10.1) 若松民政局	(2.5.4) 若松県	(4.7.14) 若松県	(4.11.2) 若松県		(→福島県)

福島県の成立(大石嘉一郎編『福島県の百年』による)　本藩 11。白河藩は二本松藩丹波預り。長沼藩は水戸藩と支藩，石岡藩分領となる。ほかに飛領 14。高田藩・土浦藩・刈谷藩・足守藩・新発田藩・松前藩・関宿藩・白石藩・館藩・黒石藩・石岡藩・笠間藩・小見川藩・多古藩。

白虎隊士自刃之地

であった。新政府軍は、白河奪還をはかり、ついに五月一日、白河城総攻撃が行われ、会津軍を城から掃討《そうとう》し、ここを拠点に福島県下の諸藩を掃討すべく北上することになった。会津軍は、約二カ月にわたって白河奪還を試みるが、二度と会津軍の手にわたることはなかった。この間、板垣退助率いる東山道総督軍は、六月二十四日棚倉藩、同二十八日泉藩、二十九日湯長谷《ゆながや》藩、七月十三日平藩、八月四日相馬藩をつぎつぎと制圧し、浜通りは壊滅した。また、七月二十六日三春藩の降伏、二本松藩も激戦ののち二十九日に落城し、中通りも新政府軍の手におちたが、このときの戦争における二本松少年隊の奮闘ぶりは、会津白虎隊《びゃっこたい》とともに維新史の悲劇として今も地元で語り伝えられている。

また、奥羽越列藩同盟の一翼《いちよく》をになっていた長岡藩も、二本松藩降伏と同じ日に落城し、越後方面の戦いも新政府軍の勝利となった。かくして、八月二十日、石莚《いしむしろ》口より侵攻した政府軍は、二十三日、戸の口原陣地を突破し若松城下に突入、激しい市街戦が繰り広げられ、白虎隊の少年二〇人の自刃の悲劇もあった。結局、会津軍は一カ月の籠城戦ののち、田島方面での善戦はあったが、九月二十三日に降伏した。薩摩・長州連合を主力とする「討幕」の課題は、最終的に達成したのである。

世直しと民衆●

戊辰戦争がおわり、会津に民政局が設置された直後の明治元（一八六八）年十月三日に、大沼郡大谷組五畳敷村より発生した農民騒動は約二カ月間旧会津藩領全域に広がった。郷頭《ごうがしら》・肝煎《きもいり》層宅を打ちこわするさいに「ヤーヤー」とかけ声をかけたことから「ヤーヤー一揆」といわれたが、この騒動勢はみずからの行動を「世直し」ととなえている。

一般に、現代の私たちは、幕末・維新期におきた農民騒動の多くを「世直し騒動」あるいは「世直し一揆」とよんでいるが、かならずしも騒動をおこした人びとが「自分たちは世直しを行うのだ」と明言したわけではない。これより二年前、慶応二（一八六六）年に信達地方でおきた農民騒動は、江戸の瓦版《かわらばん》に「菅野《かんの》八郎世直し大明神の旗のもと、十万人が打ち壊しを行った」と報じられており、「世直し騒動」といわれる所以《ゆえん》になっているが、この騒動勢はみずからの行動を世直しとはとなえていない。

この騒動の頭取とみなされた菅野八郎という人物は、幕末の激動期に民衆のなかからうまれた民衆思想における巨人であった。八郎は、伊達郡金原田村《かなはらだ》（伊達市保原町《ほばら》）の名主の家に生まれ、若くして父親和蔵《わぞう》の代理として名主代をつとめたが、彼が世間に知られるようになったのはペリー来航に危機感をいだき、老中阿部正弘に駕籠訴《かごそ》を敢行しようとしたときからであった。八郎の危機感は当時の政治思想の主流となりつつあった排外主義的な攘夷思想と結びつき、幕府政治批判、海防論を中心とした『秘書後之鑑《ひしょのちのかがみ》』をあらわしている。この書物は現存しないが、義弟の水戸藩士太宰《だざい》清右衛門に送り、安政の大獄《たいごく》のさい、太宰宅捜索により幕府に発覚し、幕府批判の罪に問われて八丈島に遠島《えんとう》となった。彼は八丈島の生活のなかで学問と思索を深め、民衆の生活規範に基づいた人の生きる道を「孝道論」と名づけた。のち、赦免《しゃめん》となり故郷に帰った八郎は、秩序が崩壊しつつある現状を憂慮し、彼の「孝道論」を実践すべく「誠信講《せいしんこう》」を組織し、人としての生き方を説いた。この点では、八郎の思想は当時の民衆レベルからみて一つの到達点を示している。ただし、彼が信達世直し騒動の首謀者であったかどうかは定かではない。騒動の中心メンバーが八郎の「誠信講」に参加していたことから、そうみなされたと推察できるのだが、八郎本人は当然のことながら否定しており、八郎の「孝道論」は「世直し思想」とは直接には結びつかない。「孝道論」は、民衆の生活規範—勤勉・倹約・孝行などをベースとして成り立っており、その教えも「ばくちをするな、

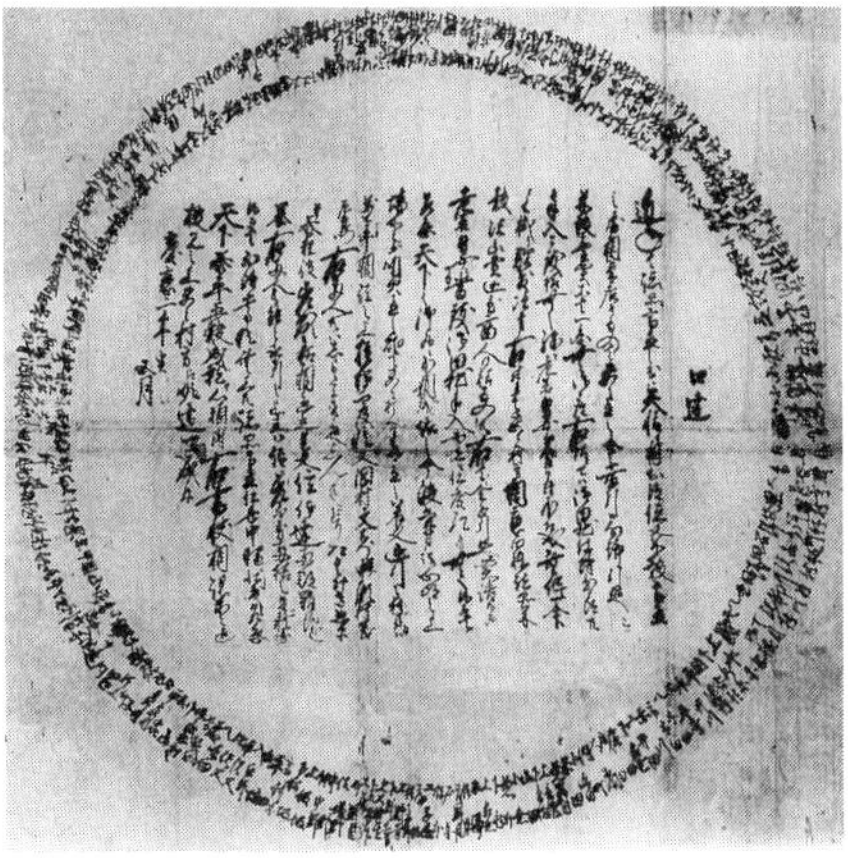

わらだ廻状　信達二郡に世直しの蜂起をよびかけた廻状。村名が円形にかかれているが，この形が養蚕に用いる「わらだ」に似ているところからこうよばれる。

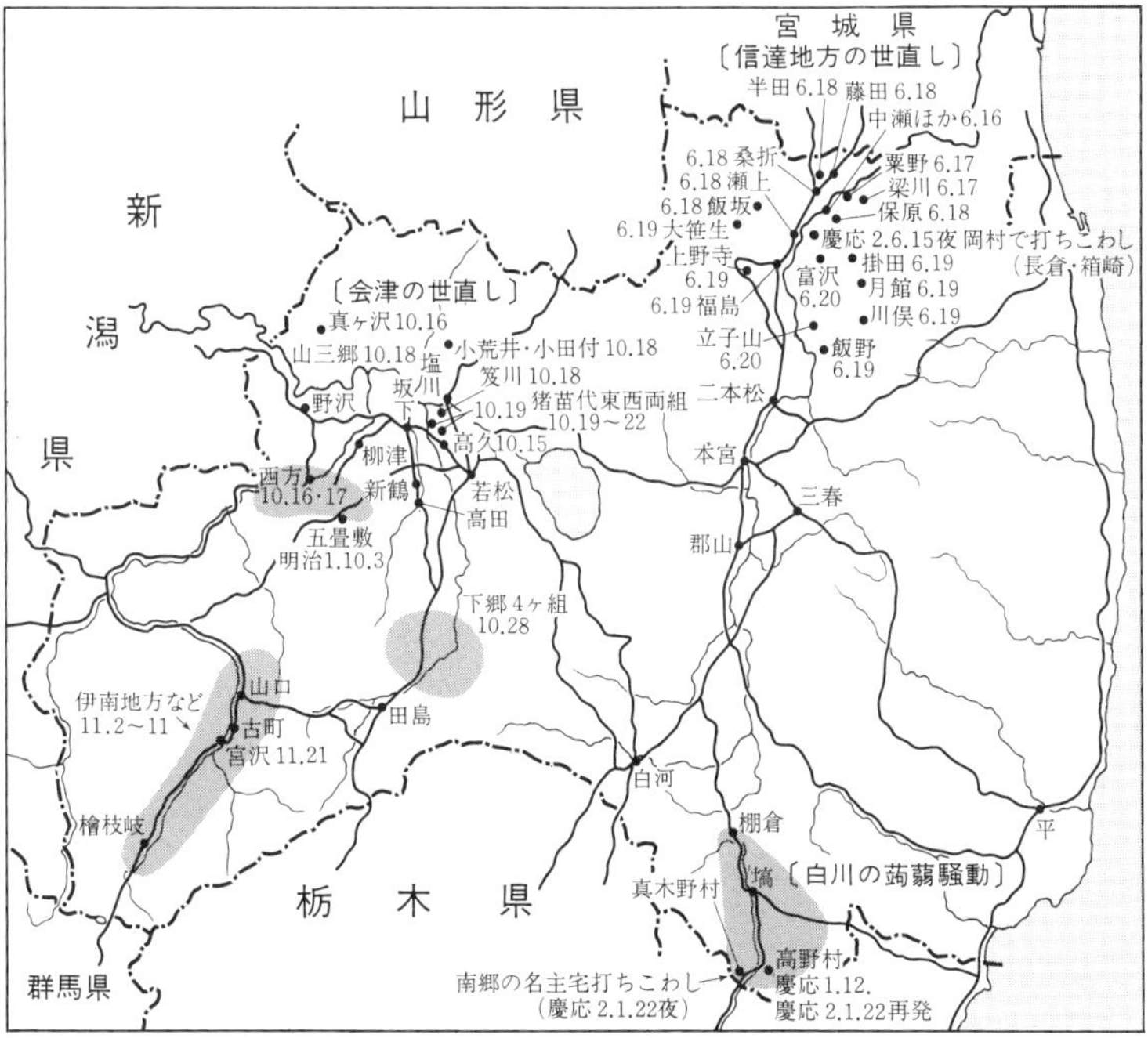

幕末・維新期世直し騒動略図(小林清治編『図説福島県の歴史』による)

夜遊びするな、まじめに働け、孝行をしなさい」など、人としてあるべき生き方をわかりやすく説いているものであった。

むしろ「世直し」を意識したのは、江戸の瓦版の例にもみられるように、おもに都市下層民衆や豪農・商人たちの中間層であった。だからこのレベルでの「世直し思想」は、変革願望思想ともいわれている。

しかし、それから二年後におきた会津での農民騒動は、自己の行動を明確に「世直し」ととなえており、しかも徳川幕府が崩壊し、うまれたばかりの新政府に要求をつきつけたことは、農民の成長を物語っている。信達騒動では、農民を代表する一種の偶像的存在である「世直し神」として菅野八郎が必要であったのに対して、会津騒動は「世直しは一組切りに各々実施すること」として、おのおのの地域レベルで集団としての民衆が、みずから「世直しを実施するのだ」と自覚して行動した。一般には幕末期の民衆の反乱は、徳川幕藩体制の終焉《しゅうえん》に側面から大きな影響をあたえたといわれているが、「御一新《ごいっしん》」によってすべてが解決したのではないことは、農民たちがいちばんよく知っていたのである。農民たちの要求は多岐にわたるが、(1)困窮して質《しち》にだしていた土地や質物の返還と借金の帳消し、(2)検地帳・名寄《なよせ》帳など年貢搾取《さくしゅ》にかかわる土地台帳の焼却・年貢全廃、(3)村役人・郷頭など支配機構の民主化(公選制など)、(4)諸生産物(漆・生糸など)の販売自由化、(5)戊辰戦争の戦時補償などであった。これらは、貧民救済のための生活改善要求と同時に、封建制度そのものを全面的に否定する内容となっており、「世直し」といわれている民衆意識の到達点が示されていた。

2　地租改正と税制

明治初期の税制問題

地租改正は、廃藩置県を準備する過程で明治三（一八七〇）年ころから検討されはじめ、明治六年に「地租改正条例」が発布され本格的に着手されたが、そこにたどりつくまでには紆余曲折《うよきょくせつ》があった。政府としての課題は当初より明確であったが、実行にさいして試行錯誤の連続であったといってよいだろう。ここでは、まず地租改正の前史として明治初期の税制問題をいわき地方を例にみてみたい。

明治初期の租税制度は、当初徳川時代の年貢制度を踏襲していたが、明治五年、政府は地租改正の前段階として、従来の現物納を石代納《こくだい》（貨幣納）に切りかえた。当時、福島県は三県時代（磐前《いわさき》県・福島県・若松県）で、いわき地方は磐前県に属していたが、この地方は従来から半石半永制（半分を現物納、半分を石代納）を踏襲していた。この場合、石代（米相場の値段）をいくらにするかということが大きな問題であった。これについて当時の租税頭陸奥宗光《むつむねみつ》は、磐前県に現物納から石代納への切り替えと「安石代納廃止」の催促を行っている。「安石代」とは石代値段よりも安くすることだが、それを廃止して米相場の値段で納入させせようとしたのである。ところが、従来との差があまりにも大きく農民の負担が増加するので、大問題となった。安石代廃止の通達をうけた村々では、「上米平均相場で石代値段を決められると、従来と比較して格外の相違となり、納入の目処《めど》がたたず大変こまっているので、実地検査のうえ適正な賦課をお願いしたい」旨の嘆願書を磐前県権令村上光雄に提出した。これがどの程度の「格外の相違」だったかは村々からの嘆願をうけて、その年の三月に県から租税局にだされた「救助伺書」で知ることができる。

これによれば、従来の租税額一万七〇三四円と比較して新租税額は一一万五七九八円であり、実に約七倍であった。おどろくべき租税といえる。だから、家産すべてを売却しても払える額でなく、人びとの要求としては実地検査を行い土地の位（等級）にあった税額に変更するか、あるいは、それがだめならせめて一年は従来通りにしてほしいというものであった。県はこれをうけて、新租税額のうち、五万三七五一円を納入とし、残り六万二〇五六円は救助額として免除してほしいと願いでたのである。また、「これまで新税について農民にいろいろと説諭してきたが、農民は明治五年度は二割から三割増が許容できる限度であると主張し、県は官員を現地まで派遣し、農民を説得し二倍ないし三、四倍とすることで承知させた。今後、実地検査のうえ、早急に地租規則を発布し、租税を決定してほしい」とその対策を願いでている（『いわき市史』第三巻、近代Ⅰ）。

これに対して、政府はやむを得ないと判断して願いのとおり六万円余りを「くだされ切り」として免除した。ただし、納入額は五万三〇〇〇円余だから従来の税額とくらべて三倍強であり、たいへんな増税であることはいうまでもない。こうして石代納入への切り替えは、人びとに過酷な増税をもたらし、「適正な検査にもとづく適正な租税」の実施が農民側からも要求されたのである。

地租改正●

こうして地租改正は、農民から求められた課題を解決するためにも早急に実施される必要があった。ここでは農民が要求した「適正な検査にもとづく適正な租税」が実現できたのかということも含めて実施状況をみてみよう。明治五（一八七二）年、まず政府は土地売買の自由を認め、土地所有者の確定のため地券交付を行った。そして、同六年地租改正条例を布告し本格的に着手した。このとき、太政大臣三条実美《さねとみ》は地租改正条例布告にあたってつぎのような指令を当時の磐前県に通達した。

今般地租改正に付、旧田畑貢納の法は悉《ことごと》く皆廃止し、更に地券調査済次第、土地の代価に従い百分の三をもって地租と定めるべき旨仰せいだされ候（同前）。

この内容は、旧来の貢租を廃止すること、地券調べを実施し地価を確定すること、地価の一〇〇分の三を地租とすること、郡町村費も地価基準で徴収することなどであった。この通達とあわせて「地租改正条例」が示されたのである。地租改正条例は全部で七章あるが、その内容を簡単に紹介すると「今回の改正は大事であり正確に調査し実施すること（第一章）」「地租は土地の原価にしたがって賦課するので、今後豊凶にかかわらず増減はしない（第二章）」「田畑を耕地という名称に統一し、また宅地、牧場、山林原野という呼称で統一する（第四・五章）」などがのべられているが、ここで注目しなければならないのが第六章である。第六章では、「地租は本来ならば地価の百分の一にすべきところだが、物品税などをまだ興せない状況なので、先ず百分の三として、今後、茶、煙草、材木などの物品税を興し、それが二百万円以上となれば、地租を軽減したい」とのべている。ここでの問題点は、「地価の百分の三」という地租が、どれくらいの重さであったかということである。政府はこれについて「地租改正の検査例」をだしておよその地価・地租算定の目安とした。その実例を今新田村《いまにいだ》（いわき市好間《よしま》町）でみてみる。今新田村の「上ノ上田一反歩」の地価はつぎのような計算式によって得られる。①一反歩の収穫量が二・〇八石で一石の米相場三円四七銭なので、七円二一銭七厘六毛となる。②これから種肥代として一円八銭二厘六毛四を引いて、③残った六円一三銭四厘九毛六を〇・〇九で割ると六八円一六銭六厘二毛が得られる。これが地価金である。なお九の根拠は、村費を一〇〇分の一、利子を一〇〇分の五と見積り、これに地租の一〇〇分の三をたした数字である。④この地租は、これの三%であるから二円四銭五厘となる。

これによれば、収穫金に対する地租割合は二八・三%であった。この例は田の「上ノ上」についてであるが、田の等級（上、中、下、下々）はこれに準じて計算された。畑についても同様で、「上ノ上」畑の地価は三一円九八銭、地租九五銭九厘、収穫金二円七一銭八厘三毛に対して三五%となっていた。宅地は畑の収穫量に準じて設定され、「上宅地」の場合、地租は収穫金に対して三四%を占めていた。政府の貢租に対する考え方は「旧貢租水準維持」であり、生産量の三分の一を「目標額」として設定していたから、おおむねそれに適合していた。このように、あらかじめ目標額を設定し地租を決めるためには、地価そのものをそれに見合うだけ高く確定する必要がある。そのために、計算例では、まず収穫量を金に換算する場合、その相場を高くし、種肥代を低く押さえ、そのほかの諸経費（土地改良費や水利費）を勘定せず、また利子率や村入用も低く押さえている（同前）。こうした地価の設定の仕方は恣意《しい》的であり、近代日本の土地価格は当初から異常に高く設定されたのである。

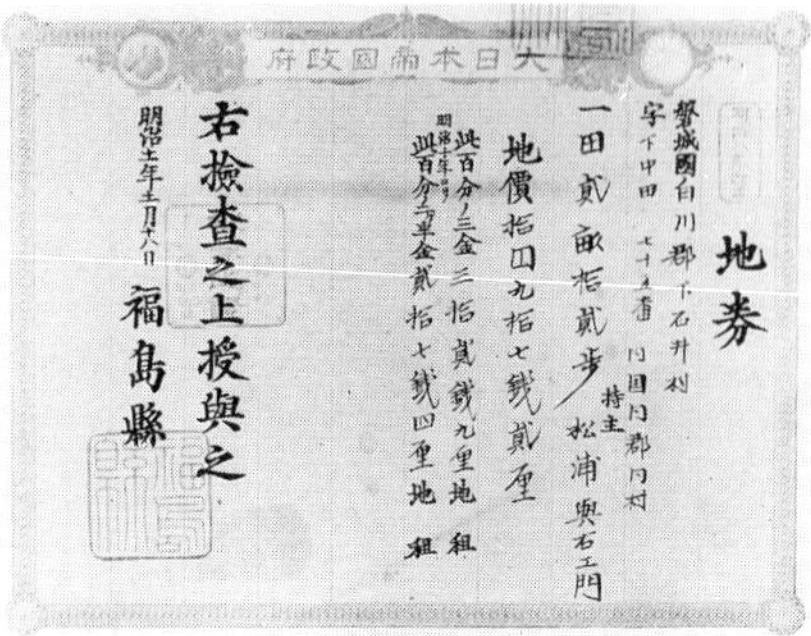

地券　土地の所在・面積などを記して所有権を証明するもので，その所有者に交付された。

地価・地租の計算式例
(今新田村)

①2.08石×3.47円＝7.2176円
②7.2176円－1.08264円
＝6.13496円
③6.13496円÷0.09＝68.1662円
④68.1662円×0.03＝2.045円

ところでこうした強引ともいえる地価・地租の決定は当然のことながら簡単には実行できなかった。いわき地方も含めて福島県では地租改正反対一揆のようなめだった反対運動はみられないが、地価の決定方式が複雑であり、作業過程でさまざまな混乱があった。そして、その混乱は旧来の石高《こくだか》制による年貢方式と原理的に異なる新方式の強引な導入が、おもな原因であったことを指摘しなければならない。

明治六（一八七三）年、磐前県権令村上光雄は、地租改正の第一段階である「地券」交付のための耕地確定作業について、その問題点を指摘し、至急の指示を地租頭陸奥宗光にあおいでいる。

「管内郡村の地租帳に記された田畑には、柳畑、萱場《かやば》畑、芝萱畑成、草木畑、草生畑、芝地成、霞林成、林畑成、芝成、草畑成、藪《やぶ》林成、芝野成、萱谷地林成、柳原など種々の名称があるが、これらはもともときわめて税が薄く、その根元は永荒引の田畑にさまざまな名称をつけたにすぎず、これらは石高はあるが、実態はわずかな税を課していたもので、まったく生きた田畑とはいえない。この扱いについて、従来通り名目を残し券状を交付してよいものか指示をいただきたい。また、もともとは高が課せられていた耕地だが旧藩時代より永荒引田畑となり、山受地として数十年山税を納めてきたが、地租帳には山成の記載がなく『永引』とだけなっている耕地で現実にはとても耕地として復元できそうもないものの扱いはどうしたらよいか、この点についても至急ご指示をいただきたい」というものであった。とくに、荒れ地になったままで徳川時代に「年貢弁納（免除）」となっていた耕地をどう扱うかは大きな問題であった。磐前県下の「内荒地」は数百町歩といわれ、その対策が急務となっていた。「内荒地」とは名目上は耕地でも、実質的には荒れ地で年貢を免除されている土地なので、そのまま耕地として扱うのは問題があった。そこで、県は復元不可能なものをのぞいて、三年から一〇年の租税免除期間を設けて復元することをめざした。これに対して政府は「たとえ永荒れ地で今後起こし返しの目処がたたない土地でも、多少なりとも人が耕作している場合は、適当な免除期間を設定し、耕地として扱うべきである。ただし、従来潰地と認められていたものはやむを得ない」と回答している。できるかぎり耕地として確保しようとする姿勢であった。

このほか、河川・池沼など耕地との境界領域に属するさまざまな土地についてもその種類を確定する必要があった。たとえば、「田畑の間に点在する些少《さしょう》の荒れ無地《ぶち》」「道路堀川などの傍《そば》にある峡隘《きょうあい》なる砂石地草生地」「池湖沼」「堤塘《ていとう》」「山岳」などもその実態は多様で耕地あるいは山林原野と認定できるかどうか判然としない土地であった。こうした土地は江戸時代では、トータルに石高に換算し一定の割合で年貢を課した「高内の地」で、実態に応じて免除や減免などで処理し、それが領主と農民との慣行として定着していたが、地租改正は土地を耕地・宅地・山林原野などに峻別《しゅんべつ》し、面積・地価を確定する方式だったので、こうした慣行とぶつからざるをえなかった。地租改正は耕地丈量《じょうりょう》が中心であったが、そのことは必然的に耕地とそうでない土地を区別することが必要となり、同時にすべての土地を調査対象とせざるをえず、煩雑な作業が伴った。このことにより、耕地丈量は困難をきわめ、一応の調査が終了したのは明治九年ごろであった。しかし、土地の性格が判然としないことより多くの間違いがあり、終了直後の明治十年代中ごろから、「地押さえ」と称して交換分合・地所名称変更・誤謬《ごびゅう》改正・地目変更などかなり大規模な訂正作業が実施されている。

林野改租と官民有区分●

つぎに耕地丈量以上に多くの問題点のあった林野改租についてみてみよう。明治政府は版籍奉還後、幕府や旧諸藩の御用林（直轄領林野）を士族平民を問わず入札による払い下げを行い、その払い下げ収入によって国家財源を確保するとともに、開墾奨励により殖産興業を刺激するという「一挙両便」の政策をとっていた。そして、これは林野改租の当初の基本方針としてうけつがれた。明治五（一八七二）年の大蔵省通達では、林野を「官有」「民有」「公有」の三種類とし、ごく一部をのぞいて大部分を民有とするという方針を示している。これは「公有地政策」といわれているが、そのねらいは地租の対象として林野も重要と考えていたからである。ただ、この「公有地政策」は、本来農民経営にとって不可欠の要素であった入《い》会《あい》山野が払い下げの対象となり、しかもだれでも参加できる払い下げ方式であったため、財力のある一部商人・財閥が買い占めて、結局は入会山の切り売り、入会権の解体に帰結することとなり、農民の反発を招いた。そこで、明治六年の地所名称区別法で従来の「公有地」を「官有」「公有」に区別した後、七年に「民有地一種」「民有地二種」に区分し、それ以外は「民有にあらざるもの」＝「官有」に編入することとした。ここに至って「公有地政策」は廃止され「官民有」の区別が政策として確定した。ただ、この段階では積極的に払いさげるという方針はかわっていない。明治八年六月、福島県にだされた地租改正事務局通達では、「たとえ明確な証拠書類がなくても、入会慣行が証明できれば慣行をもって民有の確証とする」となっており、入会地については、該当の村や人びとに所有権を認めるというもので、のちの官有地引き戻し運動の有力な根拠となったものであった。ところが、同年十二月の通達では「牧永山下草銭を納めていても、自然生の草木を伐採してきたのみでは所有とは言えないので、これらはすべて官有とすべきである」とあり、これではほとんどすべての入会山は官有とならざるをえない。ここには大きな政策の転換がみられるのだが、その理由ははっきりしていない。一つの理由として実際の作業過程で民有地がたいへん多くなったことの反動があらわれたとの指摘があるが、しかし、当初の路線からいえば民有地がふえることは歓迎されるべきであろう。ここには、林野の民有地をふやして地租を確保するという考えの転換があったと推察されるのである。

この点を明らかにするものとして、この通達の直前に福島県からだされた別報第八号「伺い」は注目すべき論点を示している。すなわち、「八年六月の通達に従えば、官林及び人跡もなき深山以外は民有地に帰することになり、百事新設の事業は障害を生じることになります。なぜなら、政府の公権で自由にできる土地が少なくなり、人民の私権に属せば自己の土地を守るために政府の事業を制限し、地開けず、産業興らず、我が国の富強に関わる問題となるからです。もし、政府の公権に属する土地多ければ土地を開き物を植し、その他百般の公業自在に着手して公益を得ることができます」とのべ、断然官有地化を主張している(笠井恭悦『林野制度の発展と山村経済』)。

ここでの論点は明確であった。「人民の私権」に「政府の公権」を対置させ、「百般の公業」=「公益」をはかるために「人民の私権」を制限することであった。そしてそれは、政府の富国強兵政策による近代化路線に合致したものであった。この福島県からの「伺い」をうけて、さきにみた八年十二月の地租改正局通達があったと理解できるのである。この点では、福島県の問題提起は、当時の政府の基本路線を的確に指摘したものと評価できるが、逆にそのことは地域の人びとの願いと対立することとなった。

こうした政府の路線転換によって、福島県の入会山に対する「官有地」化が推進されたのだが、そのやり方はきわめて強引であったといわざるをえない。のち、明治二十年代以降より、「官有地」を「民有地」に訂正する運動=「引き戻し」運動が全県的に展開する。岩城《いわき》郡水戸村(いわき市)の事例では、明治三十年「官有地引戻し申請書」には「林野改租の節、一旦は民有地として取り調べたが、官吏の説諭により、刈り敷山は絶対的にすべて官有地に編入させられた」と当時の事情をのべている。ここでいう「官吏の説諭」がどのようなものかは、同じ阿武隈《あぶくま》山系に属する田村郡船引町《ふねひきまち》（田村市）の事例ではっきりする。

すなわち、林野改租のとき、官吏がいったことはつぎのようなことだった。

(1)福島県地租改正の趣旨は、郡町村を問わず山間に接した村落は、反別二、三百町歩以上を官有地に編入する方針である。もし、いうことを聞かなければ、従来私有地とみなした「居久根」（民家に隣接した土地）も徴収する。

(2)ゆえに、人民総代改正掛りは深く趣旨を理解し、官有となすべき場所を上地せよ。

(3)旧記では茫漠《ぼうばく》とした山林原野を村の共有地や個人所有とするときは、精密な丈量が必要となり、かつ従前と異なり地租はすべて畑地同様に上納することになる。

(4)丈量を精密にすると村費の負担は少なくない。また、無税同様の地盤に多額の納税が必要となり、人民は難渋におちいることになる。

(5)地租改正は五年ごとに実施するので、他日に申し立てをしても一向差し支えない。むしろ官有地にすれば無税となり、今までどおり、立ち木を伐採したり生草を刈りとるよう申請すればよい。

これでは、一種の恫喝《どうかつ》と詐取《さしゅ》である。当初の段階では民有地として認めた入会山を、途中から政策変更により官有に変更しなければならなかったので、相当強引なやり方をとらざるをえなかった事情がうかがえる。しかし、いままで一定の租税を支払うかわりに、自由に利用してきた入会山が官有地となり、入会慣行が大きく制限されたことは農業経営上大問題であった。この点は、福島県議会でも問題視され、少しあとの時代になるが、明治三十二（一八九九）年に福島県会議長八島成正名で福島県知事山田春三宛に意見書を提出している。長文なので要約する。

「現在（明治三十二年）、不要存置林と認められる国有林は、福島県の場合、面積にして約一三万町歩、その払い下げ予定価格は実に一八〇万円で、他府県と比較しても異常に高い数字である。なぜこうなったのかといえば、地租改正の方法に問題があったといわざるをえない。福島県の山林原野約一〇〇万町歩のうち、皇室料三八〇〇町歩、国有林野七六万九〇〇〇町歩を引けば、民有地は残り二四万町歩でしかない。これは、士族授産や税負担の増加を配慮したという理由もあるが、もっとも大きな原因は官の強制により、強引に国有地に編入されたことにある。

明治八年、地租改正のさいに当初民有地として調べた林野は、五六万六〇〇〇町歩あった。これらはいずれも農業経営上密接な関係をもっている土地ばかりであった。ところが実際に民有地として認められたのは、わずかに一七万一〇〇〇町歩でしかなかった。明治十七年に会津地方で七万町歩の下げ戻しを得て、ようやく現在の面積になっている。これは、官の強引な官有地化が大きな理由である。しかも、官有とされた山林原野の大部分は人民の生活上必要不可欠な入会山であり、もしこれが確保できなければ人民は活路に迷うことになろう。今回の下げ戻し法（明治三十二年の「国有林野下戻法」をいう）では人民に多大な負担がかかり問題である。」

このように福島県の林野改租は、全国的にみても異常に官有地が多く、福島県全体の問題としてこれ以降も引き戻し運動が展開することとなった。

3　自由民権運動

地方自治制確立の動き

福島県の自由民権運動は、全国のなかでも運動の質と量において典型的な県の一つとして評価されている。民権運動は、近代社会成立期におきた広範な階層が参加した巨大な国民運動であったと同時に、その主張内容が、近代民主主義思想を基礎としている点でその礎をきずいたといわれている。運動のありようは多様であったが、ここでは大別して、一つは地方民会から県会へと発展する近代地方自治制度成立の問題、二つは地方政治結社から発展して自由党などにみられる近代政党成立の問題を中心に福島の民権運動を振り返ってみよう。

明治七（一八七四）年、当時磐前《いわさき》県第一四区（田村市常葉《ときわ》町）区長であった河野広中《こうのひろなか》は福島県で最初の民会を組織した。これは、同区内の各村用掛と町村総代による区民会と各村の村民会とからなっていた。河野は、同年石川区長に転じて、民会規則をつくり、区会と町村会を開設し、ここの審議によって区の運営をはかる方式をとった。河野が作成したといわれる石川町の民会「会議憲法」には、「上は叡旨《えいし》ニ奉答シ下ハ民惟《みんい》ヲ恢張《かいふく》シ大日本帝国ヲシテ幸福安寧《あんねい》ヲ保護セン」とその趣旨がのべられており、明治八年にだされた「元老院・大審院を設置し、地方官会議を開き、立憲政体を樹立する」という趣旨の詔勅にこたえようとしたもので、この点では、民権結社の結成の趣旨と同様であった。

当初、町村会の位置づけは軽視されていた。地方民会は、この時期の行政組織であった大区小区制の行政事務と租税制度を円滑に遂行する手段として、開明的地方官によって組織されたが、このうち、下情諮《し》問《もん》機関として重視されたのは県会や区会であって、町村会は無視される傾向にあった。河野らが傍聴人として参加し圧力をかけたといわれる明治八年に開催された第一回「地方官会議」においては、公選民会案は否決され、区戸長会議設置だけが決定されている。これに対して河野の区民会や町村会は、県会・区会と町村会を一貫した地方民会としてとらえ、地方人民の公選制による地方自治制を構想した画期的なものであった。こうした地方民会開設の動きは、河野らによって磐前県を中心に展開したが、これに呼応するように、会津地方にも、遠藤直喜ら区戸長層が中心になって区村民会が組織された。この区村民会は、村総代人・用掛りや公選代議員で構成され、区町村のさまざまな案件を評議するものであり、また、そこへの参加者は同時に民権運動家でもあり、民権拡張がうたわれていた。民権運動が、地方自治制確立運動の側面をもつといわれる理由もここにあった。

ところで、こうした公選制による県会・区会—町村会という地方自治形成の動きは、明治八年に、開明的といわれた当時磐前県令村上光雄のもとで作成された「磐前県民治条例」に結びついたが、明治九年八月、三県合併により磐前・若松両県が廃止され、福島県に統合されてからは、全県的に取り組まれることになった。明治十年、当時福島県権参事であった中条政恒《ちゅうじょうまさつね》は、石川区長であった河野広中からの意見を採用し、彼を福島県六等属に任命し、「福島県民会規則」の作成にあたらせた。この規則は、「福島県町村会仮規則」「福島県区会規則」「福島県会規則」の三つからなっており、中条みずから朱筆を入れ草稿を校閲した（県庁文書F—六九八『明治十年会議書類』）。そして、同年十一月に区戸長・区総代人が福島町常光寺《じょうこうじ》に招集され、中条が議長をつとめた模擬県会が開催された。ここでは、民会規則案が検討され、一定の修

❖コラム

刈宿仲衛と河野広中

福島の民権活動家のなかで、刈宿仲衛《かりやどなかえ》と河野広中《こうのひろなか》は好対照をなしている。刈宿は、河野が主導した国会開設運動に参加し、自由党福島地方部の創設にかかわり、ともに福島の民権運動に尽力した盟友《めいゆう》であった。河野らが「国事犯」として投獄されているあいだ、自由党の留守部隊をまもり救援活動に奔走した。しかし、河野は立憲政体成立後に民党合同の機運が高まると自由党を脱党し、明治三十一（一八九八）年旧進歩党系の「憲政本党」に入党した。旧自由党にとっては裏切り行為であった。ところが、福島の旧自由党員は旧自由党系の「憲政党」から、河野に従って「憲政本党」にくらがえする事態となった。これに対して刈宿は少数の同志とともに「憲政党」に残り、河野の再三の呼びかけにもかかわらず彼と袂《たもと》を分かち、長文の「訣別《けつべつ》の書」を送った。この書で刈宿は、つぎのようにのべている。

> 私は国家のために努力を尽くさんと決意している。だから、あなたと共に行動することはできない。わが郷土の僚友《りょうゆう》は、あなたに付和雷同《ふわらいどう》して誰もその是非について忠告するものはいない。だから私はあなたに大いなる反省を求める。憲政党に残るか、あなたに従うかの判断は、かつてあなたとともに東北地方の大同《だいどう》団結のため、東北同盟会を組織した理念を今も信じていることによっている。これが、あなたと訣別する理由であるし、あなたが憲政本党に所属する理由がないことでもある。

刈宿は生涯をとおして、民権運動の本流をまもったのである。

正が行われた。こうして、明治十一年一月、福島県は甲第一号「福島県民会規則」を公布し、六月、権令《ごんれい》山吉盛典《やまよしもりのり》の出席のもと、議長安部井磐根《あべいいわね》、議員定数六八人で福島県最初の県会が福島町西蓮寺《さいれんじ》で開催された。この県会は、明治十一年に政府が公布し、翌十二年に施行された「府県会規則」に先立ち、これと比較して公選のあり方・県会の権限などにおいてはるかに民主的な、福島県独自の県会であった。

地方政社の結成と発展●

福島で最初の地方政社が、河野広中によってつくられた石陽社《せきようしゃ》であることは有名である。当時石川町の区長であった広中は、神官吉田光一らとともに、豪農商を中心として同志をつのり、明治八(一八七五)年に結成した(この年、「有志会」として発足。のち、十一年に正式発足)。前年、征韓論《せいかんろん》に破れ下野した板垣退助《いたがきたいすけ》が「民撰議院設立建白書」で国会開設を要求するとともに、片岡健吉《かたおかけんきち》・林有造《はやしゆうぞう》らとともに土佐に立志社《りっしゃ》を結成したが、広中はこれと呼応して東北での民権運動を推進すべく石陽社を結成したのである。そしてこの石陽社がさきがけとなって、この後、明治九年安達《あだち》郡二本松の明八会《めいはちかい》、同十年田村郡三春《みはる》の三師社《さんししゃ》、相馬の北辰社《ほくしんしゃ》、磐前郡平の興風社《こうふうしゃ》、十一年耶麻《やま》郡喜多方の愛身社《あいしんしゃ》など福島県全域に政治結社が結成された。

ただ、この時期に設立された結社は、前述したように明治八年の立憲政体樹立の詔勅にこたえるという性格であったから、自由民権を積極的に推進しようというものばかりではなかった。明八会は、旧士族安部井磐根を会長として旧二本松藩士がおもな構成員であり、北辰社は、旧相馬藩が士族授産事業を行ったことが端となり組織されたものであり、平の興風社も旧平藩典医の遠藤致《きわむ》を社長として、旧平藩・笠間藩・泉藩の藩士などを中心として組織されたものであり、これらは当初は、民権結社というより、旧藩士中心の相互扶助団体の性格が強かった。したがって、明八会のように民権運動が盛んになってくると、活動を停止し解散するものもあった。このなかで、石陽社と三師社が福島における民権運動の中心的存在となる。両社は、それぞれ石陽館、正道館という学塾をもち、地方の青年に外国の政治思想のみならず、広く近代ヨーロッパの学術を学ばせる啓蒙活動を積極的に行い、政談演説会ともあいまってこれらのなかから少壮の民権活動家が育ったのである。

明治十一年、第一回愛国社大会が開催され、全国の民権政治結社が大同団結する機運が高まると、福島でも政社の連合が、河野らを中心に積極的に推進され、この過程でゆるやかな目的で出発した北辰社・興風社などが民権結社としての性格を強めてきた。

同年、河野の主唱により岩磐《がんばん》二州会《にしゅうかい》が結成され、翌十二年に「福島県下有志盟約」が結ばれた。この盟約は、「国家の元気を奮興するのは、人民の自由を拡充するにありて人民の自由を拡充するは国政に参与する貴重なることを覚悟し」(『福島県史』11)とあるように、民権論と国権拡張論が結びついており、参加者は、大沼《おおぬま》郡の長嶺八郎《ながみねはちろう》次《じ》、行方《なめかた》郡の佐藤行重《ゆきしげ》など県会議員クラスの有力者および花《はな》香恭次《かきょうじ》郎《ろう》・佐藤清ら少壮活動家など

民権運動の記念碑(石川郡石川町)

おもな県内の民権結社

	結社名	所在地	設立年月	備考（役員・発起人・活動内容）
中通り北部	明八会	安達郡二本松町（二本松市）	明治 9.3	安部井磐根ほか37人。8年10月門入会を結成。おもに旧二本松藩士
	岩磐二州会	信夫郡福島町（福島市）	11.秋	11年10月，河野広中・吉田光一ら石陽社員の意見書にそう県内政社の統一をはかる会
	共愛同謀会	〃（〃）	13.2	岩磐二州会の発展したもの。河野・佐藤清，ほかに4人の巡回員
	進動館	安達郡太田村（東和町）	(14.−)	学習結社。佐藤重治・三浦治作・石井兼治
	自進館	安達郡小浜村（二本松市）	(15.9)	坂本嘉平宅に開設。学習結社。新聞縦覧所・自由懇話会開催
中通り南部	三師社	田村郡三春町村（三春町）	10.4	河野広中・野口勝一・松本茂・田母野秀顕・影山正博・松本芳長ら社員80人
	石陽社	石川郡石川村（石川町）	11.1	河野広中・吉田光一・吉田正雄ら，8年8月有志会を結成。社員200余人
	修道会（修道社）	東白川郡伊ノ下村（棚倉町）	10.8	川原隆儀・比原利勝・宗田兵吉・井上光一ら。教員・区吏員が多い。14年10月東奥改進党へ発展し，15年4月，改進党本部と合併
	第二嚶鳴社	石川郡石川村（石川町）	(11.−)	同年設立の公同社より発展。門馬尚経・村社厳・添田周次郎・添田治平ら社員100人
	赤心社	田村郡守山村（郡山市）	(13.3)	小野守穏・河野通類ら社員16人（有志40人）
	正道館	田村郡三春町村（三春町）	(14.6)	三師社付属の学習館。佐久間昌言・松本茂・安積三郎らが指導
	先憂社	〃（〃）	(14.−)	三師社・正道館の言論機関。『三陽雑誌』を発行。安積三郎・西原清東・琴田岩松
	石陽館	石川郡石川村（石川町）	(14.−)	石陽社付属の学習館。具体的活動不明
	大正館	田村郡大倉村（田村市）	(14.11)	太田一策ら。自由党員の学習結社
	同進会	田村郡上移村（田村市）	14.12	大河内英造ら，会員15人，自由党員の学習結社
	不羈社	田村郡斉藤村（三春町）	(15.−)	大和田広治・神指八弥ら，16人
浜通り地方	北辰社	行方郡小高村（相馬郡小高町）	10.8	岡田長康・岡田健長・愛沢寧堅・刈宿仲衛・目黒重真ら社員170人。旧相馬藩帰農士族中心
	興風社	磐前郡北目村（いわき市）	10.10	遠藤致・白井遠平・松本操・内田為善・飯田護ら7人発起。社員60人
	求友会	磐前郡平駅（いわき市）	(12.−)	興風社の遠藤・白井・松本らと柏原左源太など21人発起。仮契約のみで活動不明
会津地方	愛身社	耶麻郡喜多方町（喜多方市）	11.10	安瀬敬蔵・宇田成一・遠藤直喜・中島友八・前田耕作ら社員54人。旧肝煎中心
	先憂党	耶麻郡加能村（喜多方市）	(13.11)	三浦茂次郎・三浦信六・上野荘松・原平蔵ら，国会開設請願

カッコ内は推定年月。本田善人「福島県自由民権運動における結社・組織の展開」（いわき民衆運動史研究会『民衆運動史研究』1）より作成。

とともに、石陽社の河野らをはじめ、三師社の松本芳長《よしなが》、北辰社の岡田長康、愛身社の宇田成一《うだせいいち》、興風社の赤津作兵衛など県下政社の代表が名を連ねている。

北辰社が民権結社としての性格を強め、県下の政社連合に積極的にかかわるのは、この盟約前後からであった。明治十三年一月、北辰社総会では「国会開設を政府に請願すること」と「本年二月宮城において東北有志会合同するにつき、出会ありたき旨三春の三師社より照会あるを以て、社員二名を公選し派遣すること」の二点を決議しているが、ここには明確な民権運動への取組みがみられる。前者の国会開設請願の決議では、現下の政治状況について、騒乱頻発、国債紙幣乱発、条約改正失敗、輸入超過による金の外国流出などその弊害を指摘し、行動方針として(1)愛国社全国大会に代表を派遣すること、(2)県下有志者と連携を強化することなどを決議している。(1)については、県下の有志者と連携して請願のため福島町で会合をもつこと、会合へのよびかけとして磐城・若松その他各地に催促委員を巡回させること、会合が不成功におわったら、独立して請願の方法を制定すること、制定後ただちに請願委員を派遣することなどこまかに決議している。(2)の「東北有志会合同」には、河野らの呼びかけに呼応し、刈宿仲衛《かりやどなかえ》・藤田蠖蔵《かくぞう》の二人を派遣することを決定している。刈宿は、磐前県の訓導（師範学校の教師）時代に河野らと知り合い、民権活動家となった人物で、彼が入社したことにより、北辰社が民権運動の理論的支柱を得て、国会開設請願運動・愛国社への全国的結集に参加する原動力となったといわれている（佐藤実「福島の民権結社―北辰社」『福大史学』42・43合併号）。

全県的動きとの関連でいえば、同年二月に岩磐二州会を発展させた共愛同謀会《きょうあいどうぼうかい》が結成されたが、この組織は県下の民権結社相互の連絡と中央の愛国社との連絡とを緊密にすることを目的とした民権結社の連合体組織であり、北辰社の決議はこうした動きに積極的に呼応したものであった。そして同時に、福島町が民権結社の集結地となったことが、自由党福島部の結成へとつながることになる。

興風社も当初は、旧藩士の親睦団体の域をでていなかった。明治十三年に、平警察署長加治《かじ》七等警部が県警に提出した報告書によると（『福島県史』11）、「興風社は、社員六十余名……、その目的たる演説等は望むところにあらず、年に月に委靡《いび》に帰し殆《ほとん》ど見るにたるものなし、僅かに社名を消滅せざるの現況にこれあり」という状況であった。ところが、この年に「社長を白井遠平に改めてより、石陽社、三師社等に連合し、少しく挽回の色を顕したがるがごとし、但し、社員は三四十名に過ぎず」とあり、このころから県内各政社と連携し、政談演説会など活動を活発化する。明治十三年は、全国的に国会開設運動が高揚した年で、福島県でも三師社より元老院に国会開設の請願書が提出され、さらに会津六郡の有志者も同様に請願書を提出している。興風社もそうした流れのなかで民権運動へ参加していったと考えられる。白井が社長に就任したのは同年七月であるが、それ以前の三月に、「興風社有志者」で国会開設にむけて全国や福島の動きに参加しようという内容の「檄文」がだされているが、これは、いわき地方の民権運動の発展を鼓舞《こぶ》するために社の内外に訴えたものであった（『いわき市史』第一〇巻〈上〉）。ただ、興風社は、桜鳴社《おうめいしゃ》（のちの改進党系）の影響があり、河野らののちの自由党系とは一線を画しており、改進党へ合流することになる。

会津地方の愛身社も「元来この社は富豪または各村戸長等より成立ち、専ら興業殖産を以て目的とす」といわれ、「明治十一年中の創立に係る当時社外この社あるを知らず」という状況であった。ところが、明治十三年になり、愛国社第四回大会（国会期成同盟会）に参加する前後から急速に発展する。「本年（明治十三年）の始めに該地方の県会議員等加入し、随って国会開設論の流行に際会したるを以《もっ》て、社名始めて社外に顕われたり」。愛国社大会＝国会期成同盟会には、耶摩郡加納村遠藤直喜《なおき》ほか一五三人が国会開設請願を河野に委任し、河沼郡有志三〇人総代として山口千代作《ちよさく》が参加している。この請願書では、県下で石陽社二三一人、三師社八五人、北辰社一八二人の賛同者を集めた。同年十一月の第二回国会期成同盟会では、国会開設請願を二五八人が支持し、遠藤直喜・原平蔵を代表として送り、同時に東北有志会にも参加するまでになった（『福島県史』4）。このように、愛身社の構成は、初期の「興業殖産」を目的とした富豪・戸長層だけのかぎられたものから、豪農層を指導者とし一般農民が参加する、より広範な階層を含んだものへと大きく変化しており、会津地方の民権運動の中核となったということができる。

福島事件と喜多方事件●

自由党福島部の結成は、明治十四（一八八一）年十二月二十一日ごろと思われる。無名館《むめいかん》「日記帳」によれば、自由党地方部結成の協議会を十二月二十二日から二十四日にかけて開催し、地方部の「申し合わせ規則」を作成し、党務委員を選出し、新聞発行は議決しているが、各郡の有志者は「いまだ到着せず」という状況であったから結成当初は、さほど強固な体制ではなかったようだ。翌年三月の第一回定例会でも参加者が少ないため、重要課題である「党衆救助申合規則」は正式な議決とはなっていない。ただ、党務委員の補充、自由新聞仮規則調査委員、新聞株募集委員などが選ばれ、徐々にその体制をととのえていった。

自由党会津部は、明治十五年二月七日ごろ結成された。福島部と別個に会津に地方部を設けたのは、「理由書」によれば、会津民権運動の中心が耶麻郡喜多方地方にあり、地理的便宜に基づくものであったとされている。会津部の組織は、喜多方本部のもとに、郡あるいは数村を単位とする組をおき、本部に部理一人、副部理一人、党務委員三人の委員を選出し、組ごとに幹事を任命したものであった。構成は、部理安瀬《あんぜ》敬蔵《けいぞう》、副部理三浦茂次郎、党務委員宇田成一・中島常吉・三浦信六の名があり、豪農層中心の組織であった。

こうして、ようやく民権運動の中核である自由党地方部が福島に結成されたとき、明治政府の命をうけ、民権運動撲滅をもくろんだ三島通庸《みしまみちつね》が同年二月十七日に県令として福島に赴任《ふにん》した。三島県令は、赴任直後から施策を強引に推し進めた。まず、会津六郡の連合会を組織して、三月には連合会を開催し、三方《さんぽう》道路開発のための服役負担と施行手続を決定した。これは、「国庫下付金の懇請許可の上は」という修正がなされはしたが、路線査定や工事経費の見積り、予算金などを決定しないままに六郡人民の負担だけを決定したもので、政府よりの国庫金二六万円下付といういつわりの餌《えさ》で釣ったものといわれている。なぜな

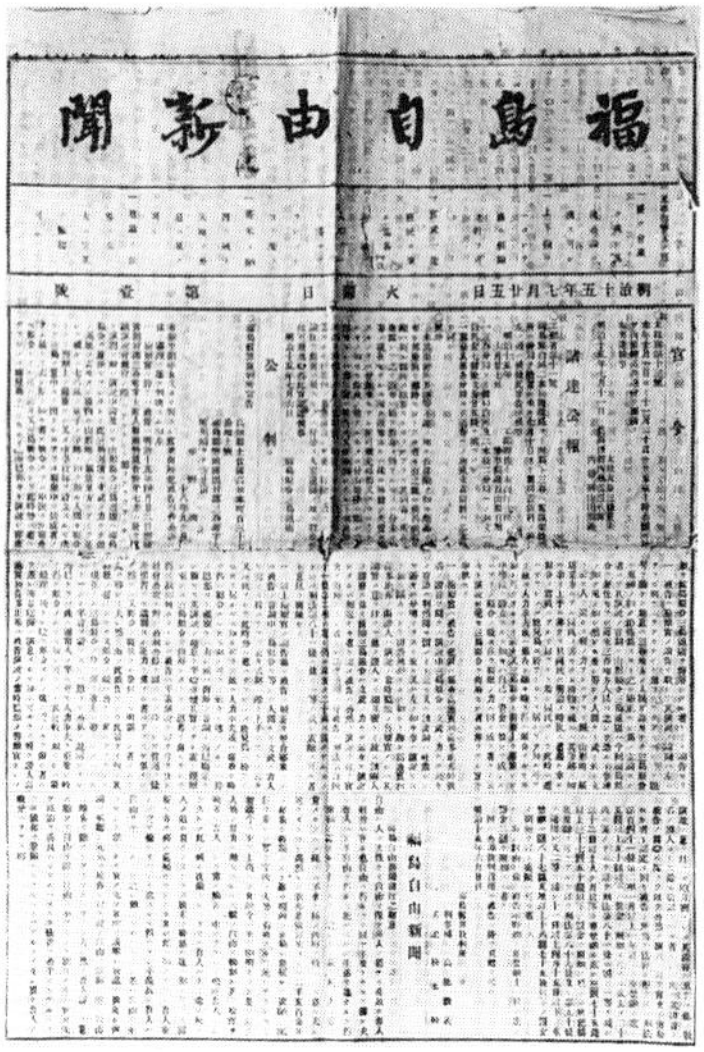
福島自由新聞

『福島自由新聞』第1号

ら、三島はのちに政府に対して、総工費四八万円、人民負担三八万円余と見積り、差し引きわずか下付金九万円余りを願い出ているからである。地域開発は、地域住民にとって切望することであったから、国庫金が保障されれば拒否する性質のものではなかった。しかし、結果は郡内の人民に対するきびしい代夫賃取り立てと、強制労働をもたらした。

一方、三島県令は福島県会に対しては、彼自身が招集した四月の臨時県会や通常県会にもまったく出席せず、自由党との対決の態度を鮮明にしていたから、河野らの自由党員が中心であった県会は、提出される議案をすべて否決するという「議案毎号否決」動議を可決させ三島と対抗した。ただ、県会および自由党福島部は、まだこの段階においては、会津六郡に対する三島の謀略については、具体的に取り上げていない。

こうしたなかで、会津の三方道路開発が六月から実施され、代夫賃取り立てと工事服役の実態があからさまになってくると、猛然とこれに対する反対運動が展開した。この運動は、宇田・山口・赤城平六《あかぎへいろく》などが中心となり、八月ごろから工事服役反対・権利回復の同盟として発展した。九月に開催された第三回会合では同盟者（訴訟委任状提出者）は四〇八三人を数え、その代表者七〇人余が出席し、「権利恢復規約書」および訴訟委員を決定した（『福島県史』4）。「権利恢復」とは、本来地域開発は、地域人民の権利に属するものであり、これへの侵害が行われたのでその権利を回復し、民主的方式による道路開発を行うというもので、地方自治の理念をうたっていた。十月二十日に、若松裁判所に訴状を提出する段階では、同盟員は七〇〇〇人を超えており、出訴者は耶麻郡だけで四二カ村二六六二人に達し、さらに「出訴中につき服役せざる」旨の届け出がぞくぞくとだされ、この一週間のあいだに郡内一六村で一二八七人にもおよんだ。

こうした急速な反対運動の盛り上がりに、三島は危機感を深め、十月末に県官海老名《えびな》一等属と巡査約四〇〇人および自由党に対抗するために組織された帝政党員を喜多方に送り、代夫賃・服役拒否の同盟員に対して財産差し押さえと公売処分を強行し、証拠が固まりしだい指導者層を一斉逮捕する方針を指示した。そして、十一月二十四日、同盟の中心的人物であった宇田が逮捕され、続いて植田勇知・羽鳥諦呉《はどりていご》・佐治《さじ》幸平・小島忠八・真部喜貞《まなべよしさだ》ら指導者層がつぎつぎに逮捕された。これに対して、二十八日指導者逮捕の抗議のため、周辺農村から農民数千人が喜多方に集結し、一日、塩川街道の弾正ケ原《だんじょうがはら》で集会を開催したのち、ふたたび喜多方に引き返し、警察署を包囲し宇田らの逮捕理由を問いただした。こうした一触即発《いっしょくそくはつ》の状況下、群衆にまぎれこんだ挑発者が投石したのを合図に警官が抜刀して群衆に襲いかかり、この事件を契機に河野をはじめ県下の自由党員を一網打尽《いちもうだじん》に逮捕したのである。三島はこの事件の翌日、村上少書記官に「喜多方奸民《かんみん》が乱暴したことは好機会故、関係の者すべて怠りなく捕縛せよ」旨を電報で指令し、この意をうけて村上は同日、新合《しんごう》村の同盟本部で同盟幹部四〇余人を逮捕し、さらに「この機会を逃さず自由党の根を絶つべし」との指令をだした。そして十二月一日、福島町の無名館で河野らを逮捕し、ここに福島の民権指導者層のほとんどすべてが逮捕され、組織は壊滅し運動が終焉《しゅうえん》したのである。無名館とは、六月の集会条例改正により、自由党本部は「地方部解党」を指令し、福島部は「自由党という名はない」という趣旨でこう名づけたものである。

河野らの罪状は、国事犯＝内乱陰謀罪であったが、当初主要な証拠としてみなされていたのは、同盟本部の「特別内規」であった。しかし、その趣旨内容は「単に道路反対だけでなく、政治の改良を図ることを目的とする」であったから、これでは国事犯の証拠としてはきわめて不充分であった。明治十六（一八八三）年になって、花香恭次郎の草稿による「無名館盟約」なるものの存在が明らかになり、「政府転覆」の文字があったとの自供を証拠として（現物は未発見）、同年九月、河野広中・田母野《たものの》秀顕《ひであき》・平島松尾・愛《あい》沢寧堅《ざわやすかた》・沢田清之助・花香恭次郎らが国事犯として六年から七年の有罪判決が下った。「転覆」の二文字によって有罪となったことから「二字獄」といわれたが、これを憲法草案の観点からみると、人民の抵抗権をのべたにすぎないという指摘を忘れてはならないだろう（庄司吉之助「自由民権運動と福島事件」『福大史学』35号）。

4　地域開発の光と影

道路開発と東北本線●

日本の近代化を促進するうえで交通基盤整備は不可欠であった。さきにみた三島《みしま》県令の会津三方《さんぽう》道路開発に対する会津農民の反対運動は、三島の強権的圧制とでもいうべきやり方に反対したのであって、地域人民の手による地域開発は意味が違っていたはずである。事実、栃木県令に転任した三島は、那須野原《なすのがはら》開発に貢献したとして、該地では三島神社を建立しその業績をたたえている。三島は土木県令と異名をとったほどで、山形県令当時に福島県令山吉盛典《やまよしもりのり》と合議し福島・米沢間を結ぶ新道を開削した。この路線は、福島より中野村から南置賜郡《みなみおきたま》刈安村《かりやす》（山形県米沢市《よねざわし》）を経て米沢町に至るもので万世大路《ばんせいたいろ》といわれた。

福島で最初の鉄道開通は、明治二十（一八八七）年に安場保和《やすばやすかず》らが設立した日本鉄道会社によって東京・仙台（塩釜）間が開通したときである。この路線は、当初福島・保原・梁川《やながわ》を経て宮城県丸森《まるもり》をとおす計画であったが、信夫・伊達郡では養蚕が盛んで、煤煙《ばいえん》により桑に悪影響をおよぼすとして反対運動がおき、このため伊達・桑折・藤田を経て厚樫山《あつかしやま》を越えて白石《しろいし》に至る路線に変更された。青森までの全線開通は明治二十四年であった。

常磐線は、白井遠平らの働きかけの努力もあり、日本鉄道会社が明治三十年に水戸《みと》・平《たいら》間を開通させ、翌三十一年小高《おだか》まで延長した。このことにより、常磐炭鉱の石炭大量輸送が可能となり、炭鉱開発の基盤整備がはかられた。

さらに、奥羽本線が三十二年、東北最初の官設鉄道として板谷《いたや》峠を越して福島・米沢間を開通し、磐越西線《ばんえつさい》（当時岩越線《がんえつ》）が三十年着工、三十七年喜多方まで開通した。そして、明治三十九年鉄道国有法により東北線・常磐線が国有化され、県下の鉄道は国家によって統合された。

安積開拓●

安積《あさか》開拓は、富国強兵・殖産《しょくさん》興業政策の一大事業であったが、同時に士族授産事業の一環としての性格ももっていた。安積原野の本格的開拓が着手されたのは、明治六（一

明治30年代の福島駅

八七三）年福島県典事中条政恒《ちゅうじょうまさつね》の指導のもとに、郡山の豪商阿部茂兵衛《もへえ》らが開成社《かいせいしゃ》を結成し、大槻原《おおつきはら》（開成山旧桑野村一帯）約一〇〇ヘクタールの開墾に着手したときからである。この開墾事業は商人の民間資本により行われ、この実績も評価されて、明治九年、政府事業として内国開拓第一号として郡山西部一

各藩士族の入植図（『郡山市史』4〈近代上〉による）　太字は藩名を示す。

開成館（明治７年）　開成社の集会所などにつかわれた。

帯約四〇〇〇ヘクタールの原野を猪苗代湖から疏水して開墾することが決定された。

疏水工事計画は、内務省勧農局平属南平一郎《みなみへいいちろう》が作成した調査図書（設計図）についてオランダ人技師ファン＝ドールンの助言も得て、猪苗代湖取水場所として田子沼口を決定し、さらに、同局技師山田寅吉《とらきち》を設計主任とし幹・枝水路に関する精密な全体設計を作成し、十二年に着工し、わずか三年後の十五年に完成した。

その開墾には九州の久留米《くるめ》藩（約一四〇戸）をはじめ、高知（一〇六戸）、松山（一七戸）、鳥取（六九戸）、岡山（一〇戸）などの士族九藩約三〇〇〇人、四七九戸が入植したといわれる（安積疏水百年史編纂委員会編『安積疏水百年史』）。

ところで、旧二本松藩士族はこれより前、六年から七年にかけて二八戸が大槻原に入植している。いわば、入植第一号であった。当時県令であった安場保和は、戊辰《ぼしん》戦争の戦禍《せんか》による二本松士族の窮状を入植によって救済しようとした。移住者は開拓資金として県から無利子で一戸三〇円貸与され、別に生活資金を低利で借り、現安積《あさか》高校付近の開墾に着手した。しかし、過重な開墾労働と貧困により病人が続出し、移住者の家族の多くが病気や栄養失調で病没した。このため、最多時で二八戸あった移住者は、脱落・逃亡・犯罪などにより、大正末ころにはわずか七戸に減少している。のちの政府事業による多くの士族入植も、同様の辛酸《しんさん》を味わったことはいうまでもない。また、開成社による開拓は、政府開拓の先鞭《せんべん》をつけたことで評価されるが、この大槻原開墾は、社が小作人をつのり、入植した小作人が開墾したものである。明治八年ころには、戸数一〇〇余戸、開拓された耕地約二五〇余町歩で、これに二本松士族を加えると人口七〇〇人を超える桑野《くわの》村が誕生した。しかし、移住者の生活は困窮をきわめ、小作人は定着せず初代入植者が残った例は少ない。のち、中条政恒の孫中条百合子《ゆりこ》（宮本百合子）が、一八歳のとき、『中央公論』に発表した処女作「貧しき人々の群」は、この桑野村をモデルにしたものであった。

常磐炭鉱の発展●

常磐《じょうばん》炭鉱の開発の歴史は、江戸時代までさかのぼるが（二〇五頁参照）、近代的炭鉱としての開発は、明治六（一八八三）年ころからである。この年、渋沢栄一《しぶさわえいいち》ら中央資本と山崎藤太郎らの地元資本とが組合出資し、資本金四万円の磐城《いわき》炭鉱社を設立した。社は山崎が設立していた小野田炭鉱を合併し、さらに小野田と小名浜港を結ぶ軌道を敷設し、事業拡大を行った。明治二十五年日本鉱業条例に基づき、翌二十六年に社名を磐城炭鉱株式会社に変更し、資本金四〇万円としている。この時期は政府が急速に工業化を推進した時期で、日清戦争も勃発し石炭需要が高まり、大資本による会社設立が行われた。二十八年、資本金五〇万円で入山採炭《いりやまさいたん》株式会社（社長森岡昌純・取締役白井遠平）が設立され、これはのち昭和十九（一九四四）年、政府の指導により磐城炭鉱と対等合併し、常磐炭鉱株式会社となった。これとは別に、白井は明治三十九年に資本金五〇万円で好間《よしま》炭鉱株式会社を設立し、翌四十年に火力発電所を新設した。のち大正四（一九一五）年、社は古河《ふるかわ》合名会社に買収され、七年に古河石炭鉱業株式会社好間鉱業所となった。また、大正六年には小炭鉱を合併し大日本炭鉱株式会社が設立され、ここにいわゆる四大炭鉱がでそろった。これら四社は優良鉱区を独占し、出炭比率で全体の八割以上を占めており、その下に、下請け採炭（斤先掘り）を行う零細炭鉱が多数存在するという二重構造が成立していた。

9章

激動期の福島

バケツリレーの訓練にはげむ主婦たち

1　大正デモクラシーと米騒動

福島における近代産業革命●

福島における近代産業が確立するのは明治の後半期であるが、大別して在来産業の近代化と新興産業の創設の二側面からとらえることができる。前者はいうまでもなく、伝統的製糸業が機械化による近代化をとげたことであり、後者はさきにみたいわき地方の石炭産業および猪苗代湖を中心とする電力産業である。そして、比喩的にいえば、これらの骨格としての産業をささえる動脈と血液——鉄道・道路を中心とする交通網と金融機関の連携的設立——もまた同時に成立し、ここに「産業革命」とでもいうべき近代産業の確立期をむかえた。

まず、製糸業の推移から簡単にのべれば、最初の機械制工場の設立は比較的はやく明治六（一八七三）年に二本松と喜多方に製糸会社が設立されたのがそのさきがけであった。とくに二本松製糸工場は、小野組小野市兵衛《いちべえ》などの中央資本と地元の安斉宇兵衛《あんざいうへえ》などの商人資本とが出資し、旧二本松藩士族山田脩《おさめ》などの尽力もあり、政府からの援助もうけて資本金五万五〇〇〇円、職工二四五人をかかえる大工場であった（『二本松市史』七巻）。しかし、こうした工場は国家政策に対応し「上」から移植されたものであり、地域製糸産業はいぜんとして在来の座繰《ざぐり》製糸が圧倒的であった。ちなみに、明治十七年段階で一〇人繰り以上の機械製糸工場はわずか八工場にすぎなかった。機械製糸が座繰製糸を圧倒してくるのは、明治末ころと思われる。それを機械製糸生産量の推移でみれば、三十一年で約一万一〇〇〇貫（全生産量の約一二

近代的企業の成立

創立年	炭鉱名	所在地	備　考
明治16(1883)	磐城炭礦社	内郷，綴	明治26年，磐城炭礦㈱に改組
23(1890)	津川炭礦	北好間	大正6(1917)年，古河炭礦に吸収。大正8年，小田吉次が買収
24(1891)	手綱炭礦	(茨)高萩	
25(1892)	千代田炭礦	(茨)松岡	のちに手綱炭礦を吸収して千代田炭礦㈱となる
26(1893)	白水炭礦	内郷，白水	のちに王城炭礦となる
28(1895)	入山採炭	湯本	
29(1896)	茨城炭礦	(茨)磯原	
〃	不動沢炭礦	赤井	
〃	山口炭礦	内郷，白水	
30(1897)	岡田炭礦	内郷，宮	明治37年三友炭礦，大正15(1926)年に矢郷炭礦になる
33(1900)	三星炭礦	内郷，白水	のちに大日本炭礦に買収される
36(1903)	王城炭礦	〃	白水炭礦の改組
37(1904)	隅田川炭礦	北好間	津川炭礦の改組，のち古河合名，さらに小田へ
39(1906)	好間炭鉱	下好間	のちに古河合名に譲渡

『明治工業史』その他による。(茨)＝茨城県。

%）だったのが四十四年段階で約五万貫（約三五%）に急増している。座繰製糸は総生産量からみればいぜんとして優位にあるが、これらは職工一〇人以下の零細工場や賃引き・家内工場あるいは織元との個人契約による生産であり、少数の機械制大工場が生産の中心をになうようになったことは明白である。さらに、川俣《かわまた》地方が大橋《おおはし》式力織機《しきりきしょくき》の発明などによって機械化が急速に進行したように、座繰生産の中心地帯の転換がみられる。これは、外国貿易における羽二重・平絹生産需要の増加に対応したものであった（『川俣町史』第五巻）。つぎに、採炭業の発展と機械化のようすをみると、いわき地方の生産量は明治十八年で一万三五〇〇トンだったのが、三十年一六万トン、三七年七二万トン、四十四年二三五万トンと急増した。この生産の中心的にない手は、上表にみられるように二十年代から三十年代に設立された近代的企業であった。これらの企業は、排水・運搬・通気・照明など近代技術＝機械体系を整備し、採炭技術が飛躍的に革新され、いわゆる大竪坑《だいたてこう》時代を到来させる。さらに、自家発電所や鉄工所・耐火煉瓦《レンガ》製造工場など関連企業も設立され、全体として近代的技術体系に基づいた総合的近代工場群が創設されたのである。

福島における電力産業の端緒は明治二十八年、菅原道明《すがわらみちあき》らが福島町の有志と設立した福島電燈株式会社である。当時としては珍しい中距離高圧交流送電で庭坂《にわさか》発電所（出力三〇キロワット、一十九年六〇キロワットに倍増）より福島町まで送電した。この後、大正前期までに設立された電力会社は、右表のとおりであるが、郡山と猪苗代をのぞいて、いずれも地域需要のための一般営業販売用として地元資本が中心となって設立した小規模電力会社であった。

明治末ころまでを電力企業の勃興期とすれば、大正期は第二期と位置づけられる。それは、勃興期の小規模で未成熟な性格が革新され、日本資本主義の展開——すなわち、工場動力が蒸気力より電力へ転換、さらに電気化学工業の発展——に照応した新しい電力需要にふさわしい大規模発電所が設立されたことで

電力会社設立一覧

社　名	開業年
郡山絹糸紡績会社㈱	明治32年
喜多方水力電気㈱	34
会津電力㈱	34
須賀川電気㈱	39
二本松電気㈱	41
川俣電気㈱	41
三春電気㈱	42
伊達電力㈱	43
磐城電気㈱	44
白河電気㈱	44
相馬電気㈱	44
本宮電気㈱	44
中村電気㈱	45
大沼電燈㈱	大正1年
新町電気㈱	1
常葉電気㈱	2
棚倉電気㈱	3
猪苗代水力電気㈱	3

『福島県史』第4巻による。

ある。その代表例として、猪苗代水力電気株式会社をみる。この発電所は、中央資本の要請により、千石《せんごく》貢《みつぐ》らが資本金二一〇〇万円で四十四年に設立した。計画の完成時には、四カ所の発電所をもち二二五キロ離れた京浜工業地帯に大量送電するというものであった。大正四（一九一五）年に完成した第一発電所は、東京田端《たばた》変電所に三万七五〇〇キロワットを送電し、大正七年に完成した第二発電所は出力二万四〇〇〇キロワットで長距離大送電時代のけん引をはたしたのである。

大正期の都市と農村●

大正期の時代特徴を示す表現として「大正デモクラシー」という言葉がある。これは、日本の工業化が進展し、都市部を中心に勤労者階級＝都市市民層が形成されたこと、天皇の帝国議会に対する超越した権限や軍部の圧力などによりきわめて制限があったが、一定の範囲で政党政治が定着したこと、第一次世界大戦により日本経済が好景気となり、新興産業資本が育成されたことなどにより、全体として政治・経済・文化などで大衆化による民主主義的傾向がはっきりとあらわれてきたことを示したものである。しかし、他方で経済界においては、財閥による資本の独占化・系列化が進行し、その対極に労働運動が本格化し、また、産業資本と勤労者の対立的緊張関係が顕在化した。農村においては、寄生地主制の支配により健全な農業発展が阻害され、小作人を中心とした零細農民階層が、貧困にあえぎ農村荒廃というべき現象を招き、小作争議や米騒動が多発した時期でもある。

大正三（一九一四）年に勃発した第一次世界大戦は、空前の好景気をもたらした。そして、大正八年の全国動向では、工業生産が全生産の五六％を占め、農業国から工業国へ転換した。福島県は、同年では約七五％が農業人口であり、産業別生産価額も農産物一億五二五九万円で工産物九三六三万円をはるかに上回っており、農業県としての性格はかわらない。しかし、この時期に諸工業の工場数が、紡績工業をはじめ、金属・機械器具・窯業・化学工業・製材木製品・印刷・食料品など飛躍的に増大している。同時に、職工数は明治四十二（一九〇九）年六九〇〇人から一万九六〇〇人と三倍に増加した。農林水産物も、農業では米の反当り収量増大、ナシ、オウトウ、リンゴなど果樹栽培の増大、水産業における漁船の動力化による沖合漁業（底引《そこび》き網漁法）の発展など前進もみられた。

また、この時期に鉄道軌道の支線が整備されたことも特徴の一つである。会津地方では大正二年岩越《がんえつ》鉄道馬下《まおろし》・津川《つがわ》間、山都《やまと》・野沢間が開通、翌年に全通した。同六年には平・新津間が全通し磐越《ばんえつ》線となった。平方面では大正四年に磐越海岸軌道《きどう》会社により泉・小名浜《おなはま》間の開通、県下では同七年福島・郡山間にバスが開通、明治四十一年開通の軽便鉄道（福島・長岡、長岡・飯坂）が大正四年に川俣・掛田間、十一年保原・桑折間を開通している。

教育・文化面では、大正八年に県では「県立学校増設ニ関スル件」の諮問に応じて、郡立や町村立中学校を県に移管し、さらに県立学校の開設を決定し、大正十五年までに実業学校七・高等女学校三・中学校五校が誕生した。師範学校も男子と女子に独立した。これは、小学校就学率の向上や中学校進学希望の増加の風潮と経済発展による県財政の膨張によって実施されたが、この時期、一部とはいえ都市勤労者・市民層の子弟教育が広がったことを示している。文芸では、本県出身やゆかりがあり中央の文壇で活躍した人物として、安積中学校出身の久米正雄《くめまさお》や会津出身の柳沢健《やなぎさわけん》らがいる。久米は『新思潮』同人として活躍し、「阿武隈心中」など多くの戯曲をあらわした。柳沢は東京大学仏文科出身で『三田文学』（慶応大学）などに小説や論文をあらわしている。県内では『福島民報』『福島民友』『福島新聞』関係者などが文壇を形成し、『羅列』『福島芸術』などの同人誌が発刊された。そのほか、詩壇・短歌・俳句・絵画・音楽などさまざまな文芸活動が活発に行われ、一種の文芸興隆の雰囲気を示している（『福島県史』5）。

福島における米騒動●

しかし、こうした好景気・経済発展は長くは続かなかった。大正九（一九二〇）年、前年に終結した第一次世界大戦の反動としての戦後恐慌が全国を襲った。福島では、中軸産業の農業で深刻な状況をもたらしている。同年の県会では、⑴今年は近来にない大豊作にかかわらず、米価が急落したため一石収穫の必要経費が四〇円に対して、二五円の収入にしかならず生産費を大きく下回っている。⑵繭価が急落し、昨年の養蚕農家一戸平均所得四五二円が、本年は二〇〇円に半減したことが報告されている。製糸業・織物業も同様で、日本でも羽二重《はぶたえ》生産で有数の発展をみせた川俣機業は、相場下落により滞貨約一四〇万円となり、川俣信用販売購買組合では二カ月間の操業停止を行ったが、操業再会の目処《めど》がたたず、川俣銀行も資金繰りにつまり、日本銀行福島支店から特別融資

●瓦礫を投じつゝ……萬歳を唱ひて雪崩れ走る
果然福嶋に米暴動
三名の交渉委員を先登とせる大群衆
市内米店を襲ふて廿五銭値下を迫る
―福島署員総出教習所生徒も應援して大警戒―
▼引續き一升金三十銭に販賣すべし
▼上町橋本米穀店へ行くべしく
▼萬歳を三唱し同店を引揚げ

米騒動を報じる新聞記事(『福島民報』大正7年8月15日)

をうけたが返済できない状況であった。

ところで、この時期より少し前におきた事件でのべておかなければならないのが、大正七年の米騒動である。八月十三日、福島稲荷神社に集まった人数一〇人程度がまたたくまに二〇〇〇人にふくれあがり、米屋を襲撃し米価の値下げを強要した。参加者総数は五〇〇〇人といわれる。これに端を発して、翌十四日、耶麻《やま》郡山都《やまと》村（喜多方市）・伊達郡梁川《やながわ》町（伊達市）・双葉郡浪江《なみえ》町に発生し、十六・十七日、若松市では、米屋をはじめ酒屋や豪商を襲い諸物価の値下げを要求し、郡山・喜多方・飯坂・伊達郡掛田《かけた》・東白川郡棚倉《たなぐら》・河沼郡坂下《ばんげ》に波及し、十八日須賀川・安達郡針道《はりみち》、十九日岩城郡平・二本松・白河・川俣・相馬郡松ヶ江《まつがえ》村原釜《はらがま》、二十日から二十二日にかけて、安達郡本宮・相馬郡小高・北会津郡湊《みなと》、二十三日常磐炭鉱鉱夫・相馬郡新地漁民、二十五日原町などの県内全域の市町村に波及した。この騒動は、九月二十一日の岩城郡小川（いわき市）の炭鉱で終止符をうつ。この騒動の直接の原因は、いうまでもなく米価をはじめとする諸物価の異常高騰にある。この時期の物価について『県統計書』でみれば、五年の米一石一一円余が七年には二三円余に、清酒一石四四円が六六円、砂糖一〇〇斤《きん》一五円が二〇円に高騰した。こうした異常物価騰貴は、大戦好景気に商人の投機的売買が加わってまねいたのだが、他方、勤労者の賃金水準の低さや小作人層の生活苦・農村疲弊が相乗効果をもたらしたものと考えられる。大戦景気の裏面に工業化を成しとげた社会矛盾が露呈しており、戦後反動恐慌《きょうこう》や金融恐慌へと続いていくのである。

2　昭和恐慌と戦争への道

農村の疲弊●

昭和二（一九二七）年に勃発した金融恐慌はまたたくまに全国の地方銀行におよんだ。三月の渡辺銀行休業にはじまった金融恐慌は六月には福島にも波及し、福島商業銀行が休業となり、これに端を発して磐城《いわき》銀行・四倉《よつくら》銀行・浪江《なみえ》銀行が休業し、ついには本県の中心的銀行である第百七銀行が休業し、これによる連鎖反応により、系列下の福島貯蓄銀行・白河商業銀行が休業した。五年には県内一位の郡山《こおりやま》合同銀行が休業、その余波で六年に磐越《ばんえつ》銀行・二本松銀行・須釜《すがま》銀行・白河実業銀行・須賀川《すかがわ》銀行などが休業した。福島県下の銀行は恐慌前に四二行あったが、恐慌によって破綻した銀行は二二行を数え、再編合併などもあり、昭和六年まで生き残ったのはわずかに一一行であった。とくに福島市では、普通銀行は一行もなくなるという惨憺《さんたん》たるありさまであった。

こうした地方銀行の倒産は、背後に福島経済界の不況が大きく影響していた。信達地方の蚕糸業の発展にささえられて、地方銀行の興隆があったが、この時期の慢性的不況により銀行経営も困難に直面していたのである。大正十（一九二一）年の本県絹織物の生産額は九一四万円であったが、昭和六年では五五五万円に激減している。とくに輸出用羽二重《はぶたえ》は九一四万円から九一万円と、一〇分の一に激減した。本県の中心的機業地の川俣《かわまた》では、昭和五年『福島県絹織物検査書年報』（『福島県史』13）によれば、年明けから輸出絹織物工業組合が休業においこまれ、再開の目処がたたないこと、そのため、輸出に見切りをつけ国内用に転換して活路をみいだそうとしたが、生糸原料・製品価格ともに史上最低となり、操業を中止する機業が続出したことなどが記されている。この恐慌のなかで、県下の輸出羽二重生産戸数は大正十年一四二七戸から昭和十一年九五戸へ激減しており、壊滅的状況となった。この過程で多くの零細手織機《ておりばた》が没落したことはいうまでもない。この輸出用絹織物業の壊滅は、農家経営における蚕糸業部門の壊滅と連動している。農家の主要生産物であった繭《まゆ》の価格（春繭《はるご》一貫目）は大正十四年一一円二五銭、昭和四年七円五七銭、八年二円五四銭と約五分の一に下落した。「米が第一、繭が第二」の福島県農業における恐慌の影響は、農村の困窮をさらに深刻化し、身売り・一家心中・家族離散があいつぎ、閉塞状況をきたしたが、このことが「満蒙《まんもう》開拓」などにみられる国の大陸進出の野望にひきつけられていった要因の一つとなっている。

戦争と民衆●

昭和六（一九三一）年九月、いわゆる「満州事変」が勃発し、これ以降日本は対外侵略戦争にふみこんでいく。翌年五・一五事件の犬養毅《いぬかいつよし》首相の暗殺により政党内閣がつぶされ、八年に国際連盟脱退、十一年二・二六事件により軍部の独裁化が進み、十二年日・独・伊三国軍事同盟が成立し、日本は第二次世界大戦のなかでファシズム陣営の一翼をにない、日中戦争に拡大、十五年大政翼賛会《たいせいよくさんかい》が発足し国内総動員体制が確立、十六年十二月八日真珠湾攻撃により太平洋戦争へ突入した。

こうして日本は戦争への道を突き進んでいき、福島県においても多くの県民が否応なく戦争へ動員された。福島県の若松歩兵第二十九連隊、第六十五連隊、第二百十四連隊などが郷土部隊だったが、いずれも激戦地を転戦し、多くは戦死している。二十九連隊は「満州事変」より「満州」方面で転戦、太平洋戦争

❖コラム

戦時下の生産疎開

戦争末期の疎開《そかい》といえば、すぐに学童疎開を思いだす人は多いだろう。昭和十八（一九四三）年「都市疎開実施要綱」、翌十九年「学童疎開促進要綱」に基づいて大都市の国民学校初等科児童三〜六年生を対象に地方への集団疎開が行われた。東京都だけで二〇万人の児童が関東・東北の諸県に疎開したといわれる。福島市域でも飯坂《いいざか》・湯野《ゆの》・土湯《つちゆ》などに四二〇〇人が疎開している。これは人口疎開の一つであるが、疎開は人口疎開だけではない。

都市への空襲をさけて、軍需生産を中心に工場もまた疎開している。これは生産疎開といわれ、戦後は平和産業に転換し、疎開先の地域に残って地域経済の発展に寄与した例も多い。福島市域に疎開してきたおもな工場は、十七年に東洋精機、十九年東芝松川工場・沖電気・日本電子工場・清水産業、二十年に中島飛行機・荒川機械工業・鈴木製作所・品川製作所・中村製作所などがある。疎開工場は、おもに発動機などの航空機部品や兵器生産を行った。中島飛行機は、空襲によって大きな被害をうけ、福島に疎開してきたが、爆撃をさけるために信夫山《しのぶやま》に地下を採掘して地下工場を建設した。しかし、建設途中で終戦となり、全体は完成しなかったが、大規模な地下工場の計画であった。

戦後、これらの工場は電動機・電気製品・真空管・電球・製糸機械・バイク発動機などに生産内容を転換させ、地域資本と提携して再出発をした。北芝電気・沖電気などはその好例である。

では南方作戦の一翼をにない、ジャワ攻略戦に参加、そして戦争末期のガダルカナル島争奪戦の総攻撃に参加、ここに全滅したのである。このときの上陸兵二四五三人中、戦死者は実に二一五三人、撤退者わずか三〇〇人であった。

戦争中の県民の生活は、戦時体制による統制と度重なる凶作・不況とによりきびしい生活を余儀なくさせられた。当時の経済政策は軍需生産を至上命令としていたので、それとかかわる軍需工場・化学工場・電力産業などは活発化したが、一般の中小企業の不況は深刻であった。失業者・未就職者が増加し、その生活状況は「ますます深刻化し電灯もつけられない者が続出してきた」(『福島民報』昭和六年一月十一日)というありさまであった。農村対策として七年に「農山漁村経済構成計画」に基づき「時局匡救《きょうきゅう》事業」が実施されたが、大きな効果はみられず、疲弊《ひへい》は極に達していた。さらに、戦時統制により十三年の新聞報道では「綿業・皮革業・金属工業を中心として失業者が生じており、業主七〇人、従業員二〇〇人と推定され、今後業主九〇〇人、従業員一〇〇〇〇人の失業が予想される」と報じ

軍事教練に励む女子挺身隊員

ている（『福島民報』昭和十三年八月十四日）。

国民統制は、あらゆる分野で浸透していった。昭和十二年日中戦争が勃発すると、政府は国民精神総動員要綱を決定し、大政翼賛会を組織した。その実施場面は県・郡・町村会が中心であったが、町内会・隣組《となりぐみ》・青年団・少年会・婦人会・文化団体・産業報国会など多方面にわたり、「銃後《じゅうご》の備え」の体制を確立した。少年会の例をみると、学校ごとに結成し、福島市では七〇〇人が組織され、朝のラジオ体操・皇居遥拝《ようはい》・神社参拝・慰問袋《いもんぶくろ》の発送・清掃・勉強などを行事としていた。

二十年になると、敗戦の色が濃厚となり、県下も空襲が襲った。『郡山戦災史』によれば、四月一日の空襲では保土ケ谷化学・日東紡績富久山《ふくやま》工場が直撃され、学徒動員の白河高等女学校などの生徒が戦禍にあい死亡した。県では十九年に県下の男子二〇校・二七六五人、女子一八校・一九五〇人の男女中学校などに通年動員令をだしており、郡山以外にも福島製作所・沖電気・東北ドック昭和鉄工所・品川製作所などに多数の若者が動員されていた。白河高等女学校などの悲劇はその象徴的被害であった。

そして、ついに広島・長崎の原爆投下により日本は無条件降伏したのである。

3　戦後改革と現代

敗戦●

正午（一二時）、今上天皇陛下のラジオ放送にて、殺人的かつ幾年も生えぬ木萱枯損《ぼくけんこそん》する（過日広島にて一発使用し一里四方二十五万人全部の死亡を見たる実例）に鑑《かんが》み、米英に今後も日本本土に此ゲンシ爆弾（殺人光線）を使用すると聞き、樺太、千島、台湾、朝鮮、満州を開放するなり、ある程度までの寛大なる条件にて日本の天子国を認めて貰ふ事に、日本の忠勇ある国民をこれ以上死滅させる事の忍び得ざる為、涙を飲んで降伏し……絶対に勝算なき敵の隆盛に対し、三千年余の歴史ある我が帝国を棒ニ振りたる事の悲痛は、例ふるにものなし。

これは、当時田村郡滝根《たきね》町長郡司《ぐんじ》宗秋《むねあき》氏の昭和二十年八月十五日の日記である。郡司氏のこの時期の日記には、敗戦時の状況と感慨が生々しく記されている（『滝根町史』第一巻）。

この日、日本はポツダム宣言を受諾し、未曽有の被害をもたらしたアジア・太平洋戦争は終結した。昭和四（一九二九）年、関東軍による柳条湖《りゅうじょうこ》での満州《まんしゅう》鉄道爆破により満州事変が勃発し、中国との全面戦争に突入した日中戦争から数えると、一五年の年月をついやした世界戦争であった。日独伊三国軍事同盟を結び、ファシズム陣営の一翼をにない、アジアの諸民族・諸国家に対して侵略を行った日本は、敗戦という歴史の審判をうけることになった。この戦争によって、アジアの人びとは多数の尊い命を失ったが、日本もまた高価な代償を払わなければならなかった。陸海軍人約一五五万人、一般国民三〇〇万人にのぼる戦没者数はその代償の一部分でしかなかった。生き残った人びともまた社会・経済体制の崩壊のなかで辛酸《しんさん》を味わうことになった。この当時の福島県全体の状況を示す統計資料は、残念ながら示すことはできない。ここでは、田村市滝根《たきね》支所に残る資料をもとにその一端をみてみよう。

出征と復員●

敗戦処理でまず問題となるのが大陸や南方に動員された人びとの引揚げである。滝根町役場調査では（『昭和二十三年復員関係綴』滝根町役場蔵）、昭和二十（一九四五）年段階で生存している出征軍人の総数は

戦死地別戦没者数

戦死地	人数
	人
本籍地	10
東京	2
戦病死	17
中国	51
満州	6
朝鮮	3
ソ連	5
日本近海	1
沖縄	4
台湾	1
比島	31
ビルマ	5
ボルネオ	2
ニューギニア	10
ソロモン(ガ島)	11
マリアナ	6
硫黄島	7
マーシャル群島	1
ラバウル	1
インド	2
南方	13
ギルバード諸島	1
太平洋	3
計	193

『昭和27年戦没者遺族台帳』滝根町役場蔵による。

昭和20(1945)年出征軍人軍属階級別方面人員表

方面別	出征軍人軍属総人員数	軍人			軍属	生死不明者
		将校	准士官下士官	兵人		
	人	人	人	人	人	人
満州	45	1	15	24	5	
支那	117	1	33	77	4	2
朝鮮	29	1	7	21		
樺太						
千島	10		6	4		
台湾	13		1	12		
中部太平洋	14	1	3	8	2	
南方	94	2	20	59	9	4
内地	3	1	2			
小笠原						
その他不明なもの	4			3		
計	329	7	87	208	20	7

『昭和23年復員関係綴』滝根町役場蔵による。

三二九人（うち生死不明者七人）であった。方部別では、「支那」一一七人、「南方」九四人、「満州」四五人の順で、この三方部で全体の約八割を占めており、激戦地に集中していたことがわかる（右表参照）。昭和十七年度の滝根町の男子人口は二四二九人であったから、単純計算すると男子の一三・五％が動員されていたことになる。これとは別に、町役場で調査した滝根町の戦没者数（『昭和二十七年戦没者遺族台帳』同前）一九三人をあわせると、五二二人となる（男子人口の二一・五％）。前途有望な青年や働き盛りの大黒柱の人びとがねこそぎ動員されたというのが実感であろう（左表参照）。

戦争に徴兵されかろうじて生き残った人びとの復員

状況はどうであったろうか。昭和二十三年に福島県から県内の市町村に通達された「各方面復員業務の概況」（『昭和二十三年復員関係綴』）によってある程度知ることができる。これによれば、終戦時七〇〇万人を数えた旧軍人軍属の復員は旧ソ連方面は別として、二十三年十一月のビルマ引揚げでほぼ一段落したとの報告があるが、その正確な実態については未だ充分に把握できていなかった。報告書では、「復員はもっとも重要な国家施策の一つ」と位置づけられていたが、その困難性もまた指摘されている。とくに、「シベリア」に抑留された人や取り残された人は約五〇万人を数え、この解決が当面の課題となっていた。

収容所についてはつぎのように分類されていた。

(イ)一般収容所　幹部は将校、ほかは下士官兵

(ロ)将校収容所　スーチャン、コモソモリスク、ハバロフスク、イルクーク、エラブク、カザン等にあり主として将校を収容

(ハ)懲罰収容所　軍国主義者などを収容、各地に計十個程度あり

(ニ)その他練成収容所、病院（各地）、監獄（チタ、モスクワ）などある（以下略）

シベリアにおける「残留人員の死亡状況」の項目では、収容所の死亡率が、高いところで一五%、少ないところで三%、平均で一一%であった。死亡原因は栄養失調がもっとも高く六〇~七〇%を占め、ついで発疹《はっしん》チフス、結核《けっかく》となっていた。また強制労働で鉱山で働かされた人のなかには事故で死亡した人も多かった。

「満州」方面では、昭和二十三年段階で東満地区を中心に一四省に残留し、まったく帰還の見通しがつかず、極寒の地で労役に従事している旨がのべられている。「未帰還届提出の状況」の項目によれば、全

国で一六三万人、未提出約二〇％、福島県で三万三〇〇〇人、未提出約三〜四％であった。この「未帰還届提出」は、部隊や復員関係官公署では内地保存書類が、戦災で焼失したり戦闘で部隊が玉砕《ぎょくさい》したり、引揚げ時に船が沈没したりしたため、その全容がつかみきれないことから、全国調査を行ったものである。従来の復員業務は本籍地本位で実施・整理していたが、他都道府県に本籍をもっている人は死角となっていた。それに加えて今のべたように大部分の書類を失い、また人びとも死亡や行方不明となって実態把握は困難だった。その傾向はとくに都市部で著しかった。

つぎに一般人の引揚げ状況についてみてみよう。滝根町における昭和二十年から、二十四年までの総計は三五四人、引揚げ地でみると満州が一五八人、朝鮮が四五人、樺太四一人、台湾三五人となっていた。家族構成では一五歳以下が一二六人おり、大部分が幼い子どもを連れての困難な引揚げであったことを示している。こうした家族の引揚げは、昭和二十年と二十一年に集中しており、その後は数が少ない。これは全国の状況からすれば、この二年間で引揚げが終了したというより、この時期を逃すと引揚げがより困難になったと理解すべきであろう。一般人の引揚げはこののちも五月雨《さみだれ》的に行われたはずであるが、統計資料がないので詳細はわからない。

農地改革と諸改革

昭和二十（一九四五）年十月、占領軍司令官マッカーサーは、批判の自由、政治犯の釈放、思想警察の廃止、内務大臣・特高警察の罷免《ひめん》を内容とする覚書を敗戦処理内閣の東久邇宮《ひがしくにのみや》稔彦《なるひこ》内閣に送った。これがいわゆる「マッカーサーの第一指令」といわれるものだが、これにはじまる占領軍の民主改革は、日本の政治制度にとどまらず社会・経済全般にまで広がる改革をもたらした。改革の特徴としてまず第一にあげられるのは、国家の主権が天皇から国民へ移ったことである。第二に、ファシズムの基盤であった軍部・軍需産業の解体と軍国主義勢力の一掃による日本の非軍国化である。日本国憲法は戦争放棄と軍隊の非保持を柱の一つとし、国民のなかにも反戦平和思想が定着した。第三は、国民の基本的人権の擁護や民主的制度の整備があげられる。同時に、国政に国民がひとしく参加する議会制民主主義が確立した。第四に、国家独占資本主義の基盤であった財閥解体・農地改革による寄生地主制解体などの経済の民主化である。

ここではとくに、戦後福島県の農業の基礎を形成した農地改革についてふれておきたい。

自小作別農家数の変化

	昭和21年4月26日	昭和25年2月1日
	戸　　%	戸　　%
総数	156,546(100.0)	166,725(100.0)
貸付地1町歩以上で農業を営むもの	6,426(　4.1)	—
自作	47,085(30.1)	105,645(63.4)
自作兼小作	33,281(21.3)	39,894(23.9)
小作兼自作	27,075(17.3)	10,575(　6.3)
小作	42,634(27.2)	7,968(　4.8)
土地を耕作しない農家	45(　0.0)	—
その他	—	2,643(　1.6)

『福島県史』5による。

自小作地別耕地面積の変化

		昭和20年8月1日	昭和25年8月1日
		町	町
総数		176,347.4	175,411.5
自作地	計	103,616.7	160,446.4
	田	51,208.1	
	畑	52,408.6	
小作地	計	72,730.7	14,965.1
	田	49,106.0	
	畑	23,624.7	

『福島県史』5による。

農地改革は、⑴不在地主所有の全小作地、⑵在村不耕作地主の所有する平均一町歩（福島県は一・二町歩、北海道は四町歩）、⑶在村耕作地主は平均三町歩（福島県は三・八町歩、北海道は一二町歩）、これら以上の小作地を解放の対象として実施された。あわせて、小作人の耕作権の強化・小作料の著しい低減を実施し、小作人を保護する措置をとった。改革は、昭和二十二年から実施、六年間継続され、開放された耕地の総面積は二〇七万町歩で、全国の耕地の約四〇％にあたった。小作地率は終戦時全国平均で四六・三％だったのが改革終了時の二十八年で九・三％となった。それでは福島県においてはどうであったろうか。前頁表によれば、総面積約一七万六三〇〇町歩のうち、終戦時小作地七万二七三〇町歩（約四一・二％）が、二十五年一万四九七〇町歩（八・五％）に、小作経営戸数（含む自小作）は四四・五％から一一％に激減した。このことにより、農業構造は大きく変化した。

すなわち、自作経営は解放前の約四万七〇〇〇戸（三〇％）から一〇万五六〇〇戸（六三・四％）へ急増し、この層が中核として戦後の農業生産をになうことになった。ただ、旧小作人のなかには自作経営の転換が成功せず、生活困窮者・離村者・身売りの増加がみられる（『昭和二十六年農地年報』）。これは、当時の経済事情（とくに供出、税金などの過重、低米価などによる金詰まり）にもよるが、こうしたきびしい状況にたえられない零細経営であったことが、その理由の一端になっている。経営規模からみると解放前と解放後の規模はほとんど変化はなく、二町歩以下が九〇％を占めており、とくに五反～一町層が三〇％ともっとも厚い（昭和二十七年『福島県の農業』）。これは、江戸時代以来の零細錯圃《さくほ》の耕地形態が、日本農業の伝統的特徴として継続していることを示しており、この課題の解決として、昭和三十年代以降の農業構造改善事業へつながっていったことを指摘しておきたい。

◆コラム

日本の黒い霧──松川事件

昭和二十四（一九四九）年八月十七日未明、青森発の旅客列車が、東北本線金谷川《かなやがわ》駅と松川《まつかわ》駅の中間地点で何者かの列車妨害により脱線転覆し、乗務員三人が死亡した。この時期、連合軍総司令部の指令により、産業合理化を目的として大量首切りが強行されており、これに反対する労働組合と激しく対立していた。この年七月には、国鉄人員一〇万人整理案が発表されるなかで、六日に国鉄総裁下山定則《しもやまさだのり》が轢死体《れきしたい》で発見される下山事件がおき、十五日には三鷹《みたか》事件がおきていた。

政府はただちに「下山・三鷹事件と同様に思想的な背景をもった謀略《ぼうりゃく》事件である」との見解を発表し、新聞報道もこぞってこれにならった。捜査当局は、首切り・合理化反対闘争を行っていた国鉄労組福島支部長と東芝松川工場労組委員長をはじめとする組合員二〇人を犯人として検挙し、福島地方裁判所は、五人の死刑を含めて全員有罪判決を下した。しかし、徐々に証拠の不充分さや捜査当局の証拠捏造《ねつぞう》が明らかになってくると、被告の無罪と公平な裁判を求める国民的大運動が強力に進められた。裁判は、二十八年に仙台高等控訴審《こうそしん》で一七人の有罪判決が下されたが、二十九年、最高裁の原審破棄・高裁差し戻しの判決により、三十六年に仙台高裁差し戻し審で全員無罪の判決が下り、検察側の最高裁控訴も棄却され、三十八年に全員無罪が確定した。

こうして被告たちは一四年のきびしい裁判闘争に勝利し、晴れて無罪となったが、真犯人については現在も依然として不明で、真相は黒い霧に閉ざされている。

現状と展望●

敗戦からすでに五〇年以上経過したが、この半世紀は日本の歴史において未曾有の変化をもたらした。明治維新による日本の近代化の変化も大きかったが、それでも江戸時代に形成されたといわれる日本独自の生活文化はその伝統を保っていた（『すべては江戸時代に花咲いた』一九九六年、現代農業増刊号）。しかし、昭和三十年代後半からの高度経済成長政策による急激な経済発展は、農村と都市の様相を一変させた。福島県の動向を振り返れば、昭和四十（一九六五）年、県は一〇カ年計画で「県勢振興計画」を策定し、後進地域とされていた東北格差の克服をめざした。政府は全国総合開発計画に基づき、昭和三十六年低開発地域工業開発促進法、三十七年新産業都市建設促進法を制定し全国に工業化を押し進めたが、福島県においては低開発地域工業地区には白河・二本松・相馬が、新産業都市地区には常磐・郡山地区が指定された。県の一〇カ年計画はこうした政府の政策に対応したものであった。

ところで新産業都市地区に指定された当時の市町村は、

東北新幹線と東北自動車道

いわき・郡山・須賀川の三市と本宮《もとみや》・大玉《おおたま》・白沢・鏡石《かがみいし》・三春・小野・滝根・大越・常葉《ときわ》・船引・都路《みやこじ》・石川・浅川・玉川・大東《だいとう》・平田・古殿の十七町村で、従来の都市地域概念とは異質な広大な地域開発であった。『常盤・郡山地区新産業都市建設計画の概要』(『福島県史』5)によれば、磐城・勿来《なこそ》地区は小名浜港利用を中心として重化学工業を開発し、国道四九号線をパイプとして郡山・須賀川に労働集約型の工業を誘致し、臨海地区と内陸地区を有機的に結合させ、さらに周辺町村では道路網の整備と人口の流動化によって両地区との関連性を高めるという計画であった。この結果、いわき・郡山をはじめ、阿武隈山地の町村に企業・工場がぞくぞくと誘致され、工業出荷額の伸び率は全国の新産業都市一四地区のなかでもトップクラスの発展をみたのである。しかし、同時にこうした地域開発は深刻な公害をもたらしたことも銘記すべきであろう。いわき市小名浜《おなはま》・勿来地区の亜硫酸ガス・塩素ガス・粉塵《ふんじん》、会津地区のフッ素ガス、磐梯地区のカドミウム汚染などはその代表的事例である。また、双葉地域に建設された原子力発電所は当初「原子力エネルギーの応用産業を中心として宮城・山形・福島にわたる一大原子力産業基地建設」を構想したが、地元への漁業補償や固定資産税の恩恵と引きかえに、安全性の不安をかかえながら大都市に電力を供給する「電力供給地」としての地位にとどまっている。

こうした開発優先の県政の矛盾が、昭和五十一年木村守江《もりえ》の知事の汚職容疑逮捕で頂点となり、県政の転換を余儀なくされた。木村の後をうけついだ松平勇雄《いさお》県政は、「福島県長期総合計画」および昭和六十年「新福島長期総合計画・豊かなふるさとづくり・新ふくしまプラン」により、文化振興・社会福祉・環境保全なども考慮しバランスのとれた総合的政策を模索することになった。そして、この基調は現在の佐藤栄佐久《えいさく》県政にも引きつがれている。

現在、福島県は大きな岐路に立たされている。福島県の明治以降の歴史をふりかえれば、戊辰戦争の敗北により「白河以北一山百文」とまでいわれた蔑視と差別の構造からの脱却をひたすらめざしたように思われる。しかし、一度「賊軍」の汚名をきせられた福島にとって容易なことではなかった。自由民権運動は、新政府の国家主義的な富国強兵路線とは別な新しい国作りの挑戦という側面をもっていたが、それが敗北に終ったとき、国の路線に積極的に協力することによって地域の発展をめざしたのは必然であったかもしれない。河野広中の転身は民権運動からみれば裏切りであったが（二五七頁参照）、国家の基本路線が確定した状況のなかではおそらくは苦渋に満ちた一つの選択でもあった。そして、こうした転換のシンボルとして明治三十年代になってからの白虎隊《びゃっこたい》の復権があった。

毎年多くの人びとが会津若松の飯盛山を観光で訪れるが、現代の私たちは、白虎隊の少年たちの純粋さや自刃しなければならなかった無念さに胸を打たれる。しかし、政府による復権は、国家主義的教育が加速されていくなかで武士道精神の「忠君愛国」のみが強調され、人間としての純粋さや心情は光背におしやられたのは、その代償であった。

二十一世紀を目前にした現代福島はどうであろうか。東北新幹線、東北自動車道、常磐自動車道、磐越自動車道、福島空港など高速交通体系がほぼ完成し、さらに情報化時代に突入した現代において、「脱東北」「中央直結」をめざして開発政策をとってきた姿勢はすでに過去のものになりつつある。それぞれの地域から直接ほかの地域や世界と結ぶことができる現在ほど、地域のあり方が問われている時代はない。

あとがき

旧版『福島県の歴史』が、山川出版社の県史シリーズとして刊行されたのは、一九七〇（昭和四十五）年のことであった。小林清治氏・山田舜氏によって執筆されている。当時はまだ『福島県史』の編纂中であり、大部の市町村史として完成をみていたのは『会津若松史』だけという状況であったから、福島県域全体の歴史を叙述するには御苦労の多いことであったと思われる。

以来二七年の歳月が流れた。その間、福島県においては、地域史研究のめざましい進展がみられた。自治体の編纂室が中心となって膨大な資料を収集し、全巻構成のかなりの部分を資料編にあてるというスタイルの市町村史が主流となり、今日県内のほとんどの市町村が充実した史誌の編纂をほぼ完了するところまできた。この間、その成果を反映した研究論文も当然のことながら数多く発表された。

おりしも、新版『福島県の歴史』刊行の話がでてきた。このたびは、四人ほどでそれぞれの研究分野に近いところを分担して執筆するということであったので、原始・古代は工藤雅樹氏（一・二章）、中世は伊藤喜良氏（三・四章）、近代・現代は吉村仁作氏（八・九章）、「風土と人間」と近世は丸井佳寿子（五〜七章）が担当することとなった。祭礼・行事については、懸田弘訓氏に御協力をいただくことにした。

手堅い旧版を越えることは容易ではないが、三〇年近い福島地域史研究の蓄積を頼りに仕事にとりかかった。各執筆者は、これまでの福島地域に関する研究成果を充分反映した原稿を執筆するべく、鋭意努力を重ねた。しかし、福島県は県域が広く、自然的・地理的条件が大きく異なる三つの地域（浜通り・中通り・会津）からなり、かつ歴史的経過も多様であり、膨大な研究の蓄積もあるため、限られた紙数でそのすべてを記すことはなかなか困難であった。近代・現代部分については、すでに大石嘉一郎氏編『福島県の百年』（山川出版社）が刊行されているので、編集方針により頁数をかなりしぼった。いずれにしても、執筆者の努力が充分生かされたかどうかは、読者の御判断にまつほかない。

執筆の過程で、執筆者相互の連絡・討議が必ずしも充分であったとはいえず、あるいは各時代の記述に多少の不統一があるかもしれないが、これはひとえに連絡係をつとめなければならなかった丸井の責任である。本書が成るにあたっては、多くの方々の研究成果を利用させていただいたが、概説書という本書の性格から、そのすべてを注記することができなかったこともお許しいただきたい。巻末の参考文献も、執筆に直接参考にさせていただいたものだけを最低限あげたにすぎず、もとより関係研究成果のすべてではないこともお断わりしておきたい。

最後に、本書の刊行にあたっては、山川出版社の方々に種々御心配りいただいたことを記して、謝意を表したい。

一九九七年三月

丸井佳寿子

白石市
七ヶ宿町
亘理町
角田市
しろいしざおう
宮城県
山元町
茂庭っ湖
国見町
阿武隈川
丸森町
相馬郡
新地町
栗子山
1217
伊達郡
桑折町
羽黒山
346
伊達市
相馬市
信夫山
272
霊山
825
虎捕山
706
福島市
ふくしま
切経山
1949
1707
吾妻小富士
吾妻山
東北自動車道
相馬郡
飯舘村
伊達郡
川俣町
花塚山
919
南相馬市
はらのまち
常磐線
箕輪山
1728
1700
安達太良山
二本松市
口太山
843
東北新幹線
安達郡
大玉村
麓山
日山(天王山)
1055
葛尾村
本宮市
福島県
双葉郡
浪江町
磐越西線
田村市
双葉町
田村郡
三春町
桧山
993
郡山市
こおりやま
大熊町
大鷹鳥谷
794
大滝根山
1192
968
川内村
富岡町
小野町
田村郡
常磐自動車道
須賀川市
矢大臣山
965
楢葉町
蓬田岳
952
鏡石町
福島空港
磐越東線
磐越自動車道
玉川村
平田村
矢吹町
阿武隈川
広野町
875
西白河郡
中島村
泉崎村
石川町
芝山
しらかわ
石川郡
古殿町
浅川町
白河市
670
鎌倉岳
706
三大明神山
いわき
いわき市
小富士山
496
626
天狗山
鮫川村
三株山
842
棚倉町
塩屋埼
明神山
752
朝日山
797
滝富士
306
八溝山
1022
塙町
水郡線
東白川郡
佛具山
671
常磐自動車道
北茨城市
矢祭山
矢祭町
大子町
茨城県
高萩市
常磐線
N
1:800,000
0
8
16km
113
349
6
399
13
115
114
4
459
288
286
49
118
289
461

丸井佳寿子　まるいかずこ
1931年，愛知県に生まれる
1953年，東北大学文学部国史学科卒業
現在　福島県立医科大学名誉教授
主要著書・論文　『会津藩家世実記』全15巻（編者代表，吉川弘文館，1975～89年），「徳川幕藩体制下の大名預所について」（『日本歴史』445号，1985年）

工藤　雅樹　くどうまさき
1937年，岩手県に生まれる
1966年，東北大学大学院文学研究科国史学専攻・博士課程満期退学
現在　福島大学名誉教授
主要著書　『古代蝦夷』（吉川弘文館，2000年），『古代蝦夷の英雄時代　増補改訂版』（平凡社，2005年），『平泉への道』（雄山閣，2005年）

伊藤　喜良　いとうきよし
1944年，長野県に生まれる
1974年，東北大学大学院文学研究科国史学専攻博士課程満期退学
前福島大学行政社会学部教授
主要著書　『日本中世の王権と権威』（思文閣出版，1993年），『中世王権の成立』（青木書店，1995年）

吉村　仁作　よしむらじんさく
1944年，広島県に生まれる
1978年，一ツ橋大学大学院社会学研究科博士課程満期退学
前福島大学教育学部教授
主要著書　『技術の社会史』2，近世（共著，有斐閣，1982年），『福島地方史の展開』（共著，名著出版，1985年）

福島県の歴史　　県史　7

1997年4月25日　第1版1刷発行　　2015年12月25日　第2版3刷発行

著　者　丸井佳寿子・工藤雅樹・伊藤喜良・吉村仁作
発行者　野澤伸平
発行所　株式会社　山川出版社　〒101-0047　東京都千代田区内神田1-13-13
電話　03(3293)8131(営業)　03(3293)8135(編集)
http://www.yamakawa.co.jp/　振替　00120-9-43993
印刷所　図書印刷株式会社　製本所　株式会社ブロケード
装　幀　菊地信義

ISBN978-4-634-32071-0

付　　録

■ 索　　引

● あ　行

● か　行

● さ 行

● た 行

● な　行

● は　行

●ま　行

●や　行

●ら・わ　行

■ 年　表

西暦	年号	事項
150,000年前		このころ前期旧石器時代から中期旧石器時代へ転換。
30,000年前		このころから後期旧石器時代。
20,000年前		このころ最終氷河期(ヴルム氷期)のピーク。
12,000年前		このころから縄文時代草創期(中石器時代)。土器，弓矢などの出現。
10,000年前		このころから縄文時代早期。
2,400年前		このころ縄文時代晩期がおわり，弥生時代にはいる。東北地方にも稲作が伝来。
AD250～650ころ		古墳時代。
645	皇極　4	***6-12*** 乙巳の変。中大兄皇子らクーデタにより蘇我入鹿を殺し，蘇我本宗家滅亡。
645	大化　1	***8-5*** 東国国司を派遣。武器を収公し，兵庫をつくってこれにおさめさせる。ただし蝦夷と境を接する地域では収公した武器の数を数えたあと，本主に仮授。
646	2	***1-1*** 大化改新の詔。
649	5	(または653〈白雉4〉年)石城評が建てられる。このころ陸奥国成立。
701	大宝　1	大宝律令制定。
708	和銅　1	陸奥国戸口損益帳(正倉院文書)がつくられる。
710	3	都が奈良に遷される。
712	5	越後国出羽郡，陸奥国最上郡・置賜郡をもって出羽国を建てる。
718	養老　2	***5-2*** 陸奥国の石城・標葉・行方・宇多・曰理，常陸国の菊多郡をさいて石城国を，陸奥国の白河・石背・会津・安積・信夫郡をさいて石背国を建てる。
724	神亀　1	このころ，石城国・石背国が廃止され，広域陸奥国が復活。多賀城がきずかれ，陸奥国の国府の所在となる。
728	5	***4-11*** あらたに白河軍団がおかれる。
757	天平宝字1	***7-8*** 藤原恵美朝臣朝獦，陸奥守となる。
764	8	***9-11*** 恵美押勝，クーデタを企てて失敗。
769	神護景雲3	***3-13*** 陸奥国大国造，道嶋嶋足の請により白河郡人丈部子老、標葉郡人丈部賀例努らに安倍陸奥臣，安積郡人丈部直継足に阿倍安積臣，信夫郡人丈部大庭らに安倍信夫臣，会津郡人丈部庭虫らに安倍会津臣，磐城郡人丈部山際に於保磐城臣，白河郡人靭大伴部継人らに靭大伴連，行方郡人大伴部三田らに大伴行方連，磐瀬郡人吉弥侯部人上に磐瀬朝臣，宇多郡人吉弥侯部文知に上毛野陸奥公，信夫郡人吉弥侯部足山守らに上毛野鍬山公，信夫郡人吉弥侯部広国に下毛野静戸公が賜姓される。*4-7* 行方郡人下毛野公田主らに朝臣が賜姓される。
772	宝亀　3	***7-17*** 安積郡人丈部継守らに安倍安積臣が賜姓される。
774	5	***7-20*** 行方郡衙が火災，穀穎2万5400余斛を焼く。
780	11	***3-22*** 伊治公呰麻呂反し，多賀城を焼く。***12-27*** 桃生，白河郡の神11社，幣社となる。

782	延暦	1	***5-3*** 陸奥の人，外大初位下安倍信夫臣東麻呂ら軍糧を献じ外従五位下をさずけられる。
789		8	***6-3*** 胆沢の蝦夷との戦いで磐城郡の人別将丈部善理，進士高田道成，会津壮麻呂ら戦死。
791		10	***2-5*** 丈部善理に外従五位下を贈る。***9-5*** 安積郡の大領，外正八位上，安倍安積臣継守に軍糧を進めたため，外従五位下をさずける。
802		21	坂上田村麻呂，胆沢城をきずく。
809	大同	4	このころ，徳一慧日寺に住すという。
811	弘仁	2	***4-22*** 陸奥国の海道の10駅を廃し，常陸に通じる道に長有・高野の２駅をおく。
812		3	***9-3*** 陸奥国の遠田郡の人，竹城公金弓ら396人が田夷の姓を脱したいと請う。よって小倉公真祢麻呂ら17人には陸奥小倉連の姓を賜う。
815		6	***8-23*** あらたに白河軍団，安積軍団，行方軍団，小田軍団に各1000人の兵士を所属させ，合計6000人の兵士と2000人の健士で，分番して胆沢城，玉造塞，多賀城をまもらせることとする。
826	天長	3	***1-23*** 外正六位上，磐城臣藤成らに外従五位下をさずける。
830		7	***10-19*** 山階寺の僧，智興をして信夫郡に寺一区を造建せしめ，菩提寺と名づけ，定額寺の例にあずからせる。
832		9	***4-21*** 借外従六位上，湯坐菊多臣福足に外従五位下をさずける。
835	承和	2	***12-3*** 長門国の關に准じて白河関，菊多関を通過する俘囚や商旅の輩をきびしく取り締まることにする。
836		3	***1-25*** 白河郡，従五位下，勲十等，八溝の黄金の神に封戸二烟をたてまつる。国司の禱を聞きとどけ，砂金の採掘量を倍増させ，遣唐使の資を助けることができたため。
840		7	***3-4*** 耶麻郡の大領，外正八位上，勲八等，丈部人麿の戸一烟に，姓，上毛野陸奥公を賜う。***3-12*** 磐城郡の大領，外正六位上，勲八等，磐城臣雄公に外従五位下を仮授す。蝦夷との戦いや，職に居って以来，大橋24所，溝池，堰26所，官舎，正倉190宇を修復した功績のため。
841		8	***1-22*** 白河郡に坐す勲十等，都都古和気の神に従五位下をさずける。
843		10	***9-5*** 会津の伊佐酒美の神に従五位下をさずける。***11-15*** 磐城郡の大領，借外従五位下，勲八等，磐城臣雄公に従五位下をさずける。***11-16*** 白河郡の百姓，外従八位上，勲九等，狛造智成の戸一烟は，姓を改めて陸奥白河連となす。安積郡の百姓，外少初位下，狛造子押麻呂の戸一烟は，姓を改めて陸奥安達連となす。
844		11	***1-8*** 磐城郡の大領，外従五位下，勲八等，磐城臣雄公の戸口24人，男14人，女10人，磐城臣貞道の戸口10人，男7人，女3人，磐城臣弟成の戸口4人，男3人，女１人，磐城臣秋生の戸口3人，男2人，女1人に，姓，阿倍磐城臣を賜う。
847		14	***11-4*** 安積郡の無位，宇奈己呂別の神に従五位下をさずける。
848	嘉祥	1	***2-22*** 磐瀬郡の権大領，外従七位上，丈部宗成らにとくに職田を給う。職務に忠実なため。***5-13*** 白河郡の大領，外正七位上，奈須直赤龍，磐瀬郡の権大領，外従七位上，勲九等，丈部宗成，磐城団の擬少毅，陸奥丈部臣継嶋，権主政，外従七位下，丈部本成，信夫郡の擬主帳，大田部月麻呂，標葉郡の擬少領，陸奥標葉臣高生，伊具郡の麻続郷の戸主，磐

			城団の擬主帳，陸奥臣善福，色麻郡の少領，外正七位上，勲八等，同姓千継らの八烟に姓，阿倍陸奥臣を賜う。
855	斉衡	2	***1-28*** 耶麻郡の石椅の神に従四位下を加えた。***2-3*** 白河郡の永倉の神を官社に列した。
861	貞観	3	***10-16*** 磐瀬郡の大領，外従五位下，石瀬朝臣富主に借外従五位上をさずける。
863		5	***10-29*** 陸奥国の勲十等，阿福麻の水の神などに従五位下をさずける。***12-16*** 磐瀬郡の人，正六位上，勲九等，吉弥侯部豊野に姓，陸奥磐瀬臣を賜う。
864		6	***7-15*** 磐瀬郡の権大領，外正六位上，磐瀬朝臣長宗に外従五位下を借叙する。
865		7	***11-2*** 岩瀬郡の大領，借外従五位下，磐瀬朝臣富主に外従五位下をさずける。
866		8	***1-20*** 常陸国の鹿嶋神宮司，陸奥国内の苗裔神38社にたてまつる幣帛使が陸奥国の関を出入すること許すように求める。陸奥国内の苗裔神は菊多郡に1，磐城郡に11，標葉郡に2，行方郡に1，宇多郡に7，伊具郡に1，曰理郡に2，宮城郡に3，黒河郡に1，色麻郡に3，志太郡に1，小田郡に4，牡鹿郡に1。
869		11	***5-26*** 陸奥国で大地震。
870		12	***6-2*** 菊多郡の人，丈部継麻呂・丈部浜成ら男女21人に，姓，湯坐菊多臣を賜う。***12-9*** 安積郡の人，矢田部今継・丈部清吉ら17人に，姓，阿倍陸奥臣を賜う。
878	元慶	2	***3-15*** 出羽の夷俘反乱し，秋田城などを焼く(元慶の乱)。
881		5	***11-9*** 陸奥国の安積郡の弘隆寺を天台の別院とする。
890	寛平	2	閏***9-15*** 陸奥国の正六位上，勲九等，黒沼の神，正六位上，安達の嶺の神に正六位上を賜う。
897		9	***7-22*** 安積郡の生める所の小児の額に一角があり，角にもまた一目があったと陸奥国司が報告。***9-7*** 陸奥国の正六位上，飯豊の別の神，安達の嶺の祢宜の大刀自の神，安達の嶺の飯津売の神にならびに正五位上をさずける。
906	延喜	6	***1-20*** 安積郡から安達郡を分置する。
939	天慶	2	平将門の乱。
976	貞元	1	***1-2*** 陸奥国の某郡の不動穀倉21宇が神火のため焼ける。
1028	長元	1	平忠常の乱。
1051	永承	6	前九年の合戦おこる(～1062)。
1080	承暦	4	***10-19*** 源俊房，日記に陸奥国司が会津，耶麻郡を一国とすることを申請したと記す。
1083	永保	3	後三年の合戦おこる(～1087)。
1105	長治	2	藤原清衡，中尊寺を建てる。
1138	保延	4	***10-26*** 陸奥国衙，岩瀬郡司に同郡を一円に左大臣家領として立券させる。
1160	永暦	1	白水阿弥陀堂つくられる。
1171	承安	1	平沢寺，米山寺，天王子の三経塚つくられる。
1180	治承	4	***8-*** 源頼朝，伊豆で挙兵。

1186	文治　2	***10***- 西行法師，再度奥州にくだり，信夫にはいる。
1189	5	***7-29*** 源頼朝，平泉藤原氏を討つため奥州にむかい，白河関をこえる。***8-7〜10*** 阿津賀志山合戦，平泉軍敗走する。***9-20*** 源頼朝，平泉で論功行賞を行い，千葉常胤に好島荘の預所職をあたえ，岩城氏を同荘地頭職に補任する。
1200	正治　2	この年，大須賀胤信，好島荘の預所となる。のち三浦氏が補任される。
1206	建永　1	***8***- 飯野八幡宮建立される。
1213	建保　1	***3***- 和田合戦により，和田胤長，岩瀬郡に流され，5月に殺害される。
1230	寛喜　2	***2***- 小山朝政，菊田荘湯竈郷を孫の長村にゆずる。***8***- 長沼宗政，会津南山以下を嫡子時宗にゆずる。
1247	宝治　1	***12***- 宝治合戦により，好島荘預所三浦泰村北条氏に滅ぼされる。同荘の預所職には伊賀光宗が補任される。
1256	康元　1	このころ，結城祐広，下総結城より白河に下向する。
1280	弘安　3	この年，一遍，白河関を通過する。
1294	永仁　2	***8***- 相馬胤村，師胤に行方郡の所領をゆずる。
1297	5	***9***- 桑折時長兄妹の田在家にかかわる相論を，幕府裁定する。
1302	乾元　1	***9***- 岩城郡の国魂泰秀と岩間盛隆の相論を，幕府裁定する。
1312	正和　1	***4***- 長沼宗秀，子宗実に長江荘奈良原郷以下の地頭職をゆずる。
1321	元亨　1	***12***- 相馬重胤，行方郡高村田在家3分の1を長崎思元が押領したことを，幕府に訴える。
1323	3	***4***- 相馬重胤，下総より行方郡太田にくだる。***10***- 二階堂・長沼・結城・石河氏ら，北条貞時の13回忌に際して，高時に砂金・馬・銭などを献ずる。
1333	正慶　2 (元弘　3)	***5***- 鎌倉幕府滅亡。結城宗広ら討幕に加わる。***6***- 建武政権の成立。***10***- 結城宗広，陸奥諸郡の検断となる。***11***- 北畠顕家，義良親王とともに陸奥国府にはいる。この年，結城親光，雑訴決断所の所衆となる。
1334	建武　1	***1***- 陸奥国府に評定衆・引付衆などを設置，南奥の諸氏も参加する。
1335	2	***7***- 北条時行，信濃国で挙兵し，鎌倉をおとす。結城盛広・蘆名盛員らこれに応ずる。***8***- 足利尊氏下向し，鎌倉を奪還。斯波家長を陸奥守・奥州総大将とする。***12***- 北畠顕家，結城宗広・伊達行朝・田村庄司らの奥羽軍を率いて，上洛を開始する。奥羽軍，斯波家長らと鎌倉でたたかう。足利軍を破り，さらに，京都に進軍する。
1336	建武　3 (延元　1)	***1***- 奥州軍，足利尊氏軍を打ち破り，京都を奪還する。***3〜6*** 小高城をめぐって南北両軍激戦を展開する。***5***- 北畠顕家らの奥州軍帰還する。
1337	4 (　　2)	***1***- 義良親王・北畠顕家，国府から伊達郡霊山に拠点を移す。***8***- 顕家らの奥州軍，霊山を出発して，再度上洛する。***12***- 奥州軍，鎌倉を攻め，斯波家長を戦死させる。
1338	暦応　1 (　　3)	***5***- 北畠顕家，幕府軍と和泉堺・石津でたたかい，敗死する。***9***- 義良親王・北畠親房ら，海路東国にむかうも，途中遭難。親房らは常陸に漂着する。***11***- 結城宗広，伊勢にて死去する。
1340	3 (興国　1)	***6***- 結城親朝，足利幕府に属する。この夏，北畠顕信，陸奥に下向する。
1344	康永　3 (　　5)	この年，伊達郡の東昌寺，陸奥国の安国寺となる。

1346	貞和　2 (正平 1)	***1***- 奥州管領吉良貞家・畠山国氏，陸奥国府に下着する。
1347	3 (　2)	***7***- 幕府軍，霊山・宇津峰城を落とす。北畠顕信ら出羽に敗走する。
1351	観応　2 (　6)	***1***- 奥州管領分裂し，吉良貞家・畠山国氏らを攻めて，自害させる。***3***- 伊東祐信らの安積一族と田村弾正らの田村一族，一揆を結ぶ。***10***- 北畠顕信ら，吉良貞家を国府から追い，翌月，貞家を名取郡広瀬川に破る。貞家，菊田荘を経て，岩瀬郡稲村城にはいる。
1352	文和　1 (　7)	***1***- 幕府勢，国府を奪い返す。北畠顕信，宇津峰に移る。
1353	2 (　8)	***5***- 宇津峰陥落。顕信ら，出羽に走る。
1376	永和　2 (天授 2)	***8***- 伊達宗遠と田村荘小沢伊賀守，一揆を結ぶ。
1377	3 (　3)	***10***- 伊達宗政，留守持家と一揆を結ぶ。
1384	至徳　1 (元中 1)	この年，蘆名直盛，黒川城をきずく。
1392	明徳　3 (　9)	***1***- 陸奥・出羽両国が鎌倉府の管轄となる。
1396	応永　3	***2***- 鎌倉公方足利氏満，小山若犬丸・田村清包を討つために鎌倉をたち，白河に至る。***7***- 鎌倉に帰還する。
1397	4	***1***- 小山若犬丸，会津でとらえられ，自害する。
1399	6	この春，鎌倉公方満兼の弟，満直・満貞奥羽にくだり，篠川公方，稲村公方と称する。
1402	9	***5***- 関東管領上杉氏憲，伊達政宗を討つため，奥羽に進軍する。伊達軍赤館に立てこもり抵抗するも，9月降伏する。
1404	11	***7***- 仙道の国人ら，一揆を結ぶ。
1410	17	***2***- 海道五郡の国人ら，一揆を結ぶ。
1413	20	この年，伊達氏再度鎌倉に反旗を翻す。***12***- 伊達持宗・懸田定勝ら，大仏城から敗走する。
1416	23	***10***- 上杉禅秀の乱がおこる。蘆名盛久・結城満朝ら，禅秀に荷担する。鎌倉公方足利持氏，駿河に走る。翌年1月，鎌倉回復。
1428	正長　1	***10***- 足利義教，篠川公方足利満直らに足利持氏の討伐を命じる書を送る。
1438	永享　10	***8***- 幕府，篠川公方・石橋・懸田・伊達・猪苗代・蘆名・田村・白川・安積・二階堂・川俣・石川・小峰の諸氏に鎌倉公方持氏の討伐を命じる。
1439	11	***2***- 永享の乱おこる。足利持氏とともに，稲村公方足利満貞，鎌倉永安寺で自害する。
1440	12	***6***- 石川持光・畠山満泰ら，篠川公方満直を殺害すると伝えられる。
1441	嘉吉　1	この年，伊達持宗，伊達梁川に輪王寺を建立する。
1460	寛正　1	***10***- 足利義政，伊達・白川・蘆名・相馬・岩城の諸氏に古河公方足利成氏の討伐を命じる。
1468	応仁　2	***10***- 宗祇，白河関で，百韻連歌をよむ。

1470	文明	2	***6***- 結城政朝，相馬隆胤と同盟する。
1474		6	***1***- 結城政朝，岩城親隆と同盟する。
1481		13	***3***- 結城政朝，白河鹿島神社で，１日１万句の連歌会をもよおす。
1483		15	***10***- 伊達成宗上洛。将軍義政らに砂金・馬などを献じる。
1487	長享	1	***3***- 聖護院門跡道興，結城政朝のもとに至る。
1505	永正	2	***10***- 蘆名盛高，盛滋とたたかう。盛滋，敗れて伊達尚宗をたよる。
1523	大永	3	この年，伊達稙宗，陸奥国守護となる。
1536	天文	5	***4***- 伊達稙宗，塵芥集を制定する。
1542		11	***6***- 伊達晴宗，父稙宗を桑折西山城に幽閉して，天文の乱が勃発。以後，南奥羽を二分する戦乱が続く。
1548		17	***9***- 伊達稙宗・晴宗父子和睦する。稙宗は西山城に隠居し，晴宗は米沢城に居する。
1551		20	***7***- 蘆名盛氏，田村隆顕と和睦する。
1555	弘治	1	***3***- 伊達晴宗，奥州探題に補任される。
1560	永禄	3	この年，蘆名盛氏，領国内に徳政令を発布する。
1575	天正	3	***1***- 白川義親，白川義顕を追い，白河城主となる。***2***- 佐竹義重，白河城をおとし，白河を征服する。
1579		7	この年，佐竹義重の二男義広，白川の家督をつぐ。
1584		12	***10***- 蘆名盛隆，家臣大庭三左衛門に殺害される。伊達政宗，家督をつぐ。
1585		13	***10***- 伊達輝宗，二本松城主畠山義継にとらわれ，義継とともに子伊達政宗によって殺害される。***11***- 蘆名・佐竹・白河・岩城・石川らの連合軍，伊達政宗と本宮でたたかう。
1586		14	***7***- 畠山国王丸，伊達政宗に降伏する。のち会津蘆名を頼る。
1587		15	***3***- 白川義広，蘆名の家督をつぐ。
1588		16	***3***- 大内定綱，伊達政宗に降る。
1589		17	***6***- 伊達政宗，蘆名義広を磐梯山麓摺上原において破り，会津黒川城にはいる。南奥羽の大名・国人伊達政宗に降り，南奥羽をほぼ領国となす。
1590		18	***6***- 伊達政宗，小田原に参陣し，豊臣秀吉に謁し，同月末，黒川に帰還する。***8***-*9* 秀吉会津黒川に到着，奥羽仕置を行う。会津など蒲生氏郷へ。
1591		19	***9***-*23* 伊達政宗，信夫伊達などを米沢とともに没収され，玉造郡岩出山に移る。蒲生氏郷は政宗旧領をあわせ73万石余を領する。
1592	文禄	1	氏郷，黒川を若松と改め，城と城下町の建設を行う。同じころ杉目を福島と改める。
1598	慶長	3	蒲生秀行，宇都宮に移り，上杉景勝，120万石で会津へ入部。
1599		4	景勝，漆木の保護栽培につとめる。
1600		5	***2***-*10* 景勝，会津神指に新城をきずく。
1601		6	***8***-*17* 景勝，会津など90万石をけずられ，米沢30万石に移される。***8***-*25* 蒲生秀行，宇都宮からふたたび会津に移封。
1602		7	***5***-*8* 磐城平城主岩城貞隆・中村城主相馬義胤，封地を没収される。***6***- 鳥居忠政，下総国矢作から平10万石に移封。
1603		8	***10***- 筑後柳川より立花宗茂棚倉へ１万石で入封。翌年２万5000石。この年，相馬利胤，牛越からふたたび小高に移る。
1608		13	上杉領信達２郡検地。

1611	慶長	16	***12**-2* 相馬藩主相馬利胤，小高城より中村城へ移る。
1620	元和	6	***10**-* 棚倉藩主立花宗茂，筑後国柳川へ転封。
1622		8	***1**-* 丹羽長重，常陸国石渡から棚倉5万石に移封。***9**-* 平藩主鳥居忠政，出羽国山形に移封。内藤政長，上総国佐貫から移って7万石。
1627	寛永	4	***1**-* 蒲生忠郷死去，会津60万石を没収され，弟忠知伊予国松山に転封。***2**-10* 加藤嘉明，伊予国松山から会津に移封。***2**-* 棚倉藩主丹羽長重白河に移り10万石を領す。内藤信照，摂津国高槻より移り棚倉藩主。松平重綱，下野国烏山より二本松城にはいり5万石。***4**-* 加藤明利，三春城にはいり3万石。
1628		5	***1**-* 松下長綱，3万石で三春へ入封。三春城主加藤明利，二本松に移る。
1630		7	相馬焼，田代源五右衛門によりはじめられる。
1634		11	***10**-* 平藩主内藤忠興の弟政晴により2万石泉藩成立。
1639		16	相馬藩，領内3郡検地9万3000石余。会津騒動はじまる。
1642		19	会津伊南地方農民逃散。
1643		20	***5**-2* 会津藩主加藤明成，封地を幕府に返す。***7**-4* 白河藩主丹羽光重，二本松城主となり10万石。出羽国山形より保科正之，会津へ移封23万石。松平忠次，上野国館林より白河へ移封14万石。
1644	正保	1	三春藩主松下長綱死去，所領返還し幕領となる。
1645		2	秋田俊季，常陸国宍戸より三春城にはいる5万5000石。
1649	慶安	2	***6**-* 白河藩主松平忠次姫路へ去り，本多忠義越後国村上よりはいる12万石。
1651		4	白河藩総検地。***4**-20* 保科正之，将軍家綱の補佐役となる。
1655	明暦	1	***3**-27* 会津藩，社倉制はじめる。
1657		3	***5**-* 平藩，地方知行制廃止し蔵米制となる。
1660	万治	3	会津藩，郷頭の平百姓に対する恣意を禁ず。
1664	寛文	4	米沢藩15万石に削封され，信達両郡幕領となる。
1668		8	会津藩保科正之，家訓15カ条を定める。
1670		10	平藩主内藤忠興，三男遠山政亮に湯長谷1万石をあたえる。この年，河村瑞軒，阿武隈川を改修。
1677	延宝	5	***3**-* 平藩，家訓23カ条を定める。
1679		7	本多忠国，大和国郡山から福島城主となる。15万石。
1681	天和	1	白河藩主本多忠平宇都宮へ去り，宇都宮から松平忠弘入部。
1682		2	福島藩主本多忠国，播磨国姫路へ移り，信達2郡は幕領となる。
1683		3	***8**-* 尾張徳川光友の三男松平義昌，伊達郡梁川3万石に封ぜられる。
1684	貞享	1	この年，会津郡幕内村佐瀬与次右衛門，『会津農書』を著わす。
1690	元禄	3	***11**-15* 平藩，家中給分平均渡しとなる。
1691		4	佐瀬与次右衛門，『会津幕之内誌』をあらわす。
1692		5	***7**-27* 白河藩主松平忠弘，出羽国山形に移り，山形から松平直矩入封。
1696		9	相馬野馬追の期日を5月中の申の日と定める。
1698		11	三春藩大郡代赤松政徳，財政改革を行う。
1700		13	***1**-* 福島藩主堀田正虎，出羽国山形へ去り，信達地方三たび幕領となる。***4**-* 松平忠尚，伊達郡桑折2万石に封ぜられる。***9**-25* 水戸家支藩として守山藩2万石成立。***11**-* 水戸徳川頼房の5男松平頼隆，3万石分与され長沼藩成立。

1702	元禄	15	***12***- 板倉重寛，信濃国坂木より福島城へはいる3万石。この年，泉藩主内藤政森，上野国安中に移り，板倉重同が安中より入封。
1705	宝永	2	***4***- 棚倉藩主内藤弌信，駿河国田中に移り，太田資晴が田中より入封。
1717	享保	2	会津藩，反畝取之法を実施。
1720		5	***2***-*3* 白河領に百姓一揆。***3***-*19* 南山御蔵入騒動おこる。
1728		13	***9***- 棚倉藩主太田資晴，上野国館林に移り，松平武元が館林より入部。この年，会津藩，定免制採用。
1729		14	***3***- 信達農民一揆。***8***- 尾張徳川綱誠の七男松平通春，梁川藩主となる。
1730		15	梁川藩主松平通春，宗家に帰り，梁川領は幕領となる。
1734		19	二本松藩，岩井田昨非を登用，藩政改革に着手。
1738	元文	3	磐城4郡一揆おこる。
1741	寛保	1	***11***- 白河藩主松平義知，播磨国姫路に移り，松平定賢が越後高田より入封。
1745	延享	2	***1***-*23* 福島三万石一揆。
1746		3	***1***- 東白川幕領農民一揆。***9***-*25* 棚倉藩主松平武元去り，小笠原長恭6万石で入部。泉藩，本多忠如入封。
1747		4	***3***- 平藩主内藤正樹，日向国延岡に移り，井上正経が常陸国笠間より入封。
1749	寛延	2	会津・二本松・三春・守山各藩，幕領塙・信達地方に百姓一揆おこる。
1756	宝暦	6	平藩主井上正経，大坂城代となって浜松へ去り，美濃国加納から安藤信成が5万石で入部。
1757		7	相馬藩，家中半知をいい渡す。三春藩，この年以来しばしば借知を行う。
1766	明和	3	伊達郡掛田の豪農佐藤友信，『養蚕茶話記』をあらわす。
1770		7	***9***-*22* 相馬藩，家中知行すべて扶持方になる。
1772	安永	1	信達2郡の17カ村，本場種の称号をあたえられる。
1774		3	守山藩，安永の改革を行う。
1778		7	旧梁川藩領，幕領となる。
1782	天明	2	この年から天明の大飢饉。
1783		3	三春藩，天明の大凶作のため財政逼迫，面扶持制を行う。
1787		7	***6***-*19* 白河藩主松平定信，老中首座となる。会津藩藩政改革本格化。
1790	寛政	2	泉藩主本多忠籌，老中格となる。白河藩が赤子養育料を支給。
1793		5	会津藩，江戸に産物会所を設置。
1794		6	福島藩，藩政改革を行う。
1796		8	幕領塙代官寺西封元，「寺西5カ条」をつくる。
1804	文化	1	三春藩，藩政改革を行い，執政奉行をおく。
1806		3	立花種善，筑後国三池より伊達郡下手渡に移封1万石。
1807		4	***7***- 松前章広，松前福山より移されて梁川藩主となる。***12***- 相馬藩，倹約の厳法令達。
1808		5	会津藩，蝦夷地守備を命じられる。
1809		6	会津藩主，『新編会津風土記』を幕府に献ず。
1810		7	会津・白河両藩，房総沿岸防備の命をうける。
1815		12	会津藩，『家世実紀』227巻完成。
1817		14	棚倉藩主小笠原長昌，肥前唐津に移り，井上正甫が遠江国浜松より入部。
1821	文政	4	梁川藩主松前章広，松前に復し，梁川領は幕領となる。
1823		6	白河藩主松平定永，伊勢桑名に移り，阿部正権が武蔵国忍から移封。

1828	文政	11	桑折代官寺西蔵太，半田銀山開掘を幕府より賞される。
1832	天保	3	この年より大凶作。
1836		7	棚倉藩主井上正春，上野館林に移り，松平康爵が石見国浜田より入封。
1840		11	伊達郡梁川の中村善右衛門，養蚕用寒暖計を発明。
1845	弘化	2	二宮尊徳の高弟富田高慶，二宮仕法により相馬領内復興にとりかかる。
1847		4	安藤信正，平藩主となり一藩扶持面の制を行う。
1855	安政	2	旧梁川領，松前藩の飛領となる。片寄平蔵，常磐地方に石炭を発見。
1858		5	白河の人八田方助，茶の栽培をはじめる。
1860	万延	1	平藩主安藤信正，老中となる。
1862	文久	2	***1**-15* 老中安藤信正，坂下門外におそわれる。閏***8**-1* 会津藩主松平容保，京都守護職となる。
1865	慶応	1	幕領東白川郡でこんにゃく百姓一揆おこる。
1866		2	棚倉藩主松平康英，武蔵川越に移り，白河藩主阿部正静が入封。白河領は幕領となり，白河城は丹羽長国在番となる。信達両郡に世直し一揆。
1867		3	富田高慶，興国安民の建白書を相馬藩主に提出。
1868	明治	1	***3**-17* 奥羽鎮撫使，宮城県松島に上陸。閏***4**-20* 官軍参謀世良修蔵，福島で斬られる。***5**-3* 奥羽列藩同盟成立し，宮城県白石に奥羽公議所を設置。***8**-23* 二本松城落城。***9**-22* 会津藩主松平容保，鶴ヶ城を開城。***10**-3* 大沼郡五畳敷村より世直し騒動発生。世直し騒動，会津5郡に拡大。***10**-* 信達2郡百姓一揆。
1869		2	***5**-* 若松県，***7**-20* 福島県，***8**-7* 白河県がおかれ，民政局は廃止される。***11**-4* 旧会津藩主松平容保，家名再興を許され，旧南部領斗南藩3万石をあたえられる。この年，福島藩，藩政改革。
1870		3	伊達郡百姓一揆。
1871		4	***7**-14* 廃藩置県により，10県10分県となる。***11**-* 福島県・若松県・磐前県がおかれ，各藩は廃止される。この年，中条政恒，福島県典事として着任。
1873		6	***6**-* 二本松城あとに，器械製糸場できる。***10**-* 阿部茂兵衛ら，開成社を組織し，安積平野開拓をはかる。
1874		7	***7**-* 若松城とりこわし。
1875		8	***8**-* 河野広中，石陽社を創設。
1876		9	***3**-* 二本松に明八会設立。***5**-* 旧3県合併して，福島県となる。***11**-* 国立第六銀行設立。
1877		10	***4**-* 河野広中，三師社を設立。***8**-* 相馬に北辰社設立。***10**-* 磐前郡平に興風社設立。
1878		11	***1**-* 福島県民会規則，公布される。***6**-1* 民会規則による県会開催。***10**-15* 第百七銀行，福島に創立される。***11**-* 喜多方に愛身社設立。***11**-* オランダ人ファン＝ドールン，安積疏水の調査を始める。この年，内務卿大久保利通，東北拓殖の基本策を提訴。
1879		12	***1**-* 地方三新法公布。府県会規則による第1回県会開催。
1880		13	***4**-19* 片岡健吉・河野広中ら，国会開設上願書を提出。***12**-27* 安積疏水起工式。
1881		14	***10**-29* 自由党成立。***12**-* 自由党福島地方部結成。
1882		15	***2**-* 自由党会津部結成。***2**-17* 三島通庸，福島県令に着任。***5**-11* 福島県

		会，議案毎号否決を決議。**10**-*1* 安積疏水完成。**11**-*28* 喜多方事件。この年，日本鉄道株式会社，上野・青森間の鉄道敷設に着工。
1883	明治 16	**3**- 安田銀行支店，福島に設置。**9**-*1* 河野広中ら，高等法院にて国事犯として有罪判決。磐城炭鉱設立。
1884	17	**9**-*23* 加波山事件発生。**10**- 伊達郡川俣で，はじめて輸出羽二重を製織。
1885	18	**5**- 福島県会，県庁の郡山移転を決議。**8**- 会津三方道路工事竣工。
1886	19	**2**- 県，蚕糸業組合準則を公布。
1887	20	**1**- 県，蚕種検査規則を公布。この年，瓜生岩子，福島に保育所を設立。東蒲原郡を新潟県に編入。東北本線，仙台・塩釜まで開通，郡山・福島などの各駅完成。
1888	21	**7**-*15* 磐梯山噴火，檜原湖・小野川湖・秋元湖ができる。この年，小手織物絹綛組合創立。
1889	22	**4**-*1* 県下に町村制実施。この年，福島に共同生糸荷造所設立。
1890	23	**3**- 県，蚕糸業組合中止を認可。**11**- 会津白虎隊の墓，整備される。
1891	24	**9**-*1* 東北本線全通。
1892	25	**3**- 県，生糸帯紙巻用規則を公布。**8**-*1*『福島民報』創刊。
1893	26	**5**-*19* 吾妻山噴火。**5**- 県，絹織物取締規則を公布。この年，瓜生岩子の主唱により育児事業を実施。
1894	27	**12**-*26* 福島に電灯がつく。この年，福島に蚕糸米穀取引所設立。
1895	28	**5**-*15* 河野広中ら，『福島民友新聞』を創刊。この年，県下最初の水力発電所，信夫郡庭坂に完成。郡山絹糸紡績会社設立。生糸検査法公布。
1896	29	**2**- 県，絹織物同業組合取締規則を公布。この年，川俣絹織物同業組合創立。
1897	30	**2**-*25* 常磐線，平まで開通。**3**- 蚕種検査法公布。**4**- 生糸直輸出奨励法公布。**4**- 重要輸出品同業組合法公布。**4**- 県，蚕種取締規則を公布。
1898	31	**2**-*17* 白河・白清館製糸場で争議。**2**-*24* 日鉄機関方争議おこる。 **7**- 北会津郡小学校教員争議。この年，常磐線平・中村間開通。福島県農工銀行設立。
1899	32	**5**-*15* 奥羽本線開通。**7**- 岩越鉄道，郡山・若松間開通。**7**-*15* 日本銀行福島出張所設置。この年，沼上発電所完成，送電開始。生糸輸出税廃止。耕地整理法公布。
1900	33	**2**- 日鉄職工争議おこる。**7**-*17* 安達太良山大爆発，硫黄製錬所従業員30余人死亡。この年，重要物産同業組合法公布。
1901	34	**2**- 強風により四倉町で385戸が破損。
1902	35	**4**- 日本興業銀行福島支店設置。**7**- 福島商業会議所創立。**9**-*28* 県下，明治最大の暴風雨にみまわれる。
1903	36	**7**- 福島県絹織物同業組合連合会設立。**12**-*5* 河野広中，衆議院議長となる。
1904	37	**1**-*20* 若松・喜多方間に鉄道開通。**7**-*1* 煙草専売法実施。**8**- 県，生絹の県外移出を禁ず。
1905	38	**1**- 農商務省，輸出羽二重取締規則をだす。**6**- 県，輸出羽二重検査規則・整練業取締規則を公布。**8**- 映画，本県ではじめて公開。**9**-*14* 奥羽線全通。この年，県下に冷害による大凶作。河野広中，日比谷焼打ち事件で

			収監される。
1906	明治	39	***1-10*** 川俣整練工場でストライキ決行。***11-*** 東北線・常磐線・岩越線国有となる。
1907		40	この年，製糸工場，二本松に設立。福島ガス株式会社創立。
1908		41	***6-26*** 歩兵第六十五連隊、若松に設置。
1910		43	***4-*** 県下初の乗合バス，若松・坂下間を走る。
1911		44	***7-*** 石城郡四倉の磐城セメント会社，ストライキ決行。***10-*** 福島停車場事件。***11-*** 日本銀行出張所，福島支店となる。この年，軽便鉄道川俣・桑折間開通。
1912	大正	1	***8-*** 耶麻郡加納鉱山の煙毒に対し，地元農民たちあがる。***11-*** 信夫郡農民，小作料引下げにたちあがる。この年，猪苗代水力発電所起工。
1913		2	***4-*** 安積郡農民，月形鉱山汚水に抗議して騒擾。***8-26～27*** 県下各地に大洪水。
1914		3	***2-11*** 伊達鉄橋事件。***11-1*** 郡山・新津間全通，磐越西線と改称。***11-12*** 猪苗代発電所完成。東京電燈猪苗代線，送電を開始。***12-*** 石城郡入山採炭会社に，友愛会内郷分会結成。
1915		4	***1-7*** 河野広中，農商務大臣になる。***4-*** 東白川郡棚倉カーバイド会社職工，ストライキ決行。
1916		5	***9-*** 耶麻郡磐梯村高田商会製錬所焙焼夫，ストライキ決行。
1917		6	***7-*** 石城郡内郷村の磐城炭坑の採炭夫・宮炭鉱機械職工，ストライキ決行。***8-13～9-21*** 県下で米騒動発生。***10-*** 磐越東線全通。この年，福島商工会議所設立。
1918		7	***7-*** 耶麻郡大寺村の東北電気化学会社職工，ストライキを計画。***8-1*** 福島・若松各地に米騒動発生。この年，福島貯蓄銀行・福島銀行創立。福島製氷会社設立。
1919		8	***2-*** 郡山商業銀行創立。この年，若松漆工組合・郡山片倉紡績会社職工・磐城炭鉱工夫などストライキ続出。野口英世黄熱病原体発見。
1920		9	***3-*** 生糸，大暴落。***8-*** 石城郡赤井村福島炭鉱で300人解雇。内郷村古河炭鉱で700人解雇。***10-1*** 第1回国勢調査。
1921		10	***10-*** 福島製作所創立。***12-*** 西白河郡各村の小作人，集会し，小作人組合結成に動く。
1922		11	***12-*** 河沼郡勝常村に小作人組合結成。
1923		12	***1-16*** 日本農民組合の河沼郡金上村支部結成。***4-1*** 猪苗代電気会社，東京電力と合併。***4-*** 河沼郡勝常村で小作争議。***12-*** 河野広中，死去。日東紡績福島工場設置。
1924		13	***3-*** 郡山電気株式会社労働組合，ストライキ決行。***10-*** 西白河郡・石川郡の各地で小作争議。
1925		14	***2-*** 石城郡小名浜町の漁民，ストライキ決行。***5-1*** 県下初のメーデー挙行。***6-21*** 東京電力第三発電所従業員，ストライキ決行。
1926	昭和	1	***3-1*** 川俣線開通。***9-23*** 日東紡福島工場紡績工，ストライキ決行。
1927		2	***1-*** 磐城・入間両鉱，大労働争議。***6-*** 福島商業銀行休業。この年，東北振興会再建。
1928		3	***11-20*** 会津線，柳津まで開通。***12-17*** 第百七銀行休業。
1929		4	***4-*** 県立図書館開館。

1930	昭和	5	***6***- 常陽銀行福島支店設置。***10***-*4* 郡山合同銀行休業。
1931		6	この年，昭栄製糸福島工場設置。
1932		7	***8***- 信夫橋完工。この年，松川橋まで舗装道路完成。
1933		8	***2***- 石城郡赤井岳，国宝赤井薬師全焼。
1934		9	***12***-*4* 水郡線開通。***12***-*27* 会津線，田島まで開通。この年，政府，東北振興調査会を設置。東北大凶作。
1935		10	***5***- 石城郡入山炭鉱でガス爆発，48人が死亡。
1936		11	***9***- 福島県下防空演習。***10***-*7* 東北興業・東北振興電力設立，内閣東北局設置。
1937		12	***6***-*1* 平市政施行。この年，国防婦人会結成。
1938		13	***8***-*18* 日中線喜多方・熱塩間開通。この年，福島警防団結成。
1939		14	この年，福島市連合青年団を改組して福島市青年団を結成。
1940		15	***10***-*13* 大政翼賛会県民大会開催。阿武隈川河川改修工事完工。
1941		16	***2***-*11* NHK福島・郡山放送局開局。***11***-*4* 東邦銀行設立。***12***- 東北振興電力，日本発送電に吸収。この年，会津線，宮下まで開通する。
1942		17	***10***- 郷土部隊歩兵第二十九連隊，ガダルカナルにて2200人戦死。
1943		18	***3***- 東北振興調査会廃止。***10***- 内閣東北局廃止。
1944		19	***7***- 県下中等学校生徒に勤労動員令だされる。
1945		20	***4***-*12* 郡山市大空襲。***9***-*16* アメリカ占領軍，福島に進駐。***10***-*30* 常磐炭鉱湯本坑朝鮮人坑夫，ストライキ決行。***12***- 日本農民組合福島県連合会，再建。
1946		21	***7***-*16* 福島県教員組合結成。***9***- 奥会津開発調査会設置。***11***- 福島県農地改革推進協議会結成。
1947		22	***3***-*8* 県労働組合会議結成。***4***-*10* 初の公選知事に石原幹市郎。***12***- 会津線，荒海まで開通。この年，南会・両沼両開発協議会結成。
1948		23	***7***- 初の県立公園6カ所指定。
1949		24	***4***-*1* 白河市市政施行。***4***-*24* 福島・米沢間，電化なる。***6***-*30* 平事件おこる。***8***-*17* 松川事件おこる。
1950		25	***5***-*26* 国土綜合開発法制定。***9***- 磐梯朝日国立公園となる。
1951		26	***9***- OCI一行，只見川調査。***9***- 県，総合開発調査局設置。
1952		27	***10***-*29* 第7回国民体育大会，県下で開催。
1953		28	***7***- 只見川開発本流案通る。***9***-*30* 自衛隊福島駐屯部隊設置。***11***-*8* 会津線，滝の原まで開通。
1954		29	***7***- 県警本部発足。
1955		30	***4***- 土湯でつり橋落下，修学旅行生35人負傷。
1956		31	***5***- 県に地財再建法を適用。***9***- 会津川口線開通。***9***- 小名浜港，国際貿易港となる。31年度から只見電源開発計画実施。
1957		32	***5***-*17* 東北開発三法制定。***9***- 第1回東北開発審議会開催。この年，東北開発福島工場創設。
1958		33	***10***- 小名浜港1万トン岸壁完成。
1959		34	***5***- 田子倉発電所，発電開始。***7***- 上野・白河間，電化なる。***11***-*6* 磐梯吾妻スカイライン開通。
1960		35	***3***- 白河・福島間，電化完成。***8***- 小名浜に石油配分基地建設決定。***10***- 会津ハードボード工場完成。

1961	昭和	36	***8-8*** 松川事件，全員無罪となる ***10-*** 相馬港起工式。
1962		37	***4-*** 県，企画開発部を設置。***5-*** 新産都市建設促進法成立。
1963		38	***7-12*** 常磐・郡山，新産都市に指定。***10-*** 栗子第1トンネル着工。
1964		39	***3-*** 国道4号線，111km全線舗装完了。***5-16*** 知事選で木村守江当選。***10-21*** 円谷幸吉，東京オリンピックのマラソンで銅メダル。
1965		40	***5-*** 大郡山市発足。***9-17*** 会津鶴ヶ城復元完成。***10-*** 県下の自動車10万台突破。***10-1*** 国勢調査，県人口198万3754人。
1966		41	***2-22*** 国立磐梯青年の家オープン。***10-1*** いわき市市制施行。
1967		42	***3-*** 福島市飯坂で月崎遺跡発掘。***6-15*** 磐越西線，郡山・喜多方間電化。***7-*** 磐越西線，電化営業開始。***11-*** 双葉町で清戸迫古墳(横穴)を発見。
1968		43	***4-*** 木村知事再選。***10-15*** 福島大学民主化闘争・海後学長退陣。***10-*** 福島市公会堂で明治百年記念式典。
1969		44	***5-22*** 福島大学大学立法反対声明。この年，大学紛争激化。***6-7*** 福島医大紛争はじまる。***12-*** 総選挙で自9，社・民・無各1当選する。
1970		45	***5-*** 常磐炭礦，閉鎖決定。***5-*** 猪苗代で全国植樹祭。***9-1*** 県文化センター，財団法人として発足。***10-1*** 国勢調査，県人口194万6007人。***11-12*** 相馬港開港。
1971		46	***4-10*** 福島市路面電車廃止。***4-28*** 常磐炭礦閉山(88年の歴史に終止符)。***5-10*** 東京電力福島第1原子力発電所1号機完工。***8-16*** 磐城高校，甲子園で準優勝。***11-*** 東北新幹線起工。
1972		47	***1-29*** 大相撲初場所で栃東初優勝。***3-***『福島県史』26巻完成。***4-29*** 木村知事3選。***6-*** 県生活環境部新設。***10-21*** 磐梯吾妻レークライン開通。
1973		48	***2-*** 県農業会議，この2年間で県土の1％(9000ha)が買い占められていると発表。***6-1*** 阿武隈洞オープン。***7-1*** 西吾妻スカイバレー開通。***11-26*** 東北自動車道白河・郡山間開通。
1974		49	***1-*** 会津地方に記録的豪雪，被害額100億円を超す。
1975		50	***4-1*** 東北自動車道福島県域全通。***5-16*** 福島県出身の田部井淳子，女性初のエベレスト登頂。
1976		51	***4-8*** 県庁汚職事件福島県政界を揺がす。木村知事逮捕。***9-19*** 松平勇雄県政発足。
1977		52	***9-20*** 台風11号で本県大被害，被害総額97億円。
1978		53	***8-*** 全国高校総体開催される。
1979		54	***4-*** 福島大学金谷川新キャンパスへ移転。この年，第二次石油危機深まる。
1980		55	***8-31*** 松平知事再選。
1981		56	***3-2*** 政府，日中・丸森・会津線などの国鉄赤字ローカル線廃止を決定。***5-26*** 福島大学の新キャンパス落成祝賀会。
1982		57	***4-20*** 東京電力福島第2原子力発電所1号機，運転開始。***6-*** 東北新幹線開業(大宮始発)。
1983		58	***4-20*** 三春町歴史民俗資料館オープン。***6-1*** 田部井淳子を隊長とする日本女子登山隊，未踏峰のセプチュカン(5200m，ブータン)に登頂。***12-*** テレビユー福島開局，民報4局時代。
1984		59	***7-22*** 県立美術館・図書館，福島大学経済学部跡地にオープン。***9-*** 知事選で松平勇雄3選。

1985	昭和	60	***5-21*** 岩瀬郡岩瀬村に村立図書館，1億3000万円をかけてオープン。***9-*** いわき市の中学生，いじめを苦に自殺。
1986		61	***8-5*** 集中豪雨で県内に大被害。雨量は福島市で264㎜を記録，福島地方気象台開設以来最高。***10-*** 会津鬼怒川線開業。
1987		62	***7-*** 第三セクター会津線(西若松・会津高原間)開業。***8-1*** 古殿町の五十嵐貞一翁，100歳で富士登山に成功。***8-*** 東京電力福島第2原子力発電所4号機営業運転開始(福島県が日本一の発電県)。***10-*** 東北横断自動車道，いわき・郡山間着工。***11-***“蛙の詩人”草野心平(双葉郡川内村名誉村民)に文化勲章。
1988		63	***3-*** 常磐自動車道，いわき市まで開通。***6-4*** 県立医科大学新キャンパス，落成記念式典。***7-*** 第三セクターで阿武隈急行(福島・槻木間)開業。***9-*** 知事選で佐藤栄佐久当選。***9-*** 福島空港起工式。
1989	平成	1	***8-*** 県出身の作曲家古関裕而死去。***9-*** 国道115号土湯トンネル開通。
1990		2	***10-12*** 第三セクター会津鉄道会津線，会津高原・会津田島間が電化開業。***10-31*** 東北横断自動車道いわき・新潟線(磐越自動車道)，郡山・磐梯熱海間開通。***11-23*** 全日本合唱コンクール全国大会で，安積女子高校合唱団が11年連続12度目の金賞。
1991		3	***1-19*** 田部井淳子，南極大陸のビンソンマシフ登頂に成功，6大陸最高峰を征服。***6-20*** 東北新幹線，東京駅乗入れ。
1992		4	***4-*** 裏磐梯北塩原村で通商サミット(日・米・カナダ・EC貿易大臣会合)。***7-*** 山形新幹線開通。***9-*** 佐藤栄佐久，知事再選。
1993		5	***3-*** 福島空港開港。***4-*** 会津大学開学。この年，戦後最悪の冷害，米作況指数戦後最低の64に落ち込む。
1994		6	***8-*** 猛暑と干ばつにより，野菜・果実へ打撃。米は大豊作となる。
1995		7	***8-*** 磐越自動車道いわき・郡山間開通。***10-*** 福島国体開催，本県男女総合優勝。この年，阪神大震災で県内からも救援に参加。オウム事件，県内に波及。
1996		8	***4-*** 勝常寺薬師三尊像，国宝に指定される。***8-***「O-157」の感染，県内にも広がる。***9-*** 佐藤栄佐久知事3選。

＊月日まで表記してあるものについては，史料に掲載された月日のことがある。

■ 沿革表

1．国・郡沿革表

（2009年12月現在）

国名	延喜式	吾妻鏡その他	郡名考・天保郷帳	郡区編制	現在	
					郡	市
磐城	行《なめ》方《かた》	行方	行《なめ》方《かた》	行方	相《そう》馬《ま》郡	南相馬市 相馬市
	宇《う》多《た》	宇多 宇太	宇《う》多《た》	宇多		
	標《しね》葉《は》	標葉	標《して》葉《は》	標葉	双《ふた》葉《ば》郡	
		楢葉領 楢葉	楢《なら》葉《は》	楢葉		
	菊《きく》多《た》	菊田 菊多	菊《きく》多《た》	菊多	いわき市へ編入	いわき市
		磐崎 磐前	磐《いはが》崎《さき》 磐《いは》前《さき》	磐前		
	磐《いは》城《き》	磐城	磐《いは》城《き》	磐城		
		田村領 田村	田《た》村《むら》	田村	田村郡	田村市
		石川	石《いし》川《かは》	石川	石《いし》川《かわ》郡	
	白《しら》河《かは》	白川	白《しら》河《かは》	西白河	西白河《しらかわ》郡	白河市
			白《しら》川《かは》	東白川	東白川《しらかわ》郡	
岩代	会《あひ》津《つ》	会津 稲河	会《あい》津《づ》	南会津	南会津郡	
				北会津	北会津郡	会津若松市
		大沼	大《をを》沼《ぬま》	大沼	大《おお》沼《ぬま》郡	
		河沼	河《かは》沼《ぬま》	河沼	河《かわ》沼《ぬま》郡	
	耶《や》麻《ま》	耶麻	耶《や》麻《ま》	耶麻	耶麻郡	喜多方市
	磐《いは》瀬《せ》	磐瀬 岩瀬	岩《いは》瀬《せ》	岩瀬	岩《いわ》瀬《せ》郡	須賀川市
	安《あ》積《さか》	安積	安《あ》積《さか》	安積	郡山市へ編入	郡山市
	安《あ》達《たち》	安達	安《あ》達《たち》	安達	安《あ》達《だち》郡	二本松市
	信《しの》夫《ふ》	信夫	信《しの》夫《ふ》	信夫	福島市へ編入	福島市
		伊達	伊《だ》達《て》	伊達	伊達郡	伊達市

(注)　明治12年1月，白河郡・白川郡を西白河郡・東白川郡に改め，会津郡を北会津郡と南会津郡とにわけ，明治29年4月，宇多郡・行方郡を合併して相馬郡，標葉郡・楢葉郡を合併して雙葉郡(のち双葉郡)，磐前郡・菊田郡・磐城郡を合併して石城郡とした。なお，安積郡は昭和40年郡山市に，石城郡は昭和41年いわき市に，信夫郡は昭和43年福島市に，それぞれ吸収されて消滅した。

2．市・郡沿革表

(2009年4月現在)

福《ふく》島《しま》市

明治22年4月1日　信夫郡福島町に曾根田村・腰浜村の一部を編入
明治37年4月1日　信夫郡浜辺村・清水村の一部を編入
明治40年4月1日　市制施行
昭和22年2月11日　信夫郡渡利村・杉妻《すぎのめ》村を編入
昭和22年3月10日　信夫郡瀬上町(明治35年1月1日，瀬ノ上村を改称して町制施行)・岡山村・鎌田村・清水村・吉井田村の一部を編入
昭和29年3月31日　信夫郡余目村を編入
昭和30年3月31日　信夫郡大笹生《おおざそう》村・笹谷村・荒井村・土湯村・吉井田村・伊達郡霊山町の一部を編入
昭和30年7月10日　伊達郡立子山村を編入
昭和31年9月30日　信夫郡佐倉村を編入
昭和32年7月1日　信夫郡吾妻村の一部を編入
昭和39年1月1日　信夫郡飯坂町(明治22年，町制施行。昭和30年3月31日，飯坂町・中野村・平野村・湯野町〈昭和15年5月1日，町制施行〉・東湯野村・茂庭村を合併)を編入
昭和41年6月1日　信夫郡信夫村・松川町を編入
昭和43年10月1日　信夫郡吾妻町(昭和37年11月1日，町制施行)を編入
平成20年7月1日　伊達郡飯野町《いいのまち》(昭和12年5月1日，町制施行，昭和30年1月1日，伊達郡飯野町・明治村・大久保村・青木村合併)を編入

会津若松市《あいづわかまつし》

明治32年4月1日　市制施行，若松町を若松市とする
昭和12年4月1日　北会津郡町北村の一部を編入
昭和26年4月1日　町北村を編入
昭和27年1月1日　北会津郡門田村の一部を編入
昭和30年1月1日　会津若松市と改称。北会津郡湊《みなと》村・一箕《いっき》村・高野村・神指《こうざし》村・門田村・大戸村・東山村を編入
昭和30年4月1日　大沼郡本郷町の一部を編入
昭和34年1月1日　一部を河沼郡湯川村に編入，湯川村の一部を編入
昭和35年4月1日　一部を河沼郡湯川村に編入，湯川村の一部を編入
平成16年11月1日　北会津郡北会津村(昭和31年5月1日，北荒舘《あらたて》村〈昭和29年4月1日，

荒井村と舘ノ内村合併〉・川南《かわなみ》村合併，北会津村となる，昭和31年11月１日，一部を大沼郡本郷町に編入，昭和41年11月１日，一部を大沼郡会津高田町に編入，会津高田町の一部を編入)を編入
平成17年11月１日　河沼郡河東《かわひがし》町(昭和32年４月１日，河沼郡日橋《にっぱし》村・堂島村合併，河東村となる，昭和53年４月１日，町制施行)を編入

郡《こおり》山《やま》市

明治22年４月１日　町制施行
大正13年９月１日　市制施行。安積郡小原田村を編入
大正14年６月１日　安積郡桑野村を編入
昭和29年11月１日　安積郡富田村を編入
昭和30年１月１日　安積郡高瀬村の一部を編入
昭和30年３月31日　安積郡大槻《おおつき》町(昭和15年４月１日，町制施行)を編入
昭和30年11月１日　田村郡三春町の一部・安積郡三穂田《みほた》村の一部を編入
昭和30年11月15日　田村郡岩江村の一部を編入
昭和31年10月10日　一部を田村郡三春町に編入
昭和35年４月１日　一部を三春町に編入，三春町の一部を編入
昭和40年５月１日　郡山市・安積郡安積町(昭和29年12月10日，永盛町〈昭和18年10月１日，町制施行〉・豊田村合併，町制施行)・三穂田村・逢瀬《おうせ》村・片平村・喜久田村・日和田町(大正14年８月１日，山野井村を改称して町制施行)・富久山《ふくやま》町(昭和12年４月１日，町制施行)・湖南《こなん》村・熱海町(昭和15年４月１日，高川村を改称して町制施行)・田村郡田村町(昭和30年１月１日，守山町〈明治41年１月１日,町制施行〉・高瀬村・谷田川村合併，町制施行。昭和30年３月１日，二瀬村を編入)合併
昭和40年８月１日　田村郡西田村・中田村を編入
昭和45年11月１日　須賀川市の一部を編入

いわき市

昭和41年10月１日　平市・磐城市・勿来《なこそ》市・常磐市・内郷市・石城郡四倉町(明治22年，町制施行。昭和30年３月10日，四倉町・大浦村・大野村を合併)・遠野町(昭和30年３月31日，上遠野村と入遠野村を合併して町制施行)・小川町(昭和30年２月11日，赤井村・上小川村・下小川村を合併して町制施行)・好間《よしま》村・三和《みわ》村・田人《たびと》村・川前村・双葉郡久之浜町(明治35年６月１日，町制施行)・大久村合併，いわき市となる
平　市　昭和12年６月１日　石城郡平町・平窪村合併，市制施行
昭和25年４月１日　石城郡飯野村を編入
昭和25年５月15日　石城郡神谷村を編入
昭和29年10月１日　石城郡夏井村・高久村・豊間《とよま》町・草野村を編入
昭和30年２月11日　石城郡赤井村の一部を編入
磐城市　昭和29年３月31日　石城郡小名浜町(明治24年，町制施行)・江名町(大正12年，町制施行)・泉町(昭和28年４月１日，町制施行)・渡辺村合併，市制施行，磐城市となる

勿来市　昭和30年4月29日　石城郡植田町(大正12年4月10日,鮫川村を改称して町制施行)・山田村・錦町(昭和15年4月1日，町制施行)・川部村・勿来町(大正14年5月1日，窪田村を改称して町制施行)合併，市制施行，勿来市となる

常磐市　明治29年9月23日　石城郡湯本村に磐崎村の一部を編入

大正11年8月20日　湯本村に町制施行，湯本町となる

昭和29年3月29日　石城郡小名浜町の一部を編入

昭和29年3月31日　磐崎村を編入，湯本町を常盤町と改称，市制施行，常磐市となる

昭和37年1月1日　磐城市の一部を編入

内郷市　昭和17年8月1日　町制施行

昭和29年7月10日　市制施行

昭和30年2月11日　石城郡箕輪村の一部を編入

白《しら》河《かわ》市

昭和24年4月1日　西白河郡白河町・大沼村合併，市制施行

昭和29年7月10日　西白河郡白坂村を編入

昭和29年10月1日　西白河郡小田川村を編入

昭和30年3月1日　西白河郡五箇《ごか》村を編入

昭和30年8月1日　西白河郡表郷村の一部を編入

平成17年4月1日　西白河郡表郷《おもてごう》村（昭和30年2月1日，西白河郡古関村・金山村・社《やしろ》村合併，表郷村となる，昭和30年8月1日，一部を白河市に編入，昭和41年5月1日，一部を東白川郡棚倉町に編入，棚倉町の一部を編入）・東《ひがし》村（昭和30年3月1日，西白河郡小野田村・釜子《かまのこ》村合併，東村となる，昭和30年8月20日，一部を石川郡浅川村に編入）・大信《だいしん》村（昭和30年4月10日，西白河郡大屋村〈昭和26年，岩瀬郡より西白河郡に編入〉・信夫《しのぶ》村合併，大信村となる）と合体

須《す》賀《か》川《がわ》市

明治22年4月1日　岩瀬郡須賀川村に森宿《もりじゅく》村の一部を編入，町制施行

昭和29年3月31日　岩瀬郡須賀川町・浜田村・稲田村・西袋村・石川郡小塩江《おしおえ》村合併，市制施行

昭和30年3月10日　岩瀬郡仁井田《にいだ》村を編入

昭和42年2月1日　石川郡大東村を編入

平成17年4月1日　岩瀬郡長沼《ながぬま》町（明治34年6月7日，町制施行，昭和30年3月31日，岩瀬郡長沼町・桙衝《ほこつき》村合併，昭和33年12月1日，岩瀬郡岩瀬村の一部を編入）・岩瀬村（昭和30年3月31日，岩瀬郡白江村・白方村合併，岩瀬村となる，昭和33年12月1日，一部を岩瀬郡長沼町に編入）を編入

喜《き》多《た》方《かた》市

昭和29年3月31日　耶麻郡喜多方町・岩月村・松山村・慶徳村・豊川村・関柴村・熊倉村・上三宮村合併，市制施行

昭和33年1月1日　一部を耶麻郡塩川町に編入，塩川町の一部を編入

昭和34年1月1日　一部を耶麻郡熱塩加納《あつしおかのう》村に編入，熱塩加納村の一部を編入

昭和34年8月1日　一部を耶麻郡塩川町に編入，塩川町の一部を編入

平成18年1月4日　耶麻郡熱塩加納《あつしおかのう》村（昭和29年3月31日，耶麻郡熱塩村・加納村・朝倉村の一部合併，熱塩加納村となる）・塩川《しおかわ》町（明治42年4月1日，町制施行，昭和29年7月1日，耶麻郡塩川町・堂島村・姥堂《うばどう》村・駒形村合併，昭和32年3月31日，一部を河沼郡笈川《おいかわ》村に編入，笈川村の一部を編入，昭和33年1月1日，一部を喜多方市に編入，喜多方市の一部を編入，昭和34年8月1日，一部を喜多方市に編入，喜多方市の一部を編入）・山都《さんと》町（昭和25年4月1日，耶麻郡山都村・木幡村・小川村合併，山都町となる，昭和29年3月31日，耶麻郡山都町・相川村・早稲谷《わせだに》村・一ノ木村・朝倉村の一部合併，昭和30年3月1日，河沼郡千咲村の一部を編入）・高郷《たかさと》村（昭和30年3月31日，耶麻郡山郷村・河沼郡高寺村・新郷村・千咲村合併，高郷村となる，所属郡を河沼郡と定める，昭和35年8月1日，河沼郡会津坂下町の一部を編入，耶麻郡に編入，昭和35年10月20日，一部を耶麻郡西会津町に編入）と合体

相《そう》　馬《ま》　市

明治22年4月1日　行方郡中村・中野村・西山村合併，町制施行，中村町となる

昭和4年5月3日　相馬郡松ヶ江村を編入

昭和29年3月31日　相馬郡中村町・大野村・飯豊村・磯部村・日立木《にったき》村・八幡《やはた》村・玉野村合併，市制施行，相馬市と改称

二《に》本《ほん》松《まつ》市

昭和30年1月1日　安達郡二本松町・塩沢村・岳下《だけした》村・杉田村・石井村・大平村合併

昭和33年10月1日　市制施行

平成17年12月1日　安達郡安達町（昭和30年1月1日，安達郡油井村・渋川村・上川崎村合併，安達村となる，昭和30年4月7日，一部を安達郡二本松町に編入，昭和30年7月10日，一部を安達郡二本松町に編入，昭和32年7月1日，信夫郡松川町の一部を編入，昭和33年8月1日，信夫郡松川町の一部を編入，昭和35年2月1日，町制施行）・岩代《いわしろ》町（昭和30年1月1日，安達郡小浜町〈明治34年8月1日，町制施行〉・新殿《にいどの》村・旭村合併，岩代町となる），昭和39年1月1日，一部を安達郡東和《とうわ》町に編入，東和町の一部を編入）・東和町（昭和30年1月1日，安達郡戸沢村・針道村・木幡《こはた》村・太田村合併，東和町となる，昭和35年4月1日，町制施行，昭和39年1月1日，一部を安達郡岩代町に編入，岩代町の一部を編入）と合体

田《た》　村《むら》　市《し》

平成17年3月1日　田村郡滝根《たきね》町（昭和15年4月1日，町制施行）・大越《おおごえ》町（昭和17年12月8日，町制施行，昭和30年4月1日，田村郡七郷村の一部を編入，昭和31年6月1日，田村郡常葉《ときわ》町の一部を編入，昭和34年8月1日，田村郡常葉町の一部を編入）・都路《みやこじ》村・常葉町（明治31年7月1日，町制施行，昭和30年2月1日，田村郡常葉町・山根村合併，昭和34年6月1日，一部を田村郡大越町に編入，昭和

34年8月1日，一部を田村郡大越町に編入）・船引《ふねひき》町（昭和9年4月1日，町制施行，田村郡片曽根村を船引町と改称，昭和30年4月1日，田村郡船引町・芹沢村・美山村・移《うつし》村・瀬川村・文殊村・七郷村合併，昭和32年3月31日，田村郡三春町の一部を編入，昭和38年9月1日，一部を田村郡三春町に編入）が合体，市制施行，田村市となる

南相馬市《みなみそうまし》

平成18年1月1日　原町《はらまち》市（明治30年9月1日，町制施行，昭和29年3月20日，相馬郡原町・高平村・太田村・大甕《おおみか》村合併，市制施行，昭和31年9月30日，相馬郡石神村を編入）・相馬郡鹿島《かしま》町（明治31年12月1日，町制施行，昭和29年3月31日，相馬郡鹿島町・八沢村・真野《まの》村・上真野村合併）・小高《おだか》町（明治31年1月19日，町制施行，昭和29年3月31日，相馬郡小高町・金房町・福浦村合併）が合体，南相馬市となる

伊達市《だてし》

平成18年1月1日　伊達郡伊達町（昭和31年9月30日，伊達郡伏黒《ふしぐろ》村に伊達町〈昭和15年4月1日，長岡村を改称して町制施行〉を編入）・梁川《やながわ》町（明治22年4月1日，町制施行，昭和29年7月6日，伊達郡国見町の一部を編入，昭和30年3月1日，伊達郡梁川町・粟野村・五十沢《いさざわ》村・富野村・山舟生《やまふにゅう》村・白根村・堰本《せきもと》村合併）・保原《ほばら》町（明治22年4月1日，町制施行，昭和25年4月1日，伊達郡伏黒村の一部を編入，昭和30年3月1日，伊達郡保原町・大田村・上保原村・柱沢村・富成村合併，昭和32年4月1日，一部を伊達郡伊達町に編入，伊達町の一部を編入，昭和33年11月11日，一部を梁川町に編入，梁川町の一部を編入，昭和37年1月1日，一部を梁川町に編入，梁川町の一部を編入）・霊山《りょうぜん》町（昭和30年1月31日，伊達郡掛田町〈明治31年1月19日，町制施行〉・石戸村・霊山村・小国村合併，霊山町となる）・月舘《つきだて》町（昭和3年1月1日，町制施行，伊達郡小手川村を月舘町と改称，昭和30年3月1日，伊達郡月舘町・小手村合併）が合体，市制施行，伊達市となる

本宮市《もとみやし》

平成19年1月1日　安達郡本宮町（明治22年4月1日，町制施行，昭和29年3月31日，安達郡本宮町・荒井村・青田村・仁井田村合併，昭和30年4月30日，安達郡和木沢《わぎざわ》村の一部を編入，昭和31年4月30日，安達郡岩根村を編入，昭和32年10月20日，一部を安達郡大玉村に編入，大玉村の一部を編入，昭和33年1月1日，一部を安達郡大玉村に編入，大玉村の一部を編入，昭和33年4月1日，一部を安達郡大玉村に編入，大玉村の一部を編入）・白沢《しらさわ》村（昭和30年4月30日，安達郡白岩村・和木沢村合併，白沢村となる）が合体，市制施行，本宮市となる

伊達郡《だて》

桑折町《こおりまち》　明治22年4月1日　町制施行
昭和30年1月1日　伊達郡桑折《こおり》町・睦合《むつあい》村・半田村・伊達崎《だんざき》村合併

国《くに》 見《み》 町《まち》　昭和29年３月31日　伊達郡藤田町(大正４年11月10日，町制施行)・小坂村・森江野村・大木戸村・大枝村合併，国見町となる

川《かわ》 俣《また》 町《まち》　明治22年４月１日　町制施行

昭和30年３月１日　伊達郡川俣町・飯坂村・大綱木《おおつなき》村・小綱木村・富田村・福田村・小島村・安達郡山木屋《やまごや》村合併

安《あ》 達《だち》 郡

大《おお》 玉《たま》 村《むら》　昭和30年３月31日　安達郡大山村・玉井村合併，大玉村となる

昭和32年10月20日　一部を安達郡本宮町に編入，本宮町の一部を編入

昭和33年１月１日　一部を安達郡本宮町に編入，本宮町の一部を編入

昭和33年４月１日　一部を安達郡本宮町に編入，本宮町の一部を編入

岩《いわ》 瀬《せ》 郡

鏡《かがみ》 石《いし》 町《まち》　昭和37年８月１日　町制施行

昭和41年１月１日　一部を石川郡玉川村に編入，玉川村の一部を編入

天《てん》 栄《えい》 村《むら》　昭和30年３月31日　岩瀬郡広戸村・湯本村・牧本村・大里村合併，天栄村となる

南《みなみ》会《あい》津《づ》郡

下《しも》 郷《ごう》 町《まち》　昭和30年４月１日　南会津郡楢原《ならはら》町(昭和21年11月20日，町制施行)・江川村・旭田村合併，下郷町となる

檜《ひの》枝《え》岐《また》村《むら》　明治22年４月１日　村制施行

只《ただ》 見《み》 町《まち》　昭和30年７月20日　南会津郡只見村・明和村合併

昭和34年８月１日　南会津郡朝日村を編入，町制施行

南《みなみ》 会津町《あいづまち》　平成18年３月20日　南会津郡田島《たじま》町(明治29年７月１日，町制施行，昭和30年４月１日，南会津郡田島町・桧沢《ひさわ》村・荒海村合併)・舘岩《たていわ》村(明治22年４月１日，村制施行)・伊南《いな》村(昭和30年４月１日，南会津郡伊南村・大川村合併)・南郷《なんごう》村(昭和30年７月20日，南会津郡大宮村，富田村合併，南郷村となる)合併，南会津町となる

耶《や》 麻《ま》 郡

北塩原村《きたしおばらむら》　昭和29年３月31日　耶麻郡北山村・大塩村・桧原村合併，北塩原村となる

西会津町《にしあいづまち》　昭和29年７月１日　河沼郡野沢町(明治40年７月１日，町制施行)・尾野本村・登世島《とせじま》村・下谷村・睦合《むつあい》村・群岡《むらおか》村・宝坂《ほうさか》村・上野尻村・耶麻郡新郷村・奥川村合併，西会津町となる。所属郡を耶麻郡と定める

昭和35年10月20日　耶麻郡高郷村の一部を編入

磐《ばん》 梯《だい》 町《まち》　昭和35年４月１日　町制施行

猪苗代町《いなわしろまち》　昭和16年４月１日　耶麻郡猪苗代町・磐瀬村・磐保村合併

昭和30年３月１日　耶麻郡猪苗代町・千里村・吾妻村・月輪《つきのわ》村・翁島《おきなじま》村合併

昭和30年７月20日　耶麻郡長瀬村を編入

河《かわ》沼《ぬま》郡

会津坂下町《あいづばんげまち》　昭和30年4月1日　河沼郡坂下町・八幡村・金上村・若宮村・広瀬村・川西村合併，会津坂下町となる

昭和35年8月1日　一部を高郷村に編入

湯《ゆ》川《がわ》村《むら》　昭和32年3月31日　河沼郡笈川村・勝常寺《しょうじょうじ》村合併，湯川村となる

昭和34年1月1日　一部を会津若松市に編入，会津若松市の一部を編入

昭和35年4月5日　一部を会津若松市に編入，会津若松市の一部を編入。一部を河沼郡河東村に編入，河東村の一部を編入

柳《やない》津《づ》町《まち》　大正10年5月1日　河沼郡柳津村・倉戸村・飯谷村合併

昭和17年5月20日　町制施行

昭和30年3月31日　河沼郡柳津町・大沼郡西山村合併。所属郡を河沼郡と定める

大《おお》沼《ぬま》郡

三《み》島《しま》町《まち》　昭和30年7月20日　大宮郡宮下村・西方村合併，三島村となる

昭和36年4月1日　町制施行

金《かね》山《やま》町《まち》　昭和30年3月31日　大沼郡沼沢村・川口村・横田村合併，金山村となる

昭和33年4月1日　町制施行

昭《しょう》和《わ》村《むら》　昭和2年11月23日　大沼郡野尻村・大芦《おおあし》村合併，昭和村となる

会津美里町《あいづみさとまち》　平成17年10月1日　会津高田《たかだ》町(明治29年7月1日，町制施行，高田村を高田町とする，昭和2年4月1日，大沼郡田川村を編入，昭和30年3月31日，大沼郡高田町・赤沢村・永井野村・尾岐村・東尾岐村・旭村・藤川村合併，会津高田町と改称，昭和35年11月1日，一部を大沼郡新鶴村に編入，新鶴村の一部を編入，昭和41年11月1日，一部を北会津郡北会津村に編入，北会津村の一部を編入)・会津本郷《ほんごう》町(明治36年6月1日，町制施行，昭和29年11月1日，大沼郡本郷町・玉路村合併，昭和30年4月1日，一部を会津若松市に編入，昭和31年11月1日，北会津郡北会津村の一部を編入，平成4年4月1日，本郷町を改称して会津本郷町となる)・新鶴《にいつる》村(明治31年1月23日，大沼郡新田村・鶴ノ辺村合併，新鶴村となる，昭和24年1月1日，大沼郡西山村の一部を編入，昭和35年11月1日，一部を大沼郡会津高田町に編入，会津高田町の一部を編入)合併，会津美里町となる

西《にし》白《しら》河《かわ》郡

西《にし》郷《ごう》村《むら》　明治22年4月1日　村制施行

泉崎《いずみざき》村《むら》　昭和29年10月1日　西白河郡関平村・川崎村合併，泉崎村となる

中《なか》島《じま》村《むら》　昭和30年1月1日　西白河郡吉子川《よしこかわ》村・滑津《なめづ》村合併，中島村となる

矢《や》吹《ぶき》町《まち》　明治36年12月1日　町制施行

昭和26年4月1日　西白河郡三神村の一部を編入

昭和30年3月31日　西白河郡矢吹町・中畑村・三神村・広戸村の一部合併

東白《ひがししら》川《かわ》郡

棚《たな》倉《ぐら》町《まち》	年月日不詳	東白川郡社川《やしろかわ》村の一部を編入
	明治25年6月21日	東白川郡近津《ちかづ》村の一部を編入
	昭和30年1月1日	東白川郡棚倉町・社川村・高野村・近津村・山岡村合併
	昭和34年1月1日	一部を塙町に編入
	昭和41年5月1日	一部を西白河郡表郷村に編入，表郷村の一部を編入
矢《や》祭《まつり》町《まち》	昭和30年3月31日	東白川郡豊里村・高城村の一部合併，矢祭村となる
	昭和32年1月10日	東白川郡塙町の一部を編入
	昭和38年1月1日	町制施行
塙《はなわ》町《まち》	昭和23年11月1日	町制施行，東白川郡常豊村を塙町と改称
	昭和30年3月10日	東白川郡塙町・笹原村合併，塙笹原町となる
	昭和30年3月31日	東白川郡塙笹原町・石井村・高城町の一部合併，塙町となる
	昭和32年1月10日	一部を東白川郡矢祭村に編入
	昭和34年1月1日	東白川郡塙町の一部を編入
鮫《さめ》川《がわ》村《むら》		

石《いし》川《かわ》郡

石《いし》川《かわ》町《まち》	明治27年3月27日	町制施行
	昭和30年3月31日	石川郡石川町・沢田村・中谷村・母畑《ぼばた》村・野木沢村・山橋村合併
玉《たま》川《かわ》村《むら》	昭和30年3月31日	石川郡泉村・須釜村合併，玉川村となる
	昭和41年1月1日	一部を岩瀬郡鏡石町に編入，鏡石町の一部を編入
平《ひら》田《た》村《むら》	昭和30年3月31日	石川郡蓬田《よもぎだ》村・小平《おだいら》村合併，平田村となる
浅《あさ》川《かわ》町《まち》	昭和10年7月1日	町制施行
	昭和29年10月1日	石川郡浅川町・山白石村合併
	昭和30年8月20日	西白河郡東村の一部を編入
古《ふる》殿《どの》町《まち》	昭和30年3月31日	東白川郡竹貫《たかぬき》村・宮本村合併，古殿村となる
	昭和32年4月1日	町制施行
	平成6年4月1日	東白川郡より石川郡に編入

田《た》村《むら》郡

三《み》春《はる》町《まち》	昭和30年4月1日	田村郡三春町・御木沢《おぎさわ》村・中妻村・沢石村・要田《かなめだ》村・中郷村合併
	昭和30年11月1日	一部を郡山市に編入
	昭和30年11月15日	田村郡岩江村の一部を編入
	昭和31年10月10日	郡山市の一部を編入
	昭和32年3月31日	一部を田村郡船引町に編入
	昭和35年4月1日	一部を郡山市に編入，郡山市の一部を編入
	昭和38年9月1日	田村郡船引村の一部を編入
小《お》野《の》町《まち》	昭和30年2月1日	田村郡小野新町(明治29年7月1日，町制施行)・飯豊村・

夏井村合併，小野町となる

双《ふた》葉《ば》郡

広《ひろ》野《の》町《まち》　昭和15年4月1日　町制施行

楢《なら》葉《は》町《まち》　昭和31年9月1日　双葉郡竜田村・木戸村合併，町制施行，楢葉町となる

富《とみ》岡《おか》町《まち》　明治33年3月1日　町制施行

昭和30年3月31日　双葉郡富岡町・双葉町(昭和25年6月1日，上岡村を改称して町制施行)合併

川《かわ》内《うち》村《むら》

大《おお》熊《くま》町《まち》　昭和29年11月1日　双葉郡熊町村・大野村合併，大熊町となる

双《ふた》葉《ば》町《まち》　昭和26年4月1日　双葉郡新山町(大正2年2月1日，町制施行)・長塚村合併，標葉《しねは》町となる

昭和31年4月1日　双葉町と改称

昭和33年4月1日　双葉郡浪江町の一部を編入

昭和35年4月1日　双葉郡浪江町の一部を編入

浪《なみ》江《え》町《まち》　明治33年3月1日　町制施行

昭和28年10月10日　双葉郡浪江町・請戸《うけど》村・幾世橋《きよはし》村合併

昭和31年5月1日　双葉郡浪江町・大堀村・苅野村・津島村合併

昭和33年4月1日　一部を双葉郡双葉町に編入

昭和35年4月1日　一部を双葉郡双葉町に編入

葛《かつら》尾《お》村《むら》

相《そう》馬《ま》郡

新《しん》地《ち》町《まち》　昭和29年8月20日　相馬郡新地村・福田村・駒ヶ嶺村合併，新地村となる

昭和46年8月1日　町制施行

飯《いい》舘《たて》村《むら》　昭和31年9月30日　相馬郡大舘村・飯曽《いいそ》村合併

■ 祭礼・行事

(2008年3月現在)

〔1月〕

1　**西方《にしかた》の水かけ祭り**　➔田村郡三春《みはる》町西方(JR磐越東《ばんえつとう》線三春駅下車タクシー)
初嫁の家に青年男子が集まり，大滝根《おおたきね》川で潔斎《けっさい》をしてから行井戸《ぎょういど》の水で，なくなると田の泥水をも汲みだして掛け合う。戻ると初嫁全員がすりこぎなどを椀《わん》かごに付けて背負い接待をする。婿《むこ》いじめに子孫繁栄の祈りが込められた祭り。

3前後　**石井の七福神と田植踊**　➔二本松市鈴石・東町・錦町・北トロミ地区(JR東北本線二本松駅バスまたはタクシー)
小正月に家ごとに舞込む予祝芸《よしゅくげい》。「七福神」は稲荷《いなり》が七福神を順に呼び招き，ここに道化《どうけ》のひょっとこがでて年縄《としなわ》かマブシを編《あ》んで，当主に差し出す。つぎは田植踊で，奴《やっこ》と早乙女《さおとめ》が鍬頭《くわがしら》の指示で，古風な歌につれて米作りの過程を23種に踊り分けていく。国指定重要無形民俗文化財。

6　**広瀬熊野神社の御田植**　➔二本松市上太田字広瀬・熊野神社(JR東北本線二本松駅バス田沢行柿平下車)
夜に氏子《うじこ》の男子のみによって，拝殿を田に見立てて行われる田遊び。「種まき」は大拍子に米を早生《わせ》，中生《なかて》，晩生《おくて》と3回まく作占《さくうら》。他言無用の不文律があり，きわめて古風な田遊びである。県指定重要無形民俗文化財。

旧暦6　**八槻都々古別《やつきつつこわけ》神社の御田植**　➔東白川郡棚倉町八槻・都々古別神社(JR水郡線近津駅下車)
元社家の神職によって，拝殿や太鼓を田に見立てて行われる田遊び。最後の水口《みなくち》祭りには「天狐《てんこ》の舞」がある。所作は能狂言風に洗練されている。県指定重要無形民俗文化財。

7　**柳津《やないづ》の七日堂**　➔河沼郡柳津町・虚空蔵尊《こくぞうそん》(JR只見線会津柳津駅下車)
丑《うし》年生まれの守り本尊，十三参りの霊場として著名。当日の夜，一番鐘で褌《ふんどし》一つの青年が宿を飛び出し，堂前の手水鉢《ちょうずばち》で水垢離《みずごり》をとると，堂内の麻綱につかまりきそってよじ登る。「裸参り」の別名があり，竜神伝説と結びついた祭り。

7　**八田内《やっとうち》の七福神**　➔本宮市塩崎(JR東北本線本宮駅下車タクシー)
集落を家ごとにめぐって演じる祝福芸。まず稲荷がでて，七福神を順に呼び招く。ここにひょとこがでて，年縄かマブシを編み当主に差し出す。安達地方に流布する七福神の典型。

初寅の日　**岩角山《いわづのさん》の初寅祭**　➔本宮市和田・和田山常光院岩角寺《がんがくじ》(JR東北本線本宮駅下車タクシー)
当地方で名高い霊場。大梵天《だいぼんてん》12本と小梵天多数の浄《きよ》め式，献膳式《けんぜんしき》，護摩祈禱《ごまきとう》のあと，大梵天を信者が奪い合う。五穀豊穣《ごこくほうじょう》と養蚕安全，縁結びの信仰がみられる。

15　**沼之内《ぬまのうち》の水 祝儀《みずしゅうぎ》**　➡いわき市平沼之内・愛宕《あたご》神社(JR常磐線いわき駅バス小名浜営業所行沼ノ内弁天様前下車)
青年たちが，境内の注連縄《しめなわ》のなかに立つ前年中に結婚したいわゆる初婿に，四方から水をかけて無病息災を祈る。小正月の水かけが愛宕の火伏せ信仰と結びついた行事。

15　**飯舘《いいたて》の田植踊**　➡相馬郡飯舘村(JR東北本線福島駅バス原町行草野下車)
小正月に家ごとにめぐって演じる予祝芸で，現在12カ所が指定。道化１～２人，奴２～５人，早乙女４～６人による。種目は10種前後で，集落によって多少相違がある。県指定重要無形民俗文化財。

23　**大谷の愛宕の火**　➡大沼郡三島町大谷・愛宕神社ほか(JR只見線会津宮下駅タクシー)
「初春の行事」の一つ。深夜に，元郷頭二瓶《にへい》家で点火した「松明《たいまつ》」を全戸につぎつぎと送って，各家ではこの火とこれまでの火を切り替える。翌日は愛宕神社に供物《くもつ》をもって参拝する。地方色の濃い火伏の行事。県指定重要無形民俗文化財。

25に近い日曜日　**保原《ほばら》のつつこ引き祭り**　➡伊達市保原町弥生町・厳島神社(JR東北本線福島駅バス梁川《やながわ》行保原下車)
上・下・内町の３町内から若者が褌に晒《さらし》の腹巻をしてでて，赤飯を入れた大きいつつこを社殿から四つ辻に運び出し，各自の町内に引き合う。勝った町内では赤飯を取り出して振る舞う。つつこの藁《わら》は養蚕安全にと持ち帰る。

〔２月〕

10　**信夫三山《しのぶさんざん》 暁 参り《あかつきまいり》**　➡福島市・羽黒神社(JR東北本線福島駅下車)
小正月の羽黒神社への暁参りと，境内の足尾神社への草鞋《ぞうり》奉納が一緒になった祭り。草鞋は数ｍの大草鞋で，市内を練り歩いたあと奉納される。太々《だいだい》神楽も演じられる。

24　**苕野《くきの》神社の安波《あんば》祭り**　➡双葉郡浪江町請戸《うけど》・苕野神社(JR常磐線浪江駅下車タクシー)
社前で神楽《かぐら》と田植踊が演じられたのち，神輿《みこし》が請戸浜に渡御《とぎょ》し，海にはいる。浜の祭場でも芸能が披露《ひろう》される。田植踊は県内ではもっとも芸能化の進んだはなやかなもの。

〔３月〕

3　**雛流《ひななが》し**　➡大沼郡三島町高清水(JR只見線会津宮下駅下車)
２日に各家で家族の女性の数だけ紙で人形をつくり，雛壇にかざる。４日の午後に子どもたちが箱をもって紙人形を集めて歩き，只見川に流す。雛祭りのもとの姿をとどめた行事。

春分の日　**磐梯《ばんだい》神社の舟引き祭り**　➡耶麻郡磐梯町本寺・磐梯神社(JR磐越西線磐梯町駅下車)
徳一《とくいつ》開基の慧日寺《えにちじ》の国祭りが，守護神としてまつられていた磐梯神社に，明治維新以後に引き継がれたもの。米３俵をのせて幣束《へいそく》を立てた舟形の台を東

西に分かれて引き合う。東が勝てば豊作という作占《さくうら》で，磐梯明神がでて判定をする。

彼岸《ひがん》　**会津の彼岸獅子《ひがんじし》**　➡会津若松市・喜多方《きたかた》市ほか(JR磐越西線会津若松駅・喜多方駅下車)

獅子は太夫獅子・雄《お》獅子・雌《め》獅子の３人で，種目は10種前後を伝えている。かつては会津地方に30カ所ほどあったという。口伝ではあるが喜多方市下柴が古く，寛永年間(1624～44)の伝来と伝えている。県指定重要無形民俗文化財(下柴)。

〔４月〕

４　**金沢黒沼神社の十二神楽**　➡福島市松川町金沢・黒沼神社(JR東北線金谷川駅下車タクシー)

３日に神輿渡御があり，４日には社殿で神楽が演じられる。神楽の演目は本舞12座と座外５座の17座。出雲《いずも》流神楽であるが，法印《ほういん》神楽の要素も含んでいる。狩衣《かりぎぬ》に天明４(1784)年の墨書がある。

初申《さる》の日　**江垂日吉《えたりひよし》神社の浜下《お》り**　➡南相馬市鹿島区江垂・日吉神社(JR常磐線鹿島駅下車)

申年４月初申の日に行われる。神輿に各種の採物・神楽・手踊などの一行数百人がお供し，途中のお旅所で諸芸を演じながら烏浜にむかい，潮垢離《しおごり》の神事を行う。厳格な作法をよく保持している。県指定重要無形民俗文化財。

10　**豊景《とよかげ》神社の太々神楽**　➡郡山市富久山町福原・豊景神社(JR東北本線郡山駅下車)

春祭りには神楽殿で，秋祭りにはお旅所で演じられる。安積《あさか》・田村地方の出雲流神楽の特色をもち，伝承が確実である。県指定重要無形民俗文化財。

第２日曜日　**大滝《おおたき》神社の浜下り**　➡双葉郡楢葉《ならは》町上小塙《かみこばな》・大滝神社(JR常磐線木戸駅下車)

祭りに先立ち，奥宮から神体を里宮の八幡神社に移す。祭り当日神体をさらに神輿に移し，列を組んで山田浜にむかい，潮垢離の神事などを行う。県指定重要無形民俗文化財。

20　**鈴石《すずいし》の太々神楽**　➡二本松市鈴石・鈴石神社(JR二本松駅バス鈴石行鈴石神社前下車)

明治維新までは近隣の神職が集まって演じていた出雲流神楽。採物舞《とりものまい》と神楽能の合わせて27座を伝えている。安達地方の太々神楽の典型で，囃子《はやし》はことのほか美しい。

〔５月〕

５　**小浜長折《おばまながおり》の三匹獅子舞**　➡二本松市下長折《しもながおり》・諏訪《すわ》神社(JR東北本線二本松駅バス小浜行樋ノ口下車)

東方《ひがしかた》・中洞《なかほら》両組と滝洞組とが隔年交代で演じる。舞はいわゆる三匹獅子舞で，舞庭には２ｍもの太竹に造花を差したササラ２本を立てる。厳格なしきたりで宿送りも行われる。勇壮で風流化が進んだ舞。県指定重要無形民俗文

化財。

5　**川内《かわうち》の獅子舞**　➔双葉郡川内村町・西山・西郷・高田島(JR常磐線富岡駅バス川内行川内郵便局・川内車庫前下車)

町と西山の獅子は下川内，西郷の獅子は上川内，高田島の獅子は前谷地の各諏訪神社に奉納する。三匹獅子舞で，西郷の獅子頭には延宝3(1675)年銘があり，町には元禄3(1690)年の許状が残っている。県指定重要無形民俗文化財。

〔6月〕

第1日曜日　**上羽太《かみはぶと》の天道念仏踊《てんとうねんぶつおどり》**　➔西白河郡西郷村上羽太・公民館(JR東北本線白河駅下車タクシー)

前庭の四方に木臼《きうす》をおいて笹竹を立て，注連縄を張り，三方を梯子《はしご》で囲む。ここに踊り手十数人がはいって踊る。太陽を念じて豊作を祈る念仏踊で，かつてはこの地方に広く流布していた。県指定重要無形民俗文化財。

〔7月〕

半夏生《はんげしょう》　**慶徳稲荷《けいとくいなり》神社のお田植祭り**　➔喜多方市慶徳・稲荷神社(JR磐越西線喜多方駅下車徒歩またはタクシー)

神輿行列が氏子を一巡りして神田にむかう。神田では神職の祝詞《のりと》のあと，田植歌につれて早乙女が早苗《さなえ》を植える。明暦2(1656)年に中断し，天保5(1834)年に浦上秋琴《うらかみしゅうきん》らにより再興されたもの。県指定重要無形民俗文化財。

12　**伊佐須美《いさすみ》神社のお田植祭り**　➔大沼郡会津美里町・伊佐須美神社(JR只見線会津高田駅下車)

午前に社殿での祭典に続いて，獅子追いがある。午後は神輿渡御で，下町の御田《おた》神社に着くと田植式となり，中世歌謡の名残りをとどめた田植歌につれて，早苗を植える。翌13日早朝には早苗直しがある。県指定重要無形民俗文化財。

23　**会津田島の祇園《ぎおん》祭**　➔南会津郡南会津町・田出宇賀《たでうが》神社・熊野神社(会津鉄道会津田島駅下車)

頭屋《とうや》制をよく残した祭り。1月15日のお千度参りからはじまり，7月初旬からはほぼ連日神事が続く。23日が本祭りで，七行器《ななほかい》行列，神輿渡御，党屋《とうや》(頭屋)での神輿前の神事とお鉢前の神事がある。24日には神楽殿で太々神楽がある。慶長8(1603)年の記録に近い形態をまもっている。国指定重要無形民俗文化財。

23〜25　**相馬野馬《そうまのまお》追い**　➔南相馬市・雲雀《ひばり》が原(JR常磐線原町駅下車)

23日に三社の神輿が多数の騎馬武者に伴われて雲雀が原に集まる。24日は花火で打ち上げた神旗を数百人の騎馬武者が奪い合う神旗争奪戦。25日は小高《おだか》神社で野馬懸《のまがけ》がある。妙見《みょうけん》信仰と武術訓練が習合した祭り。国指定重要無形民俗文化財。

26　**三春八雲《やくも》神社の祭り**　➔田村郡三春町荒町・八雲神社(JR磐越東線三春駅下車)

参拝者はキュウリを２本そなえ，ほかの１本と境内の笹をもらって帰る。午後に神輿渡御があり，先払いとして長獅子がでる。獅子幕には十数人がはいり，お旅所ごとに勇壮に頭を振るもので，伎楽の風を残している。

〔８月〕

1　**御宝殿《ごほうでん》熊野神社の祭り**　➔いわき市錦町御宝殿・熊野神社(JR常磐線植田駅下車)

７歳前後の勅使を中心に進められる。丑《うし》の刻参り，役馬参拝，作占《さくうら》の鉾《ほこ》立て神事，風流の獅子舞，稚児《ちご》による田楽《でんがく》，作占の名残りをとどめた早馬疾走など，多彩な神事や芸能で構成される。国指定重要無形民俗文化財。

1〜7　**八葉寺《はちようじ》の高野《こうや》参《まい》り**　➔会津若松市河東町冬木沢・八葉寺(JR磐越西線東長原駅下車)

会津の高野山といわれる霊場。１〜７日までで，初日と念仏踊がある５日がにぎわう。故人の遺骨か歯を木製の五輪塔に入れて持参し供養を願う。念仏踊りは大正10(1921)年に関東から習い受けたものであるが，形態は古風。県指定重要無形民俗文化財。

14　**南須釜《みなみすがま》の念仏踊**　➔石川郡玉川村南須釜・文殊院《もんじゅいん》東福寺(JR水郡線泉郷駅下車タクシー)

花笠に振り袖の少女による素手や扇子をもっての立ち踊と，綾竹をもっての座り踊がある。種目は９種で，中通り地方南部に流布している歌念仏踊のなかでも，もっとも風流化したもの。県指定重要無形民俗文化財。

15　**上手岡《かみちゅうか》麓山《はやま》神社の火祭り**　➔双葉郡富岡町上手岡・麓山神社(JR常磐線夜ノ森駅下車タクシー)

午前に氏子が持ち寄った野菜などを供える七十五膳《しちじゅうごぜん》の献膳，夜には青年が大松明をかついで山頂の祠《ほこら》まで登る火祭りと盆踊りがある。祖霊をなぐさめる盆の火祭りに，作神であるハヤマに五穀の豊穣を祈る献膳が付加したもの。

18　**檜枝岐《ひのえまた》歌舞伎**　➔南会津郡檜枝岐村・歌舞伎舞台(会津鉄道田島駅バス檜枝岐行檜枝岐中央またはますや前下車)

駒形大明神と燧大権現《ひうちだいごんげん》の合祀社境内の常設舞台で，若連を主とした千葉之家花駒座によって演じられる。歌舞伎舞台は明治28(1895)年の再建であるが，茅葺《かやぶ》き兜造《かぶとづく》りの堂々としたもので，国指定重要有形民俗文化財。

第３日曜日　**白河神社の嵐《かざ》祭り**　➔白河市旗宿・白河神社(JR東北本線白河駅または東北新幹線新白河駅下車タクシー)

嵐除けの祭り。境内に土俵がつくられ，豊年山と満咲山《まんさくやま》の双方に分かれて奉納相撲《すもう》がある。「しょっきり」や自由参加の「ちらし」もある。勝敗よりは豊穣を祈る意味合いが強い。

〔９月〕

13　**白河の提灯《ちょうちん》祭り**　➔白河市大沼字鹿島・鹿島神社(JR東北本線白河駅下車)

隔年ごとに13〜15日にかけて行われる神輿渡御の祭り。提灯が多数ともなうところからこの名がある。厳格な役割分担と作法があり，祭礼組織の古い姿

がみられる。

13～15　**飯野八幡神社の祭り**　➔いわき市平・飯野八幡神社(JR常磐線いわき駅下車)

13日に神職ほかが海で潔斎を行う。14日には神輿渡御と流鏑馬《やぶさめ》が，15日には七十五膳の献膳とふたたび流鏑馬がある。騎士の笠は万治3(1660)年に藩主内藤氏が寄進したもの。流鏑馬はもとより潔斎と献饌《けんせん》に古風を残している。県指定重要無形民俗文化財。

秋分の日　**相馬坪田雷神社《つぼたらい》の祭り**　➔相馬市坪田・雷神社(JR常磐線相馬駅下車タクシー)

相馬藩では7つの郷ごとに作神として雷神社をまつり，春は五穀豊穣，秋はその感謝として獅子神楽を奉納してきた。この姿をよく残しているのが当社。享保2(1717)年の記録がある。県指定重要無形民俗文化財。

〔10月〕

閏年の1　**桙衝《ほこつき》神社の祭り**　➔須賀川市桙衝・桙衝神社(JR東北本線須賀川駅バス矢田部経由長沼行桙衝神社下車)

宵祭りに参道下の仮屋に移された神輿が，本祭り当日に獅子を先駆として還御する。獅子はむかで獅子ともいわれて数人がはいり，伎楽の獅子の名残りをとどめている。囃子を奏する太鼓台は造花で美しくかざり，太鼓は曲打ち風に打つ。

1　**小野大倉獅子**　➔田村郡小野町小野新町・塩釜神社(JR磐越東線小野新町駅下車)

鞨鼓《かっこ》獅子舞で，雄獅子8人，雌獅子1人とささら振り2人による。県内の鞨鼓獅子舞は多くが3匹で，これは構成に特色がある。県指定重要無形民俗文化財。

4～6　**二本松神社の提灯祭り**　➔二本松市本町・二本松神社(JR東北本線二本松駅下車)

4～6日，氏子の7町内から繰り出した太鼓台が，多数の提灯を灯して練り歩く。囃子は各町内とも数曲あり，奏するときと場所が厳格にきまっている。祭り囃子は県指定重要無形民俗文化財。

10　**四十八社山《しじゅうはっしゃさん》神社の浜下り**　➔双葉郡富岡町下郡山・四十八社山神社(JR常磐線富岡駅下車)

宵祭りには，提灯をもって社殿を回る「せんどうあげ」がある。本祭り当日は，神輿が浜の祭場に着くと，氏子が供奉していたマトイ(造花)を氏子が奪い合う。潮垢離のあと，この1年のあいだに生まれた子どもを神輿の下をくぐらせて健康を祈る。

第2日曜日　**古殿《ふるどの》八幡神社の流鏑馬**　➔東白川郡古殿町山上・八幡神社(JR水郡線磐城石川駅バス八幡下経由竹貫田行古殿下車)

宵祭りに宵乗り行事と笠懸《かさがけ》・流鏑馬がある。本祭り当日の午前零時に役者は水垢離をとり，夜明けには馬も川で清める。祭典のあと，ふたたび笠懸と流

鏑馬がある。厳格な潔斎，作法を伝えている。県指定重要無形民俗文化財。

15　**春日《かすが》神社の祭り**　➔伊達郡川俣町宮前・春日神社(JR東北本線福島駅または松川駅バス川俣高校行川俣町下車)
当町はかつて生糸《きいと》，羽二重《はぶたえ》の生産地として全国に知られた。祭礼組織，作法，神饌物《しんせんもの》などに厳格な決まりがある。夜に行われる流鏑馬は，元禄年間(1688～1704)以来の歴史がある。

第4日曜日　**岡山の水かけ祭り**　➔福島市岡島・鹿島神社(JR東北本線福島駅バス月輪経由保原行砂入下車)
社殿で祭典のあと，神輿の一行はトウマエ(頭屋)にむかう。還御ののち，社殿の総代や世話人と，境内の青年とで水をかけあい，続いてトウマエほかの桶入れがある。直会《なおらい》のあと，トウマエを引き継ぐトウワタシがある。頭屋制が残る祭り。県指定重要無形民俗文化財。

〔11月〕

10　**須賀川の松明《たいまつ》あかし**　➔須賀川市栗谷沢・五老山《ごろうざん》(JR東北本線須賀川駅下車)
老若男女が小松明をもって五老山に上り，山頂の十数本の大松明に点火する。天正17(1589)年の伊達政宗《だてまさむね》による落城の故事をおこりとしているが，本来旧暦10月10日の十日夜の行事で，規模がとくに大きくなったもの。

旧16　**金沢の羽山ごもり**　➔福島市松川町金沢・羽山神社(JR東北本線金谷川駅下車タクシー)
16～18日，一同が籠もり屋に集まり，朝夕水垢離をとって行われる。16日はヨイサといって田遊び。18日早朝には羽山でのりわらに神をおろし，作物の豊凶や災難などの託宣を聞く。厳格な潔斎と作法，神おろしなど，古来の信仰の典型的な姿を伝える。国指定重要無形民俗文化財。

〔12月〕

第1日曜日　**木幡《こはた》の幡祭《はたまつ》り**　➔二本松市木幡・羽山神社(JR東北本線二本松駅バス木幡行才ノ神下車)
前日から集落ごとに堂舎《どうしゃ》という籠もり堂に集まり水垢離をとる。当日，白旗・色旗などをもって，羽山山頂の羽山神社に参拝する。初参加のゴンダチ（15歳前後の初参加の青年で，この行事での呼称。先達《せんだつ》に対する後達《ごだち》の変化と思われるがたしかなことは不明）は裏参道を登り，途中で岩をくぐり抜ける胎内くぐりという成人儀礼を行う。源氏の白旗伝説と養蚕信仰が習合した祭り。県指定重要無形民俗文化財。

■ 参考文献

【福島県における地域史研究の現状と課題】

福島県では戦前においても，『若松市史』上・下巻などのように，史料的価値の高い史誌が編纂されてはいたが，県・市町村史の編纂が本格化したのは，1960年代にはいってからであった。1962(昭和37)年からの『福島県史』全26巻・27冊，1964(昭和39)年からの『会津若松史』全12巻・別巻１の刊行を皮切りに，多数の研究者が参加し，大規模な史料調査・発掘を行い，戦後急速に発展した科学的な方法により地域の歴史を明らかにするという作業がおしすすめられることになった。以来，郡山市史・福島市史・三春町史・田島町史など，全10巻をこえる大部のもの，また町・村史でも３～５，６巻の規模をもつものが刊行され，一様に充実した資料編が編纂されたので，利用価値の高いものとなった。現在，喜多方市史・桑折町史・梁川町史・只見町史などが大部の構成で編纂・刊行進行中であり，これらが完成すれば，県内ほとんどの市町村が戦後編纂の史誌をもつことになる。戦後早くに史誌を完成させた自治体では，たらざるを補い，その後の成果を反映させるため，早くも再度の編纂を計画しつつある現状である。

史料の収集・保存については，福島県文化センター歴史資料館(福島市)が努力を重ね，1986(昭和61)年には福島県立博物館(会津若松市)も開館された。市町村史編纂の過程で収集された資料類の整理・保存を核にして，各地に歴史・民俗資料館の類の建設も進められてきた。

開発が進むとともに，遺跡の発掘・調査が精力的に行われ，長年，出土した埋蔵文化財の収蔵場所・方法が問題となっていたが，いよいよ「文化財センター」(仮称)の設置も具体化されることとなった。

このような状況を背景に，活発な地域史研究が行われてきた。現在，県内には50ほどの地域史研究団体が数えられるが，そのうち30ほどの団体は，いずれも研究会・講習会・資料展などを開き，また独自の会誌も発行して，地道な活動を蓄積している。市町村史編纂の過程で発掘された資料が，多くの良質な研究成果をうみだしてもいる。

福島大学が整理・保存に努力している松川事件関係資料は，資料室を開設，研究者の利用に供されているので，現代史に新しい一頁を開くことになるであろう。

しかし，さまざまな努力はなされているものの，それでも急速に近世以降の資料が失われつつある。とくに収蔵場所の不足などの理由により，近現代の公文書が，一定の期限がくると廃棄処分の対象となり姿を消している。保存しなければならない資料が失われないうちに，公文書館の設置を大きな課題としなければならないであろう。

【通史・県史】
小林清治先生還暦記念会編『福島地方史の展開』　名著出版　1985
小林清治編『図説福島県の歴史』　河出書房新社　1989
小林清治・山田舜『福島県の歴史』　山川出版社　1970
豊田武編『東北の歴史』上・中・下巻　吉川弘文館　1967・73・79
福島県編『図説福島県史』　1972
福島県編『福島県史』全26巻・27冊　1965-72
小林清治編『福島の研究』全５巻　清文堂　1986-89

【原始・古代】
岡村道雄『日本旧石器時代史』　雄山閣出版　1990
戸沢充則編『縄文時代研究事典』　東京堂出版　1994
福島県立博物館『企画展　縄文絵巻』　1991
渡辺誠『縄文時代の漁業』　雄山閣出版　1973
渡辺誠『増補・縄文時代の植物食』　雄山閣出版　1984
中村五郎『弥生文化の曙光』　未来社　1988
福島県立博物館『企画展　東北からの弥生文化』　1993
石野博信編『全国古墳編年集成』　雄山閣出版　1995
大塚初重・小林三郎・熊野正也編『日本古墳大辞典』　東京堂出版　1989
大塚初重『東国の古墳文化』　六興出版　1986
国立歴史民俗博物館『装飾古墳の世界　図録』　1993
近藤義郎編『前方後円墳集成　関東・東北編』　山川出版社　1994
白石太一郎編『古代を考える・古墳』　吉川弘文館　1989
田辺昭三『須恵器大成』　角川書店　1981
福島県立博物館『企画展　会津大塚山古墳の時代』　1994
福島県立博物館『企画展　東国のはにわ』　1988
福島県立博物館『図説　福島の古墳』　1993
磯貝正義『郡司及び采女制度の研究』　吉川弘文館　1978
上原昭一編『みちのく伝統文化Ⅰ　古美術編』　小学館　1985
大塚徳郎『みちのくの古代史』　刀水書房　1984
岡本東三『東国の古代寺院と瓦』　吉川弘文館　1996
金子誠三『白河の関』　福島中央テレビ(ふくしま文庫)　1974
工藤雅樹『研究史・日本人種論』　吉川弘文館　1979
工藤雅樹『城柵と蝦夷』　ニューサイエンス社　1989
工藤雅樹『古代の蝦夷』　河出書房新社　1992
佐々木慶市『中世東北の武士団』　名著出版　1989
高橋富雄『徳一と恵日寺』　福島中央テレビ(ふくしま文庫)　1975
高橋富雄『みちのく古寺巡礼』　日本経済新聞社　1985
東京国立博物館『特別展観　経塚，関東とその周辺』　1986

福島県立博物館『企画展　会津の仏像』 1987
福島県立博物館『企画展　中通りの仏像』 1987
福島県立博物館『企画展　浜通りの仏像』 1991
福島県立博物館『企画展　陸奥の古瓦』 1988
坪井清足・平野邦雄監修『新版・古代の日本　東北・北海道』 角川書店　1992
穴沢咊光・馬目順一編『日本の古代遺跡・福島』 保育社　1991
伊東信雄先生追悼論文集刊行会編『考古学古代史論攷』 今野印刷　1990
大塚初重・工藤雅樹ほか『みちのく古代・蝦夷の世界』 山川出版社　1991
大塚初重ほか編『日本古代遺跡事典』 吉川弘文館　1995
加藤稔先生還暦記念会編『東北文化論のための先史学歴史学論集』 今野印刷　1992
工藤雅樹『研究史・日本人種論』 吉川弘文館　1979
工藤雅樹『日本の古代遺跡・宮城』 保育社　1984
鈴木啓『福島の歴史と考古』 纂修堂　1993
芹沢長介先生還暦記念論文集刊行会編『考古学論叢』 寧楽社　1983
芹沢長介先生還暦記念論文集刊行会編『考古学論叢II』 纂修堂　1989
高橋富雄編『東北古代史の研究』 吉川弘文館　1986
高橋富雄編『みちのく伝統文化IV，歴史編』 小学館　1986
日本考古学協会編『北日本の考古学』 吉川弘文館　1994
東北考古学会編『東北考古学の諸問題』 東出版寧楽社　1976
福島県立博物館『企画展　発掘ふくしま』 1993
森浩一・佐原真監修『考古学の世界①北海道・東北』 ぎょうせい　1993
論集しのぶ考古刊行会『論集しのぶ考古』 1996
江上波夫編『考古学ゼミナール』 山川出版社　1976
＊なお，考古学関係の発掘調査報告書は省略した。

【中　世】

会津若松市出版委員会編『会津若松市』1　会津若松市　1967
いわき市史編纂委員会編『いわき市史』第1巻　いわき市　1986
岩代町編『岩代町史』第1巻　岩代町　1989
河東町史編さん委員会編『河東町史』上巻　河東町教育委員会　1979
郡山市編『郡山市史』第1巻　郡山市　1975
桑折町史編纂委員会編『桑折町史』第5巻　桑折町史出版委員会　1987
白河市編『白河市史』第5巻　白河市　1991
田島町史編纂委員会編『田島町史』第1巻　田島町　1985
天栄村史編纂委員会編『天栄村史』第1巻　天栄村　1990
西会津町史編さん委員会編『西会津町史』第3巻　西会津町史刊行委員会　1993
福島市史編纂委員会編『福島市史』1　福島市教育委員会　1970
三春町編『三春町史』第1巻　三春町　1982
梁川町史編纂委員会編『梁川町史』第5巻　梁川町　1985

霊山町編『霊山町史』第1巻　霊山町　1992
市村高男『戦国期東国の都市と権力』　思文閣　1994
伊藤喜良『南北朝の動乱』　集英社　1992
大島正隆『東北中世史の旅立ち』　そしえて　1987
小林清治編『伊達史料集』上・下　新人物往来社　1967
小林清治編著『東北大名の研究』　吉川弘文館　1984
小林清治『秀吉権力の形成』　東京大学出版会　1994
小林清治・大石直正編『中世奥羽の世界』　東京大学出版会　1978
小林清治・大石直正『戦国文書聚影伊達氏編』　柏書房　1974
小林宏『伊達塵芥集の研究』　創文社　1970
佐々木慶市『中世東北の武士団』　名著出版　1989
佐藤進一『南北朝の動乱』　中央公論社　1965
佐藤博信『中世東国の支配構造』　思文閣出版　1989
高橋富雄『奥州藤原氏四代』　吉川弘文館　1958
中世東国史研究会編『中世東国史の研究』　東京大学出版会　1988
豊田武還暦記念会編『日本古代・中世史の地方的展開』　吉川弘文館　1973
永原慶二ほか編『講座日本荘園史5東北・関東・東海地方の荘園』　吉川弘文館　1990
児玉幸多・坪井清足監修『日本城郭体系　山形・宮城・福島』　新人物往来社　1981
羽下徳彦編『北日本中世史の研究』　吉川弘文館　1990
平泉文化研究会『奥州藤原氏と柳之御所跡』　吉川弘文館　1993
福島県教育委員会編『福島県の中世城館』　1988
村田修三『図説中世城郭事典』第1巻　新人物往来社　1987
柳沼儀介『奥羽篠川御所－史料と研究－』　郡山地方史研究会　1975
渡辺世祐『関東中心足利時代之研究』　雄山閣出版　1926(1971復刻)

【近　世】
会津若松史出版委員会編『会津若松史』2・3・4・9　会津若松市　1965-67
会津若松市出版会編『会津の歴史』　講談社　1972
いわき市史編纂委員会編『いわき市史』第2・3・4巻　いわき市　1972-74
喜多方市史編纂委員会編『喜多方市史』第5巻上・下　喜多方市　1993・94
喜多方のあゆみ編纂委員会編『会津喜多方のあゆみ』　喜多方市　1966
国見町編『国見町史』1・2・4　国見町　1974-77
桑折町史編纂委員会編『桑折町史』第5・6巻　桑折町史出版委員会　1987・93
田島町史編纂委員会編『田島町史』2　田島町　1988
伊達町史編纂委員会編『伊達町史』第3巻　伊達町　1992
福島市史編纂委員会編『福島市史』3　福島市教育委員会　1973
保原町史編纂委員会編『保原町史』第1・2巻　保原町　1983・87
三春町編『三春町史』2　三春町　1974
梁川町史編纂委員会編『梁川町史』第6・7巻　梁川町　1986・88

湯川村教育委員会編『湯川村史』第３巻　湯川村　1994
霊山町編『霊山町史』第２巻　霊山町　1979
会津史料大系刊行会編『会津鑑』全５巻　吉川弘文館　1981-82
会津史料大系刊行会編『会津日新館志』全５巻　吉川弘文館　1983-85
会津史料保存会『会津資料叢書』歴史図書社　1973(復刻)
会津藩家世実紀刊本編纂委員会編『会津藩家世実紀』全15巻　吉川弘文館　1975-89
磯崎康彦『亜欧堂田善の研究』雄松堂書店　1980
会津喜多方酒造組合出版委員会編『会津酒造の歴史』1986
木村礎ほか編『藩史大事典』第１巻　雄山閣出版　1988
交通史研究会編『日本近世交通史論集』吉川弘文館　1986
佐治東嶺ほか編『会津松平家譜』1938
庄司吉之助『近世養蚕業発達史』御茶の水書房　1964
庄司吉之助編『会津風土記，風俗帳』全３巻　吉川弘文館　1979-80
庄司吉之助『庄司吉之助著作集』全５巻　吉川弘文館　1981
庄司吉之助『史料東北諸藩百姓一揆の研究』御茶の水書房　1969
白河市歴史民俗資料館編『襲封二百年展松平定信公展』1983
髙柳光寿ほか編『寛政重修諸家譜』続群書類従完成会　1965
田中喜男編『日本海地域史研究』文献出版　1985
坪田五雄編『福島人物風土記』暁教育図書　1982
特別資料展「会津の漆器展」実行委員会編『会津の漆器』1989
豊田武編『東北水運史の研究』厳南堂書店　1967
豊田武ほか編『流域をたどる歴史２』ぎょうせい　1978
豊田武還暦記念会編『日本近世史の地方的展開』吉川弘文館　1973
豊田武還暦記念会編『日本古代・中世史の地方的展開』吉川弘文館　1973
服藤弘司『大名預所の研究』創文社　1981
福島県編『福島新世紀プラン』1992
福島県教育委員会編『歴史の道調査報告書』Ⅰ・Ⅱ・Ⅲ　福島県　1983-85
福島県立博物館『企画展図録　玉堂と春琴・秋琴』1994
福島県立博物館『企画展図録　福島のまつり』1987
文化庁文化財保護部編『中付駑者の風俗』国土地理協会　1979
向井吉重『会津四家合考』歴史図書社　1980(復刻)
明治大学内藤家文書研究会編『譜代藩の研究』八木書店　1972
山川浩『京都守護職始末』1・2　平凡社(東洋文庫)　1965・66
吉田勇『佐藤友信』歴史春秋社　1979
吉田勇『蚕糸業と農民一揆』名著出版　1992
渡辺信夫編『日本城下町絵図集』東北編　昭和礼文社　1980

【近代・現代】
福島市史編纂委員会編『福島市史』5･6･10･11･12　福島市教育委員会　1967-89

いわき市史編纂委員会編『いわき市史』第3・4・10・11・12巻　いわき市　1971-93
二本松市史編纂委員会編『二本松市史』7巻　二本松市　1997
船引町史編纂委員会編『船引町史』資料編II・通史編II　船引町　1982-88
滝根町史編纂委員会編『滝根町史』2・3巻　滝根町　1989・90
安積疏水百年史編纂委員会編『安積疏水百年史』　安積疏水土地改良区　1982
安斉宗司『福島の戊辰戦争』　歴史春秋社　1981
遠藤鎮雄『加波山事件』　三一書房　1971
大石嘉一郎『日本地方財行政史序説』　御茶の水書房　1961
大石嘉一郎『自由民権と大隈・松方財政』　東京大学出版会　1989
大石嘉一郎『近代日本の地方自治』　東京大学出版会　1990
大石嘉一郎編『福島県の百年』　山川出版社　1992
郡山戦災を記録する会編『郡山戦災史』　1973
佐々木潤之介『世直し』　岩波書店(岩波新書)　1979
庄司吉之助『世直し一揆の研究』　校倉書房　1956
庄司吉之助『米騒動の研究』　未来社　1957
庄司吉之助『近代地方民衆史』　校倉書房　1978
庄司吉之助『近代福島県養蚕・製糸業史〈庄司吉之助著作集 7〉』 歴史春秋社　1986
高橋哲夫『福島民権家列伝』　福島民報社　1967
田中正能『阿部茂兵衛〈福島人物の歴史 9〉』　歴史春秋社　1978
中村常次郎編『川俣機業の構造』　岩瀬書店　1954
呑川泰治『進歩と革命の伝統』　福島新聞社　1972
福島県編『福島県地方自治三十年の歩み』　1979
星亮一『敗者の維新史』　中央公論社(中公新書)　1990
松川運動史編纂委員会編『松川運動全史』　労働旬報社　1965
山田舜編『福島県の産業と経済』　日本経済評論社　1980

■ 図版所蔵・提供者一覧

見返し表　会津若松市・福島県立博物館
裏上　福島県教育委員会
下　表郷村教育委員会
口絵1上　福島県立博物館
下　いわき市教育委員会
2上　宮内庁正倉院事務所
下　宮城県多賀城跡調査研究所
3上　勝常寺・福島県立博物館
下　願成寺・福島県立博物館
4上　清浄光寺
下　相馬小高神社・野馬追の里歴史民俗資料館
5上　(財)細見美術財団
下　宮城県図書館
6上　常宣寺・松原勇平
下　下郷町教育委員会
7上　高瀬喜左衛門・会津若松市
下　須賀川市
8上　山形大学附属博物館
下　福島県
p.3　福島県
p.6　福島県
p.9　福島県(福島県立磐城高等学校保管)・福島県立博物館
p.11　柳田俊雄・福島県立博物館
p.14　郡山市教育委員会
p.18　福島県立博物館
p.22　福島県立博物館
p.23　須賀川市立博物館
p.26下　会津坂下町教育委員会
p.32　桑折町教育委員会
p.35　泉崎資料館
p.37　願成寺・福島県
p.42　宮城県多賀城跡調査研究所
p.53上　白河市教育委員会
下　いわき市
p.57　福島県教育委員会
p.65下　磐梯町教育委員会
p.67下　大蔵寺・福島県立博物館
p.70　天王寺・福島県教育委員会
p.74　福島県
p.77　東京国立博物館
p.79　国見町教育委員会
p.86　いわき市
p.95　(社)福島県観光連盟東京観光案内所
p.101　清浄光寺
p.104　水沢市立図書館
p.107　霊山町役場産業課
p.113　結城神社
p.118　国立国会図書館
p.122　須賀川市
p.126　小幡茂
p.129　宗英寺・福島県立博物館
p.137　仙台市博物館
p.140　仙台市博物館
p.142　仙台市博物館
p.145　福島県
p.147　会津若松市観光協会
p.149　簗田英雄・福島県立博物館
p.150　野中宗右ヱ門・奥会津地方歴史民俗資料館
p.154　大隣寺・二本松市教育委員会
p.161　丹羽長聰・二本松市教育委員会
p.163　福島県
p.164　「いわき市史資料」(財)いわき市教育文化事業団
p.166　耶麻郡塩川町
p.169　福島市教育委員会
p.172　大石富三
p.177　只見木材加工(協)
p.180　森俊一
p.183　梁川町史編纂室
p.185　福島大学附属図書館
p.187　住吉神社
p.191　会津高田町教育委員会
p.195　福島県立博物館
p.199　会津若松市観光協会
p.202　佐藤健一・福島県文化センター歴史資料館
p.206　本多徳次
p.208　相馬和胤・相馬市教育文化センター
p.211　市立函館図書館
p.217　三春町歴史民俗資料館
p.219　会津若松市立会津図書館
p.222　三浦明・喜多方市
p.223　「いわき市史資料」(財)いわき市教育文化事業団
p.228　福島県
p.230　須賀川市立博物館
p.232　福島県立博物館
p.240　福島県
p.243上　韮沢一・福島市教育委員会
p.259　石川町立歴史民俗資料館
p.264　福島市教育委員会
p.268　福島市教育委員会
p.269　『安積疏水百年史』安積疏水土地改良区
p.273　福島市教育委員会
p.279　福島県立図書館
p.284　山口厚
p.293　福島民報社

敬称は略させていただきました。

紙面構成の都合で個々に記載せず，巻末に一括しました。所蔵者不明の図版は，転載書名を掲載しました。万一，記載洩れなどがありましたら，お手数でも編集部までお申し出下さい。